政治经济学研究

（2015卷 总第16卷）

完善社会主义市场经济体制

IMPROVING
THE SOCIALIST MARKET
ECONOMY

中国社会科学院经济研究所主办

主编／王振中 胡家勇

社会科学文献出版社
SOCIAL SCIENCES ACADEMIC PRESS (CHINA)

〖 目 录 〗

完善经济体制，仍需深化思考（序） ……………………………… 王振中／1

第一篇　基本经济制度的完善和发展

基于制度结构的转型路径分析 ……………………………… 周　冰／3
我国混合所有制经济赖以建立的理论基础 ………… 蔡继明　王成伟／15
论完善产权保护制度 ……………………………………… 胡家勇／25
破除所有制界限释放我国生产力发展的潜力 ………… 程承坪　刘　凡／41
国有企业的经济责任、社会责任与政策责任 ………… 戴　锦　和　军／55
转型期民营企业的劳动关系
　　——基于浙江 30 家民营企业 1148 份问卷调查 …… 张宗和　安祖贵／69
生态文明建设中的利益悖论及其破解：基于政治经济学的视角
　　…………………………………………………… 张志敏　何爱平／84

第二篇　政府与市场

经济发展方式转变中的政府与市场 ………………… 任保平　宋文月／99
中国政治商业周期中的制度变迁与外部冲击
　　——基于 1978~2012 年中国分省面板数据的经验分析
　　…………………………………………………… 姚金伟　孟庆国／111
经济体制改革的核心是正确处理政府与市场的关系 ………… 苏晓红／131

政府应从化解产能过剩中淡出

    ——兼议生产过剩与产能过剩的概念界定 ……… 王秋石　万远鹏/ 141

我国地方政府陷入盲目举债冲动困局的原因及破解

………………………………………………… 杜人淮　王　锟/ 152

缺陷市场条件下政府购买公共服务的竞争问题 ……………… 陈雪娟/ 168

第三篇　新型城镇化与土地制度改革

资源、环境约束下的技术创新与中国新型城镇化 …… 关丽洁　纪玉山/ 179

"谁来种地"困境及路径选择

    ——基于江西省的调查 ………………………………… 康静萍/ 190

关于我国城市化成本的测算 …………………………… 杜帼男/ 207

深化农村集体土地产权制度改革的方向与政策设计探讨 ……… 郭正模/ 220

以土地资产改革和劳动力转移推动土地流转

……………………………… 程传兴　曾　赏　张良悦/ 231

中国土地制度改革的历史回顾

    ——以全面深化改革实践为中心 ……………… 熊金武　黄义衡/ 242

我国城镇用地的国际比较 ……………………………… 熊　柴　蔡继明/ 254

第四篇　中国经济发展问题

中国经济持续增长的动力转换研究 ……………… 焦方义　魏　枫/ 273

贫困家庭的孩子为什么不读书：风险、人力资本代际传递和贫困陷阱

………………………………………………… 邹　薇　郑　浩/ 298

试析二元经济转型中收入分配的倒U型演变 ……… 张桂文　孙亚南/ 328

中印国民收入初次分配格局比较 ……………… 任太增　喻　璐/ 342

附　录

深入研讨加快完善社会主义市场经济体制的重要问题

    ——中国政治经济学论坛第十六届年会综述

………………………………… 胡家勇　任太增　乔俊峰/ 361

〖 CONTENTS 〗

Keeping Improving the Socialist Market Economy Still Needs to Further Deepen
the Thinking (Preface)

Wang Zhenzhong ∕ 1

Part 1: The Improvement and Development of Basic Economic System

Analysis of Transition Path Based on Institutional Structure

Zhou Bing ∕ 3

On the Theoretical Basis of Building China's Mixed – ownership Economy

Cai Jiming and Wang Chengwei ∕ 15

Completing the Property Rights Protection System

Hu Jiayong ∕ 25

Eliminating the Ownership Limits to Release the Potential of China's Produc-
tive Forces

Cheng Chengping and Liu Fan ∕ 41

On Economic Responsibility, Social Responsibility and Policy Responsibility
of SOE

Dai Jin and He Jun ∕ 55

Labor Relations of Private Enterprises in Transition

Zhang Zonghe and An Zugui ∕ 69

Interests Paradox and its Break in Ecological Civilization Construction: From the Perspective of Political Economics

Zhang Zhimin and He Aiping / 84

Part 2: Government and the Market

Government and Market in the Transformation of Economic Development Model

Ren Baoping and Song Wenyue / 99

Institutional Change and External Shocks in China's Political Business Cycle

Yao Jinwei and Meng Qinguo / 111

The Core of Economic Reform is to Correctly Handle the Relationship between Government and Market

Su Xiaohong / 131

The Government Should Fade out from Solving Excess Capacity

Wang Qiushi and Wan Yuanpeng / 141

The Cause and Break of the Predicament of China's Local Government Falling into a Blind Impulse to Borrow Debt

Du Renhuai and Wang Kun / 152

On Public Service Contracting Competition in Imperfect Market

Chen Xuejuan / 168

Part 3: New Urbanization and Reform of the Land System

Resources, Technological Innovation under Environmental Constraints and China's New Urbanization

Guan Lijie and Ji Yushan / 179

"Who farming" Dilemma and Path Choice

Kang Jingping / 190

Calculation of the Cost of China's Urbanization

Du Guonan / 207

Promoting the Rural Land Transfer by Land Reform and Rural Labor Emigration

Cheng Chuanxing, Zeng Shang and Zhang Liangyue / 231

Review of the History of China's Reform of the Land System

Xiong Jinwu and Huang Yiheng / 242

International Comparative Studyon Urban – land Scale

Xiong Chai and Cai Jiming / 254

Part 4: China's Economic Development Issues

Study onthe Impetus Change of China's Sustained Economic Growth

Jiao Fangyi and Wei Feng / 273

Why Kids from Poor Family Do not Study? Risk, Human Capital Inter – generational Transfer and Poverty Traps

Zou Wei and Zheng Hao / 298

Analysis of the Inverse – U – typed Evolution of Income Distribution in the Process of Dual Economic Transition

Zhang Guiwen and Sun Yanan / 328

China's Initial Distribution Pattern of National Income: Compared with India

Ren Taizeng and Yu Lu / 342

APPENDIX

In – depth Exploration and Study on Important Issues in Accelerating Improvement of the Socialist Market Economic System – A Summarizing of the Sixteenth Annual Conference of China's Political Economy Forum

Hu Jiayong, Ren Taizeng and Qiao Junfeng / 361

完善经济体制，仍需深化思考

（序）

王振中

自 1992 年中共十四大明确了社会主义市场经济的改革方向以来，至今已经走过了 23 年的历程。现在离 2020 年初步建立完善的社会主义市场经济的目标就差 5 年了，我们的预期能够如愿实现吗？从时间长度来算，这又将是一个 28 年！中国共产党自 1921 年成立起，经过 28 年的浴血奋战建立了新中国，那么，如果从 1992 年算起，我们经过 28 年能否建立较为完善的新经济体制？客观地讲，确实存在着某种程度的不确定性。纵观历史进程，要想实现我们经济改革的预期目标，除了要坚持基本经济制度外，还必须对市场机制、创新驱动、民生保障三个问题进行深化思考。

一 市场机制：不可淡忘的经验教训

凡是学过西方经济学的人都知道，他们论述市场在资源配置中的作用时，从来都不回避存在大量的市场失效。尤其是通过 2007 年以来的经济危机，西方经济学界不断地在反思这次市场失效对全球经济所造成的巨大损失，以至于 2009 年美国出版了一本书 *IN FED WE TRUST*（《我们信赖美联储》），替代了原本的 "IN GOD WE TRUST"（"我们信赖上帝"）。然而，中国人对市场经济的认识却似乎有所不同。2012 年有一个调查——相信市场经济的人在各国所占的比例，结果如下：中国是 74%、德国 69%、美国 67%、英国 61%、法国 58%、波兰 53%、意大利 50%、西班牙 47%、俄罗斯 47%、希腊 44%。[①] 也就是说，该调查认为中国人对市场经济的认知度最高，中国人对市场经济的认可程度比处于西方发达市场经济中的德国人高 5 个百分点，比美国人高 7 个百分点，比英国人高 13 个百分点，比法国人高 16 个

---

① 《美国人眼中的中国——纠结的经济大国》，搜狐财经：看图说话第 25 期。

百分点，比意大利人高 24 个百分点。此调查结果十分令人怀疑。中国仅仅在社会主义市场经济道路上走过 23 年，国人极其容易在我国经济总量居世界第二、外汇储备居世界第一的种种数据面前对市场经济产生思维的偏差，即完全忽视历史上和现实中存在的诸多市场失效所造成的严重后果。

《中共中央关于全面深化改革若干重大问题的决定》曾明确指出："经济体制改革是全面深化改革的重点，核心问题是处理好政府和市场的关系，使市场在资源配置中起决定性作用和更好发挥政府作用。"习近平总书记在说明决定的这一思路时又特别指出："市场在资源配置中起决定性作用，并不是起全部作用。"从中可以看出有两点不容忽视：一是在资源配置中有市场和政府两种手段；二是在不同的资源配置中市场和政府起着不同作用，因此简单地把其归纳为"市场万能论"不仅是扭曲的，而且也是违背常识的。前一个可以从美国政府克服金融危机的做法中得到印证，后一个可以从战略新兴产业发展的国际较量中得到印证。

其实西方经济学中所宣扬的"市场万能论"，是对亚当·斯密"看不见的手"观点的扭曲理解。2007 年，意大利的乔万尼·阿里吉教授出版了一本极有影响的著作《亚当·斯密在北京》。乔万尼·阿里吉教授在书中尖锐地指出："在'以往的经济学大师'中，斯密很可能是其著作'被引用最多而被阅读最少的一位'。但无论是否如此，他和马克思一样，肯定是遭受误解最深的一位。"① 事实的确如此，不少人非要把斯密宣传为一位反对政府干预的市场原教旨主义者，这根本就不是斯密的真实思想。例如，斯密强调"如果任何一种制造品是保卫社会所必需的，依靠我们的邻国来供应提供可能是不明智的；如果这种制造业非奖励即不能在国内自行建立，那么对所有其他产业部门课税去支持它，也未必是不合理的"。由此斯密提出了"国防比国家富裕更重要"（defence is of much more importance than opulence）的理念。② 所以，英国剑桥大学历史与经济中心主任艾玛·乔治娜·罗斯柴尔德（一位罗斯柴尔德家族成员）指出，一部巨著里一个词出现一次，最多只能称其为一个文化信息，这不是经济学思想，更不是理论，亚当·斯密也就没有定性解释过它的本质特性。所以艾玛·乔治娜·罗斯柴尔德说"'看不见的手'不是亚当·斯密的经济学重要概念，而是在开一个反讽的

---

① 乔万尼·阿里吉：《亚当·斯密在北京：21 世纪的谱系》，路爱国等译，社会科学文献出版社，2009。

② 亚当·斯密：《国富论》（下卷），杨敬年译，陕西人民出版社，2001，第 512 页和 572 页。

玩笑"。①令人感慨的是，230多年之后的金融危机又对"市场万能论"开了一次大玩笑。当2007年出现次贷危机时，人们再也不能容忍其任性下去，美联储果断地拒绝了新古典经济学家宣扬的"市场万能论"。2008年3月，为了吸引摩根大通银行收购贝尔斯登公司，尽管濒临破产的投资银行既不属于美联储的监管范围，也不是美联储的依法保护对象，但美联储还是破天荒地同意提供300亿美元的贷款。2008年9月，美联储此举受到了许多经济学家的批评，他们对伯南克说："你必须得信任市场，任由它们倒闭吧，市场能应付得了。"伯南克却认为这样的说法是愚蠢的。他说："我没有被这样的论调说服，我相信在金融危机的发展过程中，大型金融机构的倒闭不仅会通过传染效应感染其交易对手，而且很有可能会对民众的市场信心造成严重的负面影响。"究其原因，原来早在1999年伯南克曾经狠批过日本央行没有尝试一下罗斯福式的解决方案，他说："也许现在该是日本尝试一下罗斯福式解决方案的时候了，罗斯福总统推出的许多政策并没有像预期的那样发挥作用，但是最终罗斯福总统还是获得了极高的荣誉与评价，因为他有勇气抛弃了那些失灵的旧体制，做了他该做的事。"②因此伯南克决心不管付出什么代价，也要拯救美国的金融系统，此后伯南克坚持实施了三次量化宽松政策，即QE1、QE2、QE3。美联储的救援行为说明他们抛弃了70多年来传统的央行功能的理论。也就是说，此次美联储的作用不仅是解决流动性不足的问题，而且是在解决银行体系丧失偿付能力的问题。正是在美联储的有力干预下，美国经济用了不到6年的时间就走出了衰退的阴影，使失业率从10%的高峰降到了6%以下，通胀率保持在2%以下。事实再一次证明了灰色的理论在常青的生活之树面前是大为逊色的。人们有理由相信，没有美联储的干预，美国经济不可能如此快地得到修复。由此使我想起了罗伯特·巴罗（Robert J. Barro）出版的一本小册子《不再神圣的经济学》（*Nothing is Sacred*），他用下面这段话作为全书的结语："我想起曾经有个大金融公司的人员问我是否想放弃象牙塔式的学术生活，到他们公司来做首席经济学家。他们还说，如果我在华尔街工作，我将不再会认为金融市场是有效率的。由于我还在象牙塔中工作，也许人们能够原谅我仍然坚持以前见解的态度。"③巴罗的这一表态正说明了其浓厚的意识形态色彩，这并不奇怪。正如美国犹他州大学经济学教授E. K. Hunt在

---

① 引自360百科。
② 详细的内容请阅读《我们信赖美联储》一书，中国人民大学出版社，2011。
③ 罗伯特·J. 巴罗：《不再神圣的经济学》，中信出版社，2013，第173页。

History of Economics Thought：*A Critical Perspective* 一书序言中所说："就我个人看来，所有的理论学家、所有的历史学家，甚至所有人（当然包括我自己）在所有的认知活动中都明显包含相互贯穿的价值取向。"① 当然每一位经济学家都可以坚守自己的理论信仰，但事实也是不容否认和改变的。由此可以断定，在资源配置中存在着市场失效，因此在资源配置中不能完全排除运用政府干预手段。正如牛津大学 1992 年出版的《理解市场经济》一书所言："世界上并不存在所谓'纯粹的'市场经济——一种所有的经济决策都由自由市场作出的经济。所有的市场经济都是混合经济。"②

二　创新驱动：转型升级的关键要素

当熊彼特研究创新问题时，还没有国民生产总值的概念。后来产生了国民生产总值概念的同时也就产生了专门的统计数据，随后经济学界通过各种定量分析来探究增长的原因。目前基本达成的共识就是，技术创新对财富创造起着核心作用，是经济增长的内生关键要素。所以，目前许多国家都把创新战略作为国家发展战略的核心。不仅美国、欧盟、日本、韩国这些发达经济体提出了创新教育和提高竞争力为核心的国家创新战略，而且俄罗斯、印度、巴西、新加坡等国也先后提出本国的创新战略和创新规划。我国也不甘落后，2006 年 1 月 9 日，时任国家主席胡锦涛在全国科技大会上宣布中国未来 15 年科技发展的目标：2020 年建成创新型国家，使科技发展成为经济社会发展的有力支撑，我国"十二五"规划也制定了相应的预期性指标。③ 甚至全球的商业领袖也对我国充满了期待，2011 年 9 月 20 日，《哈佛商业评论》对全球 1379 位商界领袖进行了有关"哪个国家是全球最具创新力的国家"问题的调查，结果显示，美国 46.3%（46.3% 的商业领袖认为是美国，以下同）、中国 10.4%、日本 8.5%、印度 6.0%、德国 4.4%、韩国 2.8%、巴西 2.2%、新加坡 2.1%、以色列 2.0%、瑞士 2.0%。在这个调查中，似乎中国比日本和韩国更具有创新力，但是令人遗憾的是，直至 2013 年的数据都不支持此结论。例如，在居民专利申请数量方面我们与韩、日的差距明显。2013 年，每千亿美元（以 2011 年 PPP 计

---

① E. K. 亨特：《经济思想史》，上海财经大学出版社，2007，序。
② A. J. 伊萨克森等：《理解市场经济》，商务印书馆，1996，第 6 页。
③ 我国"十二五"规划制定的有关指标是：2015 年研究与试验发展经费支出占国内生产总值的比重达到 2.2%，每万人口发明专利拥有量由 2010 年的 1.7 件提高到 2015 年的 3.3 件，年均增速为 1.6%。

算）的 GDP 中，居民申请专利数量韩国为 9739 件，日本为 6014 件，我国为 4506 件。如果按人口计算，我们的差距就更大，在 2013 年每百万人口中的居民专利申请，韩国 3186 件，日本 2134 件，中国 519 件。众所周知，创新型经济是以发展拥有自主知识产权的新技术和新产品为标志的经济。我们的经济规模虽然很大，但是含金量却不高。因此，近年来随着中国经济增速的减缓，积极发现培育新增长点就成为当期政府的重点任务之一。但是如何才能使创新落实到创造新的增长点上，如何才能把创新成果变成实实在在的产业活动，仍然是需要深化认识的。

首先，对创新的重要性需要深化认识。在经济全球化日益深化的背景下，创新之所以十分重要，并不仅仅是因为可以保持经济的增速和就业，更重要的是可以有效地抵御全球供应链脆弱性所引发的负能量。因为在全球价值链中，商品的原材料供应过程、零部件生产过程、产品组装过程、产品交换过程的各个环节，高度分散在世界范围内的不同国家之间，在这种新型产业组织分工形态下，参与国在受益的同时也承受着全球价值链随时有可能断裂的风险。这一点已经通过 2011 年日本海啸以及 2007 年美国金融危机得到了印证。正如联合国的研究报告所说："高度一体化的全球系统促进了投资、贸易和经济增长，但也给冲击提供了蔓延的机会。如当全球供应链中断时，受影响的人数远远超过冲击发源国的受影响人数。"据 UNDP（联合国开发计划署）估计，在 2008 年金融危机期间，仅在纺织服装行业，中国估计损失了多达 1000 万个就业机会，印度损失 100 万个，巴基斯坦 20 万个，印度尼西亚 10 万个，墨西哥 8 万个，柬埔寨 7.5 万个，越南 3 万个。[①] 全球价值链引发的脆弱性不仅表现在对就业的冲击，而且还表现在收入分配的进一步恶化。例如，2006 年一项有关苹果 iPod 价值链的研究发现，与 iPod 相关的所有职位中，30% 位于中国，但是中国工人的收入仅为与 iPod 相关的工资总额的 3%。再如，2010 年的证据显示，苹果公司在 iPhone 生产中获利 58.5%，中国劳动力的收入却只有最终销售额的 1.8%。而引资的地方政府为了政绩，通常会对外资企业的低薪危险发展放任自流，从而使工人的劳动环境更加恶化。

其次，对创新的艰巨性需要深化认识。原因在于，创新形成新的增长点是需要资金投入和时间耐心的。例如在生物制药的资金投入，美国 Tufts 新药研发中心分析了 2001 年以前 25 年间的新药研发费用情况，结果显示，

---

① 《2014 年人类发展报告》，联合国计划开发署出版。

研发一种新药平均需要投入 8.02 亿美元。2004 年，全球十大制药企业研发投入占销售额的平均比例为 20.6%。又如在时间耐心方面，据统计，美国一般在研制新药的过程中只有不到 5% 能够进入临床前研究，然后又只有 2% 能够进入临床试验阶段，即使进入临床试验的药物也有 80% 会被淘汰，也就是说美国新药的成功率仅为 1/5000。[①] 这期间需要相当的耐心才行。而我国政府官员任职顶多 10 年，在这 10 年间很可能有许多发明专利，但是要形成新的增长点却是需要许多条件和时间耐心的。

再次，对创新的专业化分工需要深化认识。在这方面，我们可以从 2010～2012 年八大技术领域专利申请的相对专业化指数来审视我们的差距和优劣势所在。[②]

在运输设备技术领域专利申请的相对专业化指数如下：法国 0.348、德国 0.334、瑞典 0.202、奥地利 0.094、日本 0.044、韩国 0.031、中国 -0.241，即我国在运输设备领域的专利申请相对专业化指数是负值，表明我国在此领域的专利份额很少。

在基础化工原料技术领域专利申请的相对专业化指数如下：巴西 0.231、荷兰 0.183、德国 0.150、中国 0.118，即我国在基础化工原料领域的专利申请相对专业化指数是正值，表明拥有一定的份额。但是与巴西、荷兰、德国相比，我国还有较大的差距。

在计算机技术领域专利申请的相对专业化指数如下：印度 0.427、以色列 0.308、美国 0.192、加拿大 0.186、芬兰 0.162、韩国 0.003、中国 -0.026，即我国在该领域的专利申请相对专业化指数是负值，表明我国在此领域的专利份额很少。

在数码通信技术领域专利申请的相对专业化指数如下：芬兰 0.597、瑞典 0.579、中国 0.380，即我国在数码通信技术领域中具有相当高的份额。

在光学技术领域专利申请的相对专业化指数如下：日本 0.342、荷兰 0.140、韩国 0.057、中国 -0.259，即我国在光学技术领域的专利申请相对专业化指数是负值，表明我国在此领域的专利份额很少。

[①] 参阅《推动经济转型的新引擎——战略性新兴产业系列报告》，ICBC 投资银行部研究中心，2010 年。

[②] 参阅《世界知识产权指标》，世界知识产权组织，2014。计算公式为 $RSI = \log\left(\dfrac{FCT\ \sum FCT}{\sum FC\ \sum FT}\right)$，公式中的 FC 和 FT 表示 C 国在 T 技术领域的专利申请数。数值为正的表明在相关技术领域中拥有相对较高的专利份额。

在制药技术领域专利申请的相对专业化指数如下：印度0.621、瑞士0.454、比利时0.429、西班牙0.429、中国0.033，即我国在制药技术领域的专利申请相对专业化指数是正值，表明我国在此领域拥有一定的份额。

在医学技术领域专利申请的相对专业化指数如下：以色列0.513、澳大利亚0.254、美国0.252、中国-0.368，即我国在医学技术领域的专利申请相对专业化指数是负值，表明我国在此领域的专利份额很少。尤其从生物技术专利来看，美国、欧洲、日本分别占59%、19%和17%，包括中国在内的发展中国家仅占5%。在国际疫苗市场中，葛兰素史克、默克、惠氏、赛诺菲巴斯德这4家公司占据全球90%以上的份额。可见，目前跨国公司主导着全球专利药品的市场。而我国虽然有生物制药企业400多家，但在同质化竞争的气候下，产业整体缺乏竞争力。

最令人吃惊的是在其他日用消费品技术领域专利申请的相对专业化指数方面，具体如下：土耳其0.774、俄罗斯0.304、韩国0.244、中国-0.077，即我国在其他日用消费品领域的专利申请相对专业化指数是负值，表明我国在此领域的专利份额很少。所以，加工制造业大国的国人跑到日本去抢购电饭煲和马桶盖也就不足为奇了。

总之，通过以上7个领域的专利申请相对专业化指数比较，可以看到，我国在运输设备技术、计算机技术、医学技术、光学技术、其他日用消费品技术领域均为负值。这就是我们的劣势所在，也是我们可以期待发挥后发优势的空间。

但是，面临气候变化的挑战，我们更大的差距是在与能源相关的技术创新领域。例如，在燃料电池技术领域专利申请的相对专业化指数方面：芬兰0.305、日本0.290、英国0.278、中国-0.317；在地热能技术领域专利申请的相对专业化指数方面：波兰0.778、加拿大0.749、韩国0.193、中国-0.084；在太阳能技术领域专利申请的相对专业化指数方面：瑞士0.060、澳大利亚0.052、以色列0.048、韩国0.048、中国0.030；在风能技术领域专利申请的相对专业化指数方面：丹麦0.668、挪威0.569、俄罗斯0.421、中国0.119。从以上与能源相关的4个技术领域的专利申请来看，在太阳能、风能技术领域，我国专利的相对专业化指数为正值，表明我国占有一定的份额。但在地热能和燃料电池领域，我国专利的相对专业化指数均为负值，表明我国在这些领域的专利申请份额较少，尤其是在燃料电池技术领域。曾记否，2009年1月颁布的《汽车产业调整振兴规划》和《节能与新能源汽车示范推广财政补助资金管理暂行办法》，提出3年内形成 50 万辆纯电动、充电式混合动力和普通型混合动力等新能源汽车产能，新能源汽车销量占乘用车销售总量的 5% 左右的发展目标。2011 年 12 月 30 日，国务院又印发了《工业转型升级规划（2011 – 2015 年）》，要求到 2015 年，新能源汽车累计产销量达到 50 万辆。2012 年的《节能与新能源汽车产业发展规划（2012 – 2020 年）》规划再一次重申，到 2015 年，纯电动汽车和插电式混合动力汽车累计产销量达到 50 万辆；到 2020 年，纯电动汽车和插电式混合动力汽车生产能力达 200 万辆，累计产销量超过 500 万辆，燃料电池汽车、车用氢能源产业与国际同步发展。粗算我国在 6 年间曾 3 次提出 2015 年新能源汽车产销量达到 50 万辆的目标。然而截至 2014 年底，我国生产各类新能源汽车只有 11.9 万辆，而按照普华永道中天会计师事务所有限公司（中国）咨询与 Autofacts 业务合伙人金军在 2014 年的统计，中国新能源汽车的销售可能达近 9 万台的规模。① 我们的技术创新进程和预期目标差距如此之大，难道不值得我们好好深思吗？

三　民生保障：人类发展的内生动力

我国政府在"十二五"规划中强调："坚持把保障和改善民生作为加快转变经济发展方式的根本出发点和落脚点。"2014 年，中央经济工作会议在制定努力保持经济稳定增长目标时提出了一个"总体思路"，即要保持稳增长和调结构之间的平衡，坚持宏观政策要稳、微观政策要活、社会政策要托底；在制定加强保障和改善民生工作目标时提出了一个"基本思路"，即坚持守住底线，突出重点，完善制度，引导舆论；基本思路要求"更加注重保障基本民生，更加关注低收入群众生活，更加重视社会大局稳定"。中央为此着重在创业就业和精准脱贫方面做出了如下许诺："让贫困家庭的孩子都能接受公平的有质量的教育，不要让孩子输在起跑线上。"这些思路和许诺的方向是正确的，但是"底线"在哪里？"底线"都包括哪些内容？这都是需要认真研究和思考的。例如，"不要让孩子输在起跑线上"就是"以人为本"的"底线"吗？显然是不够的。因为"以人为本"里的人不仅仅是孩子，还有青年、成年人、老年人。目前国际社会在研究"以人为本"的社会保障制度时，都采用"生命周期方法"（包括幼儿发展阶段、从青少年到成年人的过渡阶段、从成年人到老年人的过渡阶段），探讨如何以人为本，以培养其终生抗御各种风险的能力。这是因为人类在儿童、青少年及

---

① 参见 2015 年 2 月 21 日中国经济网。

老年等人生不同阶段会面临不同的风险，需要采取不同的应对方式。联合国有关报告特别指出人生的某些阶段至关重要：婴儿出生后的前1000天、毕业生从校园步入职场以及离开职场迈入退休阶段。在这些人生关键阶段面临的挫折将难以克服，并可能产生深远影响。所以在以人为本的社会，民生保障问题绝不仅仅像政府承诺盖多少保障房或修几条马路办几件实事那么简单，衡量一个国家是否以人为本的标准是人类发展指数。

人类发展指数是联合国早在1990年提出的一个涵盖收入、教育和健康三个维度的综合衡量指标，其目的是用于代替GDP以便全面、正确反映人类发展所取得的进展、成就和问题。后来人类发展指数又增加了不平等、性别和贫困三个指标。更为重要的变化是在2014年，联合国将目光从人类发展所取得的成就延伸到所面临的危险和波动，尤其是那些会给穷人和准穷人等受剥夺更严重的群体造成影响的因素，提出了降低脆弱性，增强抗逆力，促进人类持续进步的理念。提出上述理念的目的就在于审视社会保障政策是否可靠，是否足以帮助个人和社会应对负面事件。运用这些信息就可以判断公共政策是否以人为本，判断人类发展目标是否得到充分满足。

在构建民生保障体制时，尤其应该引起我们高度重视的有两个问题：一个是"结构性脆弱"人群，即那些因个人经历或遭受社会不平等待遇而比其他人更加脆弱的人。这种脆弱性一旦形成会持续很长时间。在这方面，残疾人在"结构性脆弱"人群中十分突出。由于残疾人认知、智力或身体上的障碍削弱了他们获取信息的能力或行动能力，使得他们难以参与经济、社会和政治活动，甚至使得他们无法及时应对各种突发的自然灾害。尤其是残疾人就业率较低，所以残疾人会相对贫穷。[①] 要知道，这类结构性脆弱人群在中国的数量要比整个法国人口数量还多。2010年，我国有8502万残疾人（占当时全国总人口的6.5%），如果按残疾程度分，轻、中程度残疾的有5984万人，重残的有2518万人；如果按残疾类型分，言语残疾有130万人，智力残疾有568万，精神残疾有629万人，视力残疾有1263万人，听力残疾有2054万人，肢体残疾有2472万人，多重残疾有1386万人。

另一个是不平等现象的脆弱性。当前这种不平等现象的脆弱性突出表现为财产和收入的不平等现象的脆弱性。据联合国机构估计，世界上最贫穷的2/3人口所获取的收入只占了全球总收入的不到13%，而最富有的1%

---

① 《世界卫生调查》对51个国家的统计显示，男性残疾人的就业率为52.8%，女性残疾人的就业率为19.6%。而健康男性和健康女性的就业率分别为64.9%和29.9%。详见《2014世界人类发展报告》。

人口却拥有近15%的全球总收入。除收入外，目前世界上最富有的1%人口掌握着全球将近一半的财富，全球最富有的85位富豪所拥有的财富相当于最穷的1/2人口的财富总额。这种不平等现象已经超过一定程度，不仅导致了社会疏离感、社会动荡，甚至破坏了社会凝聚力和阻碍了社会流动，并助长社会紧张情绪，任其发展下去必将导致国内不稳定。我国自改革开放以来，经济增长取得了长足的进展，但是财产和收入不平等的加剧却十分令人担忧。这可以从2003~2012年的三个指标来衡量。

第一个指标是基尼系数。在49个极高人类发展水平组员中，智利最高为52.1%，瑞典最低为25%；在52个高人类发展水平组员中，塞舌尔最高为65.8%，乌克兰最低为25.6%，我国属于此组，为42.1%。在上述101个经济体中，只有20个左右经济体的基尼系数比我国还高。

第二个指标是1/5人口收入比值（即20%最富有人口与20%最贫穷人口的平均收入之比所得的值）。在49个极高人类发展水平组员中，智利最高为13.5，斯洛伐克最低为3.6；在52个高人类发展水平组员中，巴西最高为20.6，白俄罗斯最低为3.8，我国属于此组，为10.1，这表明我国20%最富有人口的平均收入是20%最贫穷人口平均收入的10.1倍，而同属于转型经济的斯洛伐克为3.6倍，白俄罗斯为3.8倍。

第三个指标是帕尔玛比值，即国民总收入中10%最富有人口的总收入与40%最贫穷人口的总收入的比值。[①] 在49个极高人类发展水平组员中，智利最高为3.5，匈牙利最低为1.2；在52个高人类发展水平组员中，哥伦比亚最高为4.5，白俄罗斯最低为0.9，我国属于此组，为2.1。这表明，我国10%的最高收入群体的收入是40%最低收入群体收入的2.1倍。而同属于转型经济的匈牙利为1.2倍，白俄罗斯仅0.9倍。

上述三个指标足以反映我们的财产和收入分配领域的不平等现象是如何严重。在此我们应该记住《21世纪资本论》作者皮凯蒂对中国读者的提醒："若认为腐败是导致极为不公的财富不平等和财富过度集中的唯一根源，就想得过于简单了。其实私人资本的积累和分配过程本身就具有使财富集中且往往过度集中的强大推动力。"[②] 也许正因为如此，我国不平等现象的脆弱性不仅存在于财产和收入领域，而且存在于教育、医疗、供水、卫生以及安全等基本公共服务领域。不足为奇的是，同其他国家一样，我

---

① 该比值的假定前提是中产阶级的收入几乎总是占国民总收入的一半，而10%最富有人口和40%最贫穷人口则占了另一半。显然，这一比值并不能完整反映中国的实际情况。

② 托马斯·皮凯蒂：《21世纪资本论》，中信出版社，2014，中文版自序。

国经济界也存在一种心照不宣的假设，就是只有当经济增长带来更高收入以后，才能够为全民提供基本的社会保障。但现实存在的典型事实击碎了这种机械看法。例如，哥斯达黎加、丹麦、韩国、挪威以及瑞典等国政治制度各不相同，但这些国家在实现工业化，跻身富裕国家行列以前，在人均收入相对较低的发展阶段就迈出了为全民提供基本的社会保障的第一步。哥斯达黎加在 1949 年人均 GDP 为 2123 国际元（以 1990 年作为比较标准）时就在教育投资、公共卫生以及社会保障等领域采取综合民生保障措施；瑞典在 1842 年人均 GDP 仅为 926 美元时就在国内推行儿童义务教育，在 1891 年人均 GDP 1724 元时就颁布了《疾病保险法》；丹麦在 1892 年人均 GDP 2598 元时颁布了《疾病保险法》；挪威在 1894 年人均 GDP 为 1764 元时颁布了《强制事故保险法》。[1] 这些事实说明，提供面向全民的基本公共服务的民生保障并不总是以较高的国民收入为前提，相反，在哥斯达黎加、丹麦、韩国、挪威以及瑞典等国家，它们是在推行面向全民的基本公共服务的民生保障制度后才出现了经济腾飞。究其深层原因，这些国家都秉承平等主义和团结的精神，认为享受基本公共服务等民生保障是公民的一项基本权利。如果不具备这种意识，那么以人为本、和谐社会等愿望就会离我们越来越远。

---

① 详细资料见联合国计划开发署出版的《2014 年人类发展报告》。

第一篇
基本经济制度的完善和发展

基于制度结构的转型路径分析

● 周　冰[*]

内容提要：体制的制度结构树状图上的自上而下的改革是突变式的转型；自下而上的改革是一种目标有限的局部改革，本质上是制度结构对环境的一种适应性调整，但不同于自发的制度演化，而是宏观决策主体主动、自觉的调整。过渡性制度安排是减小改革阻力，实现体制平滑转型的机制。自下而上改革的风险主要在于改革停滞甚至倒退和变性，使体制长时间处于扭曲、不稳定的病态，社会经济失序。因此，改革信念、改革文化以及领导者的改革决心和勇气，是实现体制平滑转型的重要条件。

关键词：体制转型路径　平滑转型适应性调整　过渡性制度安排　转型风险

一　突变模式与平滑模式：体制转型的两种基本方式

笔者在《论体制的制度结构》[①] 一文中对体制结构和体制的制度结构两个概念进行了区分，并在此基础上提出：在一个制度系统中最基本的制度是元制度，不同的元制度彼此之间是平行、独立的关系，互不统属。体制的性质和基本特征是由一组元制度共同决定的，这组元制度可以称为该体制的制度核。制度只有在对人们的行为方式能够直接加以规约的时候才是有效的。元制度作为一种抽象的基本原则不具有操作性，因此需要通过由它所派生出的具体制度来体现。一个元制度往往派生出多个和多层次的具

---

*　周冰，浙江财经大学经贸学院教授、博士生导师，电子邮件：zbwl@nankai.edu.cn。本文是作者承担的国家社科基金项目"中国转型模式的政治经济学分析"（10BJL0001）的部分研究成果。
①　周冰：《论体制的制度结构》，《经济纵横》2013年第2期。

体制度。由同一个元制度逐级派生的直到最具体的直接操作性的制度安排，构成一条制度链。由同一元制度派生出的所有制度安排，也就是多条制度链，共同构成体制的一个功能模块。[①] 上述静态的制度结构如果用树状图来表示，从元制度到最具体的操作性制度安排，其结构就像一棵倒置的树，最上面的元制度是树根，最下面的树梢是最具体的操作性制度安排，两者之间的部分，越靠上面树干部位的是越基本的制度安排，越靠下面树枝部位的则是越具体的制度安排。而整个体制的制度结构就是一座由其制度核生发出来的、自上而下生长的倒置的树林。

由此观之，体制模式的转型方式，也就是一个体制的制度核改变的路径，存在着两种可能的基本路径：一种是自上而下从元制度开始进行改革并带动整个制度系统的改变；另一种是自下而上从具体操作性制度安排改起，逐级推进到元制度层面直至整个制度核发生变化。这里的自上而下和自下而上，是就制度安排在体制的制度结构树状图中的位置而言，与通常所指的权力大小和来源方向不是一回事。诚然，现实中的改革路径往往并不是单纯的自上而下或自下而上，这两种路径不仅可以有多种不同的组合，而且在体制转型的不同阶段所采取的路径及其组合方式还可能发生变化，从而呈现出非常复杂多样的改革方式和转型路径。但是就理论逻辑而言，体制转型所有可能的路径都可以简化成这两种基本路径。因此，这两种基本的改革路径就是研究、探索体制转型方式的牛鼻子，只有抓住这个牛鼻子才能真正深刻、透彻地理解体制转型方式的理论逻辑。

很显然，自上而下的转型路径是一种整体性的改革，因为对元制度的改革必然使从它派生而来的整个制度系统顷刻坍塌，因此自上而下的改革就不仅是对元制度的改革，而且是对整个制度系统同时进行的改革；自下而上的转型路径则是一种通过一系列的局部改革来实现体制转型的方式。

国外的自由主义经济学家大多支持整体改革，而不赞成局部改革。反对局部改革的基本理由是，任何制度都有其内在的统一的运行逻辑，局部改革则会打乱制度的运行，造成混乱，其结果甚至还不如不改，并且提出了两个非常著名的比喻来形象地论证这种观点。第一个是交通规则的比喻，即把制度规则比喻为交通规则，例如车辆沿公路左行还是右行的规定，要么就全部改变，要么就不改。如果进行局部改革，就如同让一部分车辆左行，而另一部分车辆仍按原来的规则继续右行，必然造成交通混乱，甚至

---

① 周冰：《论体制的制度结构》，《经济纵横》2013 年第 2 期。

瘫痪。第二个比喻是说改革就像跨越一条壕沟，而人是不可能分两步跨过一条壕沟的。以此来说明局部改革根本行不通。

然而，这两个传说很广的比喻却都经不起推敲。因为它们都是把改革的对象比喻成了一个单项的制度安排，因此是一个不可分解和拆卸的整体，但是体制转型改革的对象是体制的制度结构，即一整套的制度系统。这两个比喻同样都犯了偷换概念的逻辑错误。其实，把改革的对象比喻成一个单一的简单事物，也就不存在所谓整体改革和局部改革的关系问题了，因此也就不能论证所要说明的问题和支持他们的观点。众所周知，器官移植是现代医学一种非常普遍的治疗手段，说明生物机体的构成是可以局部替换的。体制和制度结构作为社会系统是比生物体更加复杂的巨型系统，其中包含着纵横交错的复杂的结构关系，既有紧密依存的纵向的派生关系，也有彼此平行并列的耦合关系；既有衔接非常紧密的制度链条，也有相对独立的功能模块。其中对相对独立的功能模块单独进行改革，就类似于生物体的器官移植。因此，局部改革不仅是可能的，而且还能够成为体制模式转型的两种基本路径之一。

制度和体制最基本的功能是为人类社会生活提供秩序。不同体制下秩序的性质和特征是不同的。我们把由体制的基本结构及其特征决定的反映了体制性质的秩序称为体制的宪法性秩序，体制转型意味着体制的宪法性秩序的转换。自上而下或曰整体性改革，由于是从元制度这个根上改起，因而整个制度系统会随着元制度的改变而崩溃，而新制度系统的建立和与之相应的秩序形成还需要一个过程，在此之前就会出现一个宪法性秩序的中断和真空状态，据此可以把这种转型方式称为体制转型的突变模式；自下而上的转型方式因为是从具体的操作性制度开始进行改革，是通过一系列局部改革逐步推动体制模式转型，其中宪法性秩序的转换是一个平滑的过程，因此可以称为体制转型的平滑模式。① 自上而下的改革和转型的突变模式可以画等号，自下而上的改革是否能实现平滑转型，还需要进行更深入的分析。

二　适应性调整：改革和演化的区别

体制转型的不同模式是由作为改革决策者的权力机关选择后直接决定

---

① 宪法性秩序和体制转型的突变模式与平滑模式是笔者在《经济体制转型方式及其决定》（《中国社会科学》2005 年第 1 期）一文中提出的概念。

的，决策者的知识水平、理论观念、意志和决心、操作能力等主观原因成为直接决定转型方式的关键因素，尽管这种选择要受到诸如体制结构、改革时机、外部环境等客观因素的严格制约。

决策者为什么会不惜冒秩序崩溃的巨大风险实行突变模式的改革呢？突变式改革首先从元制度着手，反映出决策者从一开始就是要进行根本性的改革，就是要改变整个体制模式，是以体制模式的转型为其改革目标的。决策者之所以要彻底抛弃原有体制进行改弦更张的改革，一定是对原有体制的弊端已经有了深刻而透彻的认识，对新旧体制两种模式的优劣比较已经有了自信是确定无疑的判断，也就是说，他的改革从一开始就有着明确的理论或思想观念的指引。由于改革有着明确和清晰的目标，决策者就可以对改革进行成本收益的计算，当其认为改革将要获得的收益可能大于付出的成本，或者除了进行改革已别无出路时，就会以一种义无反顾的态度推行这种自上而下的突变式改革。而改革失去控制和宪法性秩序的崩溃并不在决策者的预期和计算之中，这反映了转型本身具有的不确定性和理性的局限性。因此，自上而下的改革或者说转型的突变模式具有鲜明的理论和观念先导的性质。①

自下而上的改革则有很大的不同，它在开始时显然并不打算彻底抛弃原有的体制，不论决策者在口头上如何宣示②，他在实际上并不是要进行根本性的改革，因此才不在元制度层面触动制度核。③ 虽然要进行改革，但是又不想改变原有的体制性质和基本特征，也就是说自下而上的改革至少在开始阶段，并不是以体制模式的转型作为其目标的。决策者之所以选择自下而上进行改革，是因为一方面原有体制的运行绩效低下已经无法实现决策者的期望目标，这时体制的弊端已经暴露得比较充分，因此需要进行改革；但是另一方面，决策者对原有体制的信心并没有完全丧

---

① 例如，戈尔巴乔夫在执政的第三年（1987年）就出版了作为其改革指导思想的《改革与新思维》一书；而叶利钦执政下俄罗斯的经济改革则聘请了萨克斯等美国经济学家为其顾问，采取了以"华盛顿共识"为理论基础的"休克疗法"。

② 1984年1月，邓小平在会见德国总理科尔时说："我们把改革当作一种革命，当然不是'文化大革命'那样的革命。"1985年3月，在会见日本自民党副总裁二阶堂进时邓小平提出："改革是中国的第二次革命。"

③ 例如在刚刚决定实行改革开放不久，1979年3月30日，邓小平代表中共中央在北京召开的理论务虚会上发表了题为"坚持四项基本原则"的讲话，提出必须坚持社会主义道路，必须坚持无产阶级专政，必须坚持共产党领导，必须坚持马列主义、毛泽东思想，指出这四项基本原则是不容讨论的，从而为改革设置了底线。

失，还存有幻想①，因此试图通过局部的改革来达到目的。由于是在原有体制模式的框架内思考问题，受到意识形态和眼界的双重局限，对于来自完全不同甚至对立体制模式的理论和政策主张，人们是不可能真正接受、采纳并实行的。因此改革方案的选择，最大的可能性就是在原有理论的边际上进行修正、突破并根据实践摸索出的经验来加以调整。这在本质上是制度结构对外部环境包括生产力发展水平的一种适应性调整。

制度结构对环境的适应性调整有两种不同的情况。

一种是自发的制度变迁，也就是制度和体制演化。制度本身作为人们的关系规范和行为规则是重复发挥作用，也就是不断再生的，具有一定的稳定性。但是，制度作用的环境是不断变化着的。当环境中或细微或剧烈的变化积累到了一定程度，使得由制度所规约和限定的行为方式已经不适应时，就需要对制度加以调整和改变，以适应变化了的新环境。例如，活动规模包括发展水平的扩大、缩小等累积引起的变化，人口数量和结构的变化，知识的积累、改变和技术变化，自然环境的变化，灾害、战争、动乱等剧烈冲击，文化风俗的改变等，都会引起资源相对稀缺程度的变化，从而改变原有制度的效率，产生制度和环境之间的不适应问题。但是，制度本身并不会"要求"改变，要求改变的是相关的行为主体——人。往往是制度的执行者或者受制度规制的对象，从自身利益出发对相关制度安排进行调整。例如一项具体制度安排的执行人，为了减轻自己的操作成本对制度进行简化，或者为了分散和转移制度风险，增加或改变制度的操作程序；为了获得寻租收益而添加手续，或者交易主体为了获得制度外的额外收益创设新的制度安排；等等。这些从制度系统和制度结构的末梢最具体的操作性制度安排开始发生的变迁，并不是宏观制度决策者的主动选择，而是微观主体自发行动的结果，因此这种制度变迁具有盲目性，宏观管理者往往是在事后甚至很久以后才被动地接受既成的事实。

另一种是自下而上的局部改革。局部改革虽然也是对制度结构进行适应性调整，但它是制度决策者的主动选择，是一种自觉行为，有着比较明确的目标。所以，改革和制度演化有两点显著的不同：一是推动制度变迁的行为主体不同；二是社会的自觉意识在其中发挥着截然不同的作用。

---

① 科斯、王宁：《变革中国——市场经济的中国之路》，徐尧、李哲民译，中信出版社，2013，第52、92页。

三 局部改革而非所谓的"渐进改革"模式

一般来说,自下而上的局部改革是目标有限的改革,并不以体制模式转型为目标,因此不宜称作"渐进式"改革。因为所谓渐进式改革是和激进式改革相对的概念,这就给人造成一种错觉,似乎两种改革都有相同的目标,差别只是采取的策略不同,实现目标的手段和方式有所不同。然而事实并非如此,因此称之为局部改革更加符合实际。例如中国在改革起步阶段(20世纪70年代末期至80年代中期)关于改革对象和任务的理解,主要是为了解决经济动力不足和经济效率低两方面的问题,其中在第一个方面采取了财政分权、企业利润留成和扩大自主权、恢复计件工资和奖金制度等许多具体的举措,但是并没有试图改变按劳分配这一收入分配领域的基本制度。也就是说,当时的改革并没有也不打算触及元制度。

这种局部改革不仅不会去触及元制度,甚至往往还会被认为是对原有体制的"完善",而不是真正意义上的改革。所以在中国改革启动阶段,主流的理论和观念是"回到马克思"①,即以马克思关于未来社会的理论设想为标准,作为指导改革实践的理论依据,来衡量、评价和批评现实。例如,当时连续召开了四次全国性的按劳分配理论讨论会,针对经济规律、社会主义发展阶段、社会主义生产目的等理论问题都展开了热烈的讨论。这实际就是要用传统的马克思主义政治经济学为改革制造舆论并提供理论认识工具。

不可否认,自下而上的局部改革作为一种改革策略,自然也包含着决策者控制改革风险的考虑。但是决策者对于改革风险的认识,是从原有体制的角度进行的思考,并不是对体制转型可能产生的风险和不确定性的理解,并不是为了化解风险而采取渐进的改革策略。例如,邓小平在实行改革开放不久即提出四项基本原则,在实行对外开放时选择设立经济特区进行试验,都清楚地说明了他的改革目标是有限的。这一点,是理解自下而

---

① 20世纪70年代末至80年代初期,中国"回到马克思"的理论倾向主要表现在三个方面:一是理论研究中主要用马克思来批判斯大林以及经济现实和为改革造舆论;二是成立了众多以马克思主义政治经济学理论范畴为研究对象的学术组织和研讨会,例如《资本论》研究会、经济规律研究会等;三是高等院校经济系科的教学中大大加强了《资本论》和马列原著的教学。

上的局部改革路径的一个要害。

目标有限的局部改革为什么能成为一条推动体制转型的路径呢？这是因为局部的改革带来了某种新的体制因素，从而引导着改革向更深层次发展，改革有可能逐步深化直至元制度和制度核的改变。但是，这种改革的深化发展和体制性质的逐渐变化是出乎决策者的预料的，并不是事先设计的改革策略。譬如，中国在 1980 年提出"三结合"的就业方针①，大力发展城市集体经济并允许个体就业，本意是为了解决城市巨大的就业压力和下乡知青集中回城出现的社会问题，但却在不经意间启动了所有制结构调整这扇受意识形态禁锢最坚固的闸门；再譬如，企业改革中实行的厂长责任制和优化劳动组合等措施搅动了企业中沉淀的大量冗员，形成了在职"下岗"和企业内部劳动力市场等特殊经济景观，在无意中扣动了劳动制度改革和建立劳动力市场的扳机，而这也就从最深的基础上将企业的性质由传统的全民所有制改变成了国家所有制。

由于局部的改革在本质上是对体制结构的一种适应性调整，因此在改革举措和发展路径的选择上都有强烈的"撞击 - 反射"性质。所谓"摸着石头过河"，形象而准确地概括出了这种改革方式的特征。尽管自下而上的局部改革是宏观决策主体的自觉行为和主动选择，但是其后续的发展和带来的改革深化，却并不是其完全预期和可控的过程，明智的决策者只能顺应形势，因此在一定程度上又具有演化的性质，所以说，"渐进式改革"的提法和概括并不准确。

四 过渡性制度安排：平滑转型的机制

局部改革之所以能够成为一条体制平滑转型的路径，关键在于改革过程中出现了一种新的特殊的制度形式——过渡性制度安排。正是由于一系列过渡性制度安排逐次替代并推动着体制的性质逐渐变化，才最终实现体制模式的平滑转型。

---

① 1980 年 8 月，中共中央在北京召开全国就业会议时提出：在全国统筹规划和指导下，实行劳动部门介绍就业、自愿组织起来就业和自谋职业相结合的方针，简称"三结合"的就业方针。"三结合"就业方针突出强调了发展集体经济，并且使非公有制经济在中国重新获得了合法地位，它标志着中国所有制发展转换了一个新的方向，是经济体制改革中所有制结构调整的发端，城镇民营经济由此开始复苏。

首先需要明确一点，局部改革并不是对原有体制的补充和完善，原因如下。第一，二者出现在体制存在过程的不同阶段，尽管二者都是对具体操作性制度安排进行的适应性调整，但是只有在体制形成和建立过程中的调整才是补充和完善，而在体制相对稳定运行以后再进行的调整则是改革。第二，尽管二者都是具体制度安排的适应性调整，但是适应的对象却不同。补充和完善是对正在建立起来的体制的制度结构的适应，而局部改革则是对体制的外部环境特别是生产力发展水平的适应。第三，二者调整的依据和动力来源不同。补充和完善是从体制自身的性质和运行逻辑的要求出发，使具体制度安排适应于其上层的基本制度，也就是为了使制度安排之间和整个制度结构更加协调而进行的调整；而改革是对变化了的环境进行的适应性调整，因此往往会和其上层的或相衔接的制度安排发生摩擦冲突。总之，对原有体制的补充和完善是服从于既有的体制逻辑和原则的，而改革，哪怕是局部的改革也会带来新的体制因素，是对原有体制逻辑的挑战和创新。

作为改革举措推出的新的制度安排，因为是在原有体制框架内进行的局部调整，因而必然要受到原有体制的束缚，带着旧体制的因素。但是，作为对变化了的外部环境的适应性调整又具有某种新的体制因素，因而同时具有新旧两种体制的双重性质，因此是一种过渡性制度安排。[1] 例如，中国农村改革中的家庭联产承包经营责任制、国有企业改革中实行的扩大企业经营自主权和经营承包制、价格改革中的生产资料价格双轨制等，都不是直接抛弃旧的体制，而是在原有的体制中注入一种新的体制因素，把新的体制因素纳入到旧体制的框架中，从而在一定程度上改变了体制的性质和运行方向。这些改革过程中的制度安排，既不同于旧的计划经济体制，也不是市场经济下正常的制度安排，而是一些同时兼有两种体制性质的过渡性制度安排。

过渡性制度安排遵循的并不是某种单一的体制规则，而其运行的环境又处在快速变化当中，因此必然会带来一些出乎决策者意料的非预期的结果。例如，土地承包后乡镇企业异军突起，价格双轨制引发了"官倒"[2] 和全民经商热，这是因为局部改革和过渡性制度安排引起的制度摩擦。改革

---

① 过渡性制度安排的概念来源于盛洪（1996）和周冰（2001，2007，2011）。

② 20世纪80～90年代，一些党政干部和党政机关违反国家工商管理制度规定，钻价格双轨制的空子，倒买倒卖钢材、水泥、化肥、农药、农膜等紧缺物资谋利的行为，俗称"官倒"。

中推出的新制度安排虽然是与当时的经济环境相适应的，但是却会和更上层的基本制度相冲突。不仅如此，凡是与其存在耦合关系相衔接的其他制度链和体制的功能模块都会出现新的不协调问题，而这些问题是决策者事前难以预计的，因此会产生一定的混乱。例如，扩大企业自主权后出现了奖金发放失控以及所谓"工资侵蚀利润"① 和消费基金膨胀的问题，允许行政事业单位收费出现的"三乱"② 现象至今都难以消除。这种摩擦成本是局部改革的主要成本。过渡性制度安排由于保留了原有体制的形式，在一定程度上减缓了新制度安排与原有体制的冲突，有利于降低改革的摩擦成本；但是另一方面，由于它对新旧两种体制都产生了扭曲，又在一定程度上加剧了改革过程中的制度摩擦。

作为局部改革举措的过渡性制度安排是适应正在变化着的当时的体制环境的，因此会带来效率的提高，产生改革红利。改革红利和制度摩擦就像在池塘里投进石子激起的波纹一样，从最先改革的地方一波一波地向更上层级的制度和其他相衔接的制度链和功能模块传递扩散。只有当改革最终扩散到了整个体制的范围和元制度层面，使体制性质发生根本性的改变，平滑转型才能最终完成。但是由于存在着摩擦成本，局部改革就有可能停滞不前，在每一个新的环节上都有可能会出现停止、中断和倒退。由于改革过程持续时间相当长，人们的利益关系和改革态度都会发生变化，前期的改革者可能成为新的既得利益集团阻碍后续的改革，但是在体制转型尚未完成之前整个体制是不稳定的，因此改革就会呈现出间断性的一个波次一个波次逐步推进的特征。而这也就是人们误认为是一种"渐进式改革"的重要原因。

在局部改革的过程中，决策者始终面临着在改革红利和摩擦成本之间进行对比和选择的问题。原则上讲，只有当预期的改革红利大于因制度摩擦引起的秩序混乱和风险损失时，改革才会进一步扩展和深化。改革红利只能来源于资源配置效率的改善和直接生产者劳动水平的提高，因此改革举措必须是能够顺应直接生产者的利益诉求，向生产者倾斜的。例如，中国的土地承包不仅使农户可以拥有自己增加的生产剩余，而且获得了支配包括自己劳动力在内的生产要素的经营自由，结果不仅极大地促进了农业

---

① 戴园晨、黎汉明：《工资侵蚀利润——中国经济体制改革中的潜在风险》，《经济研究》1988 年第 6 期。

② 指乱收费、乱罚款、乱摊派，这三乱也被称为"老三乱"。"新三乱"则是指乱检查、乱评比、乱培训。

生产的增长，同时还刺激了乡镇企业的发展和农村剩余劳动力的大规模转移。国有和集体企业的承包经营则催生了新兴企业家阶层的涌现。这里问题的复杂还在于，改革决策和一切决策相同，都是面对未来做出的选择，改革红利和成本都是预期的，特别是在涉及改革决策的社会博弈中，成本和收益的承担者往往并不是同一个行为主体。对于究竟什么是改革的成本，什么是收益，不同的社会行为主体会有不同的理解。因此在关于改革决策的社会博弈中，人们的主观认识和思想观念甚至比真实的成本收益更加重要，理论上的突破和创新往往具有决定性的意义。

五　边际循环推进：平滑转型的路径

樊纲和胡永泰在《"循序渐进"还是"平行推进"》（2005）一文中专门讨论了体制转型的推进路径问题。他们认为，最优的路径和政策选择应当是平行推进。然而事实上，通过局部改革最终实现平滑转型的路径，既不可能是循序渐进，也不可能是平行推进。樊纲和胡永泰对于循序渐进路径的不可能性进行了比较充分的论述：理论上的原因是，它没有考虑体制内各种制度间相互依存、相互制约的关系和制度变迁过程中各种制度必须相互协调或相互兼容的基本要求；从操作的角度来看，因为不可能事先为不同领域改革分别设定一个完成的"检验标志"，以判断以前的步骤是否完成以及下一步该怎样做。由于改革过程的复杂和内容的多样，以至于单方面的"标志"并没有多大意义，而如果要等待所有方面都达到这个"标志"，就会使整个过程慢得无法进行。① 这里的关键是，由于体制内各领域、各方面制度之间的协同作用和耦合关系，使得任何一个领域、任何一个方面的制度进行单独改革都不可能走得太远，一方面因为受到其他尚未改革的制度掣肘，产生了不协调成本；另一方面人们也无法对某一领域的改革是否"到位"进行判断，因此没有任何一方面的改革可以单独"完成"。

"平行推进"的提法容易使人们产生所有领域的改革同时展开和各领域改革齐头并进的联想。但是由于不同的体制因素的改革速度和新体制的成长速度之间存在着差异，即使同时启动的不同领域的改革也不可能齐头并进，因此樊纲和胡永泰主张的"平行推进"改革策略，主要"在于在各个

① 樊纲、胡永泰：《"循序渐进"还是"平行推进"——论体制转轨最优路径的理论与政策》，《经济研究》2005 年第 1 期。

领域内同时进行的部分改革，尽可能地相互协调、相互促进，而不是相互阻碍"。诚然，他们强调避免改革中产生过大的不协调成本是完全正确的，但是由于局部改革的决策者并不是以转型为其改革目标，其改革目标是在改革过程中随着形势的发展逐步推进而动态延伸着的，因此也就不可能从一开始就在所有需要改革的领域都同时进行改革，因为很多领域和很多方面都是在改革推进的过程中才逐步被认识到也需要改革的，事实上各个领域的改革同时进行（启动）也是不可能的。因此，现实的改革路径不可能是平行推进。

在实证研究的基础上我们提出，局部改革是以"边际循环推进"的方式逐步深化和实现体制平滑转型的。首先，改革是在多个领域、多个方面同时启动，并不是只在某一领域、某一方面孤立进行的，即局部改革并不是个别领域的单项改革。其次，各个领域的改革都具有"边际"改革的性质，即改革总是从操作性具体制度开始，而不是从基本制度开始，改革初期往往并不触及这一领域的元制度和体制的制度核，所以各个领域的改革都不是"彻底"的改革，而只是局部的改革。再次，不同领域和不同方面改革的力度和推进速度存在着差异，必定是参差不齐的。那些推进速度较快，变化非常明显并且取得成效比较显著的改革，就会被人们视为改革的"突破口"。然而事实上，改革过程中并不存在类似军事防线一旦突破就可以势如破竹、长驱直入的那种突破口。由于各个制度之间的相互依存和摩擦作用，推进较快和成效较大领域的改革经过一段时间以后势头就会减弱乃至停顿下来，而下一波次的改革重心又会转向其他改革相对滞后的领域。也就是说，改革的重心并不是一个固定的领域，而是在各个不同领域之间运动转移着的。因此，整个改革过程就呈现出一种"边际－循环"推进的特征。

由于转型没有完成之前整个体制始终处在不协调、不稳定的状态，新旧两种体制因素之间的制度摩擦既是制度运行的阻力，也是促进改革深化的契机。在每一波次改革之后新旧两种体制因素之间的摩擦成本最高的地方，就是社会矛盾最尖锐、冲突最激烈的地方，要求改革的压力也最大，达成改革共识相对也比较容易，所以也是改革的阻力最小的地方，因此往往就会成为下一轮改革的"突破口"。自下而上的改革就是按着压力最大和阻力最小的原则，采取边际循环的路径逐步推进，就像剥洋葱一样，逐层深入，逐渐向元制度和制度核接近。

与突变式转型相比，自下而上的改革由于实现体制模式转型需要相当长的时间，不可能一蹴而就，往往需要几十年甚至几代人的连续努力才能最终实现，因此存在着另一种不同的风险和不确定性。这就是在每一个波次的改革浪潮之后，随着改革势头的衰减，都有可能停顿、倒退或变性，以致半途而废，造成社会和经济的失序，体制状态长时间处在扭曲和病态中难以自拔，如同一些掉入"中等收入陷阱"的发展中国家一样。因此樊纲和胡永泰建议，永远都要在充分顾及协调性的前提下，尽可能快地在所有领域推进改革！① 这不仅需要决策者具有坚定的改革信念和坚韧不拔的意志，勇于承担自己的历史责任，而且需要形成一种改革的文化，从而使每一任决策者都能传递好改革的接力棒，绝不等待和拖延。中国古代秦人连续七代领导人②都朝着同一个方向和目标奋斗，持之以恒，再接再厉，最终完成了统一中国的旷世伟业，在历史上树立了一个经典的成功范例。

参考文献

[1] 樊纲、胡永泰：《"循序渐进"还是"平行推进"——论体制转轨最优路径的理论与政策》，《经济研究》2005 年第 1 期。

[2] 关海庭：《中俄转型模式的比较》，北京大学出版社，2003。

[3] 科斯、王宁著：《变革中国——市场经济的中国之路》，徐尧、李哲民译，中信出版社，2013。

[4] 萨克斯、胡永泰、杨小楷：《经济改革与宪政转型》，《开放时代》2000 年第 7 期。

[5] 周冰：《论体制的制度结构》，《经济纵横》2013 年第 2 期。

[6] 周冰、靳涛：《经济体制转型方式及其决定》，《中国社会科学》2005 年第 1 期。

---

① 樊纲、胡永泰：《"循序渐进"还是"平行推进"——论体制转轨最优路径的理论与政策》，《经济研究》2005 年第 1 期。

② 指战国时期秦国自秦孝公至秦始皇的七代国君，他们是秦孝公、秦惠王、秦武王、秦昭襄王、秦孝文王、秦庄襄王、秦始皇。

我国混合所有制经济赖以建立的理论基础

●蔡继明　王成伟*

内容提要：混合所有制经济有两重含义：既可以指宏观层面的混合所有制结构，也可以指微观层面的混合所有制企业。这两重含义的混合所有制在我国都各自经历了一个否定之否定的过程，体现了经济体制改革的复杂性和艰难性。本文将从经济史和思想史的角度，对我国混合所有制理论基础的演变过程进行一番细致的梳理，由此可对我国基本经济制度有更深刻的理解。

关键词：混合所有制　两重含义　理论基础　历史演变

混合所有制经济有两重含义：宏观层面上是指混合所有制结构，即一个国家或地区所有制结构中，既有国有、集体等公有制经济，也有个体、私营、外资等非公有制经济，还包括拥有国有和集体成分的合资、合作经济；微观层面上是指混合所有制企业，即在同一企业内部既有公有制因素又有私有制因素，其中包括不同所有制性质的投资主体共同出资组建的企业，也包括一般的股份制企业。这两重含义的混合所有制在我国都各自经历了一个否定之否定的过程，而每一次革命和变革，都是以一定的理论为基础的。

一　混合所有制结构：从单一的公有制到多元所有制

1949 年中华人民共和国成立之初所实行的新民主主义经济，本来就是

---

*　蔡继明，清华大学政治经济学研究中心主任、教授、博士生导师，电子邮箱：jmcai@ tsing-hua. edu. cn；王成伟，清华大学政治经济学研究中心，博士研究生，电子邮箱：419056779@ qq. com。

多种所有制经济并存的混合所有制经济。后来在极左思想影响下，原定需要在相当长的时期内才能基本实现的"三大改造"即对农业、手工业、资本主义工商业的社会主义改造，实际上到 1956 年只用了 7 年就基本完成了（若剔除 1949～1952 年 3 年国民经济恢复时期，实际上只用了 4 年）。①

从 1956 年"三大改造"完成到 1978 年改革开放开始，在此期间经过一系列政治运动和"穷过渡"，形成了单一的公有制结构：农村以集体所有制为主，城市以全民所有制为主。国家只允许非农业的个体劳动者从事法律许可范围内的、不剥削他人的个体劳动，同时强调要引导他们逐步走上社会主义集体化的道路。在农村，人民公社社员只能经营少量的自留地和家庭副业，在牧区只可以有少量的自留畜。1978 年，城镇全民所有制企业就业职工占 78.44%，集体所有制企业就业职工占 21.56%。

改革开放以来，私有制经济在执政党的纲领性文件中，从作为公有制经济的对立面被绝对禁止②，到逐步成为公有制经济的必要补充③，最终作为社会主义市场经济的重要组成部分，与公有制经济一起成为社会主义初级阶段的基本经济制度④，公民的合法私有财产也得到了宪法的保护⑤。

---

① 毛泽东指出："从中华人民共和国成立，到社会主义改造基本完成，这是一个过渡时期。党在这个过渡时期的总路线和总任务，是要在一个相当长的时期内，基本上实现国家工业化和对农业、手工业、资本主义工商业的社会主义改造。"（《毛泽东选集》第五卷，人民出版社，1977，第 89 页）中共十一届六中全会通过的《关于建国以来党的若干历史问题的决议》确认，我国过渡时期是"从 1949 年 10 月中华人民共和国成立到 1956 年"。（人民出版社，2002）

② 《中共中央关于经济体制改革的决定》，也只是把个体经济看作和社会主义公有制相联系的，是社会主义经济必要的有益的补充，但严格限定其雇工人数（不超过 8 个），否则作为私营经济是被禁止的。（人民出版社，1984）

③ 中共十三大报告指出：中国仍然处在社会主义初级阶段，社会主义初级阶段的所有制结构是公有制为主体，多种所有制形式并存。要在公有制为主体的前提下继续发展多种所有制经济。私营经济是存在雇佣劳动关系的经济成分，但却是公有制经济必要的和有益的补充。（赵紫阳：《沿着有中国特色的社会主义道路前进》，人民出版社，1987）

④ 中共十五大报告指出：非公有制经济是我国社会主义市场经济的重要组成部分。公有制为主体、多种所有制经济共同发展，是我国社会主义初级阶段的一项基本经济制度。（江泽民：《高举邓小平理论伟大旗帜，把建设有中国特色社会主义事业全面推向二十一世纪》，人民出版社，1997）

⑤ 2004 年宪法修正案第六条第二款：国家在社会主义初级阶段，坚持公有制为主体、多种所有制经济共同发展的基本经济制度，坚持按劳分配为主体、多种分配方式并存的分配制度；第十一条：在法律规定范围内的个体经济、私营经济等非公有制经济，是社会主义市场经济的重要组成部分。国家保护个体经济、私营经济等非公有制经济的合法的权利和利益。国家鼓励、支持和引导非公有制经济的发展，并对非公有制经济依法实行监督和管理；第十三条：公民的合法的私有财产不受侵犯。（《中华人民共和国宪法》，人民出版社，2004）

　　由此表明，从宏观层面上看，或从所有制结构的角度看，经过长达半个多世纪的社会主义革命和社会主义建设以及改革开放的实践，经过否定之否定的辩证发展，我国以公有制经济为主体、多种所有制经济共同发展的混合所有制经济作为社会主义初级阶段的一项基本经济制度已经确立起来。那么，是什么理论指导支撑着上述否定之否定的革命和改革的历程呢？

　　显然，对私有制的恐惧、憎恨和排斥，并非来自私有制本身①，而是源于私有制产生的剥削。而私有制必然产生剥削，剥削的根源是生产资料的私人占有，这种观念则是建立在传统的劳动价值论和剩余价值理论基础之上的。按照传统的劳动价值论和剩余价值论，价值是唯一由活劳动创造的，非劳动收入无一不是非劳动要素的所有制凭借着非劳动要素的所有权对劳动者所创造的剩余价值的无偿占有，这样，生产资料的私有制与剥削就成了孪生兄弟。按照这一理论，要消灭剥削，就必须消灭私有制这一产生剥削的根源。这就不难理解，在现实中，为什么我们在大力发展非公有制经济的同时，总是强调要对其进行引导、监督和管理；为什么在充分肯定非公有制经济的"三个有利于"的同时，总是不忘记提醒人们私有制体现着剥削关系；为什么当允许私营企业家加入共产党时会引起强烈的社会反响。追根溯源，正是传统的剥削理论，构成了非公有制经济进一步发展的理论障碍。而要消除这一障碍，就必须根据新的价值理论重新认识剥削与私有制的关系。

　　笔者从 1985 年起潜心研究价值理论，创立了广义价值论（1987，2010）②，并在此基础上与谷书堂教授共同提出了按生产要素贡献分配的理论（1988）③。根据广义价值论，各种生产要素都参与了价值创造。而所谓按生产要素的贡献分配，就是按生产要素在社会财富即价值的创造中所做的贡献进行分配。经过多年的争论与探讨，2002 年的中共十六大终于确立了"劳动、资本、技术、管理等生产要素按贡献参与分配的原则"（简称"按生产要素贡献分配"），中共十七大则进一步强调要完善生产要素按贡献参与分配的制度。

　　根据广义价值论和按生产要素贡献分配的原则，剥削产生于报酬与贡

---

① 有文字记载的人类历史似乎都表明：对私人利益、私有财产的保护似乎是天经地义的，符合人类的本性。

② 蔡继明：《比较利益说与广义价值论》，《南开经济研究所季刊》1987 年第 1 期；《从狭义价值论到广义价值论》，上海格致出版社，2010。

③ 谷书堂、蔡继明：《按贡献分配是社会主义初级阶段的分配原则》，《经济学家》1989 年第 2 期；蔡继明：《从按劳分配到按生产要素贡献分配》，人民出版社，2008。

献的偏离：如果要素报酬低于要素贡献，要素所有者就被要素使用者剥削了；如果要素报酬高于要素贡献，要素所有者就剥削了要素使用者；如果要素的报酬与贡献相一致，要素所有者与要素使用者之间就不存在剥削与被剥削的关系。

根据以上分析，私有制经济中并非一定存在剥削，而公有制经济中未必就没有剥削。我们不能笼统地把私人业主等同于剥削者——只有当私营业主付给工人的工资低于其边际产品收益时，我们才能把私营业主界定为剥削者；我们也不能断言公有制企业中的劳动者就一定不受剥削，除非他们的劳动报酬等于他们的劳动贡献。

由此可见，正是对传统劳动价值论的反思和按生产要素贡献分配理论的建立，才为保护私有财产和发展非公有制经济扫除了理论障碍，也为公有制为主体、多种所有制经济共同发展的混合所有制经济制度的确立奠定了理论基础。

二 混合所有制企业：从非公即私的企业到公私融合的股份制企业

如前所述，作为微观经济主体的混合所有制企业，既包括不同所有制性质的投资主体共同出资组建的企业，也包括一般的股份制企业，而后者是现代混合所有制企业普遍采取的形式。

股份制在我国近半个世纪也经历了一个否定之否定的过程。改革开放前，股份制企业连同其他任何非公有制企业一律都被取缔。改革开放初期，股份制也一度被当作资本主义私有制企业而受到排斥。

随着改革开放步伐的加快，1984年第一家比较规范的股份制企业——上海飞乐股份有限公司成立，1990年12月上海证券交易所与深圳证券交易所先后正式营业。鉴于股份制企业在社会主义市场经济中所表现出的良好业绩和巨大活力，中共十五届四中全会通过的《中共中央关于国有企业改革和发展若干重大问题的决定》（1999）指出：国有大中型企业尤其是优势企业，宜于实行股份制的，要通过规范上市、中外合资和企业互相参股等形式，改为股份制企业，发展混合所有制经济，重要的企业由国家控股。中共十六大报告（2002）则进一步指出：我国要深化国有企业改革，进一步探索公有制特别是国有制的多种有效实现形式，大力推进企业的体制、技术和管理创新；除极少数必须由国家独资经营的企业外，要积极推行股份制，发展混合所有制经济；要实行投资主体多元化，重要的企业由国家控股；要按照现代企业制度的要求，国有大中型企业继续实行规范的公司制改革，完善法人治理结构。① 中共十七大（2007）报告也强调要"以现代产权制度为基础，发展混合所有制经济"。② 截止到 2004 年年底，全国 2903 家国有及国有控股大型骨干企业已有 1464 家改制为多元股东持股的公司制企业，改制面为 50.4%。截止到 2012 年年底，中央企业及其子企业控股的上市公司总共是 378 家，上市公司中非国有股权的比例已经超过 53%；地方国有企业控股的上市公司 681 户，上市公司非国有股权的比例已经超过 60%。目前，国有控股的境内外上市公司 1100 余家，其国有权益和实现利润分别占全国国有及国有控股企业的 17% 和 46% 左右，国有控股的上市公司已经成为国有经济的骨干力量。

上述有关股份制的否定之否定的过程，始终伴随着股份制企业姓资姓社的争论。而有关股份制属性的争论，则充满了形而上学的气息，争论双方，无论是以厉以宁先生为代表的新公有制论③，还是以项启源等学者为代表的非公有制论④，都只强调公有制与私有制之间的对立（水火不相容），而忽略了二者之间的统一（同一）。

实际上，如果以产权是否可分以及财产收益是否可以量化到个人作为区分公有产权和私有产权的标准，那么，股份制在性质上既是一种财产组织形式，也是一种特殊的产权形式（所有制形式），它既不是纯粹的私有制，也不是纯粹的公有制，而是介于二者之间的中介，是公私两种产权制度的有机融合，是对私有产权和公有产权的扬弃，它既是社会主义初级阶段公有制的主要实现形式，同时也是非公有制的主要实现形式。

首先，股份制企业不同于单纯的私有制企业，它具有一定的公有特性。这不仅表现在资产来源上可能具有的公有成分上，更主要的是股份制企业具有公有产权的一般属性，那就是即使在以私有产权为基础（或主体，或出发点）的社会，通过股份制这种产权组织形式，私人资本在保留了其资产的内部可分性（资产分割并量化到个人）的同时，取得了外部整体不可分的法人资本形式。一方面，股份制企业里的国有股和集体股，本来就是

① 江泽民：《全面建设小康社会，开创中国特色社会主义事业新局面》，人民出版社，2002。
② 胡锦涛：《高举中国特色社会主义伟大旗帜，为夺取全面建设小康社会新胜利而奋斗》，人民出版社，2007。
③ 厉以宁：《论新公有制企业》，《经济学动态》2004 年第 1 期。
④ 项启源：《不能把股份制等同于公有制——兼与厉以宁教授商榷》，《经济学动态》2004 年第 4 期。

公有成分，这一点不论是在资本主义社会还是在社会主义社会都是如此。另一方面，股份制企业在产权安排上越来越具有整体性。不仅由股东出资凝聚起来的公司法人财产不可分割，而且剩余收益的分配也越来越体现整个所有者的共同利益。不仅如此，各种资本市场的发展和各种金融创新，在私产流动的同时保证了公司财产的完整性，这种流动体现了全体所有者（股东）个人意志对公产经营的约束，使得公司控制权体现了越来越多的社会性或公众性，而不仅仅是少数大私有者的意志。被人们广为引用的《资本论》第 3 卷第 27 章马克思的那段名言①，表明股份制的出现已经给资本主义财产所有的形式和生产方式带来新变化，股份公司这种财产组织方式已经具有了与私有产权相对立的特性，因而具有一定的公有属性。

其次，股份制企业也具有一定的私有性，股份制企业并不直接等同于公有制企业。股份制企业产权作为法人财产权，是不可分割的，但内部私有产权和收益却是可分的。股份制企业关注的是效率而非公平，它的目标是实现出资人即股东利润最大化，并根据出资额的多少分配企业的利润，这些和私有产权安排都是一致的。正是由于股份制企业出资人的私有产权可以分割并借助资本市场实现产权流动，才形成了对企业经营者的外部约束，有利于强化对企业经营者的激励。

由此可以得出结论，股份制是公私产权的融合或中介。辩证法的中介思想也许有助于我们理解股份制这种特殊的产权形态。中介是标志不同事物之间联系、亦此亦彼的哲学范畴。辩证法认为，一切差异都在中间阶段融合，一切对立都经过中间环节而相互过渡，辩证法不知道什么是绝对分明和固定不变的界限，也不知道什么无条件的普遍有效的"非此即彼"，它使固定的形而上学的差异互相过渡，除了"非此即彼"，又在适当的地方承认了"亦此亦彼"，并且使对立互为中介。彼此对立的经济范畴，通过亦此亦彼的中介环节而统一起来。

我们知道，在马克思主义经典作家所设想的未来社会中，社会主义是共产主义的初级阶段，实行单一的公有制、计划经济和按劳分配。而从资本主义到共产主义，有一个从前者转变到后者的过渡时期，这个过渡时期

----

① "那种本身建立在社会生产方式的基础上并以生产资料和劳动力的社会集中为前提的资本，在这里直接取得了社会资本（即那些直接联合起来的个人的资本）的形式而与私人资本相对立，并且它的企业也表现为社会企业而与私人企业相对立。这是作为私人财产的资本在资本主义生产方式本身范围内的扬弃。"（《马克思恩格斯全集》第 25 卷，人民出版社，1974，第 493 页）

不可避免地要兼有资本主义和未来共产主义两种社会形态的特征。[①] 也就是说，其所有制结构必然是公私混合的，其经济体制必然是计划和市场共存的，其分配关系也必然是按资分配与按劳分配并存的。但根据马克思的论述，这一过渡时期既不属于资本主义，也不属于作为共产主义初级阶段的社会主义，而是一个亦此亦彼或非此非彼的由资本主义转变为共产主义的中介环节。而中共十三大在理论上进行了突破，认为我们已经处于社会主义，只不过是社会主义初级阶段。中共十五大报告则把"公有制为主体、多种所有制经济共同发展"的经济制度，看成是社会主义初级阶段的基本经济制度。

对于目前正处在经济转型期的中国来说，几乎所有的经济关系和经济范畴，都明显地带有曾经一度被视为截然对立的两种经济制度的痕迹，表现为两种对立的经济关系的相互融合、相互渗透和相互过渡，呈现出彼此对立的经济范畴之间的交差、调和与折中。[②] 股份制企业兼具私有和公有产权的二重特性，使得它不仅是一种财产组织形式，而且是一种相对独立的产权形式或所有制形式，只不过这种产权形式既不是纯粹的（或原始的）私有产权，也不是纯粹的（或原始的）公有产权，而是公私产权的一种融合形式或中介形式。它扬弃了私有产权和公有产权的不足，又吸取了它们的有价值成分，体现了重视个人利益基础上整体的一致性，使产权走向开放和流动，体现了各种权利之间的分工与制衡。总之，股份制既是公有产权与私有产权相互转化的一个中介，又是公私产权的一种融合，体现了公有产权和私有产权两重属性的内在统一。

三 混合所有制企业的发展对我国基本经济制度的影响

那么，把股份制看作一种所有制形式，特别是一种兼有公私两种产权属性的所有制形式，这是否与公有制为主体的提法相矛盾？随着越来越多的企业（特别是公有制企业）采取股份制形式，我国的基本经济制度将如

---

① "在资本主义和共产主义中间隔着一个过渡时期，这在理论上是毫无疑义的。这个过渡时期不能不兼有这两种社会经济结构的特点或特征。"（《列宁选集》第四卷，人民出版社，1972，第84页）

② 周守正、蔡继明：《论中介分析在马克思经济学中的地位和作用》，《教学与研究》2004年第6期。

何体现公有制为主体？

其实，中共十五大报告对上述质疑已经进行了回答。中共十五大报告立足于社会主义初级阶段的实际，提出要全面认识公有制经济的含义，指出"国有经济起主导作用，主要体现在控制力上"。① 股份制经济发展后，并不是消灭国有企业，在一些关系国计民生和国家安全的特殊行业和领域，国家独资股份公司或若干国家投资机构持股的股份公司依然存在，公有制的主体地位主要体现在这里。

由于股份制既可以看作非公有制经济实现形式，也可以看作公有制经济的实现形式，或者更确切地说，是作为公私两种所有制相互融合的实现形式，因此，我们既不能出于对私有化的恐惧而抑制股份制的发展，也不能认为应该大力发展股份制，就把股份制一律说成是公有制，完全否认其私有属性。至于公有制和私有制所占的比重谁高谁低以及在股份制这种混合的或融合的所有制形式中公有成分和私有成分谁居主导地位，那是由生产力发展的客观要求决定的，至少也应该是根据"三个有利于"的标准来确定的。我们应该摒弃马克思、恩格斯早在 100 多年前就批评的只讲对立、否认统一，只讲斗争、不讲联合或妥协的"非此即彼"的形而上学的思维方式②，既不能企望用公有制完全取代私有制，也不必担心私有制会一统天下，至少在我们可预期的整个社会主义初级阶段是这样。

由此我们得出如下几个结论：以私有产权为基础（或主体，或出发点）的社会，通过股份制这种产权组织形式，在保留了内部可分性的同时，取得了外部整体不可分的法人资本形式；而以公有产权为基础（或主体，或出发点）的社会，通过股份制这种产权组织形式，在以法人资本的形式仍然保留了外部整体不可分的同时，使公有产权具有了内部的可分性。

股份制既是一种财产组织形式，也是一种特殊的产权形式（所有制形式），它既不是私有制，也不是公有制，而是介于二者之间的中介，是公私

---

① 江泽民：《高举邓小平理论伟大旗帜，把建设有中国特色社会主义事业全面推向二十一世纪》，人民出版社，1997。

② 恩格斯在致康拉德·施米特的信中写道："如果不让爬行动物和哺乳动物这两个概念中的一个或两个都和现实发生冲突，您想怎么能从卵生的爬行动物转到能生育活生生的幼儿的哺乳动物呢……1843 年我在曼彻斯特看见过鸭嘴兽的蛋，而且傲慢无知地嘲笑过哺乳动物会下蛋这种愚蠢之见，而现在这却被证实了！因此，但愿您对价值概念不要做我事后不得不请求鸭嘴兽原谅的那种事情吧！"（《马克思恩格斯资本论书信集》，人民出版社，1975，第 580 页）

两种产权制度的有机融合，是对私有产权和公有产权的扬弃：它抛弃了二者自身所存在的消极的东西（对公有产权来说是非效率，对私有产权来说是不平等），保留和发扬了各自积极的东西（对公有产权来说是集体主义和平等，对私有产权来说是效率）。

从人类社会发展的历史来看，资本主义在其发展过程中为了解决私人财产和生产社会化的矛盾，突破了私人资本的制约，走向私人产权和公共产权融为一体的股份制；社会主义为了发展生产力，也突破了大一统的公有制，适应初级阶段发展生产力的要求，不仅大力发展各种非公有制经济，而且对国有经济进行改革，走上了股份制的道路。因此，股份制既是私有产权（非公有制企业）的最好的实现形式和发展趋势，也是公有产权（公有制企业）的最好的实现形式和发展趋势。①

中共十八届三中全会决定（2013）指出：要积极发展混合所有制经济。国有资本、集体资本、非公有资本等交叉持股、相互融合的混合所有制经济，是基本经济制度的重要实现形式……允许更多国有经济和其他所有制经济发展成为混合所有制经济。② 把公私融合的混合所有制企业确定为我国基本经济制度的重要实现形式，不仅标志着在基本经济制度层面上完成了对非公有制以及股份制的否定之否定，而且意味着在意识形态层面上长期以来围绕股份制"姓资姓社"的争论似乎也该终止了。

进一步说，判断一种制度是不是社会主义，不能单纯以哪种所有制经济为主作为标准。马克思主义所追求的人类社会的最终目的是人类的解放和自由全面的发展，这一目的也许可以通过多种途径和多种手段而实现。我们不能把最终目的与实现目的的手段混淆起来，特别是在实现目的的手段不是唯一的情况下。有些人以为消灭私有制是目的，搞计划经济就是目的，搞按劳分配就是目的，搞公有制就是目的，其实这些都是手段。实际上，私有制在自身发展过程中不断地完善，它也在不断地否定之否定。现在的私有制已不是100多年前的私有制，更不是原始社会、奴隶社会的私有制。公有制也在不断完善，现在的公有制也不是马克思当年所设想的公有制。不管哪一种所有制形式，只要更有助于我们实现共同富裕以及人类的解放和自由全面发展这一目标，就应该毫不动摇地坚持、巩固和发展。

---

① 蔡继明、张克听：《股份制性质辨析》，《经济学动态》2005年第1期。
② 《中共中央关于全面深化改革若干重大问题的决定》，人民出版社，2013。

参考文献

[1]《关于建国以来党的若干历史问题的决议》，人民出版社，2002。

[2]《列宁选集》第四卷，人民出版社，1972。

[3]《马克思恩格斯全集》第25卷，人民出版社，1974。

[4]《马克思恩格斯资本论书信集》，人民出版社，1975。

[5]《毛泽东选集》第五卷，人民出版社，1977。

[6] 赵紫阳：《沿着有中国特色的社会主义道路前进》，人民出版社，1987。

[7]《中共中央关于经济体制改革的决定》，人民出版社，1984。

[8]《中共中央关于全面深化改革若干重大问题的决定》，人民出版社，2013。

[9]《中华人民共和国宪法》，人民出版社，2004。

[10] 蔡继明、张克听：《股份制性质辨析》，《经济学动态》2005年第1期。

[11] 蔡继明：《比较利益说与广义价值论》，《南开经济研究所季刊》，1987年第1期。

[12] 蔡继明：《从狭义价值论到广义价值论》，上海格致出版社，2010年。

[13] 谷书堂、蔡继明：《按贡献分配是社会主义初级阶段的分配原则》，《经济学家》1989年第2期。

[14] 蔡继明：《从按劳分配到按生产要素贡献分配》，人民出版社，2008。

[15] 胡锦涛：《高举中国特色社会主义伟大旗帜，为夺取全面建设小康社会新胜利而奋斗》，人民出版社，2007。

[16] 江泽民：《高举邓小平理论伟大旗帜，把建设有中国特色社会主义事业全面推向二十一世纪》，人民出版社1997。

[17] 江泽民：《全面建设小康社会，开创中国特色社会主义事业新局面》，人民出版社，2002。

[18] 厉以宁：《论新公有制企业》，《经济学动态》2004年第1期。

[19] 项启源：《不能把股份制等同于公有制——兼与厉以宁教授商榷》，《经济学动态》2004年第4期。

[20] 周守正、蔡继明：《论中介分析在马克思经济学中的地位和作用》，《教学与研究》2004年第6期。

论完善产权保护制度

● 胡家勇*

内容提要：完善的产权保护制度是市场经济顺利运转的重要制度基础。建立完善的产权保护制度，需要从三个方面着手：一是强化政府有效保护产权的职责，同时防止政府变为"掠夺之手"；二是同等保护各类产权，特别是同等、有效地保护非公有产权；三是强化对农民土地产权的保护，这是我国产权保护制度的一个薄弱环节。

关键词：产权保护　政府　非公有产权　农民土地产权

产权是所有制的核心，产权保护制度是市场经济的重要制度基础，它关系到人们财富积累的积极性、资源配置的积极性和生产要素的流动性，从而决定经济发展的内生动力和经济社会的持久活力，并最终决定社会生产力的发展水平和人们的福利水平。十八届三中全会通过的《中共中央关于全面深化改革若干重大问题的决定》把产权保护制度提高到了新的理论和实践高度，提出建立"归属清晰、权责明确、保护严格、流转顺畅的现代产权制度"。本文将从强化政府有效保护产权的职责，公平、有效保护各类产权，强化对农民土地产权保护三个方面论述如何完善我国的产权保护制度。

一　有效保护产权是政府的基本职责

完善的产权制度包括清晰界定产权边界，通过法律等制度有效保护产权，允许产权持有者按照自己的意志自由运用产权，承认产权所带来的收

---

* 胡家勇，中国社会科学院经济研究所，电子邮件：jyhu@ cass. org. cn。

益的合法性。有效的产权保护制度是现代产权制度的基本要素，它之所以重要，就在于它能够为各类经济主体提供正当的激励，鼓励人们积累和有效配置自己所支配的资源，并展开充分而有效的竞争。威廉·鲍莫尔、罗伯特·利坦和卡尔·施拉姆指出：如果不能有效保护人们的财产权，"就不能指望个人会冒着失去自己的资金和时间的风险，投资于运气不济的冒险项目。这里，法治——特别是财产和合同权利——尤为重要"。① 而冒险是创新的核心要素。拉古拉迈·拉詹和路易吉·津加莱斯认为："竞争性市场要发展起来，第一步就需要政府尊重和保护公民的财产权利，包括那些最脆弱和最无助的公民的财产权利。"②

有效保护产权是政府的一项基本职责。以亚当·斯密为代表的古典经济学家认为，"看不见的手"，即自由的市场机制和自由企业制度，完全可以解决资源的最佳配置问题，政府不必插手，因为"关于可以把资本用在什么种类的国内产业上面，其生产物能有最大价值这一问题，每个人处在他当时的位置，显然能判断得比政治家和立法家好得多"。③ 他认为，政府只需要履行三项基本职能，其中一项就是保护产权，即"尽可能保护社会上各个人，使不受社会上任何其他人的侵害或压迫，这就是说，要设立严正的司法机关"。④ 这项职责可以具体理解为：用警察维持良好的社会安全秩序，设立公正的司法机关仲裁经济纠纷，制定和实施制度、规则以利自愿交易。古典经济学时期的法国经济学家萨伊也把保护财产所有权不受侵犯和社会安宁作为政府的基本职责。他所谓的财产不受侵犯主要包括以下方面：一是保证财产所有权的实际稳定，只有这样，各种生产要素才能发挥最大的生产能力；二是保证生产要素的所有者能安稳地享有其生产要素所带来的收入，只有这样，才能诱使生产要素的所有者积极运用生产要素；三是保证人们自由运用生产要素进行生产活动的权利。⑤ 萨伊把保护人身和财产的安全看成政府鼓励生产的所有方法中最为有效的方法："在政府所能

---

① 威廉·鲍莫尔、罗伯特·利坦、卡尔·施拉姆：《好的资本主义坏的资本主义，以及增长与繁荣的经济学》，中信出版社，2008，第6页。

② 拉古拉迈·拉詹、路易吉·津加莱斯：《从资本家手中拯救资本主义：捍卫金融市场自由，创造财富和机会》，中信出版社，2004，引言，XXIV。

③ 亚当·斯密：《国民财富的性质和原因的研究》（下卷，中译本），商务印书馆，1988，第27页。

④ 亚当·斯密：《国民财富的性质和原因的研究》（下卷，中译本），商务印书馆，1988，第252~253页。

⑤ 萨伊：《政治经济学概论》，商务印书馆，1997年，第136~141页。

用以鼓励生产的一切方法中，最有效的是保证人身和财产的安全。"① 就连坚定信奉经济自由主义的奥地利经济学家冯·米塞斯也认为保护产权是政府的职责。他说："国家机器的任务只有一个，这就是保护人身安全和健康，保护人身自由和私有财产，抵御任何暴力侵犯和侵略。"②

与传统市场相比，现代市场具有复杂得多的结构。与衣服、食品这些简单的市场相比，汽车、知识、技术、人力资本、金融等现代服务和自然资源等市场具有高度的复杂性和不确定性，未来收益在人们的收入结构中将起越来越重要的作用。在这种情况下，产权的界定和保护就显得尤其重要。约翰·麦克米兰认为："政府在市场设计中的一个基本任务就是确定财产权利，因为最简单的摧毁市场的办法就是破坏人们对自己财产安全的信念。"③ 鲍莫尔、利坦和施拉姆认为，对于成功的企业家型经济④，以下几个制度很重要："（有效实施的）法治、知识产权保护（但不能过度）、不是过度繁重的税收及促进特定环境中的模仿的回报和机制"⑤，这几个方面都涉及有效产权保护在内的现代产权制度。

为什么要由政府来保护产权呢？这主要是因为政府拥有其他组织所不具备的强制力，而这种强制力是保护产权所必需的。⑥ 政府可以设置司法机构对经济纠纷进行仲裁，并强制执行。当然，私人也可以动用自己的资源来保护自己的产权，但这样做既没有效率，经济上也不合算，因为"他们必须筹集足够的军事资源来阻止其他人抢夺自己的劳动果实"。⑦

目前，有效保护产权在我国已显得非常重要和迫切，有两个重要原因。

第一，经过 36 年的经济市场化和经济发展，财产的种类和各类财产数量急剧增加，不仅公有财产的数量大幅度增加，非公有财产，包括个体、私营企业财产和家庭财产，也大幅度增加了。数据显示，我国国有企业净

---

① 萨伊：《政治经济学概论》，商务印书馆，1997 年，第 221 页。

② 冯·米塞斯：《自由与繁荣的国度》，韩光明等译，中国社会科学出版社，1995，第 90 页。

③ 约翰·麦克米兰：《市场演进的故事》，中信出版社，2006，第 11 页。

④ 鲍莫尔、利坦和施拉姆认为，成功的企业家型经济最具创新性和效率。在这种经济中，"经济的大量参与者不仅有无穷的动力和激励进行创新，而且从事前沿性或突破性的创新并使之商业化"。参见威廉·鲍莫尔、罗伯特·利坦、卡尔·施拉姆：《好的资本主义坏的资本主义，以及增长与繁荣的经济学》，中信出版社，2008，第 78 页。

⑤ 威廉·鲍莫尔、罗伯特·利坦和卡尔·施拉姆：《好的资本主义坏的资本主义，以及增长与繁荣的经济学》，中信出版社，2008，第 96 页。

⑥ 政府所具有的强制力可以起到有效保护产权的作用，但如果不对这种强制力实施有效的制衡，它也可以演变成侵害私人产权的"掠夺之手"。

⑦ Robert H. Bates, *The Role of the State in Development*.

资产 2002 年为 66543.1 亿元，2011 年增至 272991.0 亿元，平均年增长 16.98%。此外，还有数量庞大的矿产资源、土地资源、水资源等国有和集体所有的自然资源。个体、私营企业资产的增长速度更快。1990 年，我国个体工商户的注册资金为 397 亿元，2011 年增至 16177.6 亿元，平均每年增长 19.3%；私营经济注册资金由 1990 年的 95 亿元，增至 2011 年的 257900 亿元，平均每年增长 45.7%。家庭财产的增长也非常迅速，包括银行存款、各类有价证券、房产等在内的居民家庭财产大幅度增长。据招商银行和贝恩公司的统计，2010 年，中国个人总体持有的可投资资产（现金、存款、股票、债券、基金、保险、银行理财产品、境外投资和其他类别投资等金融资产和投资性房产）规模达到 62 万亿元人民币。[①] 要想使这些财产所支配的资本等生产要素不断投入到生产过程中，充分流动起来并得到合理的配置、有效的产权保护制度是基本条件。

第二，创新在经济发展中的重要性增加，这也凸显出产权保护的紧迫性。过去 36 年的高速经济增长，主要靠大规模要素投入、政府投资和技术模仿，大部分投资落在了价值链低端和基础设施领域，创新在经济增长中的作用并不明显。但"中国当前的增长模式已对土地、空气和水等环境因素产生了很大的压力，对自然资源供给的压力也日益增加"[②]，因而是不可持续的。经济发展的动力要转向更多依靠创新、民营部门和企业家精神，需要动员起千百万人的智慧和力量，这就需要有完善的产权保护制度来保障人们的利益。鲍莫尔、利坦和施拉姆在谈到法治、财产权和合同权利对创新型经济的重要性时指出："创新型企业家行为是一种有风险的活动，承担这些风险的个人必须得到恰当的补偿。也就是说，当他们成功实现其努力时，对由此产生的结果——资金、土地、产品或全部三种财产，他们必须有财产权。此外，企业家（和所有企业）必须相信，他们与其他各方签署的合同是得到承认的。"[③]

改革开放 36 年来，我国经济持续高速增长，一个重要原因是我国产权保护状况得到了不断改善。鲍莫尔、利坦和施拉姆就认为，中国模式的成功，原因之一是它在两个要素上取得了进步，"这两个要素是有效实施的产

---

① 招商银行和贝恩公司：《2011 中国私人财富报告》。
② 世界银行和国务院发展研究中心联合课题组：《2030 年的中国：建设现代、和谐、有创造力的社会》，中国财政经济出版社，2013，第 9 页。
③ 威廉·鲍莫尔、罗伯特·利坦、卡尔·施拉姆：《好的资本主义坏的资本主义，以及增长与繁荣的经济学》，中信出版社，2008，第 96 页。

权和合约权，能够为企业家提供资本用于支持其企业的金融体系"。① 但我国产权保护状况，特别是非公有产权的保护状况并不乐观。企业家论坛2010 年调查结果表明，28.6% 的企业家表示财产不安全，44.2% 的企业家认为企业法规不能够保障企业的利益，半数企业家认为知识产权保护不到位。② 据世界银行与国际金融公司研究报告《中国营商环境 2012》测算，2011 年和 2012 年，在 182 个国家和地区中，中国投资者保护分别排第 93 位和 97 位，投资者保护强度指数（1 到 10）为 5，属中等强度保护。

由于对私有产权保护不力，我国自 2006 年开始出现了第三波移民潮。③根据招商银行和贝恩公司联合发布的《2011 私人财富报告》中的数据，中国个人境外资产增长迅速，2008 ~ 2010 年年均复合增长率达到约 100%。与此同时，近年来中国向境外投资移民人数出现快速增加，接受调研的高净值人群中近 60% 的人士已经完成投资移民或有相关考虑，最近 5 年，中国向美国累计投资移民人数年复合增长率达 73%。中国银行和胡润研究院对全国 18 个重点城市拥有千万元级别以上财富的富人进行了调查，调查结果是，1/3 的富人拥有海外资产，海外资产平均占总资产的 19%，60% 的富人有移民意向或已申请移民，以投资移民为主，亿万财富人群的海外投资比例更超过 50%。另据浙江新通出入境公司等机构的保守统计，浙江目前每年至少有 1500 人成功实现投资移民，并以每年 10% ~ 20% 的速度增长。移民中，掌握财富、知识和技术的人最多，其中很多是民营企业家，他们的离去将给中国经济社会发展造成重要影响。

缺乏稳定、公正和可以预期的司法体系，私人产权得不到充分、有效的保护，是投资移民的重要原因之一。据招商银行和贝恩公司的调查，出于保障财富安全目的而移民的比例高达 43%。④ 还有学者分析，保护自己财产或家人人身安全，包括漂白灰色的"第一桶金"，是很多民营企业家海外移民的一个动力来源。⑤

---

① 威廉·鲍莫尔、罗伯特·利坦、卡尔·施拉姆：《好的资本主义坏的资本主义，以及增长与繁荣的经济学》，中信出版社，2008，第 132 页。
② 冯兴元、何广文等：《中国民营企业生存环境报告 2012》，中国经济出版社，2013。
③ 有学者认为，我国出现了三波移民潮：第一波是"文革"结束后；第二波是 20 世纪 80 年代末和 90 年代初；第三波从 2006 年开始，还没有结束。参见冯兴元、苏小松：《第三波移民潮：法律安全作为一大原因》，《中国民商》2013 年第 3 期。
④ 根据招商银行和贝恩公司的调研，高净值人士投资移民的三个主要原因是：方便子女教育，占 58%；保障财富安全，占 43%；为未来养老做准备，占 32%。参见招商银行和贝恩公司：《2011 中国私人财富报告》。
⑤ 冯兴元、苏小松：《第三波移民潮：法律安全作为一大原因》，《中国民商》2013 年第 3 期。

二 平等保护各类产权

各种类型的财产获得有效而同等的法律保护，是市场机制顺利运转和各种所有制经济平等竞争的前提条件。因此，必须建立公平而有效的产权保护制度，以确保"当合同纠纷出现时，无论纠纷发生在私人之间或者私人与政府之间，纠纷各方不仅可以获得法律救助，而且应该享有一个透明有效、执法时不畏权势并不偏不倚的司法制度"。[①] 因此，平等而有效地保护各类产权，是完善我国产权保护制度首先要解决的问题。

改革开放以来，非公有制经济及其财产的法律地位和受保护程度是不断上升的。1982 年通过的《宪法》修正案允许成立雇员不超过 7 人的个体经济；1988 年通过的《宪法》修正案允许成立雇员超过 7 人的私营企业；1999 年通过的《宪法》修正案将个体经济和私营经济等非公有制经济作为社会主义市场经济的重要组成部分，个体、私营经济的法律和经济地位得到明显提升；2004 年通过的《宪法》修正案对非公有财产保护的规定进一步加强了，指出"国家保护个体经济、私营经济等非公有制经济的合法的权益和利益""公民的合法的私有财产不受侵犯""国家依照法律规定保护公民的私有财产权和继承权"；2007 年通过的《物权法》规定，"保障一切市场主体的平等法律地位和发展权利""国家、集体、私人的物权和其他权利人的物权受法律保护，任何单位和个人不得侵犯"；2007 年党的十七大报告指出，"坚持平等保护物权，形成各种所有制经济平等竞争、相互促进的格局"；2012 年党的十八大报告重申，"保证各种所有制经济依法平等使用生产要素、公平参与市场竞争、同等受到法律保护"；2013 年十八届三中全会指出，"公有制经济财产权不受侵犯，非公有制经济财产权同样不可侵犯"。可以说，迄今为止，我国已经确立起了公有制经济财产和非公有制经济财产的平等法律地位。

尽管有关保护非公有制经济产权和确立它们平等法律地位的立法取得了历史性进步，但在现实中，非公有制经济的产权保护状况和平等法律地位仍不容乐观。

非公有制经济产权没能得到足够的保护，主要表现在以下几个方面。

---

① 世界银行和国务院发展研究中心联合课题组：《2030 年的中国：建设现代、和谐、有创造力的社会》，中国财政经济出版社，2013，第 22 页。

第一，政府机构拥有巨大的行政权力，而不受限制的行政权力往往成为侵害非公有制经济产权的一个根源。"有些地方个人产权受到非常粗暴的侵犯，用各种莫须有的罪名，侵犯、占有个人产权，甚至让一些企业家倾家荡产，送进监狱。"① 在这种情况下，政府不仅没有充当合法私人财产的保护者，而且扮演了"掠夺之手"的角色。这方面的一个案例就是山西煤炭行业的整合。鉴于煤炭价格上涨、煤矿安全事故频出，2008 年山西省政府发布了《关于加快推进煤矿企业兼并重组的实施意见》，旨在加快煤炭产业结构调整，提高煤炭业的集中度和产业水平。但在实际操作中，私人煤矿的产权没有得到充分的保护，大量煤炭资源通过行政手段集中到少数几家大型国有集团手中。

第二，司法系统没能做到对非公有制经济的公平裁决。当非公有企业的财产受到侵害时，立案、判决和执行都面临许多困难。当非公有制企业与国有企业发生财产、合同等经济纠纷时，裁决及其执行往往偏向于国有企业。

第三，非国有企业税费负担过重。过高的税费负担可以视为对私人产权的一种侵害。一是税收占比高。中小企业（主要是民营企业）整体税收负担占销售收入的 6.81%，高于全国企业总体水平 6.65%，部分企业缴税总额高于净利润。二是缴费项目多。据粗略统计，目前向中小企业征收行政性收费的部门达 18 个，收费项目达 69 大类。三是社保负担重。以北京为例，"五险"占工资比例为 44%，单位缴费达到32.8 ~ 43.3%。②

非公有制财产得不到公平、有效的保护，有意识形态、理论、法律、政策和执行等层面的原因，因此，构建公平而有效的保护非公有制财产的法治环境就需要从以下几个层面努力。

第一，营造有利于非公有制经济发展的社会舆论环境。这需要从社会意识形态和理论方面着手。在社会意识形态方面，不能再把"公"和"私"、"公"和"非公"绝对对立起来，更不能把"非公有制经济"与"自私""剥削"等直接联系起来，不能认为只要是"非公有制经济"就丧失了"道德的制高点"。③ 我们必须调动一切积极因素，最大限度地激发各类资本、技术和智力的潜力，让一切劳动、知识、技术、管理和资本的活

---

① 李剑阁：《下一步改革的两条主线：市场化取向，多种经济成分共同发展》，《中国改革》2013 年第 1 期。
② 黄孟复：《中国民营经济发展报告（2011~2012）》，社会科学文献出版社，2012。
③ 黄孟复：《改革要怎么改？改什么？》，《中国民商》2013 年第 3 期。

力竞相迸发。因此，无论是"公"还是"非公"，只要是社会财富创造的源泉，都应该都到积极评价和公平对待。

从理论上讲，我们还需要进一步深化对"财富"和"私有财产"的认识。在现代市场经济中，"财富"不仅仅是用于消费的金钱，更是经济循环过程中的一种"生产要素"。财富，无论是"公有"还是"私有"，只要它重新投入到经济流转过程之中，它就能创造出新的就业岗位、生产出新的产品和服务，它就是在为社会利益服务，就具有"社会性"。从现实来看，大量私有财产和非公有制经济的存在，创造了大量就业岗位，特别是适合于弱势群体的就业岗位，提高了低收入者的收入，产生了"涓滴效应"。对于私有财产，我们则应该把它放在社会财产结构和企业产权结构的变迁中去理解它的性质。用传统"公"和"私"的概念来区分企业经济属性已不再适应社会主义市场经济发展的现实。经过多年的发展，各种企业内部股权结构已经发生了深刻变化，相当多的民营企业通过股份制改造或上市，实现了股权结构社会化和分散化，成为公众公司；特别是基金公司和投资公司等新的经济组织形式大量涌现，企业社会化的程度相当高。因此，民营经济中的股份制公司、混合所有制公司、全员持股等股权社会化的企业，不仅为社会上众多民众创造了财产性收入，也将企业置于政府、社会和人民群众的监督之下，已经成为社会主义市场经济中公有制的一种有效实现形式。① 马克思、恩格斯当年对股份制性质的论述，对于我们当下认识私有财产的性质具有重要启迪。马克思指出公司的资本，"在这里直接取得了社会资本（即那些直接联合起来的个人的资本）的形式，而与私人资本相对立，并且它的企业也表现为社会企业，而与私人企业相对立"。② 恩格斯则指出，"由股份公司经营的资本主义生产，已经不再是私人生产，而是由许多人联合负责的生产"。③

第二，法律、政策条文或解释需要进一步完善。从根源上讲，许多法律和政策条文，或者对这些条文的理解不利于营造非公有制经济发展的公平法治环境。从基本经济制度上看，我国实行的是"以公有制为主体、多种所有制经济形式共同发展的基本经济制度"，这符合我国国家制度的社会

---

① 黄孟复：《坚定不移地促进民营经济蓬勃发展》，《中国流通经济》2012 年第 12 期。

② 马克思：《资本论》第三卷，《马克思恩格斯文集》第 7 卷，人民出版社，2009，第 494 ~ 495 页。

③ 恩格斯：《1891 年社会民主党纲领草案批判》，《马克思恩格斯文集》第 4 卷，2009，第 410 页。

主义性质和社会主义市场经济的实际，是必须坚持的。但我们需要对"公有制"的主体地位进行科学的理解，不能把公有制的主体地位理解为公有制企业可以在法律和市场竞争规则面前凌驾于非公有制企业之上，在产权保护和合同仲裁上天然享有特殊优待。国有经济的主体地位主要体现在国有资本集中在关系国家安全和国民经济命脉的重要行业和关键领域。同时，社会主义基本经济制度也需要随着实践的发展而不断完善。现在，非公有制经济在产值、就业、投资、税收、创新等主要指标上所占的比重不断提升，有些已超过了公有制经济所占的比重，因而在新的历史条件下，对公有制的主体地位需要进行新的科学解释。

一些法律条文有时也容易导致对非公有财产的侵害。例如，《宪法》第十三条规定"公民的合法的私有财产不受侵犯"，"国家依照法律规定保护公民的私有财产权和继承权"，但同时又规定"国家为了公共利益的需要，可以依照法律规定对公民的私有财产实行征收或者征用并给予补偿"。但对"公共利益"我国目前还没有明确的界定，对如何界定"公共利益"也没有明确的规定，这就容易导致借"公共利益"之名侵害和掠夺非公有财产的现象。

第三，消除对非公有制经济的司法偏见。构建公平的法治环境，执法和司法环节至关重要。从立法层面上看，平等保护各类财产和经济活动的法律、法规和政策并不缺乏，问题是它们并没有得到有效执行。美国学者艾利森曾指出："在达到政府目标的过程中，方案确定的功能只占10%，而其余90%取决于有效执行。"[1] 这同样可以用在法律、法规和政策的制定和执行上。肯尼思·达姆教授说得更明白："保护合同和财产的立法或规定只停留在书本上是不够的，这两者都必须得到有效的执行。"[2] 这就要求司法机关和政策执行机关在面对公有制经济单位与非公有制经济单位的财产、合同及其他经济纠纷时，能够抛弃所有制偏见，依据法律条文，公平、公正地裁决。

三　强化对农民土地产权的保护

农民财产权的保护以及保障农民从自己财产中获得合理的经济收益，

---

[1]　陈振明：《公共政策分析》，中国人民大学出版社，2003，第235页。

[2]　威廉·鲍莫尔、罗伯特·利坦、卡尔·施拉姆：《好的资本主义坏的资本主义，以及增长与繁荣的经济学》，中信出版社，2008，第96页。

是我国产权保护制度的一个薄弱环节。党的十八大指出，"让广大农民平等参与现代化进程、共享现代化成果""依法维护农民土地承包经营权、宅基地使用权、集体收益分配权""改革征地制度，提高农民在土地增值收益中的分配比例"，等等，所有这一切，都取决于有效保护农民的产权。

农民的财产已日趋多元化了，包括集体土地（包括林地）承包权、宅基地的使用权与其上的房屋所有权以及农民家庭银行存款和有价证券等金融资产，而土地承包权、宅基地的使用权和房屋所有权是农民最重要的财产权。下面以土地承包权为例分析如何强化对农民财产权的保护。

（一）农民土地确权

强化对农民产权保护的第一步是土地确权，即明确土地承包权的主体以及位置、面积，并颁发具有法律约束力的土地产权证书。产权只有得到法律上的确认并颁发具有法律约束力的证书，才能使产权得到清晰的界定，产权主体的权益才能够得到最大限度的保护。马克思在论述法律确认对私有财产的重要性时指出："私有财产的真正基础，即占有，是一个事实，是不可解释的事实，而不是权利。只是由于社会赋予实际占有以法律的规定，实际占有才具有合法占有的性质，才具有私人财产的性质。"[1] 从法律确认的角度看，我国农民的土地产权还是一种非正式的产权（物权）。在农业市场化程度不高、土地价值低（即土地的价值仅以土地年产物的价值来衡量）、土地市场不发育的情况下，不完善的土地产权尚可满足农业生产的需要。但不确定的土地产权不能确保农民土地产权的安全，不利于土地的流转和农村金融市场的发育。当土地越来越成为一种稀缺经济资源，土地流转的规模和频率越来越高，由土地所引起的纠纷越来越多时，就需要正规的土地所有权。正规的土地所有权可以提供确切的所有者信息，从而带来有保障的、可转让和可诉讼的财产权。

世界银行的研究表明："增加土地所有权的安全性，可以提高投资的预期收益，并降低信贷的制约作用，这反过来会增加投资和提高生产率。有保障的土地所有权可以使投资者确信，他们的投资收益将不会被政府或私人机构所剥夺。更安全的土地所有权还可以增加获得贷款的机会，因为土地可用于贷款的抵押。"世界银行还发现，颁发有文件证书、经注册登记的

---

① 马克思：《黑格尔法哲学批判》，《马克思恩格斯全集》第 1 卷，人民出版社，1956，第 382 页。

土地所有权起着越来越大的作用。① 不仅如此，正规的土地所有权还是提高穷人生活水平的关键，这对于我国尤其重要。

我国一些地区的土地确权实践已经带来了积极的效应。据厉以宁教授的调研，浙江杭州、嘉兴、湖州三个市的土地确权就使"农民心里踏实了"，农民说："我们不怕别人随意侵占土地了，他不敢！承包地的经营权、宅基地的使用权、宅基地上房屋的房产权都已经明确了，他能够随便圈我的地吗？能够不经过我们同意就把房子拆了吗？他不敢！"土地确权还促进了土地流转，提高了农民的收入。浙江省嘉兴市在土地确权以前，城市人均收入与农村人均收入之比是 3.1:1，土地确权以后缩小为 1.9:1。② 可见，农民土地的确权颁证工作是有效保护农民产权，提高农民经济地位的一项基础性制度建设工作。

（二）切实保障农民行使土地产权

农民仅仅有土地产权证书还是远远不够的，法律制度要切实保障农民对土地产权的行使，行政权力不能僭越农民的土地产权，农民因土地纠纷所提起的法律诉讼要得到公平的裁决，法律文书要得到不折不扣的执行。

目前，农民土地产权受到侵害的一个重要情形是行政权力对农民土地产权的侵害，在征地过程中，农民往往被排除在了决策和讨价还价过程之外。最近的一个例子是山东省平度市因土地征收而引发的"纵火事件"。据报道，平度市杜家疃村村民所看护的土地，早已于 2006 年完成征收，且征收手续完备、合法，但在当初的土地征收过程中，没有经过村民大会讨论通过的民主程序，因而部分村民表示"毫不知情"。且据知情人披露，在办理土地征收手续过程中，存在着大面积伪造村民签字、指印的行为。③ 基层政府出于土地财政甚至官员私利而侵害农民土地产权的现象时有发生。

有效保护农民土地产权面临理论和实践的困境。一方面，农村土地归集体所有，集体经济组织享有土地的所有权，有权处置土地。而在实际运作中，集体土地所有权往往控制在地方政府甚至主要官员手中。另一方面，农民享有土地使用权（包括农业用地的承包权和住宅用地的使用权），这是一种长期使用权，或是一种没有确定期限的使用权，这种使用权可以视为一种准所有权（物权）。从准所有权（物权）的角度看，农民亦有权处置土

---

① The World Bank, *Building Institutions for Markets*, Oxford University Press, 2002.
② 厉以宁：《谈谈产权改革的若干问题》，《北京日报》（理论周刊）2013 年 12 月 2 日。
③ 《平度纵火事件的多重纠纷和纠结》，《北京青年报》2014 年 3 月 28 日。

地。这里就产生了权利与权利的对立。从土地产权的实际运行看，基层地方政府处于强势地位，农民的权利受到压制。在法律条文上，《中华人民共和国土地管理法》第11条规定："农民集体所有的土地，由县级人民政府登记、造册，核发证书，确认所有权"；第46条规定："国家征用土地，依照法定程序批准后，由县级人民政府予以公告并组织实施。"《中华人民共和国土地管理法实施条例》第25条规定："对补偿标准有争议的，由县级以上地方人民政府协调；协调不成的，由批准征用土地的人民政府裁决。征地补偿、安置争议不影响征用土地方案的实施。"可见，在征地过程中，地方政府履行着土地的"确权"与"确权纠纷的处置"、"补偿方案制定"与"补偿标准争议的处置"等权力，既是运动员，又是裁判员。正因为地方政府在土地征用中处于强势地位，开发商和工商企业等土地需求者往往只与地方政府谈判，农民等土地使用者被撇到了一边。

土地是一种特殊的生产要素，农民作为土地产权的一个主体，其所拥有的产权肯定不是一种完全意义上的产权，在土地集体所有制的情况下更是如此。在不完全产权的情况下，如何才能有效保障农民行使产权，需要注意以下几个方面的问题。

第一，完善集体经济组织的治理结构，以有效制衡集体经济组织领导人的行为。在集体经济组织中，农民享有双重身份，均可以形成权力制衡。一是农民是集体经济组织的成员，是土地所有者中的一员，他有权参与集体经济组织的重大决策，尤其是有关土地征收、转让、流转以及补偿等方面的重要决策。把农民排除在土地征收、出让、流转及补偿决策过程之外违背了集体经济组织的基本性质。要完善集体经济组织的治理结构，形成权力制衡机制，切实保障信息的公开透明、决策的民主参与，以有效抑制行政权力和官员私利对农民利益的侵占。二是农民作为土地的长期承包者，享有准土地所有权，这种准土地所有权应该构成行政权力的有效制衡。为了满足公共利益的需要，政府征收农民土地时，必须获得农民的同意，并给予经济合理的补偿。

第二，在满足土地规划和用途管制的条件下，充分保障农民在土地流转和收益方面的权利。农民行使土地产权要受到土地规划和用途管制的限制，基本农田不能转作他用，这是农民土地产权不完全的一种重要表现。但在满足土地规划和用途管制的条件下，农民有权按照市场原则出租、转让、抵押土地，可以用土地入股，并获得相应的收益。对于按政策规定转为经营性用地的土地，农民则应享有比较充分的产权，包括处置权、交易权和收益权。

第三，清晰界定公共利益，防止借公共利益之名侵害农民的土地产权。我国《宪法》修正案中规定：国家为了公共利益的需要，可以依照法律规定对公民的私有财产实行征收、征用并给予补偿。出于公共利益而对私有财产的征收具有强制性，产权主体无法依据产权进行抵制，而且对征收的补偿往往难以弥补所有的损失，例如，生计损失一般难以获得充分补偿，财产的特殊价值更加难以弥补。因此，如果不对公共利益进行清晰的界定，一些政府部门就有可能假借公共利益之名侵害公民的私有财产，扮演"掠夺之手"的角色。我国《宪法》虽然规定为了"公共利益的需要"，可以依法"征用"私有财产，但何为"公共利益的需要"，一直没有明确。在财产征用实践中，判断公共利益及其合理限度的权力主要集中于政治领导人和行政官员手中，许多被冠以"公共利益"之名的项目，其公益因素十分有限甚至根本没有。① 清晰界定公共利益，是保护农民土地产权的重要前提之一。所谓公共利益，就是公众的共同利益，用于"公共利益"的土地主要包括国防用地、基础设施用地（公路、铁路、港口、管道等）、公用事业用地（学校、医院、公园、基本养老设施等）等，它们是社会、经济发展的基础条件。从理论和实践上讲，公共利益的范围是不难确定的。目前对公共利益的界定过宽，把促进经济建设甚至增加地方财政收入的项目都纳入"公共利益"的范畴，以至于招商引资、房地产开发都被纳入征地范围。在清晰界定公共利益以后，只有用于公共利益的土地，政府才可以采取行政手段征收。而即便是出于公共利益而征用的土地，也要给予经济上合理的补偿，以避免由被征用人来承担公共利益的成本，同时也有助于准确评估公共利益的成本，提高经济资源用于公共利益的效率。

（三）保障农民获得合理的土地增值收益

获得合理的土地增值收益是农民土地产权的重要体现，也是农民分享经济发展成果的重要途径。农民是经济发展和经济市场化的受益者，但从总体上看，农民分享经济发展成果的比例低于他们所做的贡献。改革开放之前，由于工农产品的价格"剪刀差"，农民所创造的价值被转移到城市和政府手中。改革开放后，大量农民外出务工，推动了经济快速增长，但他们仅仅挣得较低的工资收入，所创造的经济剩余留在了务工地或进入了国

---

① 刘庆杜：《浅析我国宪法对私有财产的保护》，《法治博览》2014 年第 1 期。

家财政，但他们没有享受到务工地的公共服务和社会福利，在社会总体公共服务中也没有享受到相应的比例。幸运的是，农民的土地随着经济发展水平的提高和经济市场化程度的加深在快速升值，让农民从土地升值中获益，是改善农民经济地位，实现农民产权，增加农民收入的难得机遇。

但受制地方政府土地财政，农民在土地增值收益中获取的比例很低。据东部某省一个镇的调查，失地农民得到的征地补偿费仅占出让地价款比例的 30.6%，而各级政府部门所得到的税、费、基金占出让地价款的比例高达 69.4%，土地增值收益的绝大部分为政府部门所得。①

农民获得的土地增值收益偏低有两个原因。一是法律规定的征地补偿标准就偏低。《中华人民共和国土地管理法》第 47 条规定："征收耕地的土地补偿费，为该耕地被征收前三年平均年产值的六至十倍。"而《土地承包法》则规定，土地的承包期为 30 年，期限届满可以延长，补偿的期限远短于承包期限。二是征地补偿费的计算标准不合理。目前土地补偿费是以土地年产物或附着其上的建筑物的价值为标准计算的，这种计算方法只适合于农业社会，而不适合现代市场经济。在我国，无论是城市土地，还是农业用地（特别是城市郊区和经济发达地区的农业用地），随着市场深化，都已经被资本化了。土地越来越被作为一种资本来交易。因此，土地征收价格就不能仅仅由土地的年产物和附着物（房屋）的价值来决定，而应该由它所带来的未来收入流的贴现值来决定。从东部某省一个镇的情况看，目前耕地补偿费最高每亩 7 万元，已经超过了政策规定的补偿标准。但在东部地区，土地的资本属性日益凸显，土地进入市场后可以带来高额的资本化收益，每亩交易价格高达几十万甚至几百万元。②

保障农民获得合理的土地增值收益，以下两点很重要。

第一，回归农民作为土地产权主体的地位，确保农民行使产权主体应该享有的各项权能。对于符合规划和用途管制而进入建设领域的土地，要确保农民的交易主体资格，土地价格由市场决定，土地收入归农民和农村集体经济组织所有。国家可以通过资本税来分享一部分土地增值收益③，并

---

① 胡家勇：《地方政府"土地财政"依赖与利益分配格局——基于东部地区 Z 镇调研数据的分析与思考》，《财贸经济》2012 年第 5 期。

② 胡家勇：《地方政府"土地财政"依赖与利益分配格局——基于东部地区 Z 镇调研数据的分析与思考》，《财贸经济》2012 年第 5 期。

③ 基础设施水平、经济发展水平、环境条件、治安状况、营商环境及至公共服务水平等都会显著提高土地价格，而这些都与政府的努力和公共财政投入密切相关。因此，政府获得一部分土地增值收益具有经济上的合理性。

有助调节农民因土地增值而获得的过高收入。

第二，以"资本"看待土地，改变目前以土地年产物和附着物价值来确定土地征收价格的做法。土地的交易价格应该以土地作为一种资本所带来的未来现金流为主要依据。以未来现金流为标准来确定土地价格，会提高土地使用成本，从而使得某些在目前征地条件下可以进行的建设项目难以进行。但这并不是一件坏事，它可以促使土地资源的节约，实现土地资源的可持续利用，为后代留下宝贵的经济资源。

参考文献

［1］The World Bank, *Building Institutions for Markets*, Oxford University Press, 2002.

［2］威廉·鲍莫尔、罗伯特·利坦、卡尔·施拉姆：《好的资本主义坏的资本主义，以及增长与繁荣的经济学》，中信出版社，2008。

［3］拉古拉迈·拉詹、路易吉·津加莱斯：《从资本家手中拯救资本主义：捍卫金融市场自由，创造财富和机会》，中信出版社，2004。

［4］亚当·斯密：《国民财富的性质和原因的研究》（下卷，中译本）商务印书馆，1988。

［5］萨伊：《政治经济学概论》，商务印书馆，1997 年。

［6］冯·米塞斯：《自由与繁荣的国度》，韩光明等译，中国社会科学出版社，1995。

［7］约翰·麦克米兰：《市场演进的故事》，中信出版社，200。

［8］招商银行和贝恩公司：《2011 中国私人财富报告》。

［9］世界银行和国务院发展研究中心联合课题组：《2030 年的中国：建设现代、和谐、有创造力的社会》，中国财政经济出版社，2013，第 9 页。

［10］冯兴元、何广文等：《中国民营企业生存环境报告 2012》，中国经济出版社，2013。

［11］冯兴元、苏小松：《第三波移民潮：法律安全作为一大原因》，《中国民商》2013 年第 3 期。

［12］李剑阁：《下一步改革的两条主线：市场化取向，多种经济成分共同发展》，《中国改革》2013 年第 1 期。

［13］黄孟复：《中国民营经济发展报告（2011～2012）》，社会科学文献出版社，2012。

［14］黄孟复：《改革要怎么改？改什么?》，《中国民商》2013 年第 3 期。

［15］黄孟复：《坚定不移地促进民营经济蓬勃发展》，《中国流通经济》2012 年第 12 期。

[16]《马克思恩格斯文集》第 7 卷，人民出版社，2009。

[17]《马克思恩格斯文集》第 4 卷，人民出版社，2009。

[18] 陈振明：《公共政策分析》，中国人民大学出版社，2003。

[19]《马克思恩格斯全集》第 1 卷，人民出版社，1956。

[20] 厉以宁：《谈谈产权改革的若干问题》，《北京日报》（理论周刊）2013 年 12 月 2 日。

[21]《平度纵火事件的多重纠纷和纠结》，《北京青年报》2014 年 3 月 28 日。

[22] 刘庆杜：《浅析我国宪法对私有财产的保护》，《法治博览》2014 年第 1 期。

[23] 胡家勇：《地方政府"土地财政"依赖与利益分配格局——基于东部地区 Z 镇调研数据的分析与思考》，《财贸经济》2012 年第 5 期。

破除所有制界限释放我国生产力发展的潜力

● 程承坪 刘 凡 *

内容提要：当前，所有制界限制约了中国经济发展的活力。所有制界限根源于苏联的传统所有制理论，正如计划经济体制与市场经济体制的界限根源于苏联的经济体制理论一样，它束缚了人们的改革思想，遏制了经济社会发展的活力。苏联的传统所有制理论不但不符合马克思主义经典作家的原意，也违反了基本的逻辑规律，同时也不利于实现社会主义初级阶段共同富裕的目标。只有按照党的十八届三中全会的指导思想，树立牢固的"公有制经济和非公经济都是社会主义市场经济的重要组成部分，都是我国经济社会发展的重要基础"的观念，对国有企业进行科学定位，改革国有企业管理的方式，转变政府职能，理顺政府与市场的关系，完善市场体系和法制体系，才能打破所有制界限，从而夯实我国经济社会发展的基础，进一步释放我国生产力发展的潜力。

关键词：所有制界限 生产力发展潜力 社会主义初级阶段 共同富裕

一 引言

为了进一步激活中国经济发展的内在潜力，夯实我国基本经济制度的基础，党的十八届三中全会做出《中共中央关于全面深化改革若干重大问题的决定》（以下简称《决定》）。《决定》指出："公有制经济和非公有制经济都是社会主义市场经济的重要组成部分，都是我国经济社会发展的重

---

* 程承坪，武汉大学经济与管理学院教授、博士生导师；刘凡，武汉大学经济与管理学院硕士研究生。基金项目：国家社科基金项目"中国经济发展道路的独特竞争优势研究"（12BJL009）的阶段性研究成果。

要基础。"① 这意味着中央将一视同仁地对待国有资本和民间资本，促进国有资本和民间资本互补共进，共同促进中国经济的大发展。

然而现实存在的所有制鸿沟，国有资本和民间资本的不同境遇，却极大地抑制了中国经济发展的活力。全国政协常委、经济委员会副主任陈清泰研究员（2013）指出："现在，隐性或显性地为维持既定所有制的比重，无论政府管理还是涉及企业的许多政策甚至社会舆论，几乎都打上了'所有制烙印'。相应地，包括已经上市的公司，每家企业头上都有一个'所有制标签'，在市场中形成了一条很深的'所有制鸿沟'，国有企业和银行更倾向于在国有经济内部进行交易。所有制歧视割裂了市场，不仅抑制了民营经济的增长潜力，而且使跨所有制的人才、技术、商品以及产权等生产要素流动都遇到了较大的非经济因素的干扰，降低了整体经济效率。""实际上企业按所有制被分成了'三六九等'，在获取土地、矿产等自然资源、特许经营权、政府项目、银行贷款、资本市场融资以及市场准入等方面，存在很大的差异。国企属'体制内'，有行政级别，具有最高的社会地位和话语权；外资企业有较强实力，受到国家和地方的青睐；民营企业则处于最为不利的地位。近年，有的地方为做大国企，不惜强制盈利的民营企业被亏损国企兼并，在煤炭、民航等领域屡屡出现民企进入又被挤出的案例。"②

可见，民营经济在现实经济中受到了不公正待遇，这不但不利于民营经济的发展，而且也制约了国有经济的发展。为了进一步提高国有经济的活力，《决定》强调指出，要"积极发展混合所有制经济"，并指出混合所有制经济"是基本经济制度的重要实现形式，有利于国有资本放大功能、保值增值、提高竞争力，有利于各种所有制资本取长补短，相互促进，共同发展。"③

然而，《决定》出台后，根据全国政协经济委员会副主任石军的调查（2014）④，民营企业表现积极，而国有企业则大多持观望态度。国有企业持观望态度的原因，一是缺乏具体政策和办法，二是担心国有资产流失，三是担心失去控股权。

目前发展混合所有制经济的障碍很多，其中民营企业难以进入国有经

---

① 《中共中央关于全面深化改革若干重大问题的决定》，人民出版社，2013。
② 《陈清泰：关于进一步解放生产力的思考》，《北京日报》2013年7月22日。
③ 《中共中央关于全面深化改革若干重大问题的决定》，人民出版社，2013。
④ 石军：《混合所有制现状：民企行动快，国企等安排》，《中国企业报》2014年1月21日。

济是原因之一。对此，丁是钉和张本（2013）①认为，民营企业难以进入国有经济的原因主要有三个方面：一是"有门难进"，主要表现为"玻璃门"和"弹簧门"现象；二是"门不敢进"，主要表现为妖魔化非公经济，认为民企操作不规范，和民企合作，赚了没荣誉，亏了有风险，对民企加以排斥；三是"门不想进"，因为最先能够对民资开放的一定是那些国有资本不赚钱甚至是遇到麻烦的领域。国务院国资委大型企业监事会主席季晓楠（2014）②则认为，民营企业难以进入国有经济的主要原因是体制机制的障碍，譬如国有企业有行政级别，中央说要取消但总是落实不了。这就是说，政府总是把国有企业当成附属机构，进行行政化管理。民间资本的进入则对这种行政化管理体制构成了直接威胁，这也可以解释20世纪90年代初以来学术界和实务界主张"政企分开"和"政资分开"，但这个主张至今难以实现的原因。这意味着发展混合所有制经济，最大的障碍是政府。

如果说20世纪90年代初"姓社姓资"问题的大突破，大大解放了思想，为建立社会主义市场经济体制扫清了障碍，那么今天进一步打破所有制界限，清除"所有制鸿沟"，摆脱"姓国姓民"的桎梏③，必将大大释放我国生产力发展的潜力。

二　所有制界限的根源

上述现象说明所有制界限十分鲜明，不打破所有制界限，国有资本与民间资本相互融合、互补共进，共同促进中国经济大发展的局面就难以形成。那么存在所有制界限的根源是什么呢？我们认为，根源在于在人们的思想观念中，根深蒂固地认为国有经济是社会主义的经济基础，而民间资本对社会主义的经济基础具有危害性。

国有经济是社会主义的经济基础，这种思想源自苏联。苏联领导人根据自己的"理论创新"，认为国有经济是社会主义的经济基础，国有经济的比重越高，社会主义的经济基础就越牢靠，计划经济多一点还是少一点是涉及社会主义性质的重要问题，并把它说成是对马克思主义的继承和发展。

---

① 丁是钉、张本：《发展混合所有制前提是公权力退出市场》，《中国企业报》2013年11月19日。

② 季晓楠：《发展混合所有制经济仍面临诸多障碍》，《中国企业报》2014年1月21日。

③ 陈清泰：《超越争议，公平竞争》，《人民日报》2012年6月5日。

新中国成立后，特别是实行社会主义改造之后，沿袭了苏联的做法，追求"一大二公"，认为国有经济的比重越高越好、越纯越好，因此要逐步地铲除私有资本，割资本主义的尾巴，在经济体制上借鉴苏联的做法，实行计划经济体制，摒弃市场经济体制。

事实上，"国有经济是社会主义的经济基础"的观点并没有理论根据。在马克思主义经典作家的相关论述中，并没有通过国有经济这个经济基础实现社会主义制度的相关言论。马克思在《哥达纲领批判》中所论述的共产主义社会的第一阶段，即社会主义社会，是社会生产力高度发达的自然结果，劳动者联合所有制是一个自觉的过程，它不是某个人、某个组织或党派"强制"的结果。苏联和中国的社会主义社会，都不是马克思所说的作为共产主义社会第一阶段的社会主义社会，而是马克思在《哥达纲领批判》中所说的从资本主义社会到社会主义社会的"过渡时期"，或邓小平所说的社会主义社会的初级阶段。因为马克思所说的作为共产主义社会第一阶段的社会主义社会是消灭了阶级剥削的社会，国家已经消亡，而"过渡时期"或称社会主义的初级阶段仍然存在阶级剥削和阶级差别，国家依然存在①，共产党执政是社会主义初级阶段的重要特征。

对于社会主义初级阶段应当实行怎样的经济体制以及其根本任务是什么，马克思主义经典作家并没有论述。对于社会主义初级阶段的根本任务或目标，邓小平指出："我们要发展社会生产力……是为了最终达到共同富裕。所以要防止两极分化，这就叫社会主义。"② 邓小平还明确指出："走社会主义道路，就是要逐步实现共同富裕。"③ 共同富裕包含两个方面的内容：一是发展生产力，因为没有生产力的发展就不可能"富裕"；二是没有两极分化，如果生产力发展了，却造成了两极分化，就不能说是"共同"富裕。

但是实现共同富裕并不一定需要国有经济占主导，或者说国有经济占主导并不一定能实现共同富裕。中国改革开放前，国有经济占绝对主导地位（占比 90% 以上），但并没有实现共同富裕；改革开放后，国有经济的比重不断下降，目前下降到 1/3 或 1/3 以下④～⑤，但中国的经济总量却不断提高，人民的总体富裕程度不断提升，虽然还没有完全实现共同富裕的目标，

---

① 程承坪：《公有制与社会主义公有制之辨》，《中共宁波市委党校学报》2012 年第 2 期。

② 邓小平：《邓小平文选》第 3 卷，人民出版社，1993。

③ 邓小平：《邓小平文选》第 3 卷，人民出版社，1993。

④ 宗寒：《正确认识国有经济的地位和作用》，《学术月刊》2010 年第 8 期。

⑤ 王佳菲：《现代市场经济条件下我国国有经济历史使命的再认识》，《马克思主义研究》2011 年第 9 期。

但正不断向这个目标迈进。

因此，国有经济是否占主导与一个社会主义初级阶段的国家能否实现共同富裕的目标没有必然的关系，它也与共产党执政的基础没有关联。正如中国经济体制改革研究会名誉会长、著名经济学家高尚全所指出的："如果将国有经济定位为党的执政基础，有四种现象就不好解释。第一，苏联垮台时，国有经济一统天下，它为什么就没有支撑苏联共产党继续执政，社会主义制度持续下去？第二，第二次世界大战以后，发达资本主义国家中的国有经济比重都比较高，基本上在 30%～35%，也没有人说他们是社会主义国家；第三，浙江的国有经济投资很少，但恰恰经济发展比较快，人民较富裕，社会较稳定；第四，越南的国有经济比重比我们低得多，但没有人说越南不是社会主义。"①

如果说国有经济占主导是共产党执政的基础，那么其逻辑关系应当是，先有国有经济占主导，后有共产党执政。但是，事实却正好相反，是先有中国共产党执政，后有国有经济的主导。如果说国有经济占主导是共产党执政的基础，那么当国有经济不占主导的时候，共产党就会失去执政基础。但是现阶段，国有经济在我国整个国民经济中所占的比重已降为 1/3 或 1/3以下②～③，而中国共产党的执政基础却丝毫没有被动摇。

因此，把国有经济占主导视为共产党执政的基础既没有事实根据，也没有理论根据，且不符合逻辑。那么，什么是中国共产党的执政基础呢？这就需要从中国共产党的宗旨上找答案。众所周知，中国共产党的宗旨是全心全意地为人民服务，这是中国共产党区别于其他任何政党的根本标志。换言之，只有全心全意地为人民服务，赢得人民的拥护和爱戴，共产党的执政基础才能牢固。"苏联垮台时，国有经济一统天下，它为什么就没有支撑苏联共产党继续执政，社会主义制度持续下去"的原因主要是苏联共产党没有贯彻其宗旨，脱离了人民，脱离了群众。因此，高尚全认为："中国共产党的执政基础不在于国有经济比重的高低，而根本在于三个'民'：民心、民生和民意。得民心者得天下；为了得民心要把民生搞上去；民意，也就是老百姓必须有话语权、参与权、监督权，有尊严。有了这三'民'，共产党执政的基础就牢固多了。"

① 高尚全：《改革攻坚必须打破垄断》，《中国民营科技与经济》2012 年第 6～7 期。
② 宗寒：《正确认识国有经济的地位和作用》，《学术月刊》2010 年第 8 期。
③ 王佳菲：《现代市场经济条件下我国国有经济历史使命的再认识》，《马克思主义研究》2011 年第 9 期。

三　如何打破所有制界线

打破所有制界线，最重要的是要在思想上打破所有制界线。如果思想观念上就认为国有经济是共产党执政的基础，是社会主义（指社会主义初级阶段，下同）制度的充分必要条件，那么只要是共产党执政，仍然坚持社会主义制度，打破所有制界线就是不可能的。上文从理论、事实和逻辑角度充分论证了，国有经济既不是共产党执政和社会主义制度的充分条件，也不是必要条件，这就为打破所有制界线扫清了思想观念障碍。下面就具体操作层面提出如何打破所有制界线。

（一）对国有企业的功能进行科学定位

国有经济的外延非常广泛，譬如国有企业、集体企业、农村集体经济、矿藏、水流、森林、国家机关和事业单位的资产等。现主要讨论国有企业改革如何打破所有制界线的问题，因为这是当前社会各界关注度最高，也是最难解决的问题。对于国有企业改革如何打破所有制界线的问题，我们认为，首先必须对国有企业的功能进行准确的定位，定位不准确就难以找准国有企业改革的方向和突破口。

国有企业是广泛存在的经济现象，无论社会制度如何，生产力发展程度怎样，世界各国都存在不同规模的国有企业。为什么会存在这种现象呢？从理论上说，市场经济这只"看不见的手"存在缺陷，需要政府这只"看得见的手"加以调节。但政府调节市场的手段很多，譬如货币政策、财政政策、法律法规、国有企业和政府购买生产与服务等。从交易成本经济学角度出发，政府采用何种手段调节市场经济，主要视交易成本的大小而定，哪一种手段交易成本最低就采用哪一种手段。[①] 对不同的国家而言，因政府使用各种手段的交易成本不同以及市场失灵的程度不同，采用的某一种手段的多少就存在差异。当然，不排除某些国家不是理性地比较各种手段的交易成本，而是受某种特定的意识形态的影响偏爱使用某种手段，譬如苏联和改革开放前的中国，偏爱使用国有企业这种手段而不考虑其使用的比较成本，而某些国家则受新自由主义意识形态的影响，偏爱使用政府购买

---

① 程承坪：《国有企业性质新论：基于交易费用的视角》，《社会科学辑刊》2013年第1期。

生产与服务的方式。

各个国家市场成熟程度不同，生产力发展水平有差异，因而市场失灵的程度和范围存在差异。美英等发达市场经济国家，市场较为成熟，法制比较完善，人们自觉遵守市场规则的意识较强，因而市场失灵的程度和范围较之发展中国家要低得多、小得多。我国是一个由计划经济体制向市场经济体制转轨的国家，转轨时间不长，市场发育还不是很成熟，与之相关的法律法规还不够完善，人们遵守市场规则的意识还不是很强，因此市场失灵的程度和范围比之发达的市场经济国家要严重得多、广泛得多。因此，我们认为，中国政府调节市场失灵应当效仿美英等发达市场经济国家的观点是错误的。中国的市场经济既具有一般市场经济的普遍性，又具有转轨、后发、伦理型国家市场经济的特殊性。因此，中国政府必须采用有效手段弥补这四种市场失灵，而国有企业是政府弥补这四种市场失灵的重要工具之一。

1. 国有企业可以弥补市场经济国家共有的市场失灵现象

即使像美英等这样发达的市场经济国家，也仍然存在一定比例的国有企业，这说明国有企业在现阶段，在弥补市场失灵方面还存在着不可替代的作用。正如科斯（1960）① 所指出的，从某种程度上说，政府是一个超级企业，在降低交易费用方面具有比较优势。国有企业既是政府的替代物，又是市场的替代物，它既可以节约政府的交易费用，又可以节约市场的交易费用。② 因此，只要使用得当，国有企业与其他节约政府交易费用的工具相比，具有一定的优势。

与发达市场经济国家相比，我国市场经济体制虽然不够完善，但在资源配置方面，市场已经起到了基础性作用，正向决定性作用迈进。我国的市场经济已经具有发达市场经济国家的市场经济的基本特点，因而也存在像发达市场经济国家那样的市场失灵现象。为此，我国也需要利用国有企业弥补普遍性的市场失灵。

2. 国有企业可以弥补转轨国家特有的市场失灵现象

我国是由计划经济体制向市场经济体制转轨的国家，而且仍然处于转轨的过程中。在这一过程中，既存在帕累托改进，也存在卡尔多改进或希克斯改进。卡尔多改进或希克斯改进则意味着在制度变迁的过程中，在一

---

① R. Coase, "The Problem of Social Cost", *Journal of Law and Economics*, Vol. 3, No. 10, 1960, pp. 1–44.

② 程承坪：《国有企业性质新论：基于交易费用的视角》，《社会科学辑刊》2013 年第 1 期。

部分人利益增进的同时，另一部分人的利益受损，因而需要对利益受损的这部分人加以补偿以减少制度变迁的成本。改革初期国有企业的比重较高，为了推进增量改革，需要国有企业做出牺牲为非国有经济的发展支付改革成本。正如祝岩松和张晓文所说的："没有国有经济对改革成本的支付，非国有经济等增量部门的所谓高效率是不可想象的。可以想见，只要改革没有完成，国有经济就必须继续为其支付有关成本，对整个国民经济特别是非国有经济的发展起引导作用，包括贯彻国家的产业政策、区域发展政策等，引导非国有企业沿着国民经济发展所需要的方向等方面支付制度变迁成本。"①

另外，由于人们的法制意识还不强，国家欲通过法律法规贯彻的思想有时很难实现，而通过政府行政控制的国有企业则相对比较容易达到目的。譬如 2010 年 6 月 4 日中国人力资源与社会保障部、中华全国总工会、中国企业联合会、中国企业家协会联合下发了《关于深入推进集体合同制度实施彩虹计划》的文件，但不少非国有企业迟迟不愿执行，而国有企业则在政府行政权力的推动下相对来说执行得比较好。市场经济是法治经济，但转轨国家的人们，法治意识还比较淡薄，因此市场失灵现象比之发达市场经济国家更加严重，而此时国有企业则能够较好地弥补这种市场失灵。

3. 国有企业可以弥补发展中国家专有的市场失灵现象

一方面，在发展中国家，由于市场不发达，市场主体自我协调能力低，市场协调失败较为普遍，这是由市场缺乏而导致的市场协调问题；另一方面，发展中国家常常由于私人资本的力量相对弱小，在国际竞争中处于弱势。因此，发展中国家普遍通过国家的力量发展国有经济，奠定国民经济发展的基础和建立较为完善的国民经济体系，同时为私人资本的发展创造条件，带动和引导私人资本的发展，以增强本国经济竞争的实力并促进市场的发育成长。

发展中国家往往还存在区域经济发展不平衡问题，依靠市场自身短时期内难以解决这一难题。因此，发展国有企业以促进区域经济平衡发展具有不可替代的作用。

中国是一个发展中国家，底子薄，区域经济发展极不平衡，因此尤其需要依靠国有企业以弥补发展中国家专有的市场失灵现象。

---

① 祝岩松、张晓文：《我国国有企业的功能定位分析》，《中国经贸导刊》2011 年第 24 期。

4. 国有企业可以弥补我国独有的由伦理社会向法治社会变迁而出现的市场失灵现象

发达的市场经济都是建立在较为完备的法制基础上的，因为市场经济本质上是匿名经济。不同的市场主体依靠法制协调市场关系，才使得建立在法制基础上的市场经济不断发展，交易的深度和广度不断拓展。而传统中国社会是一个伦理社会，对经济社会的管理主要靠人治而不是法治。但是，随着中国经济不断融入世界经济，伦理社会的人治经济的缺陷日益凸显，阻碍了中国私营经济做大做强。譬如研究表明，目前我国民营企业有80%以上是家族企业，几乎全部的中小民营企业为家族所有。因此，通过国有企业与民营企业融合而成的混合所有制企业，可以引入现代管理理念和管理方式，由人治管理转型为制度化管理，在促进经营理念转型的过程中，使企业不断做大做强。同时，通过国有企业的引导和示范作用，使有条件的民营企业逐步改造成规范化的股份有限公司或有限责任公司。在这一过程中，也会使中国的资本市场、经理市场以及其他要素市场不断得以发展壮大，法治意识不断得到培育，最终规范化的法治经济得以形成。

（二）改革国有企业管理方式

正如前文所指出的，《决定》强调要"积极发展混合所有制经济"，但目前国有企业的行政化管理方式使得民营资本难以进入，即使民营资本进入了，也难以使国有资本与民营资本真正地融合。譬如，自1999年党的十五届四中全会提出"混合所有制经济"概念以来，虽然我国混合所有制经济发展很快，据统计，我国已有90%的国有企业进行了公司股份制改造，到2012年年底，中央企业及其子公司控股的上市公司中非国有股份比例已超过53%，但是符合《决定》要求的混合所有制经济却很少。据调查①，中央企业现有113家，真正实现股份多元的混合所有制企业只有8家，而且基本没有实行规范化的公司法人治理结构和职业经理人制度，这些企业仍然实行政府行政化管理。这意味着即使国有资本与民营资本"混合"了，所有制界线在企业内也依然明显，打破所有制界线仍然任重而道远。

之所以会出现上述状况，除了理念上的问题以外，还与国有企业管理方式没有发生根本性改变相关。因此，十八届三中全会提出"以管资本为主加强国有资产监管"，对此，国资委副主任黄淑和表示，这更加突出了出

---

① 石军：《混合所有制现状：民企行动快，国企等安排》，《中国企业报》2014年1月21日。

资人代表的性质，更加突出了国有资本的运作，更加强调从出资人的角度来加强监管。今后各级国资委将主要以产权管理为纽带，依法通过公司章程和公司治理，围绕"管好资本"落实出资人的职责，不干预国有企业的具体经营活动，不干预国有企业的法人财产权和经营自主权。① 这意味着今后政府主要以管资本的方式与混合所有制企业发生关联，不再干预企业的具体经营决策，不同的资本同股、同权、同利，不再给企业定行政级别，企业经理人实行职业经理人制度，公司实行规范化的现代企业制度，构建科学合理的公司治理结构，这不但有利于不同所有制资本在混合所有制企业中的深度融合，还有利于放大国有资本的功能，实现保值增值，提高竞争力，消除企业内的所有制鸿沟，促进各种所有制经济取长补短、相互促进、共同发展，也有利于国有资本根据变化了的经济形势迅速调整布局，有效调控宏观经济形势。

（三）转变政府职能

转变政府职能的关键是"把权力关进制度的笼子里"，政府应依法行政。通过法律法规明确政府职责范围，减少对市场主体的直接干预，提高经济调节和市场监管水平，加快推进政企分开、政资分开、政事分开、政府与市场中介组织分开。取消违背市场规律的行政手段，政府不再以言代法，而要以法律法规为行政准绳，使各类市场主体同等受到法律保护。

改革政府与市场关系，要以营造各种市场主体依法平等使用生产要素，公平参与市场竞争为体制基础。取消按企业所有制性质划界，不再以国有和民营划分准入杠杠，而要实行统一的市场准入制度，在制订负面清单的基础上，让各类市场主体依法依规平等进入清单之外领域，使各类市场主体同样公平参与准入领域竞争。除极少数必须由国家独资经营的企业外，绝大多数企业的国有资产，国家都以国有资本的形式持有、经营和管理，使国有企业在劳动、管理、技术、人才、资本等方面的生产要素功能与民营企业同质化，实现各类企业平等使用生产要素。②

政府要支持和引导非公有制经济发展，消除制约非公有制经济发展的体制机制障碍；要全面落实促进非公有制经济发展的政策措施，鼓励和引导民间资本进入法律法规未明文禁止准入的行业和领域，市场准入标准和优惠扶

---

① 白天亮：《国企4种路径实现混合所有制》，《人民日报》2013年12月20日。
② 国家发展改革委经济体制与管理研究所课题组：《围绕处理好政府与市场的关系深化改革》，《宏观经济管理》2013年第8期。

持政策要公开透明，不得对民间资本单独设置附加条件；要鼓励和引导非公有制企业通过参股、控股、并购等多种形式，参与国有企业改制重组。

政府要拓宽民间资本融资渠道，降低各类金融机构的市场准入门槛，允许民营资本创办各类金融机构，鼓励发展中小银行、证券公司、担保公司、信托公司、资产管理公司等各类金融机构，创造公平公开的市场竞争环境，提高金融机构的专业化服务能力和市场竞争力。

（四）完善市场体系

统一开放、竞争有序的市场体系，是各类所有制经济公平竞争、共同发展的基础。因此，要大力推进全国统一大市场体系建设，坚决打破地域歧视、所有制歧视和地区封锁，推进各地区市场准入与管理的公开化、公平化和规范化。

目前，我国公平、开放、透明的市场规则远未形成，在许多重要行业还存在国有经济垄断行为，非公经济企业进入仍然困难重重。《决定》指出："建立公开开放透明的市场规则。实行统一的市场准入制度，在制订负面清单基础上，各类市场主体可依法平等进入清单之外领域。"① 因此，要深化垄断行业改革，进一步放宽市场准入，形成有效竞争的市场格局，加快推进铁路、电力、电信等网状行业体制改革，推动基础网络建设，维护业务与网上经营业务分开，破除行业垄断，提升发展活力和竞争力。铁路行业要加快市场化、企业化改革，实现政企分开、政资分开；要深化电力体制改革，稳步开展输、配电分开试点；继续推进石油、民航、盐业、烟草和市政公用事业改革，创新行业发展模式，积极引入市场竞争，提高行业透明度。②

在破除行业垄断和资源垄断的同时，要大力发展各种要素市场，譬如资本市场、经理人市场、产品市场、劳动力市场，深化金融体制改革，加大金融创新力度。

完善市场体系建设，离不开发达的市场中介组织的发展和完善。譬如监督性中介组织，协调性、咨询性中介组织，代理性中介组织，经纪性中介组织，公证性中介组织等，它们是联系政府与市场主体的桥梁和纽带③，

---

① 《中共中央关于全面深化改革若干重大问题的决定》，人民出版社，2013。
② 国家发展改革委经济体制与管理研究所课题组：《围绕处理好政府与市场的关系深化改革》，《宏观经济管理》2013年第8期。
③ 白永秀、王颂吉：《我国经济体制改革核心重构：政府与市场关系》，《改革》2013年第7期。

有助于规范各类市场主体的行为，减少政府直接干预市场行为，促进市场主体的平等化，打破所有制界线。当今时代，任何发达的市场经济国家，都离不开发达的市场中介组织，它有助于缓解政府与市场之间的直接对立和矛盾，形成权力与权利之间的相互制衡和监督的局面，它是经济社会良性运行不可或缺的重要因素。

（五）完善法制体系

《决定》指出："建设法治中国，必须坚持依法治国、依法执政、依法行政共同推进，坚持法治国家、法治政府、法治社会一体建设。"①《决定》为今后中国完善法制体系改革指明了方向。

经济发展既离不开"有为的政府"，也离不开"有效的市场"②，但不受约束的政府和不受规范的市场同样是有害的。目前，我国正处于马克思和恩格斯所说的国家与社会二元分化的阶段，在这一阶段，国家通过宪法和法律法规规范国家权力的行使，防止国家权力的"过度膨胀"；同时，国家也通过宪法和法律法规规范社会权利，防止"私权滥用"。③

石军指出："目前，我国产权保护和产权流动制度还不健全，保证各种所有制经济公开公平公正参与市场竞争、同等受到法律保护和平等使用生产要素的法律法规还不完善。非公经济企业和国有企业发展混合所有制企业没有完善的法律法规保障。"④ 因此，当前应当按照《决定》的要求，完善法制体系，纠正歧视非公经济的法律思想，在法律上树立"公有制经济和非公有制经济都是社会主义市场经济的重要组成部分，都是我国经济社会发展的重要基础"⑤ 的思想。

四　结语

20 世纪 90 年代初"姓社姓资"问题的大突破，为建立社会主义市场经济体制扫清了障碍，促进了中国经济社会的大发展。现如今，中国经济

---

① 《中共中央关于全面深化改革若干重大问题的决定》，人民出版社，2013。
② 林毅夫：《政府与市场的关系》，《中国高校社会科学》2014 年第 1 期。
③ 程承坪：《企业、制度与中国经济改革》，经济科学出版社，2013。
④ 石军：《混合所有制现状：民企行动快，国企等安排》，《中国企业报》2014 年 1 月 21 日。
⑤ 《中共中央关于全面深化改革若干重大问题的决定》，人民出版社，2013。

社会要进一步大发展却面临着"所有制界限"的鸿沟。只有解决"国资民资不平等"的"所有制界限"问题，才能进一步释放我国生产力发展的潜力。

本文提出打破所有制界限的四项政策建议。首先，在思想理论上，要解决在社会主义初级阶段共产党执政的基础问题。我们认为，该基础不是国有经济的比重高低，而是要回归共产党执政的宗旨，即全心全意地为人民服务。只有落实了这个宗旨，共产党执政的基础就牢固了，社会主义初级阶段的目标——共同富裕，就能实现。其次，要转变政府职能，理顺政府与市场的关系，在资源配置方面让市场起决定性作用，政府应依法行政，平等对待各种资本的权益，实现"有效市场"与"有为政府"的有机结合。再次，要对国有企业科学定位，改革国有企业的管理方式，以管资本为主代替对企业经营事务的直接管理。最后，完善市场体系和法制体系，保护不同资本的平等权益不受侵犯，尊重各种资本按照市场规则自由选择的权利。

打破所有制界限任重而道远，但只有打破了所有制界限，中国经济社会发展的潜力才能得到进一步释放，才能实现共同富裕的社会主义初级阶段的目标。

参考文献

［1］《中共中央关于全面深化改革若干重大问题的决定》，人民出版社，2013。

［2］《陈清泰：关于进一步解放生产力的思考》，《北京日报》2013年7月22日。

［3］石军：《混合所有制现状：民企行动快，国企等安排》，《中国企业报》2014年1月21日。

［4］丁是钉、张本：《发展混合所有制前提是公权力退出市场》，《中国企业报》2013年11月19日。

［5］季晓楠：《发展混合所有制经济仍面临诸多障碍》，《中国企业报》2014年1月21日。

［6］陈清泰：《超越争议，公平竞争》，《人民日报》2012年6月5日。

［7］程承坪：《公有制与社会主义公有制之辨》，《中共宁波市委党校学报》2012年第2期。

［8］邓小平：《邓小平文选》（第3卷），人民出版社，1993。

［9］宗寒：《正确认识国有经济的地位和作用》，《学术月刊》2010年第8期。

［10］王佳菲：《现代市场经济条件下我国国有经济历史使命的再认识》，《马克思主义研究》2011年第9期。

［11］高尚全：《改革攻坚必须打破垄断》，《中国民营科技与经济》2012 年第 6 ~ 7 期。

［12］程承坪：《国有企业性质新论：基于交易费用的视角》，《社会科学辑刊》2013 年第 1 期。

［13］R. Coase，"The Problem of Social Cost"，*Journal of Law and Economics*，Vol. 3，No. 10，1960，pp. 1 – 44.

［14］祝岩松、张晓文：《我国国有企业的功能定位分析》，《中国经贸导刊》2011 年第 24 期。

［15］白天亮：《国企 4 种路径实现混合所有制》，《人民日报》2013 年 12 月 20 日。

［16］国家发展改革委经济体制与管理研究所课题组：《围绕处理好政府与市场的关系深化改革》，《宏观经济管理》2013 年第 8 期。

［17］白永秀、王颂吉：《我国经济体制改革核心重构：政府与市场关系》，《改革》2013 年第 7 期。

［18］林毅夫：《政府与市场的关系》，《中国高校社会科学》2014 年第 1 期。

［19］程承坪：《企业、制度与中国经济改革》，经济科学出版社，2013。

国有企业的经济责任、社会责任与政策责任

● 戴 锦 和 军*

内容提要：国有企业经济责任、社会责任与政策责任是三个相互区别又相互联系的概念。其中，国有企业政策责任是指国有企业的政府股东对国有企业完成一定公共政策目标的责任要求。国有企业的政策责任源于国有企业的政策工具属性。作为一种政策工具，国有企业与其他政策工具之间具有替代性，替代的依据是政策执行成本的高低。国有企业的政策责任与经济责任之间存在内在冲突，这种冲突不同于企业社会责任与经济责任的冲突。解决这一冲突需要建立一种经济绩效与政策绩效相结合的新的国有企业综合绩效评价体系。

关键词：国有企业　政策责任　政策工具

近年来，受西方企业社会责任学说的影响，国内学者对国有企业社会责任问题展开了讨论，形成了"国有三大责任"[①] "国有企业特殊社会责任"[②] "中央企业整体社会责任"[③] 等诸多理论观点。这些观点虽然表述和侧重点不同，但都指出国有企业在企业责任问题上具有某种特殊性。本文认为，国有企业的企业责任的特殊性在于它除了要履行企业经济责任和企业社会责任等一般企业责任外，还要履行一种特殊企业责任——政策责任。如何厘清国有企业经济责任、社会责任与政策责任的关系是解释社会主义市场经济条件下国有企业性质和作用的关键所在，同时也为进一步深化国有企业改革和国有经济战略性调整提供了一种新的思路。本文拟对此进行初步探讨。

---

* 戴锦，大连交通大学经济管理学院副教授；和军，辽宁大学经济学院教授、博士生导师。基金项目：国家社会科学基金项目"民营企业与国有垄断企业融合发展的障碍、机制与路径"（13BJL040）。

① 喻宝才：《什么是国有企业的责任？》，《国企》2006 年 11 月 16 日。
② 徐传谌、刘凌波：《我国国有企业特殊社会责任研究》，《经济管理》2010 年第 10 期。
③ 王敏、李伟阳：《中央企业社会责任的三层次研究》，《财政监督》2008 年第 6 期。

一　国有企业经济责任、社会责任与政策责任的界定

　　研究国有企业经济责任、社会责任与政策责任的关系问题，首先需要对这些企业责任进行概念界定。由于这一问题是在企业社会责任研究背景下提出的，因此我们必须要对企业社会责任概念进行合理界定，在此基础上进一步明确界定国有企业的经济责任、社会责任和政策责任。

（一）企业社会责任的概念界定

　　关于企业社会责任的概念一直有"综合说"和"狭义说"之争。"综合说"的共同特征是将企业经济责任归入企业社会责任，其中最有代表件的就是 Carroll 的金字塔模型。[①] Carroll 认为，完整的企业社会责任是企业经济责任、法律责任、伦理责任和慈善责任之和，这四个层次的责任逐级递进，构成了企业社会责任的金字塔层次结构。与此相反，"狭义说"的共同特点是将经济责任排除在企业社会责任之外，其中比较有代表性的是社会责任国际（SRI）的观点，即认为企业社会责任区别于商业责任，它是指企业除了对股东负责，即创造财富之外，还必须对社会承担责任，一般包括遵守商业道德，保护劳工权利，保护环境，发展慈善事业，捐赠公益事业，保护弱势群体，等等。[②] 除了将经济责任排除在企业社会责任之外，大多数狭义论者还都将道德责任作为企业社会责任不可缺少甚至是最重要的内容。[③]

　　虽然以 Carroll 金字塔模型为代表的企业社会责任"综合说"目前在学术界影响较广，甚至被一些学者视为企业社会责任概念的一个集成[④]，但笔者认为，"综合说"存在一个根本缺陷，就是模糊了企业社会责任思想的初衷——承认在追求商业利润之外企业还应当承担其他责任。正如国内企业社会责任著名研究学者卢代富所指出的，创立企业社会责任概念的本意就是要强调企业社会责任是独立于企业经济责任并与企业经济责任相对应的

---

①　A. B. Carrol，"The Pyramid of Corporate Social Responsibility: Toward the Moral Management of Organizational Stakeholders"，*Business Horizon*，Vol. 34，No. 4，1991，pp. 7 – 8.

②　徐俊：《企业社会责任理论研究综述》，《安徽大学学报》2008 年第 6 期。

③　戴锦、陈亚光：《企业社会责任：基于 IUO 范式的研究》，《江西农业大学学报》（社会科学版）2013 年第 1 期。

④　董进才、黄玮：《企业社会责任理论研究综述与展望》，《财经论丛》2011 年第 1 期。

一类企业责任。① "综合说"将企业经济责任也列为一种企业社会责任，不仅背离了企业社会责任概念建构的初衷，也模糊甚至掩盖了企业社会责任与经济责任的冲突性，使企业社会责任成为无所不包的"大杂烩"，降低了这一概念的科学性和现实价值。相比之下，"狭义说"强调企业社会责任与企业经济责任的差异性，更符合企业社会责任概念的本意。因此，本文采用"狭义说"的企业社会责任界定方式，将企业社会责任界定为：企业应向股东之外的其他社会成员履行的与道德规范有关的企业责任。

（二）国有企业经济责任、社会责任与政策责任的基本概念

在对企业社会责任的狭义界定基础上，我们可以进一步分析国有企业经济责任、社会责任与政策责任。一般公认，企业经济责任是指为股东创造利润的责任，简单地说就是追求利润最大化。国有企业也是企业，其经济责任也是为股东创造利润，这与一般企业并无二致。只不过由于国有企业的主要股东是政府，因此国有企业创造利润的经济责任习惯性地被界定为"国有资产保值增值"。

与对国有企业经济责任的认识比较一致相比，国内学术界对于国有企业社会责任的认识则存在较多不同观点，大体可分为三种。

1. "一般社会责任说"

该观点认为国有企业社会责任与一般企业社会责任无本质差异，只是程度上有所差别。如在国务院国资委颁发的《关于中央企业履行社会责任的指导意见》（国资发研究［2008］1号）中，中央企业社会责任被概括为八个方面：①坚持依法经营，诚实守信；②不断提高持续盈利能力；③切实提高产品质量和服务水平；④加强资源节约和环境保护；⑤推进自主创新和技术进步；⑥保障生产安全；⑦维护职工合法权益；⑧参与社会公益事业。显然，该文件在国有企业社会责任问题上秉持两种观点：一是"企业社会责任综合说"，即将经济责任、法律责任、伦理责任（慈善责任）统统视为企业社会责任；二是"一般社会责任说"，上述八条不仅适用于国有企业，也基本适用于私人企业，这也就承认了国有企业社会责任与一般企业社会责任是无差异的。

2. "特殊社会责任说"

该观点强调国有企业除了需要承担一般性的企业社会责任外，还要承

---

① 卢代富：《国外企业社会责任界说述评》，《现代法学》2001年第6期。

担所谓的"特殊社会责任"。如徐传谌、刘凌波认为,基于社会主义市场经济条件下国有经济的功能和定位,中国国有企业除了具有一般企业社会责任以外,还必须履行八种特殊社会责任,如维护经济安全,保障国民经济健康发展,等等。黄速建、余菁①从国有企业的性质是国家财政的有机组成部分的前提出发,提出"国有企业的社会责任,就是作为国家代表公众利益参与经济和干预经济的有效手段而存在"。这里所谓国有企业作为国家"参与经济和干预经济的有效手段"的社会责任显然也有别于一般的企业社会责任。王敏、李伟阳将中央企业社会责任划分为三个层次:中央企业作为整体所承担的社会责任、中央企业作为特定个体所承担的社会责任和中央企业管理层承担的社会责任。其中,中央企业作为特定个体所承担的社会责任与一般企业社会责任基本相同,如依法经营、安全生产、保护环境等,而中央企业作为整体承担的社会责任,如优化调整布局结构,实施国家宏观调控,提高国家竞争力等显然有别于一般私人企业的社会责任,因此实际上也是在强调国有企业具有某些"特殊社会责任"。

3. "国有企业三大责任说"

所谓"国有企业三大责任"是指国有企业需要承担的"经济责任、社会责任和政治责任",这一观点在国有企业界比较流行。喻宝才认为:"国有企业是经济组织,是国民经济的支柱,必须承担经济责任;国有企业是国家所有或国家控股,关乎国民经济命脉和国家安全,必须承担政治责任;国有企业是中国经济社会的重要组成部分,是构建社会主义和谐社会的主体,必须承担社会责任。"该类观点的突出之处是将第二类观点中"优化调整布局结构,实施国家宏观调控,提高国家竞争力"等所谓国有企业的"特殊社会责任"单列出来,作为国有企业"政治责任"的主要内容。

可以看出,关于国有企业责任的主要分歧集中在如何界定"优化调整布局结构,实施国家宏观调控,提高国家竞争力"这类国有企业"特殊责任"问题上。一方面,这类"特殊责任"在责任内容上不同于"国有资产保值增值"的国有企业经济责任,而有些类似于企业社会责任;另一方面,在责任对象(向谁履行责任)上,这类"特殊责任"又不同于企业社会责任,主要表现在其不是向股东之外的其他利益相关者承担责任,而是向国有企业的股东(政府股东)承担责任,在这一方面又类似于企业经济责任。

---

① 黄速建、余菁:《国有企业的性质、目标与社会责任》,《中国工业经济》2006年第2期。

基于这两种原因，我们认为，将这类"特殊责任"列为国有企业经济责任和社会责任之外的第三类企业责任更为合理，由于上述"特殊责任"都体现了国有企业向政府股东所承担的执行某种公共政策的责任，因此可将此类责任定义为"国有企业政策责任"。从体现政府这种意志角度看，国有企业政策责任从属于国有企业政治责任，但是又不完全等同于国有企业政治责任（国内学者曹永胜[①]、张超[②]从政治学角度界定了公共政策责任和政治责任，本文的界定与他们有所不同）。政治责任的含义相对比较宽泛，不同国家国有企业所要履行的政治责任也不一样，在中国，国有企业履行的政治责任不仅包括执行政府的公共政策，还包括维护执政党在国有企业的核心地位，加强职工思想政治工作等多方面内容。当然，尽管不同国家国有企业履行的政治责任有所区别，但也有显著的共同之处，即政策责任都是政治责任的主要内容。

综上所述，国有企业经济责任是指国有企业实现"国有资产保值增值"责任。国有企业社会责任是指国有企业向股东之外的其他利益相关者履行的与道德规范有关的某些责任，如对员工、消费者、社区、环境的责任以及慈善责任等，从其内容上看，与一般企业的社会责任并无本质区别；国有企业的政治责任的核心是政策责任，即国有企业为满足政府股东要求所履行的执行某种公共政策的责任。国有企业与私人企业各种责任的比较如表1所示。

表1 国有企业与私人企业各种责任的比较

责任类型	责任对象	责任内容	与私人企业责任的比较
国有企业经济责任	股东（特别是作为主要股东的政府）	为股东创造利润（国有资产保值增值）	从为股东创造利润角度看，国有企业经济责任与私人企业经济责任无本质区别
国有企业社会责任	股东之外的其他利益相关者	对员工、消费者、社区、环境等的责任	与私人企业社会责任无本质区别
国有企业政策责任	政府股东	执行政府公共政策，属于政治责任	私人企业不承担政策责任

① 曹永胜：《公共政策责任问题探略》，《山西大学学报》2008年第4期。
② 张超：《论政策责任》，《理论探讨》2004年第4期。

二　国有企业政策责任的依据：国有企业的政策工具属性

国有企业之所以要履行政策责任，主要依据在于国有企业的政策工具属性。所谓政策工具（Policy Tools of Government）是政府为实现某一政策目标而采取的各种手段。一般而言，公共政策的运作过程包括政策目标的制定、政策执行和政策效果的评估三个环节，而政策执行的核心就是选择和运用政策工具。[①] Michael、Howlett 和 M. Mramesh[②] 根据提供公共物品和服务过程中政府介入程度的大小，将公共政策工具分为自主性工具、混合性工具和强制性工具三大类，并且指出各类工具之间具有可替代性。其中，国有企业（公共企业）被列为一种强制性政策工具，其他两个强制性工具是规制和直接供给。各种政策工具各有其优点和缺点，因此也就各有其适合发挥作用的领域，这是政府选择政策工具的一个主要依据。B. M. Mitnick[③] 认为与规制和直接供给两种强制性政策工具相比，国有企业政策工具的优点包括以下方面：①适合于高资本投入和外部性强的产业；②在信息对称程度方面优于规制政策工具；③如果规制已经很广泛，则国有企业可对规制起到一定简化作用；④国有企业利润能积累公共资金用于公共支出。而其缺点如下：①经理的道德风险严重；②预算软约束；③国有垄断的低效率。

事实上，各种政策工具优缺点的比较可以用一个概念——政策执行成本来描述。[④] 所谓政策执行成本是指耗费于政策执行过程中的各种资源的机会成本，它实际上反映了社会资源用于公共政策执行时的配置效率。政策执行成本既可以发生在政策制定者与政策执行者之间，如政策执行机构的投资成本、维护成本、控制和监督成本等，也可以发生在政策执行者与政策执行对象之间，如调查、谈判、听证、诉讼以及执法成本等。政策执行成本的本质也是一种交易费用。广义上，交易费用包括市场型交易费用、

---

① 吕志奎：《公共政策工具的选择—政策执行研究的新视角》，《太平洋学报》2006 年第 5 期。戴锦：《国有企业政策工具属性研究》，《经济学家》2013 年第 8 期。

② Michael, Howlett, M. Mramesh, *Tudying Public Policy: Policy Cycles and Policy Subsystems*, Oxford University Press, 1995, pp. 80 - 98.

③ B. M. Mitnick, *The Political Economy of Regulation: Creating, Designing, and Removing Regulatory Forms*, New York: Columbia University Press, 1980, pp. 401 - 404.

④ 戴锦：《国有企业政策工具属性研究》，《经济学家》2013 年第 8 期。

管理型交易费用和政治型交易费用①，而政策执行成本应从属于管理型交易费用和政治型交易费用。正如市场型交易费用可以用来解释企业与市场两种不同生产制度的替代性一样，政策执行成本可用来解释不同政策工具的相互替代性。

政策执行成本是公共政策工具选择的依据，也就是说，在政策效果一定的前提下，政府在选择政策工具时应当选择那些政策执行成本较低的政策工具。影响政策执行成本的因素很多，如社会价值观、选民和利益集团的偏好和压力、政策工具选择的路径依赖性、政策网络的博弈均衡②等，因而政策执行成本很难像生产成本那样容易评估。不过，可以肯定的是，在某些情况下，国有企业之所以能够被选为政策工具，一定是由于其政策执行成本低于其他类型的政策工具，或者说，它的政策执行效率优于其他类型的政策工具。例如，在对自然垄断的规制方面，产业规制和国有化规制是两种可相互替代的政策工具。政府对自然垄断的外部产业规制会产生包括规制立法成本和运行成本等外部规制成本。③而政府对垄断的国有化规制则会产生对国有企业的投资成本、政府与国有企业经营者之间的委托代理成本等。与外部规制相比，在国有化规制中，政府作为国有企业的大股东拥有源于剩余控制权的人事任免权和行动选择权，政府可以利用这些权力通过调换企业管理者和决定企业重大决策等方式来规制垄断行为，这样就减少了外部规制中存在的大量规制博弈成本，但同时增加了国有企业投资成本和委托代理成本。总之，从政策执行成本角度看，外部规制型政策工具与国有化政策工具各有利弊，具体选择哪种政策工具需要在其政策执行成本之间进行细致的权衡。

三 国有企业三大责任之间的冲突：CER - CSR 冲突与 CER - CPR 冲突

政策工具属性使得国有企业具有了私人企业所没有的一种责任——政

---

① 〔美〕埃里克·弗鲁博顿、〔德〕鲁道夫·芮切特：《新制度经济学——一个交易费用分析范式》，上海人民出版社，2006，第60～65页。
② 王俊豪：《政府管制经济学导论》，商务印书馆，2001，第28～29页。
③ 郑育家：《企业性质、政府行为与真实控制权安排》，上海交通大学出版社，2010，第3～5页。

策责任,因而国有企业的责任体系也就不同于私人企业的责任体系,即一般私人企业只需为股东履行经济责任和为股东之外的其他利益相关者履行一定的社会责任,而国有企业不仅需要为股东履行经济责任和为股东之外的其他利益相关者履行社会责任,还要为国有企业的政府股东履行政策责任。

企业社会责任学说的基本前提是企业经济责任(Corporate Economic Responsibility,CER)和企业社会责任(Corporate Social Responsibility,CSR)之间存在一定冲突,简称为 CER-CSR 冲突。CER-CSR 冲突的本质是企业股东与其他利益相关者的利益冲突,即不同利益主体之间的冲突。CER-CSR 冲突是企业社会责任研究的核心问题。对于 CER-CSR 冲突,目前采取的解决方式包括以下几种:①增强企业家的社会责任感,唤起企业家内在的道德良知;②利用外在社会舆论力量以及各种企业社会责任评价指标体系,对企业社会责任行为进行外部激励;③将企业社会责任"战略工具化",即利用企业社会责任行为对企业形象、企业商誉以及利益相关者关系的改善作用来提高企业的长期战略价值,在这种思维下,企业可将履行社会责任的支出作为一种战略投资成本。

国有企业也是企业,因此国有企业也存在着 CER-CSR 冲突,国有企业也可以利用上述三种方式来应对这一冲突。但是,由于国有企业还要履行公共政策责任,因此在国有企业中还存在着另一种类型的责任冲突,即企业经济责任(CER)与企业政策责任(Corporate Policy Responsibility,CPR)的冲突,简称 CER-CPR 冲突。CER-CPR 冲突的特点在于它并非不同主体的利益冲突,而是同一主体的不同利益冲突,即政府作为股东要求国有企业实现国有资产保值增值的经济责任与政府作为社会管理者要求国有企业执行一定公共政策之间的利益冲突。笔者认为,这一冲突是国有企业理论研究的核心问题,也是解释国有企业特殊性质的关键。CER-CPR 冲突的根源在于国有企业中政府股东独特的效用函数。

一般企业股东的效用函数可表示为:

$$U = U(\pi) \tag{1}$$

其中:U 为股东效用,π 为企业利润率。

这一函数表明一般企业股东的效用 U 主要取决于企业实现的利润 π,并且二者之间呈正相关关系,这正是企业将利润最大化视为经营目标的原因。但与此不同,国有企业政府股东的效用函数应表示为:

$$U = U(\pi, R) \tag{2}$$

其中：π 为国有企业利润，反映了国有企业实现国有资产保值增值的绩效，简称为经济绩效，它与一般企业的利润本质上是一致的；R 为国有企业对完成政府特定政策目标的贡献，简称为政策绩效，它代表了国有企业履行政策责任的效果。

国有企业政府股东的效用函数表明政府股东的效用并不完全取决于经济绩效 π，而是取决于由经济绩效与政策绩效加权平均的综合绩效 I[①]，即：

$$I = w_1 \pi + w_2 R \tag{3}$$

其中：I 为国有企业综合绩效；$w_1 > 0$，$w_2 > 0$，分别为经济绩效和政策绩效的权数，且 $w_1 + w_2 = 1$。

综合绩效 I 与政府股东的效用 U 是一致的，因此（3）式也可表示为：

$$U = w_1 \pi + w_2 R \tag{4}$$

假设国有企业经营者的报酬（经济报酬以及升迁等政治报酬）取决于国有企业综合绩效，即国有企业经营者的效用与综合绩效也是正相关的[②]，则国有企业的经营目标就应当是综合绩效最大化，而不是通常的利润最大化，这是国有企业区别于私人企业的本质所在。

由此可以进一步推论，由于经济绩效与政策绩效的相关性不同，不同类型国有企业追求综合绩效最大化的努力方式也有所不同。

在现实中，某些国有企业的经济绩效与政策绩效正相关，即经济责任与政策责任基本一致，我们将这类国有企业定义为国有企业 A。国有企业 A 往往存在于竞争性较强的产业领域，主要在保障产业安全、发展战略性产业、提高民族工业国际竞争力等方面发挥政策工具作用。一般而言，这类国有企业在较好履行经济责任的同时，也就较好地履行了其政策责任。不失一般性，我们假设在国有企业 A 中 π 与 R 存在如下的绩效相关性方程：

$$R = k\pi \quad (k > 0) \tag{5}$$

根据 k 的大小，可将国有企业 A 具体分为三种类型。

第一种 $k = 1$，国有企业 A_0：国有企业 A_0 的经济责任与政策责任完全一致，企业经济绩效率等同于企业政策绩效率，显然国有企业 A_0 代表的是一种基准。

[①] 目前在中央企业已经实行综合绩效评价，但主要是指财务绩效和管理绩效，与本文中的综合绩效不完全一致。

[②] 本文假设政府股东和国有企业经营者都是风险中性。

第二种 $k > 1$，国有企业 A_1：对于国有企业 A_1，企业经济绩效的改善意味着企业更好地履行了政策责任，这种情况在那些处于战略性产业发展周期中起飞与成长阶段的国有企业中比较常见。

第三种 $0 < k < 1$，国有企业 A_2：国有企业 A_2 经济绩效的改善对其履行政策责任的效果贡献不高，这种情况在处于战略产业成熟阶段的国有企业中比较常见。事实上，这类国有企业可能由于肩负的政策责任越来越弱，或者由于政策执行成本更低的新政策工具的出现，而不再适宜发挥政策工具职能，对其实施适当的民营化可能是较好的出路。

将（5）式代入（3）式可得：

$$R = k\pi, \quad I = w_1\pi + w_2 R = (w_1 + k w_2) \pi \qquad (6)$$

（6）式表明，对于国有企业 A 而言，实现最大化利润 π 时就意味着实现了综合绩效最大化。

除了国有企业 A 外，现实中还存在着另一种类型的国有企业，在这类国有企业中 π 与 R 存在负相关关系，我们称之为国有企业 B。在国有企业 B 中，经济责任与政策责任不完全一致，即存在 CER-CPR 冲突。国有企业 B 通常存在于基础产业、公用事业等外部性和自然垄断性较强的领域，承担着宏观政策调控、公共产品供给、垄断的国有化规制等多种政策责任。

在国有企业 B 中，π 与 R 之间的负相关关系是多种形式的，可能是线性负相关，也可能是非线性负相关（如边际递减型或边际递增型的负相关），还可能是其他复杂形式的负相关。不管是何种形式的负相关，都会使利润最大化不再能保证综合绩效最大化，而是常常发生一定程度的偏离。在这种情况下，国有企业 B 需要根据 π 与 R 负相关的具体形式来确定一个合适的利润率，以尽可能地提高综合绩效。

由于国有企业 B 经济绩效 π 与政策绩效 R 负相关，因此经济绩效 π 最大化就不一定能够保证综合绩效 I 最大化。换言之，要使综合绩效最大化，就必须在经济绩效与政策绩效之间进行权衡。我们通过一个简单的国有垄断企业综合绩效最大化模型来进一步说明这一观点。

该模型的基本假设包括以下内容。

（1）国有垄断企业 B 可以控制价格变量 P；在一定条件下，国有垄断企业 B 提高 P 能增加企业利润。反需求函数为线性的，即：

$$P = a_1 - a_2 Q \qquad (7)$$

其中：Q 为企业产出；a_1，$a_2 > 0$

由（6）式可得：

$$Q = -\frac{a_1}{a_2}P + \frac{a_1}{a_2} = -k_1P + b_1 \tag{8}$$

其中：$k_1 = \frac{a_1}{a_2}, b_1 = \frac{a_1}{a_2}$

（2）国有垄断企业 B 的政策绩效 R 与 P 之间存在负相关关系，例如，国有垄断企业 B 提高价格会增加通货膨胀率，从而损害政府的宏观调控政策效果。我们只考虑一种简单的情形，即 R 与 P 之间的负相关关系是线性的，即：

$$R = -k_2P + b_2 \tag{9}$$

其中：k_2，$b_2 > 0$

（3）国有垄断企业 B 的生产成本 C 与价格 P 无关。

（4）国有垄断企业 B 的经济绩效为：

$$\pi = PQ - C \tag{10}$$

将（7）式代入（10）式可得：

$$\pi = PQ - C = -k_1P^2 + b_1P - C \tag{11}$$

令 $\frac{d\pi}{dP} = -2k_1P + b_1 = 0$，可得：

$$P^* = \frac{b_1}{2k_1} \tag{12}$$

由于 $\frac{d^2\pi}{dP^2} = -2k_1 < 0$，因此 $P^* = \frac{b_1}{2k_1}$，为能使国有企业 B 利润最大化的垄断价格。

将（9）式、（11）式代入（3）式，可得：

$$I = w_1\pi + w_2R = -w_1k_1P^2 + w_1b_1\ P - w_1\ C\ - w_2k_2P + - w_2b_2 \tag{13}$$

令 $\frac{dI}{dP} = 0$，可得：

$$P^{**} = \frac{b_1}{2k_1} - \frac{w_2}{2w_1} \cdot \frac{k_2}{k_1} = P^* - \frac{w_2}{2w_1} \cdot \frac{k_2}{k_1} \tag{14}$$

由于 $\frac{d^2I}{dP^2} = -2W_1k_1 < 0$，因此 $P^{**} = P^* - \frac{w_2}{2w_1} \cdot \frac{k_2}{k_1}$，为能使国有企业

B 综合绩效最大化的价格。显然 $P^{**} < P^{*}$。

（14）式表明，对于国有垄断企业 B，能使企业经济绩效最大化（利润最大化）的垄断价格 P^{*} 并不能保证其综合绩效最大化。为了实现综合绩效最大化，国有企业 B 要根据政府股东的绩效偏好（$\frac{w_2}{w_1}$）以及价格变化的绩效影响程度（$\frac{k_2}{k_1}$）来合理地调节价格，使得价格达到能使综合绩效最大化的 P^{**}。这一结论表明，只要政府股东能够设计出一个合理的"经济绩效 + 政策绩效"型综合绩效评价机制，就可以利用这一机制激励国有企业经营者在履行经济责任与履行政策责任之间进行最优的权衡。由此可见，解决国有企业 CER-CPR 冲突的关键在于：国有企业的政府股东应该在尽可能全面、客观地把握国有企业的经营行为对公共政策执行效果影响程度的前提下，明确地将自己的政策偏好纳入国有企业综合绩效考核体系中，使综合绩效最大化而非利润最大化成为国有企业的主要经营目标。

四　重要结论与建议

综上所述，我们得出的重要结论可以归纳为以下三点。

第一，与私人企业相比，国有企业肩负一种特殊的责任——政策责任，政策责任不同于社会责任。国有企业政策责任源于国有企业的政策工具属性。而国有企业之所以能够成为政策工具，源于在某些情况下其在政策执行成本上的优势。

第二，国有企业的 CER-CPR 冲突是解释国有企业性质的关键。CER-CPR 冲突有时也可描述为国有企业经济目标与公共目标的冲突，其根源在于国有企业政府股东的二元效用函数。解决这一冲突的思路是将国有企业的经营目标由利润最大化（经济绩效最大化）转变为综合绩效（经济绩效 + 政策绩效）最大化。

第三，不同类型国有企业履行政策责任的方式不同。对于经济责任与政策责任基本一致的国有企业 A，其经济绩效的提高就等同于政策绩效的提高，因此这类国有企业履行政策责任的方式就是在市场竞争中不断提升企业竞争力，增加经济效益。对于经济责任与政策责任存在冲突的国有企业 B，其履行政策责任会有损于企业经济绩效的提高，如果国有企业 B 处于充分竞争的市场环境中，则会给其带来"政策性负担"，有损于国有企业 B 的市场竞争力，因此这类国有企业适合存在于弱竞争性领域。同时为了使国有企业 B 在追求经济绩效和承担政策责任之间取得平衡，政府股东应当制定合理的"经济绩效 + 政策绩效"的综合绩效评价体系。

根据以上结论，我们对国企改革和国有经济战略性调整提出以下政策性建议。

第一，应当将政策执行成本作为国有经济战略性调整的重要依据。即国有企业应当集中于哪些产业领域，应当从哪些产业领域中退出，评判的重要依据之一应当是国有企业在这些领域中履行政策责任所产生的政策执行成本的大小。国有资本应当向那些国有企业履行政策责任的政策执行成本比其他政策工具政策执行成本低的产业领域集中，而从国有企业政策执行成本过高的产业领域退出代之以利用其他政策执行成本相对较低的政策工具（如补贴、外部规制等）。这就意味着，国有经济战略性调整应当以政策执行成本的变化为依据，因而是动态和双向的，不存在单方向的"国进民退"或"国退民进"。

第二，应当改变国有企业目前"国有资产保值增值"型的单纯经济绩效评价体系，建立"经济绩效 + 政策绩效"型的国有企业综合绩效评价体系。为此，要对国有企业特别是中央企业所要履行的公共政策责任进行明确界定，并将国有企业执行公共政策的绩效纳入对其进行的综合绩效考核之中，使综合绩效考核成为对国有企业经营者进行激励的主要机制。

第三，应当从协调国有企业经济责任和政策责任的角度出发，进一步调整国资委的工作目标。目前国资委的主要工作目标是保证"国有资产保值增值"，比较偏重于确保国有企业经济责任的落实。由于经济责任和政策责任都是政府对国有企业的基本责任要求，因此今后应当从协调国有企业经济责任与政策责任的角度出发，将国资委的工作目标从"国有资产保值增值"转变为"提高国有资本综合绩效"。

总之，如果说以往的国企改革主要是激励国有企业更好地履行经济责任，使国有企业更像"企业"，那么今后的国企改革应在此基础上进一步促使国有企业更有效地履行政策责任，使国有企业更像"国有"企业。

参考文献

[1] Michael, Howlett, M. Mramesh, *Tudying Public Policy：Policy Cycles and Policy Subsystems*, Oxford University Press, 1995, pp. 80 – 98.

［2］B. M. Mitnick, *The Political Economy of Regulation：Creating, Designing, and Removing Regulatory Forms*, New York：Columbia University Press, 1980, pp. 401 – 404.

［3］喻宝才：《什么是国有企业的责任？》，《国企》2006 年 11 月 16 日。

［4］徐传谌、刘凌波：《我国国有企业特殊社会责任研究》，《经济管理》2010 年第 10 期。

［5］王敏、李伟阳：《中央企业社会责任的三层次研究》，《财政监督》2008 年第 6 期。

［6］A. B. Carrol, " The Pyramid of Corporate Social Responsibility：Toward the Moral Management of Organizational Stakeholders", *Business Horizon*, Vol. 34, No. 4, 1991, pp. 7 – 8.

［7］徐俊：《企业社会责任理论研究综述》，《安徽大学学报》2008 年第 6 期。

［8］戴锦、陈亚光：《企业社会责任：基于 IUO 范式的研究》，《江西农业大学学报》（社会科学版）2013 年第 1 期。

［9］董进才、黄玮：《企业社会责任理论研究综述与展望》，《财经论丛》2011 年第 1 期。

［10］卢代富：《外企业社会责任界说述评》，《现代法学》2001 年第 6 期。

［11］黄速建、余菁：《国有企业的性质、目标与社会责任》，《中国工业经济》2006 年第 2 期。

［12］曹永胜：《公共政策责任问题探略》，《山西大学学报》2008 年第 4 期。

［13］张超：《论政策责任》，《理论探讨》2004 年第 4 期。

［14］吕志奎：《公共政策工具的选择——政策执行研究的新视角》，《太平洋学报》2006 年第 5 期。

［15］戴锦：《国有企业政策工具属性研究》，《经济学家》2013 年第 8 期。

［16］［美］埃里克·弗鲁博顿、［德］.鲁道夫·芮切特，《新制度经济学——一个交易费用分析范式》，上海人民出版社，2006，第 60～65 页。

［17］王俊豪：《政府管制经济学导论》，商务印书馆，2001，第 28～29 页。

［18］郑育家：《企业性质、政府行为与真实控制权安排》，上海交通大学出版社，2010，第 3～5 页。

转型期民营企业的劳动关系

——基于浙江 30 家民营企业 1148 份问卷调查

● 张宗和　安祖贵*

内容提要： 中国基本经济制度的完善，必然包含以利益分配为核心的劳动关系调节制度的完善。伴随改革开放而产生的民营企业劳动关系十分复杂，并随着民营经济的发展而不断扩张和内生出大量冲突。处理好民营企业的劳动关系，对经济发展和社会和谐意义重大。本文通过对浙江民营企业调查问卷分析，揭示转型期民营企业劳动关系的状况以及工资、保障、培训、工会等因素对劳动关系的影响程度。在此基础上，本文提出以下建议：要从总报酬的视野全面提高资本对劳动的报酬，政府应尽快完善用工制度环境，形成稳定的劳动关系，引导企业成为人力资本的投资主体，形成人力资本良性累积机制；加快企业工会职能的归位，推动集体谈判制度广泛实行，形成力量均衡连续博弈的利益分配机制。

关键词： 民营企业劳动关系满意度

一　引　言

多元异质的所有制、资源配置方式和分配原则共存一体，构成中国特色的经济制度系统。中国基本经济制度的完善，必然包含以利益分配为核心的民营企业劳动关系调节制度的完善。广义的劳动关系，是指在实现劳动的过程中劳动者与劳动力使用者（雇主）以及相关的社会组织之间的社会经济关系；狭义的劳动关系，是指在企业或劳动单位中劳动者个人与劳

---

* 张宗和，浙江工商大学经济学院教授，"浙江经济社会发展研究中心"副主任、"浙商研究中心"浙商竞争力研究所所长，电子信箱：zonghz@ 126. com；安祖贵，中国农业银行浙江台州分行职员。该文系浙江哲学社会科学重点研究基地浙商研究中心课题《浙商新型劳资关系研究》（编号：12JDZS01YB）的阶段性成果。

动力使用者之间的关系。① 作为一种最基本、最普遍的社会关系，劳动关系状况成为反映社会是否公平和谐、是否高效运转的指示器，甚至可作为中国改革是否成功的检验器。

伴随改革开放，我国所有制结构不断发生变化，民营企业的劳动关系随之产生并日趋复杂。改革初期，以公有制为主体的所有制结构决定了当时的劳动关系主要是国有企业内部比较稳定和单一的劳动关系。随着改革深入，国有经济比重下降，民营经济快速扩张，进入民营企业就业的劳动者大量增加，雇佣劳动关系扩张，并逐渐占据劳动关系的主导地位。进入21世纪以后，伴随着我国经济的快速发展，人们的生活水平日益提高，在个人的基本需求得到满足后，劳动者对高层次的权益追求开始加强，加之国际金融危机对我国经济的影响，劳动关系发生改变，劳动争议案件比以往大量增加。据统计，2000~2009年，全国劳动争议案件受理数由13.5万件增加到68.4万件，增加4.07倍，涉及人数由2000年的42.2万人扩大到2009年的101.6万人。② 由此可见，我国在GDP快速增长的同时，对民营企业劳动关系调节管理水平相对滞后，近年来经济发达地区出现的"民工荒"和日益增加的集体劳动争议事件即是明证。因此，在当前我国经济发展转型的关键期，对民营企业劳动关系的研究十分重要。

基于此，我国学者对转型期劳动关系进行了大量研究，从多方面解析引起劳动关系失衡的原因。温春继（2010）认为，资方逐利本性、相关执法不规范和劳资双方缺少沟通平台是造成我国劳资关系紧张的主要原因。章辉美和洪泸敏（2011）研究发现，我国的劳动关系目前正处在冲突加剧、资方单边获利、劳动者权益明显受损的严峻状态，其原因如下：一是改革进程中对劳动者利益的忽视和侵占；二是各方主体没有为劳资博弈营造一个公平的格局，后者是导致劳资关系陷入困境的更深层次的原因。孔锦和刘洪（2011）则认为，解决转型期我国劳动关系矛盾的突出问题，必须从新的视角加以考察，并提出权力均衡是实现和谐劳动关系的根本途径，应以此方向调整主体行为。李鸿和胡宁（2010）则从社会学理论视角出发，提出协调民营企业劳资关系的对策，建议加快经济增长方式转变，使劳资双方组织化，引进国家干预，落实三方博弈，完善劳动法律法规及社会保障体系。袁凌和魏佳琪（2011）等人从评价指标体系方面对劳动关系进行

---

① 常凯：《劳动关系学》，中国劳动社会保障出版社，2005，第9~11页。
② 2009年开始因受国际金融危机影响，中国GDP增长速度开始下降，成为经济增长速度的拐点。

研究。常凯（2013）指出，中国的劳动关系正由个别劳动关系调整向集体劳动关系调整转型，中国的劳工政策亟待调整和完善，主要有劳动关系理论指导和调整模式的选择、集体劳动法的健全、劳动者集体权利的确认以及两种劳工力量的关系处理等。

　　总体上看，我国学者对中国民营企业劳动关系的研究多为理论探讨，实证研究则不多。笔者认为，鉴于中国民营经济的特殊性质，规范研究已显不足，需要加强对民营企业劳动关系的实证研究。因此，笔者在国际金融危机爆发后的 2011 年，对民营经济发达的浙江温州和台州地区 30 家民营企业进行问卷调查，依据所得的 1148 份有效问卷数据，对转型时期民营企业的劳动关系及其影响机理进行实证分析。

二　影响劳动关系因素的选择及变量解释

　　按照社会心理学的解释，满意度指标所测量的主要是人们社会心理上的一种感受，在经济领域，通常是人们对所支和所得比较后产生的一定心态。劳动关系专家发现，在现代劳动关系中，员工对企业满意度的高低极大地影响着员工的工作效率和对企业的忠诚度。Athins P. Mardeen（1996）通过研究发现，员工的满意度与工作质量密切相关，对企业的忠诚度随着满意度的提升而增加。若员工对企业的满意度较高，员工就不会贸然破坏和企业的劳动关系，其机会主义行为就会减少，企业所付出的监督成本就相应减少，整体交易费用就有所降低，反之亦然。因此，我们选择员工对企业的满意度指标作为度量民营企业劳动关系的核心指标。

　　影响民营企业员工满意度的因素很多，全部考虑会使研究变得过于复杂，需要进行筛选。基于民营企业的特征，本文主要考虑下列因素对劳动关系的影响。

　　第一是工资。工资是劳动关系中的核心内容，通常是工薪阶层最主要的收入来源，它的量变会严重影响员工的劳动行为。[1] 本文从客观收入和主观收入两个方面来研究员工的工资。客观收入是员工实际获得的货币收入；主观收入是员工以客观收入为基础与他人比较后所认定的收入[2]，文中以对收入的满意度来衡量。相较于客观收入，主观收入更能体现收入的实际价值。

---

① 姚先国、郭东杰：《改制企业劳动关系的实证分析》，《管理世界》2005 年第 5 期。
② 张宗和：《中国民营企业的群体性劳资冲突》，中国社会科学出版社，2009，第 111 页。

第二是企业是否为员工购买各类保险。企业的劳动保障制度是企业为员工提供社会保障的制度安排。[①] 社会保障直接关系到员工的安全感和物质利益。与国有企业和大型正规企业较健全的社会保障制度不同，民营企业的社会保障覆盖范围相对较小，很多员工很难得到一些基本的保障。企业为员工提供社会保障，既能增加员工对企业的依赖程度，某种意义上讲也可减轻企业的负担。因此，企业是否提供社会保障成为影响员工与企业劳动关系的一个重要因素。

第三是员工在企业的工作职位。工作职位也是影响劳动关系满意度的一个重要因素。在企业中，不同职位所享受的福利待遇各不相同，工资收入也有差别。况且，职位还为个人带来地位、权力及荣誉方面的满足感。这些都会对员工的劳动关系满意度产生影响。

第四是员工在本企业的工作时间。通常来讲，在一个企业长期工作，无论是和同事及管理层的默契程度，还是对这个企业的熟悉程度都会提高，同时也会增强对企业价值文化的认同感。而这又会提高员工的工作效率和劳动报酬，增加员工对企业的依赖感，进而影响员工对企业的满意度。

第五是员工的受教育程度。人的受教育程度和文化程度联系密切，一般来讲，文化程度高的人对自身的要求更高，对自身各方面的权利追求也更加强烈。因此，受教育程度高的员工在工作中会追求更多的权利，这会增加产生劳资纠纷的风险。但同时，企业内部员工的工资和自身的受教育程度联系紧密，高学历的员工普遍得到较高工资，而且高学历往往伴随着高职位，这在一定程度上又会降低劳资冲突的风险。

第六是企业对员工的公平度。美国心理学家 J.S·亚当斯认为，个体的工作积极性不仅受到绝对报酬的影响，还会受到相对报酬的影响。也就是说，每个人都会不自觉地把自己所获得的报酬和投入的比率进行纵向和横向比较。[②] 在相同的付出下，若他人得到的报酬更多，则员工会感到不公平，这将打击员工的工作积极性。在民营企业中，由于没有完善的晋升机制，在职位方面员工往往也会遭受不公平待遇。这种不公平不仅影响员工的工作效率，往往也会为劳动关系的恶化埋下隐患。

第七是企业是否为员工提供培训机会。姚先国和翁杰（2005）研究发

---

① 王永乐、李梅香：《民营企业劳动关系影响因素的实证分析》，《中国劳动关系学院学报》2006 年第 20 卷第 2 期。

② 任腾飞：《员工薪酬公平感对企业劳动关系的影响研究》，广东商学院硕士学位论文，2011。

现，企业向员工提供培训显著影响了员工的工资水平。在职培训与正规教育一样，是人力资本投资的重要途径（Schultz，1961）。员工若得到企业提供的在职培训，不论是在职位晋升还是在再就业方面，都将提升自身的竞争力，从而得到更高的职位和报酬。但是，由于企业对员工进行在职培训具有外部性，企业往往不会轻易向员工提供在职培训。因此，能否得到企业提供的培训机会也会影响员工对企业的满意度。

第八是员工是否参加企业工会。中国的工会由于没有起到为工人争取更多权利的作用而饱受学者诟病，但是企业工会在为工人谋福利方面还是起到一定作用的，还为劳资双方创造了一个沟通平台，有效协调了劳资关系。而且，是否加入工会对员工在与资方发生冲突时的行为选择有一定的影响。姚先国等人（2009）认为，中国企业工会的职责虽然与西方不同，但是在保障工人利益与增强企业凝聚力方面，还是有着不可忽视的影响。

除此之外，诸如员工来源地、行业性质、工作环境等都会对劳动满意度产生一定影响。例如，在发生劳资纠纷时，外地员工更倾向于采取显性冲突方式；[1] 民营企业由于其企业特性，工作环境差别不大，且其差异在职位变量中有所体现。不过，由于这些变量不易量化或相对处于更次要地位，本文未加以考虑。表1是对计量回归模型所涉及变量的解释说明。

表1　模型涉及的变量说明

变　　量	符　　号	变量赋值说明
企业满意度	F – Satisfaction	虚拟变量，员工对自身与企业之间的劳动关系满意度所做出的评价。十分不满意取1，比较不满意取2，一般取3，比较满意取4，十分满意取5
收入	Income	员工每月的工资奖金收入
收入满意度	I – Satisfaction	虚拟变量，员工对自身收入满意度所做出的评价。十分不满意取1，比较不满意取2，一般取3，比较满意取4，十分满意取5
企业是否购买保险	Insurance	虚拟变量，购买为1，不购买为0
工龄	Workage	员工在本企业的工作时间
职位	Position	虚拟变量，普通工人为1，技术工人为2，管理人员为3
受教育程度	Edu	虚拟变量，小学取6年，初中取9年，高中、技校和中专取12年，大专取15年，本科取16年，本科以上取19年

---

① 张宗和：《中国民营企业的群体性劳资冲突》，中国社会科学出版社，2009，第183页。

续表

变　量	符　号	变量赋值说明
企业是否公平	Fair	虚拟变量，公平为1，不公平为0
企业是否提供培训	Train	虚拟变量，提供为1，不提供为0
是否参加工会	Join – union	虚拟变量，参加为1，不参加为0

三　样本数据描述性分析

浙江是民营经济始发和活跃地区，民营经济所占的比重一直较大。2011年，民营经济占浙江经济的比重为62.2%，居全国前列。就全国而言，浙江民营经济具有一定典型性。本文调查了温州和台州地区30家民营企业，涉及制造业、交通运输及仓储业、建筑业、批发及零售贸易等行业。每家企业随机抽取一定比例员工进行调查，总共调查员工1500名，涉及各种工作岗位，主要可分为管理人员、技术工人、普通工人，共回收问卷1208份，问卷回收率为80.5%。剔除部分数据缺失的样本，经整理得到有效问卷1148份，其中管理人员260份，技术工人254份，普通工人634份，样本变量的相关统计见表2。

表2　调查样本中计量模型涉及变量的统计描述

变　量	样本数	平均值	标准差	最小值	最大值
F – Satisfaction	1208	3.576987	0.7217994	1	5
Income	1208	2661.424	895.0857	1000	5250
I – Satisfaction	1208	3.320364	0.8357282	1	5
Insurance	1195	0.8158996	0.3877283	0	1
Workage	1198	6.257972	5.794111	0	43
Position	1204	1.667774	0.8190934	1	3
Edu	1208	11.79056	3.077299	6	19
Fair	1179	0.9550466	0.2072896	0	1
Train	1208	0.8228477	0.3819557	0	1
Join – union	1201	0.8784346	0.3269193	0	1

从表2数据可以看到，劳动关系满意度的平均得分为3.57分，介于一般与比较满意之间，说明员工和企业的劳动关系总体尚可，但离和谐劳动关系

还有差距。员工的平均月工资为 2661 元,比浙江 2011 年在岗职工平均工资 2977 元略低。[①] 员工对工资的满意度得分为 3.32 分,得分水平表明员工对工资的满意度一般,主观收入与客观收入总的来讲表现一致。从其他指标的统计结果我们可以看出,员工的平均受教育年限为 11.8 年,相当于高中学历;在本企业平均工作时间为 6.25 年;超过 95% 的员工认为企业对员工是比较公平的,这说明员工在遭受不公正待遇方面有较大改善;员工的参保率、受培训率和参加工会比例均超过 80%。模型涉及变量的相关系数矩阵见表 3。

四 实证结果及其分析

通常劳动关系满意度主要取决于和自己切身利益关系密切的因素,即上述讨论中的工资收入(Income)、社会保障(Insurance)和职位(Position)。以这三个因素为主要变量,形成方程(1):

$$FSatisfaction = a_0 + a_1 Lnincome + a_2 Insurance + a_3 Position + \varepsilon \qquad (1)$$

工龄(Workage)和受教育程度(Edu)也对员工的劳动关系满意度产生影响。随着工龄的增加,员工对企业的归属感会增加,同时也会增加与同事及管理层之间的默契度(姚先国,2004)。受教育程度则从员工对自身权益的争取与员工收入两个方面同时影响员工的劳动关系满意度。因此,将这两个变量加到方程(1)中,形成方程(2):

$$FSatisfaction = a_0 + a_1 Lnincome + a_2 Insurance + a_3 Position + a_4 Workage$$
$$+ a_5 Edu + a_6 Workage^2 + a_7 Edu^2 + \varepsilon \qquad (2)$$

在方程(2)的基础上增加影响劳动关系满意度的虚拟变量,如企业对员工是否公平(Fair),企业是否为员工提供培训(Train),员工是否加入企业工会(Joinunion),形成最终回归方程,见方程(3):

$$FSatisfaction = a_0 + a_1 Lnincome + a_2 Insurance + a_3 Position + a_4 Workage$$
$$+ a_5 Edu + a_6 Workage^2 + a_7 Edu^2 + a_8 Fair + a_9 Train +$$
$$a_{10} Joinunion + \varepsilon \qquad (3)$$

我们借鉴姚先国(2004)研究改制企业劳动关系所采用的方法,通过

---

① 浙江省统计局《2011 年浙江省全社会单位在岗职工年平均工资统计公报》(〔2012〕5 号)确认 2011 年浙江省在岗职工年平均工资(含私营经济单位的全社会单位)为 35731 元。

表3　模型中各变量相关系数矩阵

	F – Satisfaction	I – Satisfaction	Income	Insurance	Position	Workage	Edu	Fair	Train	Join – union
F – Satisfaction	1.0000									
I – Satisfaction	0.6670	1.0000								
Income	0.2726	0.2142	1.0000							
Insurance	0.2245	0.3510	0.0944	1.0000						
Position	0.0986	0.0300	0.1615	0.0950	1.0000					
Workage	0.1782	0.2145	0.0888	0.1899	0.1835	1.0000				
Edu	-0.2553	-0.3193	-0.1365	-0.2468	-0.1048	-0.6022	1.0000			
Fair	0.1895	0.1243	0.0732	0.0486	0.0258	-0.0152	-0.0154	1.0000		
Train	0.1937	0.2218	0.1419	0.2606	0.0898	0.1138	-0.1034	0.0314	1.0000	
Join – union	0.2143	0.1438	0.0620	0.0691	0.0438	0.0021	-0.0254	0.5400	0.0557	1.0000

Stata 统计软件，用 Ordered Logit 模型对全部样本数据进行估计。表 4 是对模型估计的结果。

表 4　民营企业劳动关系满意度影响因素的估计分析结果

F - Satisfaction	Equation （3）			Equation （4）		
	Coef.	Z	P > | Z |	Coef.	Z	P > | Z |
Lnincome	1. 545194	7. 96	0. 000	—	—	—
I - Satisfaction	—	—	—	2. 48571	20. 3	0. 000
Insurance	0. 7078539	4. 27	0. 000	− 0. 2681191	− 1. 45	0. 148
Position	0. 0910616	1. 22	0. 221	0. 2563881	3. 15	0. 002
Workage	0. 0467655	1. 50	0. 133	0. 0142627	0. 42	0. 676
Edu	− 0. 4646111	− 3. 15	0. 002	− 0. 0732502	− 0. 46	0. 647
Workage2	− 0. 001598	− 1. 45	0. 147	− 0. 0002893	− 0. 24	0. 808
Edu2	0. 0150416	2. 51	0. 012	0. 0019939	0. 31	0. 760
Fair	0. 851348	2. 40	0. 016	0. 6156601	1. 53	0. 127
Train	0. 5883208	3. 57	0. 000	0. 3986927	2. 20	0. 028
Join - union	0. 9846989	4. 52	0. 000	0. 7903776	3. 19	0. 001
Pseudo R^2	0. 1094			0. 3177		
Observation	1148			1148		
Log Likelihood	− 1093. 518			− 837. 71471		

注：Z 值是变量的显著性概率，当 0.05 > \| Z \| 表示系数估计值是统计显著的。

从表 4 的分析结果可以看出，模型中所有解释变量除了工龄与职位以外，其他变量对劳动关系满意度都存在显著性的影响。在模型估计结果中，受教育程度和劳动关系满意度是负相关，其他变量都与劳动关系满意度呈正相关。

通过实证分析笔者有以下发现。

第一，劳动关系满意度与员工工资收入呈现显著的正相关关系，与前人的研究结论一致。在影响劳动关系满意度的各变量当中，工资收入最显著，对劳动关系满意度的影响也最大。这表明工资收入的提高对改善劳动关系有明显的作用，图 1 对两者的关系进行了直观的描述。在对员工的调查中发现，93.55% 的员工认为工资收入是引发劳资冲突的第一原因。当问到转换企业的原因时，超过 50% 的员工认为收入偏低是促使他们转换企业的主要原因。可见，民营企业要想改善与员工的劳动关系，目前主要还是要

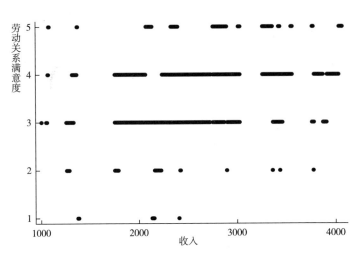

图1 劳动关系满意度与工资收入之间的关系

靠提高工资。

第二，社会保障对劳动关系满意度影响显著，且呈正相关关系。员工虽然需要为参加社会保障支付部分费用，但是随着对社会保障制度了解的加深，员工表现出较高的参保意愿。然而，很多企业为了减轻生产成本，很少为员工提供健全的社会保障，这在一定程度上降低了员工的劳动关系满意度。实证结果表明，为员工提供健全的社会保障，对劳动关系的改善具有一定的帮助。

第三，劳动关系满意度与职位呈正相关关系，但显著性不强。一般来讲，职位越高，对企业的一些决策就越认同，对企业的满意度就越高。笔者认为造成结果不显著的原因有二：其一，民营企业多集中于制造业等行业且规模较小，因此，企业员工的职位等级差异并不明显；其二，接受调查的部分员工未能辨清自己的职位归属，影响了该部分数据的准确性。

第四，劳动关系满意度与员工在本企业的工作时间呈正相关关系，但显著性不强，如图2所示。姚先国（2004）对改制企业的研究发现，工龄对劳动关系影响显著，且呈倒"U"形。本文的研究未发现这种关系，这主要是因为民营企业不存在改制企业中老员工由于企业改制遭受利益损失，造成部分老员工不认同企业改制，进而影响劳动关系满意度的情况。因此，两者之间正相关的关系与理论上的分析相一致。

第五，员工受教育程度与劳动关系满意度呈显著的负相关关系。教育从收入增加、职位晋升方面来讲可以提高员工劳动关系满意度，从增强员

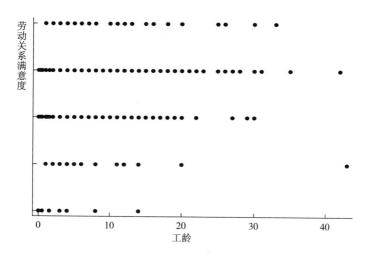

图2　劳动关系满意度与工龄之间的关系

工权利意识方面来讲则会起到相反的作用。从研究结果来看，受教育程度降低了员工的劳动关系满意度，这表明高学历的人既没有得到相应的高收入，也没有获得相应的高职位。这反映了在民营企业中，存在高学历员工收入增加不明显与职位晋升不畅的困境。

第六，企业是否公平与劳动关系满意度呈显著的正相关关系。企业对员工的公平性体现在很多方面，比如薪酬公平、机会公平、程序公平等，其中薪酬公平是企业公平性的核心内容。和其他方面相比，薪酬公平往往是员工最能直观感受到，也是员工最关心的。民营企业缺乏完善的工资奖金制度，这使得工资奖金确定的随意性较大，往往造成薪酬方面的不公。因此，民营企业要保证企业的公平性，首先必须保证薪酬的公平，这就要求企业必须完善工资奖金制度，规范工资结构；其次兼顾企业职位晋升、发展机会等方面的公平，努力为员工营造一个公平的工作环境。

第七，企业是否对员工进行培训与员工的劳动关系满意度之间也是呈显著正相关关系，表明对员工进行在职培训可以显著提高员工的劳动关系满意度。从表3变量间的相关系数我们也可以发现，培训对员工的收入和职位都有正向的作用，这与前文的分析相一致。当问到得到企业培训后员工是否会更加努力工作时，超过90%的员工选择"是"。企业对员工进行在职培训，相当于对企业进行人力资本投资，在提高员工个人能力的同时也会促进企业的发展。可见，从企业方面看，对员工进行在职培训是一项双赢的措施。然而，企业往往只看到投入的一面，对收益的一面认识不足。因此，对在职培训有一个全面的认识对企业管理层来说刻不容缓。

第八，员工是否参加工会与劳动关系满意度关系显著，且呈正相关关系。这表明员工参加企业工会组织，会显著提高员工的劳动关系满意度。由于各种原因，民营企业工会缺少独立性，且主要工作重点集中在员工福利而不是员工权利上。但是，企业工会毕竟为劳资双方协调劳资关系提供了一个重要的平台，员工也乐于通过工会表达一些自己工作中的不满，这在一定程度上消除了劳资矛盾的隐患。在我们调查的30家企业中，全部企业都成立了企业工会，88.07%的员工参加了企业工会。可见，员工对工会的参与度很高。基于现阶段企业工会的特征，员工对工会的认可度可能不高，但如果工会职能实现归位，那么，民营企业劳动关系应该转向通过工会来协调。

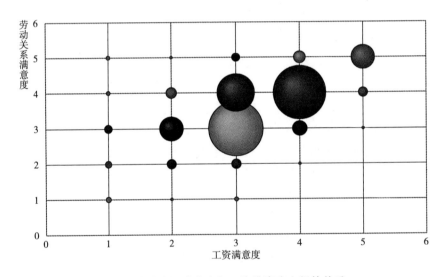

图3　劳动关系满意度与工资满意度之间的关系

注：图中圆的面积越大，表示处在相应劳动关系满意度和工资满意度的员工越多

此外，从表3我们可以发现员工对收入的满意度（I－Satisfaction）与劳动关系满意度（F－Satisfaction）之间的相关系数为0.667，如图3所示，远大于收入（Income）与劳动关系满意度（F－Satisfaction）之间0.2726的相关系数。在前文，笔者指出用员工的收入表示员工的客观收入，用员工对收入的满意度来表示员工的主观收入。因此，有必要用收入满意度（I－Satisfaction）来替代收入（Income）变量，对方程进行进一步

检验，见方程（4）：

$$FSatisfaction = a_0 + a_1 ISatisfaction + a_2 Insurance + a_3 Position +$$
$$a_4 Workage + a_5 Edu + a_6 Workage^2 + a_7 Edu^2 + a_8 Fair + \quad (4)$$
$$a_9 Train + a_{10} Joinunion + \varepsilon$$

表4右边即分析结果。

比较表4，笔者发现替换了变量以后，其中一些解释变量的结果也发生了变化。劳动保障与劳动关系满意度呈负相关关系，且劳动保障、教育与企业是否公平变量的显著性减弱，职位变量的显著性增强。这是由于收入满意度是员工的一种主观感受，员工的这种感受很容易受其他因素影响。比如，相同收入的情况下，其他待遇的不同可能造成员工收入满意度的不同。方程结果显示，收入满意度与劳动关系满意度呈显著的正相关关系，且影响系数较收入变量要大。这表明，相对于实际收入，员工的收入满意度对劳动关系满意度的影响更大。员工实际收入与期望收入不一致的情况，也显示了员工与企业在员工价值认同上的偏差。

五　结论与建议

本文根据浙江30家民营企业的问卷调查数据，运用计量分析工具对影响民营企业劳动关系的各因素进行了比较深入的分析。结论是，工资仍是影响劳动关系满意度最重要的因素，显著性最强。以收入满意度为指标的主观收入对劳动关系满意度影响更大。劳动保障、在职培训、企业公平性与工会组织等因素对劳动关系满意度也有显著的影响，这些方面的改善对促进民营企业劳动关系的和谐非常重要。教育在民营企业中对劳动关系满意度具有显著的负相关关系，但这并不是简单地说教育对劳动关系的改善无益，有可能是教育在改善劳动关系方面的作用没能得到很好的体现，其中的深层原因值得探讨。

依据上述研究结果，笔者对改善民营企业劳动关系提出以下建议。

首先，要从总报酬的视野全面提高劳动方的报酬。发达国家学者提出，劳动方总报酬包括薪酬、福利、工作和生活的平衡、绩效考核和员工的自我认知以及个人发展和职业机会五个方面。其中，薪酬与福利扮演着基础性的角色。要有效改善劳动关系，必须从这五个方面综合考虑。调查数据显示，民营企业员工的工资整体偏低①，这在员工对工资的满意度上得到了直观的体现。但是，民营企业提高员工工资必然会增加企业生产成本，降低民营企业的竞争力，这对民营企业发展不利。因此，政府部门必须在改善民营企业生存环境方面付出更大的努力，通过促进民营企业的发展，来提高员工的总报酬。

其次，政府应尽快完善用工制度环境，形成稳定的劳动关系，引导企业成为人力资本的投资主体，形成人力资本良性累积机制。长久来看，企业人力资本和技能水平是企业发展的决定性因素和持久驱动力，也是提高员工收入的重要途径。研究表明，对员工进行在职培训，提高员工的技能水平，对提高员工工资和职位晋升有显著影响，进而改善员工与企业的劳动关系。但是，由于个别劳动关系不稳定，且培训具有外部性，企业对员工进行培训的积极性往往不高。因此，政府的介入显得必不可少。政府的介入可以从短期和长期两个方面来考虑：短期内，政府直接以在职培训投资主体的角色出现，这对增加员工的人力资本投资来说会有比较明显的效果；长期来讲，政府必须提供一个形成稳定劳动关系的制度环境，引导企业成为人力资本的投资主体，形成人力资本良性累积机制。

最后，加快企业工会职能的归位，推动集体谈判制度广泛实行。长期以来，民营企业工会缺乏独立性，企业的管理人员往往兼任工会的领导，工会成了企业的附属机构，工会的经费也主要依靠企业拨款。企业工会的这种形式往往使其丧失一些职能，从而违背建立工会的初衷。虽然近年来，企业工会的角色在慢慢转变，很多企业工会在为工人谋福利和协调劳动关系方面发挥了积极作用。但总体来看，工会在维护劳动者权利方面所起的作用仍相当有限。当发生劳资纠纷时，甚至有工会会劝导劳方放弃维权行动。这样，作为调节劳动关系有效手段的集体谈判制度就因缺乏真正主体而难以发挥作用。因此，政府应加快企业工会职能的归位，推动集体谈判制度广泛实行，形成力量均衡连续博弈的利益分配机制。

参考文献

[1] 刘铁明、罗友花：《中国和谐劳动关系研究综述》，《马克思主义与现实》2007

---

① 据《2011 浙江省统计年鉴》数据显示，2010 年私营企业在岗职工年平均工资为 23409 元，国有控股企业在岗职工平均工资为 59004 元，两者差距很大。

年第 6 期。

[2] 王永乐、李梅香:《民营企业劳动关系影响因素的实证分析》,《中国劳动关系学院学报》2006 年第 20 期。

[3] 姚先国、李敏、韩军:《工会在劳动关系中的作用——基于浙江省的实证分析》,《中国劳动关系学院学报》2009 年第 23 期。

[4] 温春继:《目前我国劳资关系紧张的主要原因及对策》,《中国劳动关系学院学报》2010 年第 24 期。

[5] 章辉美、洪泸敏:《劳动关系的现状、困境与影响因素分析》,《社会科学战线》2011 年第 7 期。

[6] 李鸿、胡宁:《当前协调我国民营企业劳资关系的对策建议》,《东北师大学报》2010 年第 4 期。

[7] 袁凌、魏佳琪:《中国民营企业劳动关系评价指标体系构建》,《统计与决策》2011 年第 4 期。

[8] 孔锦、刘洪:《转型期我国劳动关系的权力均衡分析》,《现代经济探讨》2011 年第 12 期。

[9] 常凯:《劳动关系的集体化转型与政府劳工政策的完善》,《中国社会科学》2013 年第 6 期。

生态文明建设中的利益悖论及其破解：
基于政治经济学的视角

内容提要：利益关系是生态文明建设的核心问题，对生态文明建设的利益进行分析，是把握生态文明建设本质的内在要求。本文借鉴塞缪尔·鲍尔斯三维经济学的分析框架，分析了生态文明建设中的利益悖论。企业、家庭和政府作为生态文明建设的三大主体，在"竞争"维度中，企业和家庭存在追求经济利益与生态利益的对立，必须实现生态"经济价值"与"生态价值"的统一；在"统制"维度中，政府部门存在追求自身利益与公共利益的冲突，政府应明确其生态职能，形成正确的行为导向；在"变革"维度中，各参与主体存在追求当前利益与长远利益的矛盾，因而必须树立科学的生态文明理念，通过"竞争"、"统制"与"变革"维度破解生态文明建设中的利益悖论，以处理好生态文明建设中"利益"这一核心问题，从而更好地进行生态文明建设。

关键词：生态文明利益悖论　竞争统制变革

利益问题是人类生存和发展的根本问题。马克思指出，"把人和社会连接起来的唯一纽带是天然必然性，是需要和私人利益"①，并且"人们奋斗所争取的一切，都同他们的利益有关"②。当前的生态环境问题表面上看是由于人们对环境资源的攫取和掠夺、人与自然的利益矛盾造成的，实质上是由人们追求利益过程中的利益冲突所致，人与自然的关系通过人们之间

---

* 张志敏，西北大学经济管理学院政治经济学专业博士生；何爱平，西北大学经济管理学院教授、博士生导师。本文为国家社科基金项目"我国生态文明建设策略和路径的政治经济学研究"（13BJL091）阶段性研究成果。
① 《马克思恩格斯全集》第1卷，人民出版社，1956，第439页。
② 《马克思恩格斯全集》第1卷，人民出版社，1956，第82页。

的利益冲突表现在生态环境上，经济利润被过度追逐，成本约束被弱化和虚化，导致资源耗竭、生态恶化成为必然的结果，从而在根本上削弱生态文明建设的基础。利益动机和生态系统之间的矛盾冲突，必然导致生态危机和社会危机。只有协调好利益关系这一核心问题，才能保证生态文明建设的顺利进行。本文从政治经济学的视角出发，采用政治经济学的分析方法，借鉴塞缪尔·鲍尔斯的三维分析框架，从"竞争"、"统制"与"变革"的维度来研究生态文明建设中的利益悖论及其破解，为我国生态文明建设中利益关系的优化提供理论基础。

一　生态文明建设中利益悖论的新分析框架

塞缪尔·鲍尔斯批评了新古典经济学"经济人"假设，认为新古典经济学反映的是17世纪牛顿力学时代的世界观，只分析了经济生活的"竞争"一个维度，从而将资本主义经济简单地看作一个市场体系。他指出，除此之外，还必须要考虑代表经济关系权威性关系的"统制"维度和代表历史演变关系的"变革"维度。在生态文明建设中，"理性经济人"不可能都从生态利益公共性的基础上考虑并实现自身的利益，市场经济的机制"失灵"无法通过自我调节实现经济社会发展的生态转型，往往会陷入发展与生态危机并存的"锁定"状态，除非有强势外力的介入。因此，政府的适时介入就非常必要。同时，自然资源的稀缺性和有限性意味着一部分人超平均占有资源就是对其他人平均占有资源权利的一种剥夺。从长期来看，在机会不平等的客观前提下，一味地考虑当代人的利益就会剥夺后代人发展的机会。由于在生态文明建设的过程中，涉及生态资源在不同代人间的分配问题，因此，对生态文明建设中利益的理解不应只关注市场与"竞争"的维度，而要从"竞争"、"统制"与"变革"三个维度的视角进行研究。

（一）生态文明建设中利益的"竞争"维度

塞缪尔·鲍尔斯指出："经济中的竞争维度是一个水平维度……涉及的是权力的相对平等，这一平等存在于那些提供选择、从事交换以及与他人竞争的人们之间。"[①] 在生态文明建设中，市场经济中的微观行为主体都是

① 塞缪尔·鲍尔斯：《理解资本主义》，孟捷等译，中国人民大学出版社，2000，第49页。

"理性"的，都在一定的约束条件下追求自身经济利益的最大化。"求利，而且是追求最大的利益，构成了人类经济行为的'万有引力'，由此发动的市场行为仿佛牛顿力学中的惯性运动，一往无前地趋向利益增长的顶峰，受此动机驱策而驰骋市场的人们也仿佛是永不满足的永动机，而市场本身则无异于利益搏杀的战场。"① 生态利益是多数或全体社会成员的利益，因而在进行生态文明建设时政府要能够保护并优化生态系统，保持生态生产力的可持续运行性，从而满足全人类整体的效益。然而，有限自然资源和生态环境对于市场中的"利润最大化者"来说，属于"公共领域"中的"共同财产"，对利用它所产生的物质利益，"最大化者"能够独占，而破坏生态环境所带来的后果却要由全体居民分担。这种"收益—成本"的比较，客观上鼓励了破坏生态环境的行为。并且，即使认识到环境问题的重要性和严重性，人们还是会采取以毁坏资源环境为代价的"贫穷污染"的发展模式。人与自然的关系变成了索取与被索取的关系，生态的恶化成为一种必然，从而陷入既依赖环境又破坏环境的环境与经济互相促退的恶性循环，导致"生态文明的要求与非生态发展的激励"的两难矛盾。经济主体按照"唯利是图"的原则，通过市场这只"看不见的手"，"理性"地追逐个人经济利益的行为未必能保证社会集体利益的理性。"人类理性最不纯洁，因为它只具有不完备的见解，每走一步都要遇到新的待解决的任务。"② "只要私人利益和公共利益之间还有分裂……那么人本身的活动对人来说就成为一种异己的、与他对立的力量，这种力量驱使着人，而不是人驾驭着这种力量。"③ 对物质利益的追求"因为建立在掠夺性的开发和竞争法则的基础之上而赋予了力量，必然要在越来越大的规模上进行"④，这就会不可避免地与生态环境发生冲突。因此，要真正实现人和自然的统一，研究生态文明建设中"竞争"维度的利益具有十分重要的意义。

（二）生态文明建设中利益的"统制"维度

"统制"维度指的是经济生活中的纵向维度，涉及"权力、高压政策等级制度或是权威"⑤，是经济运行过程的重要环节。生态文明建设作为一个

---

① 万俊人：《道德之维——现代经济伦理导论》，广东人民出版社，2000，第30~31页。
② 《马克思恩格斯全集》第4卷，人民出版社，1972，第151页。
③ 《马克思恩格斯全集》第3卷，人民出版社，1960，第37页。
④ 约翰·福斯特：《生态危机与资本主义》，耿建新等译，上海译文出版社，2006，第29页。
⑤ 塞缪尔·鲍尔斯：《理解资本主义》，孟捷等译，中国人民大学出版社，2000，第50页。

关系全局的举措，政府在其中主要扮演着主导者（制定宏观规划和法律法规）、引导者（引导企业生态化生产和公众采纳生态生活方式）、监督与维护者（对企业进行监督、审核并处罚违规企业）等角色。理论上来讲，政府作为国家权力的执掌者和公共利益的代表者，必然成为差异化利益的共同诉求对象，"站在社会之上……把冲突保持在'秩序'的范围以内"[①]。按照委托代理理论，政府以公共利益名义进行的施政行为是受公民委托并得到社会认同，这种权威性通过法律程序上升为对社会公共利益的诉求，使得政府的强制性活动具有合法性。企业削减污染物排放的努力会随着政府规制的增加而增强。但是职位的有限性使得地方政府的晋升锦标赛具有"零和博弈"的特征，从而导致政府官员"在政治身份方面虽然留意谋求公共福利，但他会同样谋求他自己以及他的家属和亲友的私人利益。在大多数情况下，当公私利益冲突的时候，他就会先顾个人的利益"。[②] 因此，地方政府会以牺牲生态文明指标来完成体现自身利益的指标，激烈的政治竞争就会转化为不计经济成本与效益的恶性竞争。在我国，将环境治理等生态文明指标纳入地方政府绩效考核体系（如浙江、内蒙古等）才开始试点，而且这些指标属于不具有约束力的"软指标"，对政府官员的政绩不能产生立竿见影的影响。政府官员为了取得更好的声誉、更多的收入、更广的职能和更大的权威等，没有足够的动力进行生态治理，不会去特别关注生态的保护与治理。政府是"统治阶级的每个人借以实现其共同利益的形式"[③]，这种利益很容易在政府部门内部达成共识，成为部门人员的行为准则，从而使得这些做法仍然可以畅通无阻。因此，必须重视生态文明建设中"统制"维度中的利益。

（三）生态文明建设中利益的"变革"维度

"变革"维度指经济生活中的时间维度，涉及时间的推移和经济主体间关系的历史演变。经济活动的运行在每一时点是不一样的，某一特定时期的经济形势部分地依赖于它的历史。在生态文明建设中，不仅当代人要消耗资源，后代人也必须依靠一定的自然资源才能保证生存和发展。但是，生态资源是有限的，资源必须在不同代人之间进行分配。由于对后代人利益的维护是由本代人代行的，代际财富需要当代人做出牺牲，当代人付出

---

① 《马克思恩格斯选集》第 4 卷，人民出版社，1960，168 页。

② 霍布斯：《利维坦》，黎思复等译，商务印书馆，1986，第 144 页。

③ 《马克思恩格斯全集》第 3 卷，人民出版社，1960，第 70 页。

的代价越大，后代人的受益就会越大。这就要求本代人具有较强的利他主义观念。但是，这一时空的跨越与长远的利益往往由于无法切实感受而被忽略，现实中完全的利他行为与代际利益的转移并没有扩展到整个社会中，同样的经济行为可以表现为当前经济利益与长远利益之间的对立。当代人追求物质利益欲望的满足，促使其加大对生态环境的征服力度，这种征服一旦超过一定的限度，就意味着是对后代人生存条件的损害。恩格斯指出："在社会历史领域内进行活动的人，全是具有意识的、经过思虑或凭激情行动的、追求某种目的的人。"① 人们开发利用自然资源时往往只会考虑眼前的利益，不会顾及自然生态的条件，不大可能从代际问题上协调当代人与后代人之间的生态利益关系，为后代保留资源的审慎常常屈服于当前更大的利益。当代人和后代人在生态环境的使用方面存在代际利益的冲突，从而导致自然资源不断地被破坏或趋于枯竭，加剧了当代生态危机问题解决的难度。因此，处理好生态文明建设中"变革"维度的利益是生态文明建设的关键问题。

二 生态文明建设中的利益悖论

生态文明建设是由社会多方参与、政府调控的过程，本文对生态文明建设主体的选取基于塞缪尔·鲍尔斯"竞争"、"统制"与"变革"的三维分析框架。在"竞争"维度中，企业和家庭在市场领域中追求个人经济利益的最大化；"统制"维度的政府作为以政治利益和经济利益最大化为行为标准的组织，其生态职能处于从属地位；从"变革"维度看，生态文明建设能否长期、有效实施的关键在于人们的生态观念，各参与主体必须树立科学的生态文明理念。

（一）"竞争"维度的利益悖论：经济利益与生态利益的对立

对于企业和家庭而言，利润和效用最大化是其核心目标。但企业实现利润、家庭获得效用的过程，往往也是对生态环境和社会利益的消耗过程。"劳动首先是人以自身的活动来引起、调整和控制人和自然之间的物质变换的过程。"② 然而，利益驱动下的企业只关注"取得劳动的最近的、最直接

---

① 《马克思恩格斯全集》第 21 卷，人民出版社，1965，第 341 页。
② 马克思：《资本论》第 1 卷，人民出版社，1975，第 207～208 页。

的有益效果"①，不顾社会公共的生态利益，"摧毁一切阻碍发展生产力……的限制"②，以资源无限供给和环境无限容量为假设。"大量生产""大量排放"的生产导致自然环境在形成使用价值的同时，以线性经济为特征的行为方式构成生态环境的负价值：产品设计没有考虑消费后的去向，产品功能没有考虑循环的再利用，生产者变为利润的奴隶，工人成为机器的奴隶。技术在作为人类利用自然、改造自然的手段和方法，使人们获得掠夺自然的最新手段的同时，把对自然的征服与对人的统治"合理化"，"这种生产力已经不是生产的力量，而是破坏的力量"。③ 要素的反生态配置、经济条件的人为控制、活动周期的极度压缩具有严重的反自然性，致使资源短缺、环境污染、生态失衡日益严重，温室效应、臭氧层空洞、酸雨、不可降解废弃物等问题层出不穷。"一切生产都是个人在一定的社会形式中并借这种社会形式而进行的对自然的占有"④，在实现个人经济效益的过程中损失了生态的效益。生态马克思主义的代表者奥康纳认为："对资源加以维护或保护，或者采取别的具体行动以及耗费一定的财力来阻止那些糟糕事情的发生（如果不加以阻止，这些事情肯定要发生），这些工作是无利可图的。利润只存在于以较低的成本对新或旧的产品进行扩张、积累以及市场开拓。"⑤

与此同时，市场经济以需求为导向，奉行"消费者主导"的原则，认为消费决定生产，需求决定供给，属于"需求约束型体制"。在"效用最大化"的驱使下，家庭在谋求自身利益的过程中不愿自己承担风险，不会采取有效的措施规避风险，更多的是通过消费区分社会结构，以此获得身份建构。这种符号逻辑使得人们在购买商品时不再执着于使用价值，而更加关注商品背后的符号所赋予的价值，消费从满足个人物质需求变为一种无限的社会活动。在"见物不见人"的发展逻辑中，家庭消费活动中的"消费异化"遮掩了"劳动异化"，消费者沦为商品的奴隶。人们在过度膨胀的物欲需求下，加大了对资源和环境的索取，导致资源的过快消耗和环境破坏的加剧，进一步威胁到生态的承受能力。从全球的变暖到物种的灭绝，家庭消费都应当对地球所遭受的不幸承担巨大的责任。因此，在生态文明建设的"竞争"维度中，企业和家庭"为了直接的利润而从事生产和交

---

① 《马克思恩格斯选集》第3卷，人民出版社，1972，第519页。
② 《马克思恩格斯全集》第46卷（上），人民出版社，1979，第393页。
③ 《马克思恩格斯选集》第1卷，人民出版社，1995，第90页。
④ 《马克思恩格斯全集》第46卷（上），人民出版社，1979，第24页。
⑤ 詹姆斯·奥康纳：《自然的理由》，唐正东等译，南京大学出版社，2003，第504页。

换……他们首先考虑的只能是最近的最直接的结果"①，无效的生产和过度消费造成巨大的浪费，使得经济系统出现整体性的高碳化，从而不负责任地将风险转移给了其他的利益个体，最终危害全社会的生态利益。

（二）"统制"维度的利益悖论：自身利益与公共利益的冲突

政府作为公共事务的管理者与公共产品的提供者，体现了其公利性的属性。但政府也不可避免地存在自身的利益，即政府除了代表并增进公共利益为社会服务的本质属性外，还具有为自身生存与发展创造条件的动力。中央政府在发挥促进经济增长和生态文明建设双重职能时，面临角色紧张的局面。一方面，我国作为发展中国家，政府需将很大注意力放在促进经济增长上，从而使得我国中央政府需要认真担当"发展主义政府"的角色；另一方面，我国经济发展中导致的生态环境污染及破坏在广度和深度上都显而易见，我国经济持续健康发展所面临的资源与环境约束越来越强，因此，中央政府作为公共利益的维护者，为了保证经济和社会的可持续发展，促进环境资源的合理配置，还需认真担当"生态政府"的角色。"发展主义政府"与"生态政府"两种角色应该而且可以统一，但在具体实践中要做到统一非常困难。中央政府通常选择在此时此地优先发展经济，而在彼时彼地则优先生态环境，采用时间差与空间差的权宜策略。这种策略对于推动生态文明建设的作用十分有限。

从政府职能的纵向分工来看，在我国现行的行政体制下，政府生态文明建设的绩效在很大程度上取决于地方政府的执行绩效。但随着中央不断向地方放权让利，地方政府的独立利益得到强化和放大，在生态政策领域一直与中央政府进行博弈和周旋，各级官员并不会总是完全以整体利益和生态利益为导向。当其生态职能与自身利益发生冲突时，"取而代之的是……对职位和收入的担忧"②，进而在生态治理的执行上无视公众的生态权力与生态利益，生态职能就成了牺牲品。地方政府"为了延长专制政权的寿命"③，在合法的范围内会选择争取并扩大自身的福利，抢着执行有利可图的管理职能。没有经济利益时各部门则互相推诿，注重容易出政绩的领域而忽视那些效益较慢的领域，甚至凭借自身所拥有的信息优势，在数字上欺上瞒下，对生态政策进行"扭曲性创新"，以"上有政策，下有对

---

① 《马克思恩格斯选集》第4卷，人民出版社，1995，第386页。
② 《马克思恩格斯选集》第4卷，人民出版社，1995，第258页。
③ 《马克思恩格斯全集》第5卷，人民出版社，1958，第177页。

策"的方式，尽可能地减少或避免自身利益的损失。一些地方政府由于被过度卷入经济领域而与企业结盟，甚至本身演变为"厂商"，参与市场并攫取经济利益。因此，政府的生态职能离生态文明建设的要求还有很大的差距。

（三）"变革"维度的利益悖论：当前利益与长远利益的矛盾

从治理传统工业环境的污染，整治局部地区生态环境的破坏起步，我国就已经开始探索避免走西方国家"先污染，后治理"的环境保护之路。改革开放以来，生态环境保护与治理的目标更加明确，法律体系和政策机制不断完善，生态功能恢复与维护的建设项目取得了良好成效。但是人们在追求当前物质利益时却忽视了生态环境的保护，导致资源与环境的总体态势仍然非常严峻。20世纪70年代出现了点状污染；80年代时，城市河段与大气污染严重，生态环境呈现出边建设边破坏、破坏快于建设的状态；90年代之后，环境污染、生态恶化呈现出加剧发展的趋势。生态环境的实践以末端治理为主，针对点源污染进行治理，出现了"头痛医头、脚痛医脚"的应急式治理模式，生态环境形势严峻。

人类活动对生态环境的影响"取决于人类对自然界的态度"[①]。人类支配、征服自然的行为是在某种观念和意识的引导下进行的，而这种观念和意识又是在利益驱动下所形成的。美国学者科尔曼指出："当利润成为衡量企业活动的标尺时，其他的社会价值和伦理价值便溜之大吉。"[②] 利益最大化的观念不断膨胀，而自然界无法相应地自我扩张，这样"要求扩张"和"限制扩张"之间必然出现对立。生态环境问题长期得不到有效解决的根源在于生态环境没有得到应有的重视，生态危机是一种价值观和思维方式的危机。传统发展观念的"物本主义"掩盖了"人本主义"，主张生态环境服从于价值增值，以"物"的发展作为衡量人与自然是否统一的尺度，将自然看作实践任意"驾驭"的对象。它把发展单纯地看成一个经济问题，认为经济发展等同于经济增长，生态环境问题是经济发展的外生变量，将环境成本排除在生产和消费成本以外，这一自然观"是对自然界的真正的蔑视和实际的贬低"[③]。在功利主义的经济伦理引导下，人们选择经济行为时

---

① 詹姆斯·奥康纳：《自由的理由》，唐正东等译，南京大学出版社，2003，第8页。
② 丹尼尔·A. 科尔曼：《生态政治：建设一个绿色社会》，梅俊杰译，上海译文出版社，2006，第69页。
③ 《马克思恩格斯全集》第1卷，人民出版社，1956，第448～449页。

主要权衡其短期内的利弊，将满足自身当前的需要视为其活动的价值判断，并将其作为标准引导生产和消费活动，以粗放型的经济发展方式换取短期的经济效益，不顾及或忽视长时期内不可预期的经济后果。"不以伟大的自然规律为依据的人类计划，只能带来灾难。"① 在这种观念的引导下，人们肆无忌惮地开发自然的潜能，长期沉溺于以"人是自然的主人"为特征的工业文明的思维方式和价值观，其"破坏性冲动"转变为"破坏性的失控"，导致人们对资源短缺、环境破坏缺乏应有的警觉，人与自然的"新陈代谢"的过程中产生"一个无法弥补的裂缝"②，当前物质利益的获得使人们陶醉在"伟大胜利"之中，征服生态环境的观念逐渐高涨。从长期来看，此举往往带来自然界的报复，出现社会发展→经济增长→物质生产的扩大→对生态的破坏加剧→生态文明建设难度增加的悖论。

三 破解生态文明建设中利益悖论的路径

生态文明建设作为一场全面性的深刻变革，会触动各个群体的既得利益，导致不同经济行为主体之间的利益冲突和对抗。我们必须从"竞争"、"统制"与"变革"三个维度入手，在经济主体追求当前自身利益的前提下，统筹考虑生态利益、公共利益和长远利益，理顺各种利益关系，破解生态文明建设中的上述利益悖论。

（一）"竞争"维度：经济利益与生态利益协同化

生态合理性的逻辑"要求以'劳动、资本和自然资源消耗的最小化'来满足人们的物质需要"③。因此，我们必须将人类对自然的改造限制在生态环境承载力和人身心健康的范围内，将经济活动限制在"生态系统的承载力"的范围内，使其具有"自然界的尺度"。积极地改善人与自然的关系，注重经济发展的持续性和协调性，在生产和消费活动中既要实现和维护个人经济利益，又要使得自我的逐利行为不会危害生态环境，实现经济利益和社会生态利益的共赢。首先，发展生态生产。生产方式要"实现完

---

① 《马克思恩格斯全集》第31卷，人民出版社，1972，第251页。
② 《马克思恩格斯全集》第25卷，人民出版社，1974，第926页。
③ 陈振明等：《"西方马克思主义"的社会政治理论》，中国人民大学出版社，1997，第55页。

全的变革"①，从生产投入、生产过程到生产结果都必须符合生态标准，使生态文明建设利己利他的理念融入整个生产过程，在经济绩效增加的同时提高生态效益；培育壮大节能环保的产业，形成资源节约、环境友好的生产方式，在降低企业经济成本的同时提供有益于生态环境的产品和服务；改变技术工具化的倾向，"对于任何新技术，我们都要更加认真地看一看它给大自然带来的潜在的副作用"②，以生态化为导向进行技术创新，开发并应用生态技术，在增加企业经济利润的前提下，使之成为有益于生态环境、实现人与自然和谐共处的助手。其次，进行绿色消费。培育健康的消费方式，"靠消耗最小的力量"，合理地调节与自然之间的"物质变换"③，实现个人利益与生态利益的统一；转变消费观念，由追求自身利益而不考虑生态的片面消费观转变为满足生活的同时，注重资源环境保护的消费观；以环保节能为消费选择的重要标准，选择有利于自身健康和生态环境保护的绿色产品。我们要按照"生态理性"的原则，最终创建出"更少地生产，更好地生活"的存在方式与生活方式，改善生态保护和经济利益之间的紧张关系，把社会的全面进步和人的全面发展作为目标，从"人统治自然"过渡到"人与自然的协调发展"，达到"人的实现了的自然主义和自然界的实现了的人道主义"④，实现经济利益与生态利益的共赢。

（二）"统制"维度：自身利益与公共利益兼容化

我国长期以来以"人性善"为前提的政府激励机制，以一致性的社会公共利益抹杀了政府自身的利益，政府因自身利益无法得到满足而选择消极地代表社会公共利益，最终导致政府自身利益和社会公共利益双双受损。因此，必须建立政府自身利益与公共利益激励兼容的制度安排，约束政府的自利性行为，让政府放弃偏离社会公共目标的利益需求，以公共利益为行政的出发点和归宿，回归到追求公共利益的轨道上。首先，完善政绩考核评价体系。将生态文明指标纳入政府官员政绩的考核内容，并使之成为具有"一票否决"属性的"硬指标"，以科学的考评规范政府的行为，引导各级干部由主要关心 GDP 变为全面关注经济、资源、环境的协调发展；制定符合生态文明的政府政绩核算方法，将生态文明建设的目标与要求转化

① 《马克思恩格斯选集》第 4 卷，人民出版社，1995，第 385 页。
② 阿尔温·托夫勒：《未来的震荡》，任小明译，四川人民出版社，1985，第 486 页。
③ 《马克思恩格斯全集》第 25 卷，人民出版社，1974，第 926 页。
④ 马克思：《资本论》第 3 卷，人民出版社，1975，第 117 页。

为能够考核的客观标准，以生态保护为政绩评判的关键准则，让为自身利益而不惜牺牲社会公共利益的行为无处现形。其次，构建生态补偿机制。由中央和地方政府共同出资建立生态补偿专项资金，制定生态补偿的具体实施办法，从补偿资金、补偿方式等方面着手，逐步完善生态补偿标准，弥补地方政府为生态工程建设付出的代价，努力构建以生态优先为价值取向的生态型政府，"设计出一个与装载线相类似的制度，用以确定重量即经济的绝对规模，使经济之船不在生物圈中沉没"①，最终实现"人的权益"与"自然权益"共赢的局面。

（三）"变革"维度：当前利益与长远利益统一化

人类的发展呼唤生态向度的转向，只有将生态观念真正深入人心，经济行为主体才能兼顾当前利益与长期利益，生态文明建设才能走出生态危机的困境。首先，强化利益平衡观念。我们应变革思维方式，树立人与自然长期和谐共处，当代人与后代人生态利益平等的绿色思维，并使之内化成为基本的精神信念与行为态度；树立科学的利益观，意识到一切物质利益最终来源于自然，是在生态与社会系统中产生的，在实现当前利益的同时兼顾长远利益；强化生态危机意识，尤其是强化我国人口多、生态环境形势严峻的意识，认识到获取当前利益的过程，同时也是创造长远利益的过程。其次，加强生态利益均衡的道德教育。我国应以普及生态文明建设为宣传的着力点，将生态伦理的教育渗透到企业、家庭和政府官员逐利行为的各个方面，以推动公众广泛参与为抓手，形成政府引导、社会参与的宣传新格局；建成统一当前利益与长远利益的宣传教育主阵地，不断加强信息公布的广度与深度，使协调当期和长期生态利益的思想成为人们深层次的自觉意识，认识到追求生态系统的平衡和稳定是对自身利益的维护；突破宣传的"瓶颈"，在全社会形成遵从生态平衡规律的社会氛围，使任何人在获取自身当前利益的同时，能够意识到保证"不削弱无限期地提供不下降的人均效用的能力"②，使自然资源和生态环境在现在与未来都能够支撑起生命的健康高效运行，实现"人与自然之间的和谐、人与人之间的和谐、人与社会之间的和谐、人与自身关系的和谐"③。

---

① 赫尔曼·E. 戴利：《超越增长》，诸大建等译，上海译文出版社，2001，第65页。
② 埃里克·诺伊迈耶：《强与弱：两种对立的可持续性范式》，王寅通译，上海译文出版社，2006年，第9页。
③ 刘思华：《生态马克思主义经济学原理》，人民出版社，2006年，第484页。

参考文献

［1］艾伦杜宁：《多少算够——消费社会和地球的未来》，毕聿译，吉林人民出版社，1997。

［2］陈惠雄：《论全球人口、资源、环境矛盾的根源》，《马克思主义研究》2008年第7期。

［3］王明初、孙民：《生态文明建设的马克思主义视野》，《马克思主义研究》2013年第1期。

［4］周黎安：《中国地方官员的晋升锦标赛模式研究》，《经济研究》2007年第7期。

［5］尹世杰：《关于发展生态消费力的几个问题》，《经济学家》2010年第9期。

［6］武建奇：《"最大化"还是"可持续"》，《当代经济研究》2012年第8期。

［7］洪大用：《经济增长、环境保护与生态现代化》，《中国社会科学》2012年第9期。

第二篇

政府与市场

经济发展方式转变中的政府与市场

● 任保平　宋文月 *

内容提要：中国经济发展的关键在于处理好政府与市场的关系，明确政府与市场的职能定位。经济发展方式的转变是以经济增长的质量为重点，以居民福利水平的提升为目标，通过协调推进经济体制改革与政治体制改革，以实现可持续性的内生经济增长。本文首先对经济理论演进中政府与市场关系的讨论进行了梳理；并针对转变经济发展方式的中心环节，论述了政府与市场的职能定位，进而提出在我国经济发展方式转变中政府职能转变的基本路径。

关键词：经济发展转变　政府职能　市场机制

一　政府与市场关系的理论演变

在经济理论的发展演进中，各思想流派均对政府的职能定位以及政府与市场的关系进行了深入讨论。从 17 世纪的重商主义到 20 世纪初的自由主义政治经济理论，强调自由企业制度、自由市场机制，反对政府过多干预经济；20 世纪初到 20 世纪 70 年代的福利经济学、凯恩斯主义经济学和早期发展经济学则强调政府干预经济；随后，由于政府失灵问题的不断凸显，经济自由主义重新浮现，强调自由市场制度和自由企业制度应作为配置资源的基本工具。

在前古典经济学时期，古希腊、古罗马以及欧洲中世纪的经济学还未形成独立的理论体系，经济思想大多蕴含在其他学科之中，主要采用的是哲学或社会学的方法。其中最有影响的是重商主义和重农学派，15～18

---

* 任保平，西北大学经济管理学院教授、博士生导师，电子邮箱：xdrbp@ 126. com；宋文月，西北大学经济管理学院研究生，电子邮箱：songweny@ 126. com。

世纪末被推崇的以"货币即财富，商业即致富"为基本观点的重商主义强调国家干预，认为国家应该积极干预经济生活，大力发展出口品工业，利用税收保护国内工商业，增加国际收支盈余。其代表人物孟可列钦（Antoine de Montchrestien）主张政府干预经济，通过培训劳动，提高本国的产品质量，将外国商品挤出本国；科尔伯特（Jean Baptiste Colbert）更主张要进行商业管制，以保证产品的质量，保护消费者的利益，维护国家的声誉。18 世纪 50~70 年代兴起的重农学派则主张遵从自然秩序，主张自由放任，倾向于国内的工商业自由和国内自由贸易，反对封建主义、重商主义以及各种政府管制；认为政府应当将私有财产和个人权利置于首位，消除妨碍私有财产和个人秩序的障碍，以自由秩序指导社会。其代表人物魁奈（Francois Quesnay）认为只有私人利益和自由才能使国家繁荣，在不妨碍他人的情况下实现经济自由是增加社会财富与私人财富的重要条件。

在古典经济学兴盛时期，"最低程度的政府干预"是其基本信条，古典经济学主张政府应该尽可能少地干预经济活动，以自由、竞争的市场力量引导生产、交换和分配；政府只需要为自由竞争的市场经济创造良好的外部条件，充当市场经济的"守夜人"即可；政府活动应该仅涉及界定财产所有权、提高国家防御措施及公共教育。诺思是第一位主张自由贸易的倡导者，主张自由贸易可以实现互利共赢，无须政府干预。亚当·斯密在《国富论》中提出了"有限政府"的概念，认为利益的和谐意味着政府对经济的干预是不必要的且不受欢迎的。萨伊在"萨伊定律"的基础上指出应以发展生产来实现经济的发展，重视供给，主张自由放任，强调实物经济和充分均衡。阶级利益和谐论的创立者巴师夏（Frederic Bastiat）认为以等利益为基础的交换会使整个社会的分配保持和谐，政府干预经济是没有必要的。穆勒也支持最小政府理论，认为人们对自己的事情和利益的理解以及关系要超过政府做到的或被期望做到的；政府应当运营自然垄断部门，应该从事那些能够促进所有人的整体利益而对私人无利可图的事情；而政府职能应包括征税的权利，铸币，建立统一的度量衡，反对强权和诈骗，对弱者利益的保护和精神补充，提供公共物品和服务。

之后的社会主义学说和马克思对古典经济学进行了第一次批判，抛弃了古典经济学的利益和谐思想，反对自由放任的思想，主张政府是社会利益的代表。其代表人物欧文主张建立合作公社，实现公有制；圣西门主张实业制度，在实业制度中，实业家和科学家掌握领导权，国家的任务是组织生产。兴起于 19 世纪 40 年代，具有浓厚的国家主义色彩的德国历史学派对古典经济学进行了第二次挑战，强调经济的整体性，反对古典经济学的个人主义和世界主义，将政治经济学看作一国发展道路的科学观点，突出了国家干预经济的必要性，强调国家和社会利益与个人利益的完全不同。其代表人物李斯特强调应实施保护主义的经济政策；施穆勒更宣扬国家的超阶级性，主张扩大国家权力，主张在国家和社会团体的帮助下通过进行家长式的政策的社会改革，来实现经济体系中的公正，从而更加公平地进行收入分配；马克思·韦伯更将国家定义为一个"拥有合法使用暴力的垄断地位"的实体。在对古典经济学的第三次挑战中，边际主义认为在大多数情况下，为实现社会利益的最大化，政府不应对经济运行加以干预。

凯恩斯主义经济学系统形成了国家干预经济的基本理论，否定了传统自由经营论。认为失业的根源是有效需求不足，强调政府应该通过适当的财政政策和货币政策来进行积极的干预，以实现充分就业、价格稳定和经济增长。凯恩斯在《就业、利息和货币通论》中，从宏观视角阐述了单凭市场价格机制难以实现充分就业均衡，要实现充分就业，政府必须干预经济。张伯伦、罗宾逊等从微观经济学、福利经济学角度界定了政府的经济职能。他们认为政府需要通过颁布和执行反垄断法，对垄断企业进行规制；还应通过对正的外部性补贴、对负的外部性征税以及政府管制、直接经验等措施来克服外部性带来的资源配置效率损失。福利经济学更认为政府有进行收入再分配的职能。

在后凯恩斯时代中，以萨缪尔森为代表的新古典综合学派，提出了混合经济，既有国家管理的公共经济部门也有市场机制发挥作用的私有经济部门，国家调节是为了预防经济衰退，发挥市场机制的作用，是为了合理配置和充分利用资源，以提高经济效益；此外，还提出了应采取逆经济风向的经济政策。新剑桥学派把税收看作国家调节经济的重要工具，强调充分发挥税收在缩小贫富差距不均方面的作用。新凯恩斯主义强调需求管理，主张政府干预经济，是以不完全竞争和不完全信息为前提的。早期的发展经济学家刘易斯、罗斯托等认为发展中国家为了谋求发展，必须进行全面的政府经济规划和经济干预，因为发展中国家的市场体系不完全、不统一，且市场发育程度低。发展中国家需要工业化，需要经济结构的转型，不能单纯依靠市场机制诱导。并且，发展中国家缺失市场意识，对市场价格、经济刺激等不敏感，缺乏创新精神，缺乏企业家，所以需要政府来推动经济发展。

二 中国经济发展方式转变中的政府与市场的定位

持续 30 多年的经济高速增长，根本得益于我国渐进式的发展改革红利，在不断变化的国际贸易格局下，针对要素禀赋结构不断变化下出现的经济问题、发展困境，我国不断优化、转变经济发展方式，逐渐深化改革。发展方式转变过程也是国家制度体制改革的过程，是政府与市场关系不断调整的过程。我国的经济体制改革和政治体制改革始于 1978 年年末，主要讨论是否要改革的问题，以党的十一届三中全会的召开为标志。1984 年 10 月，党的十二届三中全会通过了《关于经济体制改革的决定》，提出了在公有制基础上建立"有计划的商品经济"的思想，提出应当"建立自觉运用价值规律的计划体制，发展社会主义商品经济"，将社会主义计划经济与商品经济统一起来，提出要扩大市场的补充作用。1985 ~ 1992 年，我国围绕改革路径及改革性质进行了深入探索。1987 年党的十三大上就正式提出政治体制改革的任务，1992 年邓小平在南方讲话中提出"计划与市场只是发展经济的两种手段，而不是社会主义和资本主义的本质区别"；党的十四大正式确立了我国经济体制改革的目标是建立社会主义市场经济体制，指出应通过"政府调节市场，市场引导企业"的方式发展经济；1993 年 11 月，党的十四届三中全会通过了《关于建立社会主义市场经济体制若干问题的决定》，提出了国有企业改革方向是建立现代企业制度；2004 年至今，围绕着改革的得失成败问题提出了经济转型的定型问题以及如何完善社会主义市场经济目标的改革；2013 年 11 月，在党的十三届三中全会上通过的《关于全面深化改革若干重大问题的决定》中，将市场在资源配置中的基础性作用提升到了决定性作用。经济体制改革是全面深化改革的重点，其核心问题是处理好政府与市场的关系，使市场在资源配置中起决定性作用。经济工作的中心是"调结构、稳增长、促改革"。

（一）调整经济结构过程中政府与市场的定位

目前，我国经济发展存在严重的结构性失衡，经济结构的失衡主要表现为由于产业结构的失衡引发的供给问题，城乡二元结构失衡阻滞了城镇化发展以及区域经济结构失衡对区域经济一体化的影响。

我国产业结构的不合理和低级化的根本原因是产业间失衡以及各产业内失衡，产业间失衡主要体现在产业间各产业比重不合理，劳动力结构与产值结构不协调以及三次产业间劳动力转移困难。各产业内结构失衡主要表现为第一产业内部生产要素配置效率低，生产技术落后，第二产业内部呈现重工业化趋势以及第三产业内部生产服务比重偏低。这主要由于我国工业化的推动和产业结构升级主要依靠政府直接的行政干预和政策导向，从早期通过农产品价格剪刀差，牺牲农业推动工业的发展，到改革开放后长期的以加大廉价的劳动力和资源投入的粗放式生产方式发展国际贸易等，这种利用自上而下强制的行政干预手段，忽略各地区的资源禀赋情况来推进产业结构升级的方式，导致产业发展缺乏技术支撑，产业自发演进动力不足。因此，优化产业结构，推动工业化进程，应该强调市场机制的作用，弱化政府的干预和政策导向。第一产业的发展是产业结构升级优化的根本，是国民生产生活的基础。在第一产业的发展中，政府首先要严格控制占用耕地，确保粮食生产安全，同时建立健全农产品价格的保护机制，保证农业生产的积极性。在此基础上，政府还应积极发挥市场调节机制，以市场需要为导向，提高农业自身发展能力，促进农业生产现代化。第二产业作为我国主导产业，应强化市场在资源配置中的决定性作用，提高资源利用效率，逐步引导企业由原有粗放式的生产方式转化到强调技术和知识贡献的集约型生产方式。第三产业的发展是实现我国产业结构升级的关键，政府应该加快在该领域国有企业的改革进程，通过支持非国有制企业的发展，加快第三产业对第一产业及第二产业的服务作用。

在城乡二元结构方面，二元经济结构下的"三农"问题是阻滞城镇化进程的主要因素。城镇化的核心内容是农村人口向城镇的转移和集聚，其实质是人口逐步向城镇居民集中，日益增多的劳动力由农业生产转向非农业生产，主要涉及农业生产方式的转变、农村生产环境的改善以及农民生活方式等各个方面的转变，而目前我国城镇化中最为突出的矛盾就是人口城镇化远滞后于土地城镇化，农村发展滞后，农民收入增长缓慢。因此，政府应积极发挥与市场的协同作用，共同解决"三农"问题，缩小城乡差距，促进城镇化。一方面，我国应避免政府过度行政化，逐步由政府行政主导下的城镇化发展方式转变为通过市场机制引导要素流动配置，从而带动人口流动，促进城乡市场融合，为农民增收创造机遇，促进农村生产生活方式的转变；另一方面，政府应该逐步通过户籍制度改革，完善就业保障体系，建立健全土地征用政策，扩大在农村基础设施建设和教育资源优化等方面的政府支出，保障城镇化平稳推进。

由于我国地区发展在地理条件、资源禀赋以及人口密度等方面均有较大差异，因此在区域经济的发展中，我国东部、中部、东北以及西部地区的经济发展差距仍然巨大，区域经济一体化阻力不断增强。尽管我国中西部和东北地区经济呈现高速增长，增速赶超东部及沿海地区，但是这种依靠资源和投资拉动的、资源型重工业的快速扩张起主导作用的增长方式，虽然使中东部地区经济发展总量加大，但产业结构严重失衡，重化工业过高（魏后凯，2010）。区域性的市场分割，特别是要素市场的分割严重制约了国内要素的流动和配置效率，特别是受劳动力流动的影响，使得劳动密集型制造业和服务业发展趋缓。为了推进区域一体化发展，政府应该强调基于地区自由优势，合理规划区域发展方向，强调通过市场的调节作用，通过比较优势和竞争优势共同促进各个地区的发展，促进各地区间的合理分工、优势互补能力，逐步弱化政府忽视各地区发展现状及要素禀赋情况下的直接规划干预和配置。同时，政府应从促进区域经济协调发展的视角，针对各区域不同的发展阶段和经济状况，提出不同的战略规划和保障机制，减少区域行政分割所引发的市场分割，扩大市场的范围，促进生产要素的流动，提高资源配置效率。

（二）稳增长过程中政府与市场的定位

1. 提高经济增长效率

稳增长不仅要求保持经济增长的速度，提高经济增长效率，更应维持经济增长的稳定性，减缓经济波动，强调注重经济增长的质量。经济增长的速度取决于经济增长的效率，经济增长的效率越高，经济增长的速度就越快，增速保持的时间就越久。经济增长效率本质上是资源配置的效率，不仅包括劳动力、自然资源、资本、土地等传统要素的配置效率，还包括技术、科技创新的贡献率。然而目前我国要素市场严重扭曲，要素价格不能反映其稀缺程度，导致传统要素配置利用效率低，技术创新能力差。

在劳动力配置方面，受我国人口增长率趋缓，人口结构进入"老龄化"阶段的影响，劳动力供给已经度过了刘易斯拐点，劳动力正逐步从无限供给转入有限剩余，人口红利对经济增长的贡献力逐渐减弱。由于我国劳动力培育结构与产业结构调整中用工需求结构的变化错位，引发了严重的结构性失业问题。其中不容忽视的问题是，由于劳动力市场的地区分割导致劳动力流动阻滞。为了提高劳动力的配置效率，一方面，我国应强调政府在教育方面的投入，并根据经济发展需要，提高农民工的素质和技能，重视中等职业专业和技工学校的扶持投入，缓解结构性失业矛盾。通过提高劳动力的素质，为经济增长创造更多的"人才红利"和"知识红利"。另一方面，政府应打破户籍制度限制，缩小地区社会保障差异化，建立平等的社会保障机制，通过市场机制引导劳动力在各产业间、城乡间、区域间的自由流动。

政策性扭曲是导致我国要素市场扭曲的主要因素，依靠行政管制手段替代市场机制导致的要素错误配置行为，首先表现为由于能源供给存在严重的行政垄断、不健全的产权制度以及缺乏有效的市场监管机制所引起的能源开采利用效率低，在审批、配额、许可证过程中造成严重的寻租行为，扭曲了能源的价值。其次，在自然资源的需求方面，由于受国际能源价格的影响较大，缺乏税收调节机制和补贴机制，以煤炭、石油及天然气为主的能源结构不稳定，同时由于二级能源市场不完善，特别是电力体制改革滞后，加剧了煤、电的矛盾冲突。为了提高我国自然资源的配置效率，政府首先应该完善产权制度，建立能源市场的准入制度，减少行政垄断，强化市场监管机制；其次，应发挥市场机制对技术创新的作用，提高自然资源的开采和使用效率，降低能源消耗，优化能源配置结构。

在我国的资本市场，资本垄断和融资困难导致了我国资本配置的扭曲，其主要表现为国有企业对国有银行的刚性依赖，非国有企业在资金市场融资难，企业跨地区投资限制多。为此，政府一方面应该渐进式地放开资本市场，促进利率市场化，支持民间资本为缓解中小企业融资问题发挥作用；另一方面，政府应该加快国有企业改革，通过市场机制，形成公平竞争的市场环境，加快建立现代企业制度，使各种所有制企业均能自主经营，自负盈亏。

2. 保持经济增长稳定性

造成我国经济增长不稳定的主要因素是产出波动和价格波动，主要表现为与需求冲击有关的产能过剩和通货膨胀。目前，我国需求结构失衡，不仅反映在内需和外需的失衡，还反映在投资与消费的内需失衡，而且在消费领域，政府与居民消费比重的失衡以及居民消费结构的低级化问题也较为突出。但随着国际贸易格局的变化，原有依靠廉价资源和劳动力形成的低附加值的对外贸易优势已不能拉动经济增长，因而我国应该逐步扩大国内市场，提升内需对经济增长的拉动作用。

消费既是经济增长的目的，也是经济增长的动力，其不仅可以拉动投资，带动投资增长，还可以引导投资结构调整，优化消费结构以便为经济平稳增长提供动力。尽管我国居民的恩格尔系数不断下降，但消费结构升级缓慢，在医疗保健、教育文化、娱乐服务以及交通通信等方面的消费支出变动幅度较大。不断扩大的政府消费对居民消费有一定的挤出效应，加剧了政府消费和居民消费比例的失衡。因此，首先，政府应该加快收入分配改革，保障市场在初次分配中的高效率，强化政府在再分配中转移支付的有效性，确保居民收入水平的不断提高，收入差距不断缩小，进而提高居民消费结构；其次，政府应加大对低收入阶层的转移支付力度，增加政府预算的透明度，缓解政府与居民消费失衡的情况，提升居民消费预期，促进居民消费结构向高级化发展。

在投资方面，我国民营资本投资与政府资本投资比重失衡，政府资产投资增长过快，国有资本扩张速度虽快，但效率较低，而民营资本的投资无论是在投资规模上，还是在投资领域的选择上，均与政府和国有资本有较大差距。政府应强调发挥市场对资本的引导及配置作用，使分散的资本积聚到生产效率高的领域，强调投资领域的多元化，激励非国有制企业的扩大再生产，提升资本的增值效应。同时，政府不仅应放宽投资领域的限制，更重要的是要将投资集中在教育、医疗和社会保障等公共产品领域。

在国际贸易方面，我国在国际产业结构中由于技术含量较低，附加值较低，因而长期被锁定在低端加工业领域，受全球金融危机的影响较大。金融危机后，国际贸易格局发生变化，我国对外出口份额不断缩小。为提升我国对外贸易地位，政府应强调发挥市场的竞争机制，通过淘汰落后产能，促进企业转型升级，推进产业结构升级换代，提升我国的国际贸易地位，逐渐从比较优势转向依靠竞争优势来推进经济增长。另外，政府不应过度干预经济，维系落后产能，而应通过健全社会保障体系，为企业的转型、劳动力的流动提供基本保障。而在外资引入和利用方面，我国首先应转变中央政府对地方政府的考核机制，地方政府不应通过廉价土地和优惠的税收政策等恶性竞争的方式，利用招商引资来提高地方经济水平和政治绩效，而应强调以市场需求为导向，以各地区的要素禀赋为出发点，以学习外商先进技术和科学管理经验为目的，提高外资利用效率和外企对地区经济的正外溢效应。

（三）促改革进程中政府与市场的定位

强调从粗放型的经济增长模式转向集约型的经济增长方式，从单纯追求经济总量的增加转向注重经济增长与社会公平的兼顾，从强调国民生产总值的提高转向注重居民福利和国民素质的提升，这些转变不仅是为了国内生产总值的增加，更重要的是为了实现国民福利水平的提高和生活环境的优化。然而，随着经济的发展，经济增长方式和收入分配格局在结构上的错位弱化了经济增长向福利的有效转化（杨爱婷，2012）。这低福利的经济增长方式主要表现为民生投资不足，社会保障体系不完善，特别是公共医疗和教育事业的发展较缓慢。片面追求经济增长率的经济增长，忽视了人口膨胀及技术进步带来的负效应，产生了高昂的经济代价和社会代价，即超越经济增长成本所支付的各种价值，如对生态环境和资源造成的破坏。E. J. 米香（E. J. Mishan）就指出，现有的经济增长模式使人们失去了许多美好的事物，如无忧无虑的闲暇、田园式的享受、清新的空气等。经济增长带来的仅仅是物质享受的增加，但物质财富的享受不是人类快乐的唯一源泉，随着社会的发展，人们也不会把物质享受作为唯一的目标。最关键的是，人对幸福的理解取决于他在社会的地位，因此尽管经济增长增加了个人收入的绝对量，却并不一定能提高他在社会上的相对地位及其幸福感。

因此，为提升我国的福利水平，一方面，政府应强调发挥市场机制，通过注重培养人才发挥竞争优势，强调非传统生产要素的贡献，以内需为导向，以消费为动力推进城镇化与工业化协同发展；同时以创新驱动经济发展，实现包容性的可持续经济增长，实现富民的发展目标。另一方面，政府应加快转变职能，促进政治体制改革与经济体制改革相适应，只有通过建立公平共享的社会福利体系才能为经济发展提供持续动力。此外，在生态环境保护方面，政府应积极发挥作用，一是要建立完善的市场监督体系，约束企业的生产行为，促进企业转变生产方式以降低负外部效应；二是应扩大在污染方面的政府投入，特别是在大气污染、水污染以及土地污染等方面的治理力度；三是在此基础上，还应强调通过市场机制来推进技术进步和技术的外溢性，提高污染的治理水平。

市场能通过激励机制、竞争机制以及价格机制来提高资源配置效率，促进经济总量增长，但是市场机制的作用不可避免会引起公共产品供给不足，信息不完全，外部效应以及收入分配不公等问题，而这些市场失灵引发的问题正是经济增长质量所关注的，是与居民福利水平的提升、国民素质的提高密切相关的。因此，政府需要发挥适度的宏观经济调控职能和社会保障职能，弥补市场失灵造成的社会福利损失，建立完善的产权制度和监督体制，以保证市场机制的高效性。

三 中国经济发展方式转变中政府职能的转变

目前，我国经济发展处于困境，其根本原因是：政治体制改革落后于市场体制改革，固化的利益集团对改革的进一步深化形成了阻碍；国有企业改革缓慢，国有资产利用效率低；缺乏有效的激励机制和完善的监管体制，自发的制度变迁动力不足、成本过高（闫彦明，2002）。而这种发展困境，本质是关于"富国与富民"关系的一种权衡。我国历代关于"富国富民"的见解产生了许多具有深远影响的思想。例如，儒家主张先富民、后富国，应藏富于民。孔子提出了"节用而爱人，使民以时"的财政思想和"不患寡而患不均"的分配观。孟子提出了"民之为道也，有恒产者有恒心，无恒产者无恒心；苟无恒心，放辟邪侈，无不为己"的恒产论以及藏富于民的分配思想。荀子主张上下俱富的富国富民理论，提出"维齐非齐"的分配理论。先秦法家则从"好利恶害"的人选论出发，主张富国强兵和君主专制集权。管子则既主张富国，也主张富民，提出"民富则易治也，民贫则难治也"的观点。西汉时期的桑弘羊则主张富国思想，以实现"民不益赋，而天下用饶"的经济发展。司马迁则主张在富民的基础上富国，提出"善者因之"，即主张顺人求利的本性。宋朝时期的李觏则主张兼顾国家与百姓利益，实现上下俱富，提出"治国之实，必本于财用"，认为物质财富是治理国家的基础。

对现阶段中国发展而言，政府不再是一个利益集团的代表，而是整个社会、全体公民利益的代表，生产资料、生产关系以及生产力水平均发生了巨大变化，产业结构、企业所有制结构以及市场需求都发生了巨大变革。我国发展面临着重大的经济转型期，工业化和城镇化发展尚未完善，政府可通过积极转变发展方式和政府职能，发挥政府经济职能与社会职能的协调作用，以避免步入低水平收入陷阱的发展困境，缓解国富与民生的矛盾，实现民富国强的发展目标。为了避免政府失灵所引起的资源配置低效、权利与资本结合滋生的寻租行为和官僚主义以及公共决策性失误等问题，政府应以补充缺位职能和纠正错位职能为职能转变的基本路径。政府职能的转变不是单纯地由干预性政府转化为公共服务型政府，而是从积极的市场参与者转变为市场的守护者。

政府职能的缺位主要集中为社会服务职能的欠缺及运行低效，社会公平职能的缺失主要体现为收入分配制度的不完善。在初次分配中，劳动报酬和资本报酬比例失调，不同所有制结构下的工资水平差距较大，国有企业、垄断企业的工资水平和劳资保障水平普遍高于非国有企业。在再分配阶段，一是在完善社会保障体系，促进教育资源均等化，提高医疗卫生水平等关系基本民生的领域，政府的转移支付投资不足；二是在扶持落后地区，完善如道路交通以及水利电力等基本设施建设以求缩小城乡差距和区域差距方面，政府的转移支付不足。此外，社会服务职能的低效也是亟待解决的问题，政府对市场机制运行的支持力度不足，维护市场秩序的效率较低，一方面，市场保障体制不完善，特别是不清晰产权界定降低了经济主体的积极性和对未来的预期；另一方面，市场监督体系低效，无论是关系到国计民生的食品药品安全问题的监督管理机制，还是企业生产过程造成的正外部效益的激励机制和负外部效益的约束机制，都不能为支持经济机制的高效发挥作用。

政府在经济领域的职能错位不仅是导致政府失灵的关键原因，同时还是引起生产关系和所有制结构失调的主要因素。政府利用行政职能直接干预资源配置，表现出对国有资产的行政垄断和运营低效，特别是现有的投资体制不能支撑市场发挥出对资源的决定性作用，这样不仅对非国有企业的投资及扩大再生产产生了严重的挤出效应，还使得既有资本在缺乏竞争和监督下配置效率低，不能为经济发展提供持久动力。政府职能的错位还表现为对企业生产经营活动的干预和控制，企业缺乏以市场为导向的自主决策能力，不仅降低了企业生产效率，还扩大了企业产出风险。而权利与资本的结合导致大量的寻租和设租行为，滋生了政府的腐败，固化了既得利益集团，增加了进一步改革的成本。

因此，转变政府职能应强调以间接干预替代直接参与，用经济手段替代行政手段，从单一局部的调控转向统筹全局的规划，通过规范经济运行模式，保障资源配置效率，弥补市场失灵，以调节通货膨胀，降低失业率，平衡国际收支，维持经济持续增长。在微观上，政府应积极发挥在再分配领域的作用，通过转移支付以实现经济发展的成果共享，提升居民福利水平，增加综合国民素质。在推进市场化的过程中，政府不应盲目推行自由化和私有化，而应充分发挥其制度保障作用，为市场机制发挥作用提供良好环境。一方面，政府要通过建立有效的监督约束机制和利益协调机制，规范市场行为，降低负外部性的影响；另一方面，中央政府应转变地方政府的评价标准，不应以地方经济增长作为官员晋升的主要标准，而应弱化地方政府的经济竞争行为，以地区发展潜力和居民生活水平为主要标准，强调居民生活水平的提高。同时，政府还应积极培育非公有制经济主体，形成新的竞争格局，以更好推进经济发展。

参考文献

［1］任保平：《西方经济学说史》，北京科学出版社，2010。

［2］魏后凯：《中国区域经济发展态势与政策走向》，《中国发展观察》2010 年第5 期。

［3］杨爱婷：《中国社会福利水平的测度及对低福利增长的分析——局域功能和能力的视角》，《数量经济技术经济研究》2012 年第 11 期。

［4］E. J. 米香：《经济增长的代价》，任保平等译，机械工业出版社，2011。

［5］叶世昌：《中国经济思想简史》，上海人民出版社，1983。

［6］闫彦明：《转型期中国政府与市场有效协调的制度分析》，《求实》2002 年第1 期。

［7］迟福林：《论中国改革攻坚阶段的政府转型》，《经济前沿》2005 年第 8 期。

中国政治商业周期中的
制度变迁与外部冲击

——基于 1978～2012 年中国分省面板数据的经验分析

● 姚金伟　孟庆国 *

内容提要： "中国奇迹"和"中国模式"是学界探讨的热点话题，但目前鲜有关于中国政治商业周期的研究。本文透过 1978～2012 年中国分省面板数据的实证分析发现以下特点：第一，中国政治商业周期整体上呈现"三上二下式倒 U 型分布"特征；第二，对中国政治商业周期的历史解释需要放在"政治集权和经济分权"的制度安排和外部政治经济冲击这两个视角下进行；第三，中国政治商业周期中的"倒 U 型分布"之所以会表现出显著的"三上二下"特征，可能和中国官员的真实任期和异地任职制度密切相关；第四，对外部政治经济冲击而言，政治冲击的扭曲作用弱于经济冲击，而面对经济冲击时的政策差异则会对政治商业周期产生差异性影响。基于此，本文提出下述观点：第一，中国官员内部流动性的加剧可能诱发官员的短视行为；第二，官员外地任职制度对经济发展存在一定的冲击和波动。因此，优化中国官员的晋升任职制度十分重要。

关键词： 中国式分权　外部冲击　三上二下式倒 U 型分布　官员任期
　　　　　固定资产投资

一　导　言

政治商业周期理论（Political Business Cycles）认为，政治换届与经济波

---

* 姚金伟，清华大学公共管理学院硕士研究生；孟庆国，清华大学公共管理学院党委书记、中国农村研究院副院长、教授、博士生导师。
基金项目：清华大学自主科研计划"中国重大社会经济问题研究专项"资助，项目编号：2010THZ04－1。

动之间存在着周期性规律，即政治家在选前通过采取有效的经济刺激计划，营造繁荣的经济环境，从而影响选民的投票抉择以谋求连选连任。经验研究发现：政治商业周期既存在于发达的民主国家，也存在于新兴民主国家，此外，还存在于苏联等威权主义和极权主义国家。政治商业周期产生的根源在于选民选举经验的不成熟以及选民和政治家之间的信息不对称：选民对政治家的才能缺乏充分、完整的认识，选民通过观察政治家的经济政策成效，以决定是否用选票支持其连任。经验研究进一步证实，政治商业周期现象尤其在中等民主国家和新兴民主国家表现得最为典型。

中国同样存在政治商业周期现象。理论上，政治商业周期强调在任政治家通过有效的财政和货币政策干扰选民的投票决策以谋求连任，据此可推测：政治商业周期同政治家的民众支持度呈负相关关系，即拥有高度民意支持的政治家无须通过政策扭曲刻意营造有利于己的经济环境；只有当民意支持较低或者缺乏民意支持的政治家才需要通过政策干扰选民的投票决策。Kenneth（1995）通过对 1961～1992 年英国转移支付的经验研究证实了这个假设。对中国而言，相对于一般选民的投票，上级党委的提名直接决定了各级政府官员的政治生命，依靠突出的经济发展政绩得到高层领导的青睐和赏识对政治家的晋升至关重要。在中国，高层领导通过观察官员在任期间的"政绩"，特别是直观、可量化评比的"大型发展项目"和 GDP 产值以确定提拔对象。由此，中国的政治商业周期本质上是各级政府官员谋求政治晋升的结果。

目前有四篇文章集中探讨了中国的政治商业周期现象。胡鞍钢（1994）观察到，1977～1992 年，每次全国党代会或重要人代会召开当年或下一年，经济增长率都呈上升趋势，至少要高于上年经济增长率。据此，胡鞍钢认为中国存在"政策周期"（胡鞍钢称之为"政策舞蹈"），并以"政治动员冲击"加以解释。郭刚（2009）对 1997～2002 年中国县级面板数据进行分析后发现，地方官员倾向在任期的第三年和第四年大幅增加财政支出规模以创造令高层领导"印象深刻"的政绩，进而谋求政治晋升。李义男（2011）观察到，1978 年以后，中国资本形成总额、投资、信贷、广义货币、通胀率等宏观经济变量同官员的政治换届之间存在着显著的周期性波动，故在此基础上提出"三期解释模型"，并通过 1983～2007 年中国分省面板数据加以检验，他坚信以"政府主导经济增长、政治集权和经济分权以及政府必要的宏观调控"为标志的"中国模式"是中国政治商业周期的根源。聂辉华等人（2013）通过 2000～2010 年分省面板数据检验了政治周

期对煤矿安全事故的影响，研究结果显示在"两会"期间，矿难次数及伤
亡人数显著下降，但这是政府为维持"两会"期间的社会稳定而刻意控制
生产的结果，而非矿区生产条件的改善。

尽管政治商业周期是探究中国经济增长"奇迹"的重要视角，但既有
的研究既未清晰概括中国政治商业周期的特征，也未解释中国政治商业周
期的历史过程。新制度主义认为，制度是一切政治经济行为的解释基础。
对中国政治商业周期的历史过程的解释要建立在1978年以后的政治经济制
度变革的基础之上，特别是对"政治集权和经济分权下的央地关系"的思
考。此外，转型过程中的外部政治经济冲击，特别是"东南亚金融危机"
和"2008年全球经济危机"对中国政治商业周期的形成也产生了重要影响。
投资是中国政府主导经济增长的重要手段。图1报告的是1995~2012年中
国历年全社会固定资产投资①，特别值得注意的是：在其资金构成中，国家
预算所占比例基本上均不超过7%，而自筹金额及其他则均高达55%以上，
最高者甚至超过80%，这表明中国政府对全社会固定资产投资具有强大的
影响力。此外，在全社会固定资产投资中，中央项目占到20%，且该比例
逐年下降，最低至5.78%；而地方项目则占到80%，且比例还逐年递增，
最高至94.22%。全社会固定资产投资是观察改革开放以来的央地关系和官

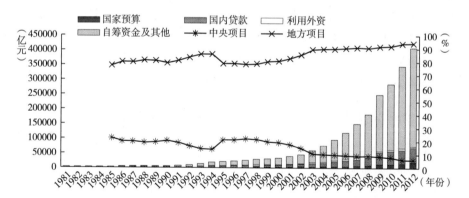

图1 1981~2012年全社会固定资产投资资金来源和中央地方项目分类

资料来源：《中国统计年鉴2012》和《中国统计摘要2013》，国家统计局编。

---

① 依据《中国统计年鉴》中的指标解释，全社会固定资产投资指的是以货币形式表现的在一
定时期内全社会建造和购置固定资产的工作量以及与此有关的费用总称。该指标是反映固
定资产投资规模、结构和发展速度的综合性指标，又是观察工程进度和考核投资效果的重
要依据。

员行为的重要研究视角。由此，本文将基于 1978~2012 年全社会固定资产投资的分省面板数据，从制度变迁和外部冲击两个维度探究中国政治商业周期的历史过程。

二 文献分析和研究假设

在过去的 30 年中，中国在缺乏完全自由化、私有化和民主化的"渐进主义改革"中，逐渐由落后的计划经济转型为富有活力的市场经济，并取得了惊人的经济成就。学者们惊讶于"中国奇迹"，他们普遍相信：以财政分权为核心的政治分权是缔造中国经济增长"奇迹"的关键。然而对俄罗斯、印度和中国的国际经验研究，却并不支持这种观点。进一步的研究结论令人震惊，Blanch 和 Shleifer（2001）通过对俄罗斯和中国的比较研究发现，经济分权的前提是政治集权：俄罗斯的中央政府对地方政府控制力较弱，地方政府不存在主动推动经济发展的动力；而中国政治集权下采取恰当的地方经济分权，地方政府间的相互竞争有效促进了地方经济快速发展。诚如钱颖一（2002）所言，中国改革成就的关键在于有效的制度安排，即一方面通过竞争和激励提高经济效益；另一方面，改革对当权者而言是正和博弈，当权者的利益并未受到极大的损害，而且各利益主体之间整体上实现了"互利共赢"。改革开放以来所形成的重要制度安排就是"政治集权和经济分权"，这是"中国式分权"的核心，更是"中国奇迹"的制度根源。

（一）政治集权和经济分权视角下的官员晋升激励和竞争

毛泽东后期，以财政分权为核心的地方经济分权拉开帷幕；在 20 世纪 80 年代，中央和地方财政实行"分灶吃饭"，财政包干制度赋予了地方在财政资源分配上的巨大优势。经济分权打破了中央经济的垄断，"分权让利"有效激励地方政府进行制度创新（乡镇企业便是典型代表），扩大投资，推动经济高速发展。但与此同时也产生了严重的消极作用，一是投资的高速扩张带来严峻的通胀压力；二是"财政收入占 GDP 比重下降，中央财政收入占财政总收入比重下降"，两个比例的下降严重削弱了国家能力。经济分权带来了严峻的政治危机，影响社会稳定和政权稳固。由此，1994 年，中央政府推行了"分税制改革"。分税制改革本质上是经济集权，尽管分税制改革带来了一些政策扭曲，但在当时无疑强化了国家的财政汲取能力和宏观调控能力，深刻影响了中央和地方的关系。然而，特别要指出，分税制改革并未从根本上改变"政治集权和经济分权"的制度安排，而仅仅是中央政府加强了政治集权和经济宏观调控能力，地方政府仍然享有极大的经济发展自主权。

尽管经济分权使中央政府面临严峻的宏观调控压力，但这并不意味着中央政府丧失了对地方政府的政治和经济控制，相反，中央政府通过控制地方官员的人事制度，强化了对地方政府政治和经济的控制。改革开放以来，各级地方官员每隔五年定期更迭逐渐制度化，而且往往集中在党代会和"两会"期间举行。相对于毛泽东时期的政治忠诚，1978年之后的官员晋升更强调经济绩效和政绩。经验研究证实，地方官员的晋升和经济绩效显著关联。中国政治集权和经济分权下的官员晋升激励，是刺激地方政府之间展开有益于经济增长的标尺竞争，进而实现巨大经济增长的关键所在。由此，"政治集权和经济分权"是探究中国政治商业周期的制度基础。

然而在"政治集权和经济分权"的制度安排下，中央政府和地方政府之间存在着不同的利益偏好和政策选择，而且二者往往充满了冲突：地方官员强烈的政治晋升意愿表现为规模庞大的投资建设项目，而这往往超出经济供给能力，造成"投资饥渴"，进而导致经济发展的"高增长，高通胀"。然而在经济分权的制度安排下，地方官员往往易于享受投资拉动经济高速增长的积极效果，而无须承担"通胀压力"；经济高速增长所带来的通胀成本统统成为中央政府的负担。中央政府需要借助强有力的宏观调控，通过审批大型投资项目、稳定货币流通以及调节物价化解地方政府过度投资所造成的通胀压力。由此，地方政府热衷扩大投资，刺激地方经济增长以谋求政治晋升；而中央政府则需控制和化解经济过热造成的通胀。中央政府和地方政府在投资和通胀上的不同政策偏好乃至冲突是理解中国政治商业周期的关键。由于中央政府依靠政治集权牢牢控制了地方官员的人事任免制度，所以中央政府应对通胀的政策又得以压过地方官员的"投资热情"，使得宏观调控的目标得以顺利实现。而地方政府在连续的扩张型投资之后，也会主动服从中央政府的降通胀政策，减少过度投资，给地方经济增长降温。据此，我们提出研究假设1如下。

假设1　中国政治商业周期是中央政府和地方政府行为默契的结果。中央政府通过控制人事制度，激励地方政府官员在任内推动扩张型投资以拉动经济增长，并在任期末服从政府的降通胀政策，减少投资规模。因此，官员的政治任期与全社会固定资产投资基本上服从"倒U型分布"。

（二）社会转型进程中的外部冲击

除了"政治集权和经济分权"的制度安排外，中国政治商业周期同样不可避免地受到社会转型期的外部冲击，例如"东南亚金融危机"和2008年全球经济危机。然而，政治经济冲击的爆发并非偶然，外部冲击同国内外的经济活动密切关联。

1998年"东南亚金融危机"和2008年美国次贷危机诱发的"全球经济危机"对中国政治商业周期也产生了强烈冲击。然而中央政府却采取了差异性的扩张性政策以应对这两场外部经济冲击：针对前者，中央政府通过深化市场改革刺激消费，扩大国内需求；针对后者，中央政府则推行大规模政府投资计划以拉动经济增长。1993～1997年，中央政府推行紧缩性货币政策和财政政策，以确保经济增长维持低通胀水平，实现经济增长"软着陆"；然而"东南亚金融危机"爆发后，中国的外来投资和进出口贸易遭受严重冲击，中央政府不得不转而推行扩张性财政和货币政策提高经济增长水平，使2002年的经济开始复苏。时任总理朱镕基通过推行市场化改革扩大内需，在进出口贸易萧条的情况下，减少经济增长对固定资产投资和外来投资的依赖，推动中国经济结构由"外向型"向"内向型"转变以应对东南亚经济危机。2003～2008年，中央的财政和货币政策整体保持中性，然而受2008年全球经济危机的冲击，中央政府推行扩张性财政和货币政策刺激经济增长，其中尤以中央政府4万亿元投资刺激计划和人民币国际化表现最为典型。但经济增长的恢复却是以恶化中国经济的结构性问题作为代价，并且使中国经济增长面临高通胀的压力。据此，我们提出研究假设2如下。

假设2　中国的政治商业周期受到外来政治经济冲击的影响。"东南亚金融危机"和"2008年全球经济危机"对官员政治任期和全社会固定资产投资的"倒U型分布"产生差异性的扭曲作用。

三　研究设计

（一）研究样本与数据来源

本文所运用的数据集涵盖了中国31个省级地区1978～2012年的相关社会经济数据，经检验该面板数据高度平衡。这些数据皆来自官方公布的统计年鉴，由此可确保数据来源的可靠性和研究结论的可重复性。本文所用全部数据均来自《新中国六十年统计资料汇》、《新中国五十五年统计资料汇编》、《中国统计年鉴》和《中国人口统计年鉴》。其中，个别年份或个别地区固定资产投资价格指数缺失，则以居民消费者价格指数予以代替；个别年份或个别地区居民消费者价格指数缺失，则以当年全国居民消费者价格指数予以代替。个别变量数据由于缺失不进入模型。综上，本文样本总量为1085，个别变量存在个别年份或地区的数据缺失。

（二）变量测量

1. 因变量

人均不变价格全社会固定资产投资，扣除省际人口差异以及年际投资通胀差异，能够有效衡量1978~2012年中国31个省级地区社会固定资产投资的真实水平。

2. 自变量

如表1所示，改革开放以来，中国各级官员的政治换届逐渐制度化：全国党代会和全国人民代表大会每隔五年召开一届，党代会在年末召开，而全国人大则紧接着在下一年的年初召开；各级官员在各级党代会和人大召开期间实现大规模换届，且每届名义任期为五年，以全国人民代表大会召开年为换届第一年。改革开放以来，中国各级政府官员共完成七次政治换届，其中：1978年、1983年、1988年、1993年、1998年、2003年和2008年为换届第一年，1979年、1984年、1989年、1994年、1999年、2004年和2009为换届第二年，1980年、1985年、1990年、1995年、2000年、2005年和2010为换届第三年，1981年、1986年、1991年、1996年、2001年、2006年和2011年为换届第四年，1982年、1987年、1992年、1997年、2002年、2007年和2012为换届第五年。

表1　官员政治换届时间

全国党代表大会	召开时间	全国人民代表大会	召开时间	换届第一年
九大	1969.4.1~4.24	—	—	—
十大	1973.8.24~8.28	第四届一次会议	1975.1.13~1.17	1975
十一大	1977.8.12~8.18	第五届一次会议	1978.2.26~3.5	1978
十二大	1982.9.1~9.11	第六届一次会议	1983.6.6~6.21	1983

续表

全国党代表大会	召开时间	全国人民代表大会	召开时间	换届第一年
十三大	1987.10.25~11.1	第七届一次会议	1988.3.25~4.13	1988
十四大	1992.10.12~10.18	第八届一次会议	1993.3.15~3.31	1993
十五大	1997.9.12~9.18	第九届一次会议	1998.3.5~3.19	1998
十六大	2002.11.8~11.14	第十届一次会议	2003.3.5~3.18	2003
十七大	2007.10.15~10.21	第十一届一次会议	2008.3.5~3.13	2008

3. 控制变量

（1）基础性社会需求变量。大量研究表明，人口同许多经济变量普遍存在规模经济效应，而且当人口规模达到一定程度会出现"拐点"。人口和人均实际 GDP 是经济分析中最基础的社会需求变量，具有高度的刚性需求。

（2）发展性社会需求变量。经济增长水平、城镇化水平和贸易依存度是衡量地区社会经济发展状况的重要指标，不同于人口和人均实际 GDP，这三个变量可以有效反映地区的经济结构和经济环境。

（3）供给变量。固定资产投资十分依赖财政资金支持，财政支出构成了社会固定资产投资极为重要的制约要素。

各变量如表2所示。

表 2　变量一览表

变量类型	变量名	变量定义
因变量	人均不变价格全社会固定资产投资	全社会固定资产投资扣除人口和投资价格指数
控制变量	人口	年末总人口数
	人口平方	年末总人口数的平方
	人均实际 GDP	地区产值扣除人口和消费者价格指数
	经济增长水平	以上一年为参考值的国内生产总值指数
	城镇化水平	年末城镇人口与总人口的比重
	贸易依存度	进出口总额占 GDP 比重
	人均不变价格财政支出	财政支出扣除人口和消费者价格指数

续表

变量类型	变量名	变量定义
自变量	换届第一年	名义变量，1978 年、1983 年、1988 年、1993 年、1998 年、2003 年和 2008 年赋值为 1，其他年份为 0
	换届第二年	名义变量，1979 年、1984 年、1989 年、1994 年、1999 年、2004 年和 2009 年赋值为 1，其他年份为 0
	换届第三年	名义变量，1980 年、1985 年、1990 年、1995 年、2000 年、2005 年和 2010 年赋值为 1，其他年份为 0
	换届第四年	名义变量，1981 年、1986 年、1991 年、1996 年、2001 年、2006 年和 2011 年赋值为 1，其他年份为 0
	换届第五年	名义变量，1982 年、1987 年、1992 年、1997 年、2002 年、2007 年和 2012 年赋值为 1，其他年份为 0

（三）描述性统计

如表 3 所示，在本文所涉及的中国 31 个分省 1978～2012 年的高度平衡面板数据中，人均不变价格全社会固定资产投资、人口、人口平方、人均实际 GDP 和人均不变价格财政支出存在较大的差异和波动；而经济增长率、城镇化水平、外贸依存度和自变量则存在较小差异且基本保持稳定。

表 3　变量描述性统计

变量	样本	均值	标准误差	最小值	最大值
人均不变价格全社会固定资产投资	1085	2930.47	5707.32	21.76	56155.56
人口	1085	3792.125	2485.42	178.82	10594
人口平方	1085	$2.06e+07$	$2.33e+07$	31976.59	$1.12e+08$
人均实际 GDP	1085	9445.92	14008.57	174.48	88852.78
经济增长率（％）	1084	111.21	4.19	90.8	126.2
城镇化（％）	1059	35.17	18.53	7.6	89.3
贸易依存度（％）	1054	25.18	43.41	0.13	379.44

续表

变 量	样本	均值	标准误差	最小值	最大值
人均不变价格财政支出	1085	957.33	1968.64	23.35	28400.15
换届第一年	1085	0.2	0.4	0	1
换届第二年	1085	0.2	0.4	0	1
换届第三年	1085	0.2	0.4	0	1
换届第四年	1085	0.2	0.4	0	1
换届第五年	1085	0.2	0.4	0	1

四　回归分析

(一) 模型设定

对面板数据构建双向固定效应模型，设定模型如下：

$$Y_{it} = \alpha \sum D + \beta X_{it} + \varepsilon_{it} \tag{1}$$

其中，i = 第 1，2，3，……，31 省，t = 1978，1979，……，2012 年；Y_{it} 表示人均不变价格全社会固定资产投资，$\sum D$ 表示名义变量，X_{it} 表示其他控制变量，而 α 和 β 分别对应其系数；ε_{it} 为不可观测的误差项，表示其他对人均不变价格全社会固定资产投资产生影响而没有被纳入模型的因素。

(二) 固定效应模型报告

表 4 报告了中国 31 个分省 1978～2012 年全社会固定资产投资的面板模型，并分别报告了 1978～1992 年、1993～2002 年以及 2003～2012 年的面板模型。对于面板数据而言，首先需要通过 Hausman 检验来判断采用固定效应模型还是随机效应模型进行估计。Hausman 检验的原假设认为固定效应和随机效应的估计结果是系统、一致的，如果检验结果接受原假设，那么就应该采用随机效应估计；反之，原假设被拒绝，则需要选择固定效应进行估计。在对估计模型进行 Hausman 检验，结果显示所有模型的检验值均通过 1% 的显著性水平检验，且远大于

5% 的显著性水平。这表明随机效应与固定效应的估计结果显著不一致，应采用固定效应模型。另外，由于本文涵盖了改革开放 35 年以来中国 31 个分省，为控制时间和地域变量的影响，故采用双向固定效应进行模型估计。

表 4 模型显示出如下特点：第一，对控制变量而言，人口规模对全社会固定资产投资同样具有规模经济效应，而人均实际 GDP、经济增长率、城镇化和人均不变价格财政支出同人均不变价格全社会固定资产投资基本上呈显著性正相关关系；第二，对自变量而言，1978～2012 年的模型显示官员的政治任期同全社会固定资产投资呈现显著的"S 型分布"，即官员换届第二年、第三年和第四年人均不变价格全社会固定资产投资显著增加，官员换届第一年和第五年人均不变价格全社会固定资产投资显著减少；第三，1978～1992 的模型显示官员的政治任期同全社会固定资产投资呈现较显著的"M 型分布"：官员任期的第一年和第五年人均不变价格全社会固定资产投资显著增加，任期的第二年、第三年和第四年则出现波动；第四，1993～2002 年的模型整体显示官员的政治任期同全社会固定资产投资呈"S 型分布"；第五，2003～2012 年的模型则显示官员的政治任期同全社会固定资产投资呈"N 型分布"：官员换届第一年、第二年、第三年和第五年人均不变价格全社会固定资产投资显著增加，官员换届第四年人均不变价格全社会固定资产投资显著减少。整体来看，"M 型分布"、"S 型分布"和"N 型分布"均刻画了官员政治任期同固定资产投资之间存在的"三上二下式倒 U 型分布"，即在官员的五年名义任期内，基本上存在三年固定资产投资扩张，二年固定资产投资衰减的趋势。

改革开放以来，官员任期和固定资产投资之间所形成的"三上二下式倒 U 型分布"深刻描述了"中国式分权"制度安排下的中国政治商业周期。由于外部冲击的存在，"倒 U 型分布"在 1978 年之后的两个历史阶段具体演变为"S 型分布"和"N 型分布"。其中，1993～2002 年的"S 型分布"因受东南亚金融危机的冲击所致，而 2003～2012 年的"N 型分布"则是 2008 年全球经济危机扭曲的结果。当然，从"S 型分布"到"N 型分布"，反映了中国政治商业周期的不断发展和完善。官员政治任期和固定资产投资之间所形成的"三上二下式倒 U 型分布"是中国政治商业周期在中国经济发展中逐渐成熟的表现，是理解"中国奇迹"和"中国模式"的重要观察视角。

表4 1978~2012年整体及分段固定效应面板模型

人均不变价格全社会固定资产投资

内容\年份	1978~2012(1)	1978~2012(2)	1978~1992(1)	1978~1992(2)	1993~2002(1)	1993~2002(2)	2003~2012(1)	2003~2012(2)
C	13266.13*** (4.29)	16648.27*** (5.05)	360.95** (2.28)	600.97*** (3.97)	710.20 (0.23)	1369.25 (0.43)	4685.94 (0.29)	7068.72** (0.45)
人口	-5.93*** (-9.43)	-5.93*** (-9.43)	-0.30*** (-6.49)	-0.3*** (-6.49)	-1.4 (-1.47)	-1.4 (-1.47)	-19.08*** (-7.59)	-19.08*** (-7.59)
人口平方	0.0004*** (10.52)	0.0004*** (10.52)	0.00002*** (6.16)	0.00002*** (6.16)	0.00004 (0.74)	0.00004 (0.74)	0.0009*** (5.95)	0.0009*** (5.95)
人均真实GDP	0.11*** (9.11)	0.11** (9.11)	0.30*** (18.22)	0.3*** (18.22)	0.3*** (12.15)	0.3*** (12.15)	0.67*** (15.5)	0.67*** (15.5)
经济增长	-11.43 (-0.52)	-11.43 (-0.52)	-1.63* (-1.81)	-1.63* (-1.81)	32.21** (2.04)	32.21** (2.04)	404.67*** (3.73)	404.67*** (3.73)
城镇化	30.83*** (3.3)	30.83*** (3.3)	-0.38 (-0.48)	-0.38 (-0.48)	4.1 (0.74)	4.1 (0.74)	46.92 (1.15)	46.92 (1.15)
贸易依存度	-4.79 (-1.41)	-4.79 (-1.41)	-0.17 (-0.64)	-0.17 (-0.64)	-1.44 (-0.51)	-1.44 (-0.51)	32.71 1.54	32.71 (1.54)
人均不变价格财政支出	1.03*** (14.62)	1.03*** (14.62)	1.67*** (13.91)	1.67*** (13.91)	0.35*** (2.93)	0.35*** (2.93)	0.1 (0.91)	0.1 (0.91)

续表

人均不变价格全社会固定资产投资

内容＼年份	1978~2012(1)	1978~2012(2)	1978~1992(1)	1978~1992(2)	1993~2002(1)	1993~2002(2)	2003~2012(1)	2003~2012(2)
换届第一年	—	-3382.15*** (-4.22)	240.01*** (7.21)	—	—	-659.05*** (-3.23)	2382.78*** (2.75)	—
换届第二年	542.05 (0.86)	—	—	-6.95 (-0.31)	604.29*** (3.34)	—	1641.84*** (2.23)	—
换届第三年	3729.73*** (4.86)	—	—	26.63 (1.22)	543.68*** (2.84)	—	3314.42*** (4.29)	—
换届第四年	3382.15*** (4.22)	—	3.87 (0.2)	—	659.05*** (3.23)	—	—	-728.89 (-0.52)
换届第五年	—	-3109.92*** (-3.98)	58.45*** (2.77)	—	—	-158.42 (-1.1)	—	3918.17** (2.56)
地域效应	Control	Control	Control	Control	Control	Control	Control	Control
时间效应	Control	Control	Control	Control	Control	Control	Control	Control
N	1034	1034	415	415	310	310	309	309
F	148.26***	148.26***	181.49***	181.49***	105.43***	105.43***	222.74***	222.74***
AdjR²	0.86	0.86	0.91	0.91	0.87	0.87	0.93	0.93
Hausman	51.58***	116.38***	159.05***	203.28***	90.02***	341.2***	40.48***	105.48***

注:括号内为 t 值,*,p<10%;**,p<5%;***,p<1%;基于篇幅考虑,没有报告地域虚拟变量和年份虚拟变量的数据结果,仅以 Control 表明已控制。

五　稳健性检验

中国政治商业周期中的"三上二下式倒 U 型分布"真实存在于 1978 以来的七次完整政治任期。考虑到模型的稳定性，本文将具体报告1978~2012 年共七次完整政治任期中官员任期和固定资产投资之间的关系分布，在模型构建方法上仍采用固定效应模型进行估计。

表 5 报告了 1978~2012 年七次政治任期的固定效应面板模型，模型整体上证实了中国政治商业周期中"三上二下式的倒 U 型分布"的存在。同时，我们也可以发现外部政治经济冲击对中国政治商业周期的影响，其中尤其以 1988~1992 年和 1998~2002 年最为明显。相较而言，东南亚经济危机的经济冲击对中国政治商业周期的扭曲较强，"三上二下式的倒 U 型分布"在 1998~2002 年受到更强的扭曲。此外，观察 1998~2002 年和2008~2012 年的模型，可发现中央政府面对经济危机冲击时的经济刺激政策差异致使经济危机对中国政治商业周期的影响呈现完全相反的作用：时任总理朱镕基扩大内需的政策思路促使中国政治商业周期由"倒 U 型分布"转变为"正 U 型分布"；而时任总理温家宝增加固定资产投资的政策思路则进一步强化了"倒 U 型分布"乃至形成了"N 型分布"，使中国政治商业周期表现得更加显著。由此，剔除外部政治经济冲击的影响，中国政治商业周期在"政治集权和经济分权"的制度安排下基本上表现为"三上二下式倒 U 型分布"。

然而，中国政治商业周期的"倒 U 型分布"为何会表现为"三上二下"呢？这可能和中国官员的真实任期和官员的异地任职制度密切相关。虽然，当前中国各级政府每隔五年实现一次官员全面的换届调整，但是由于现行的官员晋升制度和异地任职制度，官员的流动性特别强，中国各级官员的真实平均任期实际上远低于五年。既有的研究显示出如下特征。一是对省级官员（省长、省委书记，自治区和直辖市的区/市长、区/市委书记）而言。1979~2002 年 28 个省级地区、187 位省/区/市委书记和 157 位省/区/市长的平均任期是 3.12 年；1978~2004 年中国 30 个省级地区（西藏除外）302 名省级干部平均任期为 3.53 年。其中，1978~2006 年对中国 29 个省级地区（海南和重庆除外）的 239 位省/区/市长和 197 位省/区/市委书记的任期研究发现，省/区/市长的平均任期为三年，而省/区/市委书记的平均

任期为四年。第二,对市级官员而言。2003~2008 年全国 3035 个地级城市
(地区、州、县、盟)的市长和市委书记的平均任期为 2.58 年,而 2006~
2009 年全国 236 名市级干部(新疆、西藏和海南除外)的平均任期为 2.62
年。第三,对县级官员而言。1994~2002 年全国所有的县级地区(除四川、
重庆和西藏)县长和县委书记的平均任期为 2.38 年。据此推测,中国各级
官员真实的平均任期为三年。而在名义任期的第四、第五年,官员则面临
外调任职,以克服"小团体主义"。

"政治集权和经济分权"制度安排下的官员晋升机制,激励各级官员依
赖突出的经济绩效获得上层领导的赏识和器重以谋取政治晋升。而每次换
届结束后,官员为谋求下一届的连任或晋升,过度倚重土地开发和城市建
设等固定资产投资,以在短期内累积"政绩"。由此,在官员换届新任期的
前三年,固定投资均保持高速扩张状态。而在第四年,由于官员面临外调
任职,所以官员就缺乏进一步推动固定资产投资的激励结构,固定资产投
资增长由此出现下跌;而在第五年,由于新调任官员到任初期不太熟悉当
地环境或者亟须巩固自身政治地位而难以提高工作效率,这就造成固定资
产投资增长的大幅跌落。由此,中国的政治商业周期呈现出显著的"三上
二下式倒 U 型分布"。

六 结论与讨论

中国政治商业周期是解释改革开放以来中国经济增长奇迹的重要理论
视角,也是"中国模式"的重要观察视角。然而,目前学界尚未对改革开
放以来的中国政治商业周期进行系统的历史分析。本文试图弥补这一空白,
从"政治集权和经济分权"的制度安排和外部政治经济冲击这两个视角出
发,通过对 1978~2012 年中国分省面板数据的经验研究发现以下特点:一
是中国的政治商业周期是在"政治集权和经济分权"的制度安排和外部政
治经济冲击的共同作用下,中央政府和地方政府行为默契的结果;二是剔
除外部政治经济冲击的影响,中国政治商业周期整体表现为显著的"三上
二下式倒 U 型分布";三是中国政治商业周期中的"倒 U 型分布"表现出
显著的"三上二下"特征,可能和中国官员的真实任期及异地任职制度密
切相关;四是对外部政治经济冲击而言,政治冲击的扭曲作用弱于经济冲
击,而面对经济冲击时的政策差异则会对政治商业周期产生差异性影响。

表 5 1978～2012 年各政治周期固定效应面板模型

年份	换届第一年	换届第二年	换届第三年	换届第四年	换届第五年	N	F	AdjR^2	Hausman
1978～1982(1)	75.02*** (4.7)	48.70*** (4.06)	33.81*** (3.87)	—	—	123	22***	0.72	86.87***
1978～1982(2)	—	—	—	-21.27** (-2.59)	1.17 (0.1)	123	21.94***	0.69	39.88***
1983～1987(1)	41.31* (1.82)	37.60* (1.98)	52.92*** (3.97)	—	—	137	137.83***	0.93	120.4***
1983～1987(2)	—	—	—	-56.84*** (-4.69)	-65.00*** (-4.54)	137	151.89***	0.93	256.41***
1988～1992(1)	208.37*** (4.56)	52.83 (1.35)	10.82 (0.42)	—	—	145	35.58***	0.79	1234.05***
1988～1992(2)	—	—	—	-1.31 (-0.05)	106.55*** (2.75)	145	28.57***	0.73	163.7***
1993～1997(1)	32.20 (0.19)	252.81** (2.12)	262.58*** (3.14)	—	—	146	74.06***	0.89	330.33***
1993～1997(2)	—	—	—	-270.61*** (-3.43)	-500.73*** (-5.23)	146	86.96***	0.89	62.32***

续表

年份	换届第一年	换届第二年	换届第三年	换届第四年	换届第五年	N	F	AdjR^2	Hausman
1998~2002(1)	-81.76 (-0.79)	-111.24 (-1.26)	-138.56* (-1.91)	—	—	147	57.54***	0.86	97.92***
1998~2002(2)	—	—	—	114.51* (1.66)	270.26*** (2.87)	147	66.56***	0.86	92.79***
2003~2007(1)	494.44** (2.38)	307.53* (1.78)	260.24* (1.96)	—	—	143	88.47***	0.91	161.89***
2003~2007(2)	—	—	—	-226.14* (-1.76)	-415.40** (-2.22)	143	97.36***	0.91	67.44***
2008~2012(1)	7716.13*** (3.12)	5944.91*** (2.63)	3948.24*** (2.79)	—	—	155	69.74***	0.86	26.68***
2008~2012(2)	—	—	—	-4250.72*** (-3.8)	6325.88*** (3.94)	155	127.35***	0.91	21.78***

注:固定效应模型设定中控制住人口、人口平方、经济增长、城镇化、贸易依存和人均不变价格财政支出等自变量对因变量的影响,而本表仅报告官员的任期换届的回归结果。括号内为 t 值,*,p<10%;**,p<5%;***,p<1%。

基于以上的统计分析，本文提出两点隐忧：一是中国官员内部流动性的加剧可能诱发官员的短视行为；二是官员外地任职制度对经济发展存在一定的冲击和波动。在当前官员的政治晋升制度安排下，对经济绩效的强调可能过度诱导官员的"唯GDP主义"，由此为了提高地区产值，"大改大建大招商"而轻视地区经济产业结构、经济的可持续性发展以及资源环境问题，许多地方由于"发展思路欠妥、发展举措过火"，非但没有实现理想的发展目标，反而会诱发和积累许多尖锐的社会问题，影响地区稳定。值得欣喜的是，新一届政府特别强调干部考核"不能唯GDP论英雄"，但目前的经济发展模式和政治晋升体制均已相当成熟和稳定，在此情况下，我们对新一届政府如何深化改革，更好地推动社会转型仍充满了期待。另外，官员外地任职制度虽然可以有效克服"地方小团体主义"和"委托代理问题"，但也往往可能造成"政策短视"，影响地方经济发展政策的稳定，造成重复建设或资源配置不均衡等现象。由此，中央政府应以官员任期更迭和外地任职制度为突破口，进一步优化中国官员的晋升任职制度。

参考文献

[1] Adi, Brender and Drazen Allan, "Political Budget Cycles in New Versus Established Democracies", *Journal of Monetary Economics*, No. 52, 2005, pp. 1271 – 1295.

[2] A. Alesina, G. Cohen and N. Roubini, "Macroeconomic Policy and Elections in OECD Democracies", *Economics and Politics*, No. 4, 1992, pp. 1 – 30.

[3] O. Blanchard, A. Shleifer, *Federalism with and without Political Centralization: China versus Russia*, IMF Staff Papers, 2001, pp. 171 – 179.

[4] S. Block, *Political Business Cycles, Democratization and Economic Reform: The Case of Africa*, Medford, MA: Fletcher School, Tufts University. Working Paper 2000.

[5] Christine P. W. Wong, "Central – Local Relation in an Era of Fiscal Decline: the Paradox of Fiscal Decentralization in Post – Mao China", *The China Quarterly*, No. 128, 1991, pp. 691 – 715.

[6] A. Drazen, "The Political Business Cycle after 25 Years", *NBER Macroeconomics Annual*, No. 15, 2000, pp. 75 – 117.

[7] Gang Guo, "China's Local Political Budget Cycles", *American Journal of Political Science*, No. 53, 2009, pp. 621 – 632.

[8] Huang Yasheng, *Inflation and Investment Controls in China*, Cambridge: Cambridge University Press 1996.

[9] Kenneth A. Schultz, "The Politics of the Political Business Cycle", *British Journal of Political Science*, No. 25, 1995, pp. 79 – 99.

[10] Li Hongbin, Zhou Lian, "Political Turnover and Economic Performance: The Incentive Role of Personnel Control in China", *Journal of Public Economics*, No. 89, 2005, pp. 1743 – 1762.

[11] Li Yinan, *China's Political Business Cycles*, Working Paper, 2001.

[12] Nie Huihua, Jiang Minjie and Wang Xiaohong, "The Impact of Political Cycle: Evidence From Coalmine Accidents in China", *Journal of Comparative Economics*, No. 1, 2013, pp. 1 – 17.

[13] Qian Yingyi, *How Reform Worked in China*, William Davidson Working Paper, 2002.

[14] Qian, Yingyi, Barry Weingast, "China's Transition to Markets: Market – Preserving Federalisam Chinese Style", *Policy Reform*, No. 1, 1997, pp. 149 – 185.

[15] Roeder, G. Philip, "Do New Soviet Leaders Really Make a Difference", *Rethinking the Succession Connection: The American Political Science Review*, No. 4, 1985, pp. 958 – 976.

[16] M. Shi, J. Svensson, *Political Business Cycles in Developed and Developing Countries*, The World Bank. Working Paper 2000.

[17] Wang Lixia, "Managing Financial Crisis: ACritical Review of China's Policy", *International Journal of Economics and Finance*, No. 4, 2010, pp. 29 – 35.

[18] Yu Yongding, *China's Policy Responses to Global Economic Crisis and Its Perspective on the Reform of International Monetary System*, Kiel Institution of World Economy Working Paper, 2009.

[19] E. V. Zhuravskaya, "Incentives to Provide Local Public Goods: Fiscal Federalism, Russian Style", *Journal of Public Economics*, No. 76, 2000, pp. 337 – 368.

[20] 才国伟、黄亮雄:《政府层级改革的影响因素及其经济绩效研究》,《管理世界》2010 年第 8 期。

[21] 顾万勇:《警惕干部交流的四个误区》,《理论前沿》2006 年第 6 期。

[22] 何彬:《基于窖藏行为的产能过剩形成机理及其波动性特征研究》,吉林大学博士学位论文,2008。

[23] 胡鞍钢:《中国经济波动报告》,辽宁人民出版社,1994。

[24] 胡昌方:《官员任期莫"缩水"》,《民主》2009 年第 8 期。

[25] 刘佳、吴建南、马亮:《地方政府官员晋升与土地财政:基于中国地市级面板数据的实证分析》,《公共管理学报》2012 年第 2 期。

[26] 钱先航:《官员任期、政治关联与城市商业银行的贷款投放》,《经济科学》2012 年第 2 期。

［27］ 王绍光、胡鞍钢：《中国国家能力报告》，辽宁人民出版社，1993。

［28］ 徐涛：《城镇职工收入水平对经济增长的影响》，《中国软科学》2003年第9期。

［29］ 徐现祥、王贤彬：《晋升激励与经济增长：来自中国省级官员的证据》，《世界经济》2010年第2期。

［30］ 张光：《为分税制辩护》中国社会科学出版社，2013。

［31］ 张军、高远：《官员任期、异地交流与经济增长：来自省级经验的证据》，《经济研究》2007年第11期。

［32］《中国组织人事报》：《干部考核不能忙GDP》，2013年8月7日。

［32］ 周飞舟：《从汲取型政权到"悬浮型"政权：税费改革对国家与农民关系之影响》，《社会学研究》2006年第3期。

［34］ 周黎安：《中国地方官员的晋升锦标赛模式研究》，《经济研究》2007年第7期。

经济体制改革的核心是正确处理政府与市场的关系

● 苏晓红 *

内容提要：完善社会主义市场经济体制必须深化经济体制改革，深化经济体制改革的核心问题是处理好政府与市场的关系。正确处理政府与市场的关系既是完善社会主义市场经济体制的根本要求，也是对我国30年改革开放理论和实践的总结。正确处理政府与市场的关系，核心在于充分发挥市场在资源配置中的决定性作用。而要更好地发挥政府的作用，必须明确政府作用的前提，合理界定政府活动边界。

关键词：市场政府界限

党的十八大报告首次明确提出："经济体制改革的核心问题是处理好政府与市场的关系，必须更加尊重市场规律，更好发挥政府作用。"十八届三中全会通过的《中共中央关于全面深化改革若干重大问题的决定》再次重申："经济体制改革是全面深化改革的重点，核心问题是处理好政府和市场的关系，使市场在资源配置中起决定性作用和更好发挥政府作用。"正确处理政府与市场的关系，既是完善社会主义市场经济体制的根本要求，也是对我国30年改革开放理论和实践的总结；正确处理政府与市场的关系，既要充分发挥市场在资源配置中的决定性作用，又要更好地发挥政府的作用。

一 正确处理政府与市场的关系是完善社会主义市场体制的根本要求

萨缪尔森指出："政治经济学的基本课题之一，就是确定政府同市场的

---

* 苏晓红，河南师范大学商学院教授、平顶山学院副校长。

合理界限。"① 政府与市场的作用界限在资本主义市场经济中经历了一个动态发展过程。市场经济作为一种有效的资源配置方式，从产生到现在经历了两个发展阶段，第一阶段是存在于 1929～1933 年大危机之前的自由市场经济，第二阶段是 20 世纪 30 年代中期发展至今的现代市场经济。19 世纪，政府对经济活动的干预较少，而是尽可能地将更多的经济决策留给市场机制去完成。萨缪尔森称之为一个"自由放任"的时代、一个被翻译为"别管我们"的时代。1929～1933 年大危机的爆发使欧美市场经济国家纷纷放弃了完全自由放任的思想，政府被赋予越来越多的经济职能，自由市场经济过渡到现代市场经济阶段。和自由市场经济相比，现代市场经济有两个最典型的特征：一是垄断取代了自由竞争，二是政府干预取代了完全的自由放任。在现代市场经济中，市场和政府两只手共同调控资源配置。萨缪尔森在《经济学》一书中指出："市场经济的极端被称为自由放任（Laissez-Faire）经济，即政府不对经济决策施加任何影响。与市场经济不同，指令经济是由政府作出有关生产和分配的所有重大决策。……当今社会中没有一个社会完全属于上述两种极端中的一个。相反所有的社会都是既带有市场成分也带有指令成分的混合经济（Mixed Economy）。从来没有一个百分之百的纯粹的市场经济（尽管 19 世纪的英国很接近）。今天，美国的大多数决策都是在市场中进行的。但是，政府在监督市场运行方面扮演着重要角色：政府制定法律来监管经济生活，提供教育和治安服务，并管制污染。当今各国社会大部分都实行混合经济制度。"②"经济中不仅仅有市场，美国实行的是一种混合经济，将私人市场与政府干预的因素结合起来。"③ 美国学者默里·L. 韦登保姆指出："事实上，每一个现代工业社会，都是一种混合经济的形态。在这种经济模式中，公共部门和私人部门以多种形式相互作用。"④ 在这里他们所说的混合经济，就是指在资源配置中市场作用和政府作用的混合。在现代市场经济中之所以要发挥政府的作用，是因为存在着市场失灵，无论在微观还是在宏观层面都有一些市场无法解决的问题。市场失灵为政府干预提供了理论基础。但市场失灵只是政府干预的必要条件而不是充分条件，市场解决不了的政府未必就能很好地解决，

① 保罗·萨缪尔森、威廉·诺德豪斯：《经济学》第 16 版，华夏出版社，1999，第 20 页。
② 保罗·萨缪尔森、威廉·诺德豪斯：《经济学》第 16 版，华夏出版社，1999，第 5 页。
③ 保罗·萨缪尔森、威廉·诺德豪斯：《经济学》第 16 版，华夏出版社，1999，第 223 页
④ 〔美〕默里·L. 韦登保姆：《全球市场中的企业与政府》，上海三联书店、上海人民出版社，2002，第 6 页。

因为同样会存在政府失灵。正是由于既会存在市场失灵又会存在政府失灵，所以在现代市场经济中必须合理界定政府和市场的活动边界。我国经济体制改革的目标是建立社会主义市场经济。社会主义市场经济首先是市场经济，建立社会主义市场经济必须遵循市场经济发展的一般规律。要完善社会主义市场经济体制，保证社会主义市场经济的顺畅运行，就必须处理好政府与市场的关系，既要充分尊重市场经济规律，又要合理发挥政府的作用。正如著名经济学家让·雅克·拉丰所说："整个世界关于社会主义和资本主义之间的争论已经停止，争论的主要问题是在政府干预多少方面。"

二　正确处理政府与市场的关系是对我国 30 多年改革开放理论和实践的总结

1978 年，党的十一届三中全会决定把全党工作重点转到经济建设上来，明确提出为了实现社会主义现代化，必须对传统的计划经济体制进行改革。传统的计划经济体制是一种政府主导型的经济体制，权力高度集中于政府之手，国家对企业管得过多、统得过死，忽视商品生产、价值规律和市场的作用，分配中平均主义严重。上述问题严重压抑了企业和广大职工群众的积极性、主动性、创造性，使本来应该生机盎然的社会主义经济在很大程度上失去了活力。因此，要焕发社会主义经济的活力，就必须改革计划经济体制。我国 30 多年的改革开放实践一直是围绕着政府与市场的关系展开的，但对于经济体制改革的核心问题到底是什么，我们经历了一个"从计划与市场的关系"到"政府与市场关系"的认识过程。对于我国经济体制改革的根本和核心问题是什么，1982 年党的十二大报告指出："正确贯彻计划经济为主、市场调节为辅的原则，是经济体制改革中的一个根本性问题。"这等于明确了我国经济体制改革的根本问题是正确处理计划与市场的关系。当时，我国对计划与市场关系的看法是计划调节为主，市场调节为辅，即"有计划的生产和流通，是我国国民经济的主体。同时，允许对于部分产品的生产和流通不作计划，由市场来调节，也就是说，根据不同时期的具体情况，由国家统一计划划出一定的范围，由价值规律自发地起调节作用。这一部分是有计划生产和流通的补充，是从属的、次要的，但又是必要的、有益的。"1987 年，党的十三大进一步坚持了经济体制改革的核心问题是计划与市场的关系，只不过在如何处理计划与市场的关系上，从

"计划调节为主、市场调节为辅"走到了"计划与市场的内在统一"。十三大报告指出："社会主义有计划商品经济的体制，应该是计划与市场内在统一的体制。""计划和市场的作用范围都是覆盖全社会的。新的经济运行机制，总体上来说应当是'国家调节市场，市场引导企业'的机制。国家运用经济手段、法律手段和必要的行政手段，调节市场供求关系，创造适宜的经济和社会环境，以此引导企业正确地进行经营决策。"1992年，党的十四大明确了我国经济体制改革的目标是建立和完善社会主义市场经济体制。在谈到我国经济体制改革确定什么样的目标模式时指出："我国经济体制改革确定什么样的目标模式，是关系整个社会主义现代化建设全局的一个重大问题。这个问题的核心，是正确认识和处理计划与市场的关系。"这等于再次明确指出了我国经济体制改革的核心问题是"正确认识和处理计划和市场的关系"。在谈到如何处理计划与市场关系时，十四大报告指出："我们要建立的社会主义市场经济体制，就是要使市场在社会主义国家宏观调控下对资源配置起基础性作用，使经济活动遵循价值规律的要求，适应供求关系的变化；通过价格杠杆和竞争机制的功能，把资源配置到效益较好的环节中去，并给企业以压力和动力，实现优胜劣汰；运用市场对各种经济信号反应比较灵敏的优点，促进生产和需求的及时协调。同时也要看到市场有其自身的弱点和消极方面，必须加强和改善国家对经济的宏观调控。我们要大力发展全国的统一市场，进一步扩大市场的作用，并依据客观规律的要求，运用好经济政策、经济法规、计划指导和必要的行政管理，引导市场健康发展。"

计划与市场是社会化大生产条件下配置资源的两种手段，通过计划配置资源是计划经济，通过市场配置资源是市场经济。我国经济体制改革的目标是建立社会主义市场经济体制，也就是要用以市场配置资源为主来取代以计划配置资源为主。毫无疑问，处理好计划与市场的关系是中国经济体制改革的一个核心和根本问题。但是，计划只是政府调节资源配置的一种手段，除计划外，政府还可以通过经济、行政、法律等手段干预经济活动，调节资源配置。随着我国经济体制改革的推进和深入，市场在我国资源配置中的基础性作用日益加强，计划的作用在逐步减弱。21世纪我国进入了完善社会主义市场经济体制的时期，在完善社会主义市场经济体制的过程中，计划的作用尽管在逐步减弱，但仍然有大量资源被政府占据，由政府分配。政府在资源配置领域的广泛存在和过度作用影响和干扰了市场作用的发挥，导致资源浪费、效率低下等问题的出现。所以，正确处理政府与市场的关系自然就成了我国经济体制改革的核心问题。党的十八大指出："经济体制改革的核心问题是处理好政府与市场的关系，必须更加尊重市场规律，更好发挥政府作用。"十八届三中全会通过的《中共中央关于全面深化改革若干重大问题的决定》再次重申："经济体制改革是全面深化改革的重点，核心问题是处理好政府和市场的关系，使市场在资源配置中起决定性作用和更好发挥政府作用。"

综上所述，从十二大到十八大，30多年来随着我国经济体制改革实践的深入，我们对经济体制改革核心问题的认识逐步从"正确处理计划与市场的关系"走到了"正确处理政府与市场的关系"。可以说，用"政府与市场的关系"取代"计划与市场的关系"，更加深刻、更加准确地反映了现阶段我国经济体制改革的核心问题，是对我国改革开放理论和实践的总结，是对社会主义市场经济理论的创新和完善。

三　正确处理政府与市场的关系核心在于发挥市场在资源配置中的决定性作用

在社会主义市场经济中，正确处理政府与市场的关系，核心在于充分发挥市场在资源配置中的决定性作用。对于市场在资源配置中的作用我们有一个认识过程，党的十四大提出："我们要建立的社会主义市场经济体制，就是要使市场在社会主义国家宏观调控下对资源配置起基础性作用。"这一提法既强调经济活动要遵循价值规律的要求，通过价格杠杆和竞争机制的功能，把资源配置到效益较好的环节中去；同时又指出市场有其自身的弱点和消极方面，因而必须加强和改善国家对经济的宏观调控。政府应依据客观规律的要求，运用好经济政策、经济法规、计划指导和必要的行政管理，引导市场健康发展。对市场在资源配置中作用认识的深化发生在十八大之后，十八届三中全会通过的《中共中央关于全面深化改革的若干问题的决议》首次明确提出了要"紧紧围绕使市场在资源配置中起决定性作用深化经济体制改革"。"市场决定资源配置是市场经济的一般规律，健全社会主义市场经济体制必须遵循这条规律，着力解决市场体系不完善、政府干预过多和监管不到位问题。"

市场决定资源配置就是据市场规则、市场价格、市场竞争配置资源。要发挥市场在资源配置中的决定性作用，必须有一个统一开放、竞争有序的市场体系。统一开放、竞争有序的市场体系是市场决定资源配置的基础。市场体系是由各种各样的市场组成的一个有机整体，在现代市场体系中企业自主经营、公平竞争，消费者自由选择、自主消费，商品和要素自由流动、平等交换。完善社会主义现代市场体系的重点在于以下方面。

第一，完善现代市场体系必须要建立公平、开放、透明的市场规则。"市场是在各种或隐或显的规则里发挥其功能的。……市场交易发生在由行政制度及法律制度组成的框架内，市场遵循由习俗和标准惯例建立起的行为模式。"[①] 市场规则是市场主体在进行经济活动时所必须遵守的一些基本原则，它主要体现在政府制定的有关规范市场活动的法律、法规、条例和市场伦理、道德、规范之中。市场规则包括市场准入规则、市场行为规则、市场竞争规则和市场管理规则，其主要作用是通过规范和约束市场主体的市场行为来形成良好的市场秩序，保证市场机制正常运行并发挥在资源配置中的决定性作用。

第二，完善现代市场体系必须要完善主要由市场决定价格的机制。价格是市场的核心，市场配置资源主要是通过价格的变化进行的。在市场经济中，价格主要通过市场形成，完善价格机制，必须严格限定政府的定价范围，凡是能由市场形成价格的都交给市场，政府不要进行不当干预。政府定价范围主要限定在重要公用事业、公益性服务、网络型自然垄断环节。政府定价要提高透明度，接受社会监督。

第三，完善现代市场体系必须要重点完善土地、金融等要素市场。完善的市场体系既包括商品市场，又包括要素市场。目前我国的商品市场发展迅速，但土地、金融等要素市场的发展相对滞后。完善我国市场体系的重点在于完善要素市场。

第四，完善现代市场体系必须反对垄断，形成公平竞争的市场环境。竞争作为一种外在的强制因素制约着追求自身经济利益的每个经济主体。马克思说过，对商品生产者来说，他们"不承认任何别的权威，只承认竞争的权威"[②]。在市场经济中，价值规律、供求规律的作用都要通过竞争得以实现。竞争规律发挥作用要求一个平等的竞争环境，平等竞争一方面反对各种形式的不平等竞争，另一方面反对垄断。在我国反对垄断主要是反对行政垄断。目前在市场准入方面我们最大的问题是行政垄断，垄断性国

---

① 〔美〕丹尼尔·F. 史普博：《管制与市场》，上海三联书店、上海人民出版社，1999，第 2 页。

② 《马克思恩格斯全集》第 23 卷，人民出版社，1972，第 344 页。

有企业依靠行政力量挤压民营企业的生存空间，诸多行业对民营企业依然是隔着"玻璃门"，看得见，进不去。

四　正确处理政府与市场的关系必须更好地发挥政府的作用

正确处理政府与市场的关系不仅要充分发挥市场在资源配置中的决定性作用，而且还要合理地界定政府活动的空间，更好地发挥政府的作用。要更好地发挥政府的作用，必须要明确以下几点。

第一，为更好地发挥政府作用，就必须明确政府发挥作用的前提是市场在资源配置中发挥决定性作用，政府发挥作用的目的是为市场的有效运行创造更有利的条件，而不是为了取代市场。市场经济发展的历史和现代经济学的研究证明，市场经济的有序运行离不开有效的政府作用。美国经济学家斯蒂格利茨（Joseph Stiglitz, 2003）指出："要使一个市场经济正常运转，必须有必要的法律和监管以保证公平竞争，保护环境，保证消费者和投资者不被欺骗。"莫顿·凯勒（Morton Keller, 1979）认为："管制和贸易、投资、企业家精神以及技术一样，都是西方资本主义历史的重要组成部分。"经济合作与发展组织（1997, 2002）在关于工业化国家规制体系改革的报告中指出："本世纪监管型国家的出现是发展现代工业文明必不可少的一步。"现代市场经济是在"市场无形之手"和"政府有形之手"的共同作用下运行的，但有形之手发挥作用的前提和基础是市场作用的充分发挥。美国著名学者丹尼尔·史普博在其《管制与市场》一书中指出："经济管制应用于市场"时，"由政府实行的管制必须解释为对财产法、民法、契约法等普通法的一种补充"。[①] 也就是说，市场的存在、市场在资源配置中决定性作用的发挥是政府有效发挥作用的前提。所以，在理解更好地发挥政府作用时，一定要明确更好发挥政府作用的前提和目的，避免以更好发挥政府作用之名，行取代市场之实。

第二，更好地发挥政府作用必须合理地限定政府作用的范围。政府作用的领域和空间应严格限定在市场失灵的领域，市场失灵是政府干预的理论基础。萨缪尔森指出："讨论市场失灵的情况，是为了将我们对市场的热

---

① 〔美〕丹尼尔·F. 史普博：《管制与市场》，上海三联书店、上海人民出版社，1999，第2页。

情稍稍降温。对看不见的手有所了解之后，我们一定不要过分地迷溺于市场机制的美妙。"1977 年，美国经济学家加尔布雷思在《不确定的年代》中把"宏观经济不稳定""微观经济无效率""社会不公平"看作市场缺陷的三个重要表现。美国经济学家科勒在 1992 年出版的《经济学》教科书中说："市场经济显示出被叫作市场失灵的若干典型的缺点……这些缺点的任何一张清单都必定包括无效率、不公平和不稳定。"针对市场失灵，萨缪尔森指出："在包罗万象的政府职能中，政府对于市场经济主要存在三项职能，它们是提高效率、增进平等以及促进宏观经济的稳定。政府通过促进竞争、控制诸如污染这类外部性问题以及提供公共产品来提高效率。政府通过税收和支出项目等手段，向某些团体进行有倾斜的收入再分配，从而增进平等。政府通过财政政策和货币政策保证宏观经济的稳定和增长。"①"在一个现代混合经济中，什么是政府行动的合适目标？让我们考察一下政府的四个主要职能：一是提高经济效益；二是改善收入分配；三是通过宏观经济政策稳定经济；四是执行国际经济政策。"②在这里提高经济效益的职能就是政府的微观规制，促进宏观经济稳定就是政府的宏观调控，改善收入分配就是政府的公平分配职能。需要指出的是，市场失灵只是政府干预的必要条件，而非充分条件。市场干不好的，政府未必就能干好。和"市场失灵"一样，也会存在"政府失灵"。所以在理解更好地发挥政府作用时，一定要明确政府活动的边界，谨防以更好地发挥政府作用之名肆意扩大政府活动的空间。

第三，更好地发挥政府的作用必须正确理解政府监管不到位的问题，要在强化监管与放松监管之间寻求平衡。《中共中央关于全面深化改革的若干问题的决议》明确指出："市场决定资源配置是市场经济的一般规律，健全社会主义市场经济体制必须遵循这条规律，着力解决市场体系不完善、政府干预过多和监管不到位问题。"这里提到的"监管"又称为"管制"或"规制"（从学术研究层面一般用规制或管制，政策层面一般用监管），应对的是政府提高经济效益的职能。监管（Regulation）是现代市场经济中政府的一项重要职能，是政府为克服市场失灵，依法对微观经济主体行为所进行的规范与制约。监管分为经济性监管和社会性监管。经济性监管主要指对自然垄断产业的监管，其目的是应对因自然垄断引起的市场失灵，提高资源配置的效率，确保利用者的公平利用。社会性监管是"是以确保国民

① 保罗·萨缪尔森、威廉·诺德豪斯：《经济学》第 16 版，华夏出版社，1999，第 27 页。
② 保罗·萨缪尔森、威廉·诺德豪斯：《经济学》第 16 版，华夏出版社，1999，第 230 页。

生命安全，防止灾害，防止公害和保护环境为目的的规制"①，目的是为了消除或减少人们在环境、安全和健康等领域面临的风险。社会性监管主要包括环境监管、安全监管和健康监管。在我国，政府监管的不到位表现为"过度监管"和"监管缺位"并存。过度监管主要发生在经济性监管领域。我国长期以来对自然垄断行业实行严格的政府监管，其初衷是为了促进自然垄断产业的发展，但是实际的效果却不尽如人意。严格监管导致行政垄断，造成巨大经济损失；导致企业的低效率，降低了企业的竞争力；导致垄断行业员工的过高收入，拉大了收入差距，不利于社会稳定；导致产品价格高而质量低，加重了居民负担，减少了消费者剩余；带来了权钱交易和腐败问题，加剧了社会矛盾。监管缺位主要存在于社会性监管领域，主要表现为对环境、健康、安全领域的风险监管不到位，过于弱化的社会性监管使得我国在环境、健康、安全领域的风险巨大，各种恶性安全事故频频发生。

我国强化经济性管制，弱化社会性管制的现象与发达市场经济国家政府监管的发展趋势背道而驰。发达国家政府监管变迁的趋势是放松经济性监管，强化社会性监管。20 世纪 70 年代末、80 年代初以来，发达国家大范围地解除了经济性管制。1977 年，完全被管制产业的生产总值占美国国内生产总值的比例为 17%，1988 年这一数据则降至 6.6%。② 20 世纪 70 年代以来，发达国家在放松经济性监管的同时，社会性监管却日益强化。强化社会性管制是经济发展和社会进步的必然要求。小贾尔斯·伯吉斯（1995）曾说过："社会管制的出现是我们经济增长取得成功的一个标志：在 20 世纪 30 年代，我们希望的是经济复苏；在 20 世纪 50 年代，我们实现了 20 世纪 30 年代梦寐以求的经济增长和价格稳定；到了 20 世纪 60 年代和 70 年代，我们已经有能力来考虑追求更高的生活质量了。"③ 20 世纪 70 年代以来，随着经济发展和人民生活水平的提高，对生活质量、安全健康、社会福利等问题的关注程度日益加强，以保护劳动者和消费者安全、健康、卫生和环境保护为目的的社会性管制在政府管制中的地位和作用日益加强，在全球范围内出现了强化社会性管制的趋势。可以说社会性管制的加强在一定程度上反映了社会和文明的进步，体现了对消费者和劳动者利益的保护以及对社会可持续发展的关注，体现了对人的一种尊重和关怀，是社会

---

① 植草益：《微观规制经济学》，朱绍文、胡欣欣等译，中国发展出版社，1992，第 281 页。
② W. 吉帕·维斯库斯：《反垄断与管制经济学》，机械工业出版社，2004，第 177 页。
③ 小贾尔斯·伯吉斯：《管制与反垄断经济学》，上海财经大学出版社，2003，第 330 页。

经济进步的一种表现。

根据发达市场经济国家政府监管变迁的趋势和我国政府监管的问题，要更好地发挥政府作用，解决监管不到位的问题，就必须坚持监管与强化监管并存。在自然垄断行业，制止目前强化管制的倾向，进一步放松管制；而在生态环境，食品、药品安全、工作场所安全等领域，必须回应社会关切，大力强化管制。我们要坚决避免以解决"监管不到位问题"之名，行强化经济性监管之实。

参考文献

[1] 保罗·萨缪尔森、威廉·诺德豪斯：《经济学》第 16 版，华夏出版社，1999。

[2] 〔美〕默里·L. 韦登保姆：《全球市场中的企业与政府》，上海三联书店、上海人民出版社，2002。

[3] 〔美〕丹尼尔·F. 史普博：《管制与市场》，上海三联书店、上海人民出版社，1999。

[4] 《马克思恩格斯全集》第 23 卷，人民出版社，1972。

[5] 植草益：《微观规制经济学》，朱绍文、胡欣欣等译，中国发展出版社，1992。

政府应从化解产能过剩中淡出

——兼议生产过剩与产能过剩的概念界定

● 王秋石　万远鹏*

内容提要： 生产过剩可以分为局部的生产过剩和普遍的生产过剩，产能过剩是一个与生产过剩完全不同的概念，通常发生在某类特殊商品或某些特定行业中，但它们本质上都属于产品过剩的范畴。中国部分行业的产能过剩确实给社会经济生活带来许多负面效应，但还未形成全面的或普遍的生产过剩，进而导致经济危机的可能性还是较小的。本文主要拓展了生产过剩与产能过剩的概念，在正确理解产能过剩的基础上，提出治理当前产能过剩的长效机制。

关键词： 生产过剩　产能过剩　治理机制

产能过剩此前一直被称为"重复建设"，可以说是中国计划经济的遗产，自其 20 世纪 90 年代初出现以来，它就一直伴随着中国的经济增长，困扰着中国经济平稳、健康发展。对于产能过剩的治理对策，学者观点并不一致，具体可以概括为以下三点。一是产能过剩应当通过提高进入壁垒、降低退出壁垒的方式来进行治理，汪小涓认为政府应该实施产业援助政策，援助衰退产业的企业退出，以治理重复建设。[①] 二是产能过剩应该通过推动投资体制改革，制定土地产权制度，改革财税体制以及改革对地方政府官员的考核体制，从而从根本上进行治理；盛文军认为治理产能过剩应当进一步推进投资体制改革，发挥市场配置资源的基础性作用。[②] 三是"产能过

---

* 王秋石，江西财经大学校长助理、教授、博士生导师；万远鹏，江西财经大学博士研究生。
　基金项目：国家社会科学基金项目"发达国家去工业化与中国产业发展路径研究"（10BJL028）。

① 汪小涓：《经济转轨时期的产业政策——对中国经验的实证分析和前景展望》，上海人民出版社，1996。

② 盛文军：《转轨时期中国的产能过剩及政策选择》，《西南金融》2006 年第 10 期。

剩"是市场经济中的正常现象,并不需要通过行政干预来进行治理;左小蕾认为市场经济本身就是一个过剩经济。只要维护一个公平的竞争环境,保证信息对称,过剩产能就会得到调整。①

由此可见,大部分文献主要强调政府在治理产能过剩中所起的作用,但事实证明这些治理政策的效果不佳,甚至带来不良效应,这就需要我们重新审视与认识中国当前的产能过剩问题,认清当前产能过剩现状,从而提出更行之有效的治理政策。

一 生产过剩与产能过剩的概念界定

(一) 生产过剩的相关文献综述

西方各著名经济学家对于生产过剩问题的研究与论述各不相同,大致概括如下。

1. 马尔萨斯

托马斯·罗伯特·马尔萨斯可以说是最早发现和研究过剩问题的人,其思想集中体现在他的著作《政治经济学原理》中,此书主要涉及价值、地租和生产过剩三个基本经济学问题。他认为供给和需求不能全部地、自动地取得平衡,因此普遍的生产过剩是完全可能的。他的生产过剩可能性主张是以他的"有效需求"学说为依据的,根据马尔萨斯的有效需求论,劳动者领取的工资总额,少于他们创造的产品的价值总额,因此劳动者的需求永远不能大到足以保证连续生产。显然,资本家是离不开他的伙伴和他的工人的需求的,那么生产过剩就成为迟早要发生的事情。

2. 西斯蒙第

西斯蒙第的一个最基本的观点是:竞争以及劳动与所有权的分离,造成了生产过剩和危机。他认为劳动与所有权的分离使劳动者完全依附于资本家,工人完全受雇主的摆布。为了生活下去,他们不得不按照雇主愿意付给的工资接受就业,劳动的需求全部取决于资本家。而随着机器越来越先进,工人的购买力和需求降低,面对需求的降低,固定资本将不得不留在衰退的工业里,工人将接受更长的工作时间和更低的工资,生产因资本和劳动都无法撤出而不得不保持过剩的状态。同时,西斯蒙第谴责竞争,

---

① 左小蕾:《产能过剩,政策应该做什么?》,《现代商业银行》2006 年第 5 期。

每一个资本家都急于获得最大利润致使剥削日益加剧，也使生产过剩日益加剧。

3. 马克思

马克思和恩格斯在关于资本主义经济危机的论述中，认为商品生产过剩现象总是作为形成或导致经济危机的因素而存在的。同时，他将生产过剩分为局部的生产过剩和普遍的生产过剩，并非所有生产过剩都直接与经济危机相联系。

在生产和再生产的过程中，有许多相关的因素常常会产生暂时的或相对的生产过剩现象，这种生产过剩现象可以通过生产或再生产过程中比例关系的变化而自动得到调整，它属于局部生产过剩的范围。马克思说："同样的商品不断地在生产领域中重新生产出来，出现在市场上并被消费掉。它们，不是同一些商品，而是同一种商品，始终同时存在于这三个阶段上。如果中间阶段延长，以致新商品从生产领域出来时，市场还是被旧商品占据着，那么就会产生停滞、阻塞，出现市场商品充斥、商品贬值，出现生产过剩。"[①] 在生产和再生产的过程中以及在其他情况下，一定的商品储备和物资储备是必需的。但是，马克思认为，在资本主义经济中，"大量商品的积累是流通停滞或生产过剩的结果。"[②] "商品的积累，如果它不是商品流通本身的暂时现象，就是市场商品充斥或者生产过剩的结果。"[③]

那种会产生普遍的、周期性的经济危机现象的生产过剩，并不是发生在某一种商品或某一个生产部门的局部的生产过剩，而是发生在大多数商品或许多生产部门的普遍的生产过剩。生产过剩或普遍生产过剩，指的是生产的发展超过了市场的扩大，超过了资本的实际需要和有支付能力的消费需求，而不是指一切生产领域的生产力的按比例发展超过了通常的水平。

马克思指出："至于专门谈到生产过剩，那它是以资本的一般生产规律为条件：按照生产力的发展程度（也就是按照一定量资本剥削最大量劳动的可能性）进行生产，而不考虑市场的现有界限或有支付能力的需要的现有界限。而这是通过再生产和积累的不断扩大，因而也通过收入不断再转化为资本来进行的，另一方面，广大生产者的需要却被限制在需要的平均水平，而且根据资本主义生产的性质，必须限定在需要的平均水平。"[④]同

---

① 《马克思恩格斯全集》第 26 卷（Ⅲ），人民出版社，1974，第 311 页。
② 《马克思恩格斯全集》第 23 卷，人民出版社，1972，第 646 页。
③ 《马克思恩格斯全集》第 49 卷，人民出版社，1982，第 227 页。
④ 《马克思恩格斯全集》第 26 卷（Ⅱ），人民出版社，1973，第 610 页。

时，马克思主义认为，生产过剩只是在资本主义条件下才会导致危机，在社会主义条件下，丰富的产品不会像私人占有那样找不到出路，相反公有制使它可以用来造福社会。马克思说："这种过剩本身不是什么祸害，而是利益；但在资本主义生产下，却是祸害。"

4. 凯恩斯

凯恩斯理论最初是在战争压力下发展起来的，也由于战争的压力，开始兴盛起来，发展成一种经济过剩的普遍原理。商业活动的短期波动，经济不景气（过剩、倒闭、失业），经济制度走向停滞的趋势，正是凯恩斯面临的现实。凯恩斯认为，资本边际效率趋于下降，是一个必然要发生的长期趋向。在一个富足的社会，由于它的资本积累已经相当大了，进一步投资的吸引力就较小了。于是我们发现，在经济发展的过程中，不仅边际消费倾向变得微弱，而且投资的诱惑力（资本边际效率）也降低了。于是，社会将产生投资不断下降的压力，新投资创造就业的程度不断下降。这意味着经济发展的未来是停滞的，过剩不可避免。

（二）产能过剩的相关文献综述

关于产能过剩概念的内涵，存在着微观层面和宏观层面上的不同解释，具有代表性的主要是以下两个观点。

（1）产能过剩是指实际产出数量小于生产能力达到一定程度时而形成的生产能力的过剩，这是从微观企业的角度来对产能过剩加以定义。张晓晶从宏微观角度来阐述产能过剩，宏观产能过剩是指由于经济中存在着资源未充分利用的情况，从而导致经济活动无法达到潜在产出水平；[1] 微观产能过剩是指企业的产出没有达到成本最小时的产出。何彬从微观经济学的厂商理论给出产能过剩的概念，他指出产能过剩发生在等产量线出现后弯的转折点连接而成的脊线以外的非经济区域，在这一区域内，要素之间表现为同时增减，而不是相互替代的生产要素配置状态，即要素拥挤现象。[2]

（2）产能过剩是指供给和需求不平衡的总量上的概念，即生产能力大于需求而形成的生产能力的过剩。这是从市场供求关系的角度来对产能过剩加以定义。这种观点认为，产能过剩是一个市场经济现象，即它是经济周期性波动中，市场供求关系的特殊表现；它是一种潜在的生产过剩，只

---

[1] 张晓晶：《产能过剩并非"洪水猛兽"》，《学习时报》2006 年第 4 期。

[2] 何彬：《基于窖藏行为的产能过剩形成机理及其波动性特征研究》，吉林大学博士学位论文，2008。

有当实际生产能力超过有效需求能力，达到了一定程度并可能对经济运行产生危害时，才能构成产能过剩。因此，我们不能简单地将"供过于求"理解为"产能过剩"。生产能力大于需求是市场经济条件下的正常现象，由于需求的波动，需要在低谷时期存在某些剩余能力来满足高峰时期的需求，因而生产能力总是不能得到充分利用。

（三）生产过剩与产能过剩

综上所述，我们得知生产过剩可分为局部的生产过剩和普遍的生产过剩，只有全面的生产过剩会带来资本主义经济危机，而局部的生产过剩可以通过生产或再生产过程自动调整。这里需要强调的是，本文所说的经济危机是西方传统经济周期理论的学术意义下的概念，指的是持续大约一年的总体经济活动的温和收缩，即从繁荣走向萧条时的转折点。

产能过剩是一种潜在的生产过剩，应该说在市场经济条件下，部分行业、产业的产能过剩是正常现象，是市场经济内生形成的自然结果，这与生产过剩是完全不同的概念。产能过剩导致的产品过剩是指需求已经得到满足，供大于求；而生产过剩引致的产品过剩是指需求没有得到满足，有需求意愿而无支付能力。

二 产能过剩的判断指标及中国当前产能过剩现状

（一）产能过剩的判断指标

1. 产能利用率

产能利用率（Capacity Utilization）是表示生产能力利用程度的指标，是反映产能利用情况最为直接的指标。它被定义为长期均衡中的实际产量与最佳生产能力之间的差异。据各国发展经验，产能利用率一般有一个正常水平范围，存在一个警示区域。

美联储公布的数据显示，工业部门能够以高达 81% 的产能利用率安全运行（即不会引起通货膨胀）。如果在 80% 以下徘徊，可能会挫伤企业投资的信心，引起失业增加；如果利用率进入 82%～85% 的范围时，生产瓶颈就会出现，这会对价格尤其是生产者物价水平产生新的压力。根据 2013 年国家发改委和工信部发布的《关于坚决遏制产能过剩行业盲目扩张的通知》（发改产业［2013］892 号）和有关数据看，2012 年年底，中国钢铁、水泥、电解铝、平板玻璃、船舶 4 个行业的产能利用率分别仅为 72%、73.7%、71.9%、73.1% 和 75%，明显低于国际平均水平，被界定为严重的产能过剩。同时，根据行业协会统计数据显示，太阳能光伏装机容量从 2008 年的 2 亿瓦特攀升至 2012 年的 70 亿瓦特，总装机容量占全世界装机总量的 69%，光伏行业产能利用率仅为 60%，产能过剩严重。但是根据库兹列兹等对不同国家工业化快速推进时期的产能利用率的比较研究，即使在这些国家的经济快速增长时期，其平均产能利用率大约也就在 85% 左右，在相对平衡的市场经济环境下，实际上是需要一定程度的"过剩"产能的。

2. 企业存货水平

企业存货水平是指生产厂商、批发商和零售商保存在他们库房里的产品数量，它是了解供需状况的一个较为直接的指标。评价存货水平是否过高或过低的最常用的指标是存货—销售额比（I/S），指按照最近的销售速度需用多少天才能卖完存货，也可称为存货可销售天数。根据经验，I/S 为 1.5 个月较为合适，当然也因行业而异。

3. 其他经济效益指标

一些经济效益指标可以作为考察产能是否过剩的间接的辅助性指标，如产品价格、资金利润率、企业亏损面等。运用这些指标时，我们应注意综合考虑市场环境、政策环境、原材料供应等诸多其他因素的影响。

（二）中国当前产能过剩的现状（以钢铁行业为例）

由于产能的可调节幅度与生产要素投入中的固定资本所占的比重有较大关系，固定资本投入越小的行业，产能可调节的幅度越大；固定资本投入越大的行业，产能可调节的幅度越小。所以，我国的产能过剩主要集中在资本密集型的重化工工业中，如钢铁、水泥、汽车、焦炭等行业。

由于数据资料有限和可获取性较低，本文主要以产能利用率指标来反映当前我国钢铁行业的产能过剩现状。钢铁工业是我国重要的原材料基础工业，属于资本密集型的资本品行业，与经济增长有很强的相关性，与其他产业的关联度也很高。因此，钢铁产能的利用水平是否正常也能从侧面反映整体经济是否良好运转。

由图 1 显示，自 2006 年以后，我国钢铁整体产能利用率开始下降，并于 2008～2010 年持续低于 80%，表现出较为明显的产能过剩，但由于有大量小型民营钢铁企业产能无法纳入统计范围，因此实际的产能利用率可能比图 1 显示的数据更低。

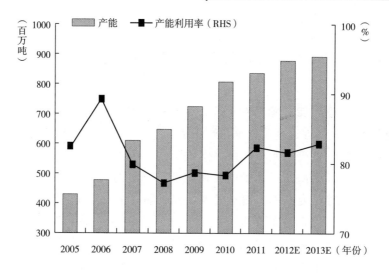

图1　2005～2013年我国产能利用率概况

资料来源：中国行业咨询网研究部汇总。

2013年，钢铁工业深入贯彻落实党的十八大及二中、三中全会和中央经济工作会议精神，把化解产能严重过剩矛盾作为钢铁工业结构调整的重点，推动各项工作的落实。尤其是加快淘汰落后产能工作进度，推动行业节能减排和清洁生产。同时，受国内宏观经济增速放缓，钢铁产能继续较快释放，产能严重过剩等影响，行业生产经营依旧困难重重、步履维艰。

根据最新数据显示，2013年，全国粗钢产量7.79亿吨，同比增长7.5%，增幅较上年同期提高4.4个百分点；钢材（含重复材）产量10.7亿吨，同比增长11.4%，较上年同期提高3.7个百分点。中国粗钢产量占全球比重为48.5%，同比提高1.8个百分点。我国已有炼钢产能近10亿吨，产能利用率仅72%，明显低于正常水平。2013年，钢铁行业固定资产投资6726亿元，同比增长0.7%。其中，黑色金属矿采选业投资1666亿元，增长10.4%；黑色金属冶炼及压延业投资5060亿元，下降2.1%。估算2013年新增粗钢产能约4000万吨。

由此可见，产能过剩仍是我国钢铁行业的突出问题，抑制产能过剩任重而道远。2013年，国家发布了《国务院化解产能严重过剩矛盾指导意见》，有关配套政策措施陆续出台。国家将加大化解产能严重过剩、大气污染防治、淘汰落后等工作力度，各项政策措施的实施将对钢铁产能释放产生一定影响。

三　治理产能过剩的对策

在提出治理产能过剩的对策前，有几点需要说明。第一，一定程度的"过剩"产能，是推进企业竞争和产业结构升级的最为重要的推动力。同样值得强调的是，造成产能和产量之间差距的最重要原因是由这些行业自身的特点决定的，他们的产品供给弹性很低，产量的大幅度上升不仅需要增加人工、原料等可变成本，而且需要大量的资本投入，包括增加设备、生产技术改造等，因而这类企业在发展过程中普遍存在着相对充足的产能，或者说是"产能过剩"，以应对需求的突然增长。第二，本文认为，需要治理的并非是满足消费者的不同需求并保持经济增长而形成的"产能过剩"，因而本文主要是针对"严重的产能过剩"提出治理意见，这类产能过剩造成行业利润大幅下降，企业普遍运行困难。第三，我国产能过剩的形成与我国的现有体制是分不开的，政府行为对于造成产能过剩有着不可推卸的责任，这就要求在化解产能过剩的过程中，政府逐步淡出，把更多权力交给市场，鉴于此，我们提出以下四点政策建议。

（一）划清政府和市场的界限，明确政府投资范围

从本质上看，产能过剩是个市场问题。在相对成熟的市场经济中，如果某个行业出现了产能过剩，必然会形成激烈的市场竞争，在市场机制作用下，在经营中失利和竞争中败北的企业会自动退出市场，整个行业就会回归供求基本平衡的状态，用不着政府操心费力。

然而在我国的市场经济中，政府越来越像一个经济体，在市场上与民逐利，干预经济运行，严重混淆了政府和市场的界限，颠倒了政府和市场的关系，妨碍市场发挥其配置资源的基础性作用。政府的投资应仅限于公共产品以及市场不能提供的物品上，而不应该作为一个经济利益体在市场上参与市场活动。政府的责任应该是为市场的公平竞争建立一个良好的环境，对市场行为进行监督以及对市场经济发出信息预警机制，即要求我国政府应该由"建设性财政"向"公共财政"转变，逐渐退出竞争性领域。公共财政中最核心的理念是社会供给的保证、社会公共需要的满足、经济运行的调节、经济结构的完善以及社会公平与和谐的维护，其实质就是说政府应该成为一个服务型的政府，即"服务型财政"。

为了让这一情况得以改善，我国政府应该完成三个转变，即由"越位"向"让位"的转变，由"缺位"向"补位"的转变以及由"错位"向"换位"的转变。由"越位"向"让位"的转变就是对于非公共物品，应该让给市场来提供；由"缺位"向"补位"的转变就是政府应加大对公共物品的提供；由"错位"向"换位"的转变就是政府应充当为市场提供良好环境的角色，实现市场主导的经济模式。

（二）进一步深化投资体制改革，发挥市场配置资源的基础性作用

按照建设社会主义市场经济体制的要求，我国政府应继续推进行政管理体制和投资体制改革，切实实行政企分开，完善和严格执行企业投资的核准和备案制度，逐步放开负外部性明显或涉及国计民生的行业管制，允许各类资本尤其是民间资本自由进入，使企业成为自主决策、自主投资、自我约束、自担风险的真正的市场主体。同时，政府还应抓紧制定新的市场准入标准，进一步提高高能耗、高污染和部分产能过剩行业在能耗、环保、用地、安全、技术等方面的准入门槛，从源头上控制低水平盲目投资和重复建设。此外，政府还应积极、稳妥地推进要素价格改革，尤其是重要的资源性产品价格改革，建立、健全反映市场供求和资源稀缺程度的价格形成机制，纠正扭曲的要素价格体系，充分发挥市场配置资源的基础性作用。

（三）降低体制性退出壁垒，加速利用市场机制完成优胜劣汰

产能过剩的一个重要原因是企业退出成本较高，难以顺利退出。由于生产同类产品的企业过多，供给必然大于同期市场需求，因此解决产能过剩问题必须从体制上入手，降低企业的退出壁垒，进行有效的制度创新。具体措施如下。一是发展资本市场，完善资本市场功能，鼓励企业利用市场机制进行兼并重组，为企业的并购提供充分的金融支持。二是促进兼并重组，按照市场化原则，鼓励有实力的大型企业集团以资产、资源、品牌和市场为纽带实施跨地区、跨行业的兼并重组；同时，地方政府各职能部门、机构也要相应进行改革并从大局出发，以长远和发展的眼光看问题，为企业并购做一些实在的事情，提供充分的政策支持。三是健全社会保障体系，完善社会保障制度，加快推进产能过剩行业结构调整。我们必须增强全局观念，正确处理好改革发展与稳定之间的关系，一切从实际出发，认真解决企业兼并、破产、重组过程中出现的困难和问题，做好人员安置等方面的工作，尽量减少损失，避免社会震动。

（四）完善财政税收制度和官员晋升考核制度，规范地方政府行为

财税制度和晋升考核是地方政府干预企业投资的最重要的原因，由此地方政府产生了一系列的补贴及优惠行为。完善财政税收制度，主要是规范政府的财政支出和收入，减少地方政府与财政收入的直接关系。其中，我们需要对中央政府和地方政府的权责进行清楚划分，中央政府主要着力于经济稳定和收入的再分配，地方政府则应更关心公共服务和基础建设。官员的晋升考核需要进一步减少对区域 GDP 的比重，更重视经济发展的质量和效益，能够反映资源的消耗和对环境的影响。同时，在考核体系中应减少上级官员的意见，更多地关注当地公众的意见，这样地方政府才会减少对经济建设的过度投资而转向民生建设。在规范地方政府行为时，应该对地方政府的非市场化行为进行监督，特别是招商引资和对当期企业新增投资上；还有，针对土地、矿产及环境污染的程度，要避免遭到低效利用甚至浪费；要积极督促地方政府建设更公平的市场经济环境。

四　结论

近几年，中国政府为治理部分产能过剩行业出台政策的频密、政策手段的多样具体、参与的相关管理部门之多、涉及的行业之广泛，无一不体现中国政府对产能过剩可能造成的严重后果的担心，治理部分行业产能过剩俨然成为中国政府近年来经济工作的重中之重。

但我们应当注意到"产能过剩"不过是个新的说法，与过去耳熟能详的"低水平重复建设""过度投资""恶性竞争""过度竞争"指的其实是同一现象。一直以来，一旦出现"投资过热""低水平重复建设""过度竞争""产能过剩"等舆论和定论，消化的方式都是依靠"关停并转"的行政手段。

根据本文的研究论述，我们认为政府的这一做法考虑得不够全面，政策效果不佳。其实，在解决产能过剩的问题中，政府的责任并不是强制关闭淘汰落后产能，因为什么是落后产能，不是政府能够判断和鉴别得了的，而是市场选择的结果。政府只需提供一个平等竞争的市场环境，制定一套先进、合理的能耗标准和环保标准，以提高准入门槛，并运用法律加监管，保证这些标准的严格实施。因此，化解产能过剩应主

要依靠市场发挥其基础与决定性作用，同时兼顾政府的有效监督，尊重政府的宏观调控行为。

参考文献

［1］汪小涓：《经济转轨时期的产业政策——对中国经验的实证分析和前景展望》，上海人民出版社，1996。

［2］盛文军：《转轨时期中国的产能过剩及政策选择》，《西南金融》2006 年第 10 期。

［3］左小蕾：《产能过剩，政策应该做什么？》，《现代商业银行》2006 年第 5 期。

［4］《马克思恩格斯全集》第 23 卷，人民出版社，1972。

［5］《马克思恩格斯全集》第 24 卷，人民出版社，1972。

［6］《马克思恩格斯全集》第 26 卷（Ⅱ），人民出版社，1973。

［7］《马克思恩格斯全集》第 26 卷（Ⅲ），人民出版社，1974。

［8］《马克思恩格斯全集》第 49 卷，人民出版社，1982。

［9］凯恩斯：《就业、利息和货币通论》，商务印书馆，1983。

［10］张晓晶：《产能过剩并非"洪水猛兽"》，《学习时报》2006 年第 4 期。

［11］何彬：《基于窖藏行为的产能过剩形成机理及其波动性特征研究》，吉林大学博士学位论文，2008。

［12］李江涛：《产能过剩——问题、理论及治理机制》，中国财经出版社，2006。

［13］周业：《转轨时期我国产能过剩的成因解析和政策选择》，《金融研究》2007 年第 2 期。

［14］伯纳德·鲍莫尔：《经济指标解读》，中国人民大学出版社，2005。

［15］魏琪嘉：《工业产能过剩原因分析与对策建议》，《中国投资》2014 年第 3 期。

［16］巴曙松：《如何看待当前的"产能过剩"》，《首席财务官》2006 年第 7 期。

［17］迟学智：《过剩研究》，吉林人民出版社，2005。

［18］林振渲：《马克思恩格斯论述金融危机与经济危机》，社会科学文献出版社，2011。

我国地方政府陷入盲目举债冲动困局的原因及破解

● 杜人淮　王　锟 *

内容提要： 当前，我国地方政府正陷入盲目举债冲动困局。规模庞大和不断膨胀的地方政府债务问题，被人们称为"经济鸦片"，正对国家财政安全和金融安全构成巨大风险隐患，因此，有效遏制地方政府的盲目举债冲动已迫在眉睫。我国地方政府陷入盲目举债冲动困局有着极其复杂的深层原因，破解地方政府盲目举债冲动困局需要有效的应对举措。

关键词： 财政体制　地方政府债务　盲目举债冲动　破解困局举措

长期以来，地方政府的举债活动对促进当地经济发展起了一定的积极作用，但近年来规模庞大和不断膨胀的地方政府债务问题，正在积累巨大的风险隐患。为此，2013 年年底召开的中央经济会议明确要求把控制和化解地方政府债务风险，作为 2014 年经济工作的重要任务；有效控制和化解地方政府债务风险，还将成为我国今后一个时期的重要任务。为此，我们需要深入分析我国地方政府陷入盲目举债冲动困局的深层原因，并据此采取有效的应对举措。

一　地方政府陷入盲目举债冲动困局的深层原因

当前，我国地方政府债务具有总体规模大、扩张速度快、透明度差和缺乏有效监管等特点。我国地方政府债务问题主要源于地方政府的盲目举债冲动，而地方政府盲目举债冲动的形成则有着极其复杂的深层原因，是

---

　*　杜人淮、王锟：南京政治学院经济学教研室，电子邮箱：rhdu96@126.com。

多种原因共同作用的必然结果。

（一）政府间财权，事权不对称

自 1994 年开启分税制改革以来，我国初步建立了中国特色的分税制财政体制，政府间财权、事权的非对称性成为现行分税制财政体制的显著特征。其不仅表现为中央和地方政府间的财权越来越向中央政府集中，事权越来越向地方政府下放，而且表现为省级以下地方政府的财权不断向上集中，事权不断向下转移的趋势。与此同时，随着分税制的推行，一方面，财政集中度越来越提高；另一方面，政府间事权界定却越来越模糊。由此导致我国地方政府有限财权和庞大事权之间的矛盾愈发突出，致使地方政府产生强烈的盲目举债冲动。据审计署 2013 年 32 号公告，截至 2013 年 6 月底，我国地方政府债务余额已高达 108859.17亿元，如表 1 所示。

表 1　2013 年 6 月底地方各级政府性债务规模情况

单位：亿元

政府层次	政府负有偿还责任的债务	政府或有债务	
		政府负有担保责任的债务	政府可能承担一定救助责任的债务
省　级	17780.84	15627.58	18331.33
市　级	48434.61	7424.13	17.43.7
县　级	39573.6	3488.04	7357.54
乡　镇	3070.12	116.02	461.15
合　计	108859.17	26655.77	43393.72

资料来源：审计署 2013 年第 32 号公告《全国政府性债务审计结果》。

政府间财权、事权的不对称，集中体现为中央和地方财政收支的不匹配。由图 1、图 2 可以看出：1994 年分税制改革后，国家财政总收入中的中央财政收入所占比重得到大幅度提升，而地方政府所占比重却大幅度下降，由 1993 年的 77.98% 降至 2013 年的 53.4%。与此同时，国家财政总支出中的地方政府财政支出所占比重却大幅度提高，由 1993 年的 71.74% 上升到 2013 年的 85.35%。这意味着中央政府拥有较多财权却负有较少的支出责任，而地方政府需用较少的财力承担更大部分的支出责任。随着城镇化在新一轮经济增长中发挥着越来越重要的作用，地方政府作为城市公共物品供给主体，其承担的支出责任更为巨大，发展过程中对资金数量的要求更高。① 随着公共产品供给事权与负债财权相互制衡的不断加剧，地方政府仅凭当期财政收入根本无法满足日常开支需要，地方财政收入和支出缺口明显增大。

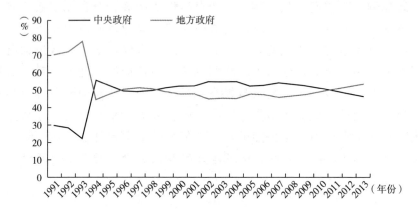

图1　1991～2013年我国中央与地方政府财政收入比重

资料来源：根据《中国统计年鉴》有关数据整理。

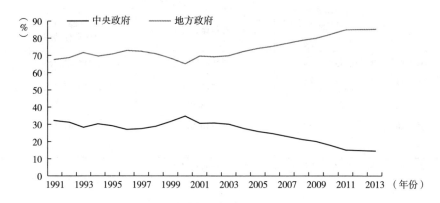

图2　1992～2013年我国中央与地方政府财政支出比重

资料来源：根据《中国统计年鉴》有关数据整理。

　　由于地方政府肩负着发展地方经济社会事业的首要任务，当地方政府掌握的资源有限时，就只能千方百计获取预算外收入，有效行使自身职能。但我国《预算法》明确规定："地方各级预算按照量入为出、收支平衡的原

则编制，不列赤字；除法律和国务院另有规定外，地方政府不得发行地方政府债券。"① 对地方政府施行这种债务预算管理机制，降低了地方政府运用债务融资工具满足支出需要的效能，使得相应的建设性融资与经常性预算相分离。当前，我国地方债试点刚刚起步，再加上现阶段我国转移支付体系尚不完善，地方政府资金的主要来源还是地方财政收入，许多地方政府尤其是经济落后地区的地方政府，其财政难以维系重要的社会支持和几乎所有的公共服务。② 这就形成了财政收入难以适应快速增长的财政支出的矛盾。这种"巧妇难为无米之炊"的财力缺口自然会引发地方政府非理性的盲目举债冲动，地方政府尤其是落后地区的地方政府，为了弥补财政收支缺口，缓解收支不平衡的矛盾，不得不通过各种非正规渠道举债，以保证日常开支和城市建设目标的实现。由此可见，地方政府盲目举债冲动和现行的分税制之间有着密切的联系。

（二）地方政府越位投资寻求发展的路径依赖

地方政府对促进地方经济增长发挥着关键作用。一是维护和规范地方市场经济运行，构建合理、有序、公平发展的市场体系；二是促进地方经济增长，优化经济结构，执行中央制定的各项经济法规和政策来促进地方经济增长，研究制定本地区经济发展规划，提供地方性公共物品。③ 然而，财政分权管理体制下的地方政府行为愈来愈倾向商业化，目前，我国许多地方政府都不同程度地存在经济职能越位现象。政府经济职能越位主要体现在地方政府代替市场主体进行盲目投资，导致地方政府投资过热。此外，地方政府越位投资寻求发展也是地方政府陷入盲目举债冲动困局的重要原因。

回顾过去 30 多年的市场化改革，在原有政府融资体制被打破的情况下，市场却未能完整地发挥在资源配置中的决定性作用。地方政府职能转换不到位，甚至越位涉足经济领域，变成参与市场竞争的主体部分。地方政府及所属企业除了提供公共属性产品外，还运用非经济手段参与经济活动，把精力投向营利性企业，进行垄断性投资，凭借行政权力参与国民经济分

---

① 《中华人民共和国预算法》，中国民主法制出版社，1995。
② 王婷：《再议地方政府职能的"越位"——当前地方政府"投资热"的思考》，《江西社会科学》2004 年第 12 期。
③ 杨永磊：《试析地方政府经济职能的越位——从尚德神话的破产说起》，《企业导报》2013 年第 8 期。

配过程。然而，支撑地方政府进行诸多财政支出事项的预算内财政收入却很有限，难以避免在地方政府大规模投资进行城市建设的过程中伴生大量政府债务。

20世纪90年代，我国提出要建立社会主义市场经济体制，经过20多年的不懈努力，我国经济发展水平飞跃性提高，但我国经济发展方式却未能彻底转变，已成为我国经济持续、稳定发展的重大阻碍。十八届三中全会强调要加快转变经济发展方式，其中很重要的一点就是要调整经济结构，确立内需导向和均衡共享发展模式，摆脱经济发展对投资的过度依赖。不可否认，在我国市场经济的产生和发展过程中，中央政府起了决策性作用，而地方政府主导了决策的执行和具体运作过程。

地方政府越位投资寻求发展的路径依赖，进一步强化了地方政府的盲目举债冲动。所谓路径依赖是指人们一旦选择了某个体制，由于规模经济（Economies of Scale）、学习效应（Learning Effect）、协调效应（Coordination Effect）、适应性预期（Adaptive Effect）以及既得利益约束等因素的存在，会导致该体制沿着既定的方向不断自我强化。[①] 就政府而言，在驱动经济增长的投资、出口、消费三驾马车中，采取政府投资拉动的方式最为简便又易见成效，政府不断投资建设"政绩工程"、建设新区和高科技园区，超负荷进行投资发展。这种依靠投资强力拉动的发展方式似乎已被大多数地方政府采纳，具体表现为大包大揽一切基础设施建设，投资范围过宽，投资渠道单一。以大量的行政干预为特点，还会因政府投资规模过大抑制民间投资，削弱市场机制本身所能发挥的作用。我国地方政府在某种程度上已经形成增长主义的地方政府发展模式，地方政府投资带动当地经济发展的路径依赖趋于固化，地方政府举债进行投资以谋求发展成为我国地方政府拉动经济发展的基本路径。在1998年和2008年的两次金融危机期间，政府举债建设成为全社会重塑经济发展信心，走出金融危机困境的"金钥匙"。特别是在2008年后，中央政府推出4万亿元经济刺激计划，地方政府大力配合中央政府进行大规模投资，地方政府盲目举债冲动持续膨胀，地方政府债务大幅增长。

随着我国市场经济的发展，这种在计划经济体制下尚有较大作用空间的增长主义地方政府发展模式恐怕难以为继，转变增长主义政府的发展模式已经成为越来越多人的共识。但在当前地方政府尚未形成多元投资格局，

---

① 道格拉斯·C.诺斯：《制度、制度变迁与经济绩效》，上海三联书店、上海人民出版社，2008，第133页。

投资拉动型经济增长模式不断趋于固化，地方政府主导当地经济建设、举债进行发展已形成路径依赖的现实情况下，在真正意义上转变增长主义政府可谓任重道远。

（三）地方政府追求短期政绩引发强烈投资动机

当前，在我国的官员选拔晋升机制中，地方政府官员晋升的重要裁决权通常掌控在上级政府特别是中央政府手中。目前，我国官员选拔晋升机制考核指标尚不完善，具体体现在当上级政府特别是中央政府考核地方政府官员业绩时，多参照地方经济发展和财税贡献度等"硬"指标，而较少考虑地方经济发展的可持续性。

委托代理理论认为，信息存在的非对称性将难以避免引发逆向选择和道德风险问题。在中央与地方政府的委托代理关系中，中央政府作为委托方，追求全社会福利最大化；而地方政府作为代理方，往往热衷于采用有利于实现自身利益最大化的方式，完成最容易体现自身绩效的项目。在当地公民与地方政府的委托代理关系中，当地公民是委托方，通过委托当地政府追求自身福祉的实现；当地政府是当地公民的代理人，接受当地公民的政治委托并按照当地公民的意愿管理当地公共事务。比起中央政府和当地公民，具有双重代理人身份的地方政府对所辖地区发展情况有更高知情度，并在关系到政绩考核的政治博弈中拥有信息透明度高的优势。因此，地方政府更倾向于通过各种方式把展现自身绩效的信号传达给上级政府和当地公民，以便获得认可和升迁。这使得不少地方政府官员确立了"GDP才是硬道理"的观念，在自己有限的任期内通过公共物品供给，增强地方的竞争优势与竞争力，采用"上大项目""铺大摊子"的固定资产投资方式促进当地 GDP 快速增长，并以此发出政绩信号，获得上级政府的肯定，彰显自己任期内的政绩工程，以获得晋升。

此外，上级政府根据经济绩效选拔官员时，为加大激励效果，往往在考察现任官员政绩的同时，还采用参考邻近省份和前任官员绩效的评估方式。根据公共选择理论，个人在市场经济活动中进行选择时的理性原则，同样适用于政治领域的公共选择。[①] 政府及其公务人员具有自身利益目标，政绩考核项目直接影响地方政府官员行为。不论是对于扮演"双重代理人"角色的地方政府，还是扮演与同级政府进行"政治锦标赛"竞争者角色的

---

① 詹姆斯·M. 布坎南、戈登·塔洛克：《同意的计算——立宪民主的逻辑基础》，中国社会科学出版社，2000，第 20 页。

地方政府，增加投资都是快速彰显绩效、获得晋升的有效途径。由于加速推进城镇化对基础设施承载能力提出了更高要求，要投资就必须有资源，因而作为理性"经济人"的地方政府往往倾向于采取举债方式投资那些投入高、回收期长的项目。在当地财政的当期收入无法满足高强度公共物品投资时，地方政府就愈来愈依赖于在预算制度外进行举债融资，依靠负债经营短期绩效强力拉动当地 GDP 跃升。在任期责任制下，一方面，地方政府官员需要在短期内出业绩、见成果，地方政府决策者追求在较短时期内迅速融取到相关资金，投资某些能快速体现经济绩效的项目，使得同级政府之间的"政治锦标赛"博弈现象不断强化；另一方面，地方政府决策者作为代理人，在任期内举借的债务大多是任期结束后才偿还，使得地方政府举债的潜在成本与收益不对称，举债进行发展的债务不断累积却可以像"击鼓传花"一样留给下任官员，于是地方政府发生道德风险行为的冲动更加强烈，地方政府行为的选择方向更加倾向于单纯追求当地 GDP 增长速度，经济的可持续发展则成为非重要关注因素。

从表 2 中可以看出：未来几年我国地方政府债务偿还负担较重。造成我国地方政府偿债高峰的原因是在同级地方政府之间以及中央和地方政府之间的博弈中，地方政府往往运用预算规定范围之外的财政活动为公共物品融资，而且纷纷选择投资能够获得较多收益的"即时项目"，形成了地方政府官员上一任借钱发展，下一任边还钱边借钱继续谋发展的恶性循环局面。

表 2　2013 年 6 月底全国地方政府债务余额未来偿债情况表

单位：亿元

偿债年度	政府负有偿还责任的债务		政府或有债务	
	债务额	比重（%）	政府负有担保责任的债务	政府可能承担一定救助责任的债务
2013 年 7 ~ 12 月	24949.06	22.92	2472.69	5522.67
2014 年	23826.39	21.89	4373.05	7481.69
2015 年	18577.91	17.06	3198.42	5994.78
2016 年	12608.53	11.58	2606.26	4206.51
2017 年	8477.55	7.79	2298.6	3519.02
2018 年及以后	20419.73	18.76	11706.75	16669.05
合　计	108859.17	100	26655.77	43393.72

资料来源：审计署 2013 年第 32 号公告《全国政府性债务审计结果》。

（四）愈演愈烈软预算约束的推波助澜

长期以来，我国存在的愈演愈烈软预算约束问题，对地方政府盲目举债起了推波助澜的作用。匈牙利经济学家亚诺什·科尔内（Janos Kornai）（1980）深入分析社会主义传统计划经济模式时提出了"软预算约束"概念，描述了公有制企业在经济活动中缺乏硬预算约束，导致其在生产过程中一味追求产出，不注重效率，力图突破预算限制；当出现亏损、资源短缺或面临倒闭时，国家或政府作为软预算约束的支持体通常都要通过追加投资、减税或提供其他形式的救助补贴方法，使作为软预算约束体的国有企业不被市场所淘汰或清算，而国有企业的经营者通常也会预期得到国家的财政支持以索取资源来弥补亏空。[1]

软预算约束理论可用于解释我国各级地方政府之间进行职能活动过程中的相互关系。在中国现行的财政体制下，地方政府在很大程度上影响地方投资项目的经营，但与此同时，中央政府对地方政府的实际投资风险状况难以有真实而准确的了解，这使得地方政府在举债投资的过程中强化了对未来中央政府进行救助的理性预期。对此，林毅夫（1999）给出的解释是，由于政策性负担的存在，中央无法区分地方政府的经营亏损到底是有意为之还是政策性负担所致。[2] 在这种情况下，一旦地方政府经营失败，如果地方财力有限，中央政府往往会成为"大而不倒"的地方政府的"紧急救助人"，承担地方政府造成的损失以及地方政府无法弥补的债务偿还责任。

国内学者施华强（2004）结合我国国情提出的"双重软预算约束"理论，可对分析我国地方政府盲目举债困局提供一个有益视角。所谓"双重软预算约束"，是指在经济转轨时期，中国同时实施国有企业软预算约束和国有商业银行软预算约束这样一种制度安排。[3] 在双重软预算约束中，从国有银行软预算约束角度考虑：商业银行是国有企业的一种特殊形式，在这层关系中，地方政府是软预算支持体，商业银行是软预算约束体。从国有企业软约束角度考虑：地方政府为解决财政收入不足、当地资源的有限性等问题，成立采用公司化运作方式的地方政府投融资平台向商业银行举借

---

[1] Janos Kornai：*Economics of Shortage*，Amsterdam：North2Holland，1980.

[2] 林毅夫、李志赟：《政策性负担、道德风险与预算软约束》，《经济研究》2004 年第 2 期。

[3] 施华强：《中国国有商业银行不良贷款内生性：一个基于双重软预算约束的分析框架》，《金融研究》2004 年第 6 期。

债务，或者以出面担保或提供变相担保方式为所属企业向银行贷款提供方便。这种地方政府的投融资平台实质上相当于地方政府控制的国有企业，在这层关系中，商业银行是当地政府控制的国有企业的软预算支持体，地方政府控制的国有企业即地方政府投融资平台是软预算约束体。由此可知，虽然政府都是最终意义上的支持体，但国有商业银行是联系双重软预算约束的纽带商业银行，起到了地方政府控制的国有企业软预算约束的支持体和国有银行软预算约束的约束体之间的纽带作用。

在双重软预算约束条件下，商业银行出于追求自身效益最大化愿望，倾向于加大对地方政府投融资平台的贷款力度，放松对地方政府融资申请的审核标准。一方面，商业银行认为对具有地方政府担保责任的地方政府投融资平台贷款期限一般较长，而银行内部主要实行岗位定期交流制度，即使出现不良资产风险，由于银行内部主要责任人变动也会使得相关责任难以追究，最终责任也将由地方政府承担。同时，银行大量风险较小、收益稳定的政府性公司贷款可以稀释商业银行原有的不良资产。另一方面，通过大规模贷款给地方政府性公司，有助于商业银行更好地完成短期经营指标，做大自身业务规模，获得可观的即期效益。在商业银行具有对地方投融资平台贷款偏好的条件下，地方政府通过投融资平台进行举债的冲动更为强烈。[1]

地方政府盲目举债冲动不仅受经济因素刺激，也是地方政府政治诉求的表现。周雪光（2005）从政治学和社会学层面将软预算约束运用于分析中国基层政府行为所提出的"逆向软预算约束"概念，可用于解释中国县市级地方政府陷入盲目举债冲动的原因。所谓"逆向软预算约束"，是指由于微观层面上基层政府官员激励机制不合理和宏观层面上约束基层政府的制度性条件有限，使得基层政府通过"权力"的力量自上而下地突破原有预算约束，向所管辖范围之内的其他组织攫取资源。[2] 我国地方政府突破原有预算约束谋求发展所需资源，在很大程度上表现为地方政府向所管辖范围内其他组织借债进行发展。在软预算约束条件下，地方政府具有举债进行发展的偏好。软预算约束在我国愈演愈烈，给地方政府的举债行为在无形中安上了"保护伞"，对地方政府负债发展的行为起到了推波助澜的作用。

---

[1] 王叙果、张广婷、沈红波：《财政分权、晋升激励与预算软约束——地方政府过度负债的一个分析框架》，《财政研究》2012 年第 3 期。

[2] 周雪光：《"逆向软预算约束"：一个政府行为的组织分析》，《中国社会科学》2005 年第 2 期。

（五）地方政府债务监管体制不健全

1. 缺乏强有力的债务管理约束机制

目前，我国地方政府债务游离于现行的财政体系之外，债务管理权较为分散，基本上是由地方政府的职能部门及所设企事业单位自主决策、自行管理，没有统一的债务管理机构，也没有纳入部门预算监督管理。一些地方政府债务的统计资料、计量体系还没有建立，对债务的规模及核算难以达到十分准确，中央政府对地方政府债务的整体情况难以把握，因此中央政府难以真正地从防范财政和金融风险的高度对政府性债务实施监管。

现行体制下，《预算法》虽明确规定地方政府没有举债权，但由于我国举债信息披露和监督机制不健全，缺乏严格的地方政府债务举借审批、使用监管和偿还管理制度，地方政府债务的转让和交易大多通过隐秘方式进行，盲目举债行为普遍存在，导致债务管理效率较为低下，管理透明度较低，缺乏统一的债务管理规范，成为中央政府和公众难以控制和监管的"隐性债务"。不受约束的举债发展催生地方干部扭曲的负债观，助长地方政府盲目举债冲动，对金融安全和国家经济发展造成隐患。

同时，由于我国人大代表凸显官员化倾向，这些官员身份的人大代表既是运动员又是裁判员，导致地方人大对当地政府很难形成强有力的监督约束，助长了地方政府举债行为的随意性，有的项目甚至不经过地方财政部门的审批就可以盲目上马，形成大量不规范债务。

2. 缺乏责、权、利相统一的债务偿还追究机制

很多地方政府举债缺乏长远的合理规划，很少考虑偿债能力和财政承受能力，大量举债建设政绩工程，负债运营已成为一些地方政府发展的常态，体现的都是当地领导的个人意志，由于举债之后缺乏相应的债务偿还追究机制，不少地方政府官员"只管借钱，不管还钱"，把债务像"击鼓传花"一样传递，形成了把还债的压力留给下一任行政官员的短线行政思维，产生了大量不规范债务。

地方政府盲目举债冲动不断，还有一个重要原因是举债责任可以转移。一旦地方政府难以落实偿债资金，官员个人不会因政府负债累累而平添风险，而会采取把债务向地方政府进行隐性转移的手段，中央政府就会成为地方政府债务的"最后兜底者"，中央政府和公众要为这些无法偿还的债务付出巨大代价，而借款的地方政府官员却往往因为任期已满而不需为此承担经济和法律责任。

缺乏完善的责、权、利相统一，借、用、还相一致的债务追究机制，为各地政府举债行为提供了"避风港"，使得地方政府在政绩利益个人化、债务风险社会化的情况下产生财政机会主义行为，引发地方政府盲目、随意的举债冲动，造成资金闲置或损失浪费。

3. 地方政府融资方式有失规范

各地政府融资途径虽多元化但不可持续，地方政府不断享受举债发展带来的短期利益。地方政府的主要融资方式是以自身所拥有的土地通过地方融资平台进行抵押从而获得所需资金。然而，地方政府通过地方政府投融资平台进行变相举债的行为并未受到法律规范的强制约束，再加上当前部分地方融资平台管理混乱，对地方政府所投资的项目缺乏科学论证，导致地方政府深陷盲目举债冲动，不断通过融资平台举债融资，推动当地经济建设。

值得注意的是，当前有超过1/4的债务，我国地方政府承诺用土地出让收入资金作为偿债来源，把土地财政作为举借债务的凭证和转嫁债务的途径。随着地方政府对土地财政依赖愈来愈强，地方政府债务面临的风险也就愈来愈大。如果一旦地产价格下降，就意味着地方政府的土地财政难以为继，土地财政的崩溃将导致债务链的断裂，从而进一步引发地方政府的债务危机甚至金融危机。

二　破解地方政府陷入盲目举债冲动困局的对策措施

随着中国经济发展质量的不断提高，地方政府举债行为也应从粗放式发展为集约式。有效遏制我国地方政府债务规模不断膨胀，应采用多管齐下的方法，从源头上根治地方政府陷入盲目举债冲动的困局，从改革现有的财政收入分配体制出发，研究破解地方政府盲目举债冲动困局的措施。

（一）理顺中央和地方的关系，建立事权和支出责任相适应的制度

以事权定财权是建立事权和支出责任相适应的制度，首先要从理顺中央政府和地方政府的事权入手，然后根据事权再界定支出责任，并依据支出责任合理配置中央和地方财权。

1994年的分税制改革把事权在中央和省级政府之间进行了大致划分，但省级以下政府事权不清、支出责任模糊，越到地方支出责任越大、事权

越多。为了使事权在各级政府间得到更加合理的配置，增强各级政府管理的互通、互信程度，我国应尝试在"扁平化"框架下，使中央、省、市县三级政府间事权与支出责任的划分更加合理。在对事权进行划分之前应建立具有实质效力的各级政府间磋商制度，加强政府间交流，明确每一级政府的事权，减少政府间事权的交叉和重叠。按照公共产品层次性、受益范围、能力、效率、外部性、信息充分性和激励相容等原则，各级政府的事权应尽可能由本级政府承担，尽量减少职责共担的状况。① 国防、外交、全国统一市场管理等全国性公共产品与服务由中央财政负责；社会保障、部分公共卫生职能、部分公共安全职能、部分教育职能、跨区域重大项目建设维护等中央政府与地方政府职能重叠的事项，应建立起各级政府基本公共服务的共享与分担机制，同时可以适度加强中央的事权，扩大中央支出责任范围。此外，达到逐步理顺事权关系目标还要注意地方财政应在相应财权、财力充足条件下负责属于地区内部的地方性公共产品与服务的事权和支出责任。中央政府和地方政府的事权和支出责任划分标准一经明确，应用法律形式予以确认，避免上下级之间相互推诿。

对财权的划分应坚持从完善分税制入手，围绕事权所需进行配置，构建科学合理并与中央及地方政府事权与支出责任相协调的财政收入体系。在充分考虑税种属性的基础上，我国应将税收管理权在中央与地方之间进行合理划分，可尝试提高增值税的地方分享比例，引入房产环节保有税、物业税。从长远来看，地方政府还可以具有一定的税种选择权、税率确定权、政策调整权，甚至在一定条件下的立税权，支持地方政府循序渐进地增加税收来源，逐步摆脱对土地财政和举借债务的依赖。

我国政府应积极推动地方非税收入的合理化、规范化，健全地方税制，充实地方税体系，增加地方财税收入，增加地方政府财政收入。同时，效仿其他国家尝试逐步帮助地方摆脱土地财政，实现地方财政收入或地方政府收入增长"软着陆"，为地方政府缓解困难。只有这样，各级政府才能有充足的财权和财力作保证，建立事权和支出责任相适应制度。

我国还应增强对地方的转移支付力度，规范地方政府的转移支付行为，杜绝中央政府"积极寻租"和地方政府"跑部钱进"现象。政府应坚持基本公共服务均等化原则，在细化全国公共服务最低标准基础上确定合理的转移支付量；结合税收现状和发展趋势确定比例，建立更加规范有序的财

---

① 于长革：《明确事权是财税改革基础》，《经济日报》2013 年 11 月 19 日第 2 版。

政转移支付制度，加强中央政府和地方政府之间、地方各级政府之间转移支付政策法规制定。中央政府财政转移支付应倾向于不发达地区，对相对落后地区可实行重点转移支付，提高各贫困地区和欠发达地区的财政支付能力。为使转移支付制度进一步规范和完善，各级政府可鼓励全国和地方各级人大参与财政转移支付制度的构建和实施，以提高监督的有效性。

（二）合理确定政府职能边界，摆脱依赖政府投资拉动的经济发展模式

划清政府与市场职能边界，就要由"建设型政府"向"服务型政府"转变，最重要的是要使市场在资源配置中起决定性作用和更好发挥政府作用。[1] 政府要集中力量办正事，市场若能做好的就交由市场去做，弱化地方政府直接参与投资等经济建设职能，强化政府宏观调控，提供公共产品和服务、市场监管等领域的职能，建立有效的科学、民主的决策机制，避免政府职能的不合理扩张，在遵循市场规律的同时促进市场形成良性循环，防止政府因经济职能越位造成负债发展冲动。

过度依赖地方政府投资带动的经济发展模式，不仅使投资和消费比例失调，也会使经济发展的协调性和稳定性受到严重影响，导致经济发展的财政收入支撑基础难以为继，引发地方政府高额举债投资经营的冲动。转变发展方式要求地方政府摆脱过分依赖投资拉动经济增长的路径依赖，更加注重吸引民间资本参与重大基础设施建设，改革单一依赖政府融资平台向银行贷款筹集资金的投融资模式。在转变经济发展方式过程中，地方政府应努力实现优化固定资产投入与转变发展方式的统一，秉承既要重数量但更要重质量理念进行固定资产投资，促进投资结构趋于合理，形成更大的经济效益。各级政府在选择投资项目时，应对项目可行性进行研究并征求公众意见，对于投资大而收益在未来才能体现的基础设施项目要有选择性投入，对于体现经济绩效但高耗能、高污染和产能过剩的不符合科学发展要求的项目应坚决禁止投入。

（三）改革地方政府干部考核任用和政绩评价体系，提高地方政府依法行政水平

政府工作应注重提高依法行政水平，建立科学民主的决策机制，在决策过程中遵循"公开、公平、公正"原则，努力提高地方政府管理制度化、

---

[1] 《中共中央关于全面深化改革若干重大问题的决定》（辅导读本），人民出版社，2013，第5页。

法制化、规范化程度，监督地方政府经济行为遵循法治原则，提高政府公信力；规范中央政府和地方政府之间的监督审查关系，增强视察、调研力度，对地方政府经济发展行为实时监控、全面把握，同时还需规范各级地方政府与商业银行之间的投融资行为，禁止和避免地方政府违规融资、变相担保行为，克服地方政府软预算约束造成地方政府陷入盲目举债冲动。

地方各级政府为提高依法行政水平从而有效避免软预算约束带来的盲目举债冲动，就需要在充分发挥地方人大作用的基础上，加强地方人大职责意识，同时强化人大监督与政府内部监督之间的沟通力度，向社会公开公共资金使用情况；同时要鼓励地方人大听取地方政府债务相关情况汇报，加强对地方政府债务的监督力度，鼓励地方人大审查政府的债务款项流动情况和偿还能力，鼓励地方人大在债务举借合同签订前进行审查，及时纠正其中的违规条款，维护良好的经济秩序。

偏重 GDP 的政绩考核指标是地方政府形成"寅吃卯粮"错误发展思路的罪魁祸首。要遏制地方政府盲目举债冲动，就需改变 GDP 导向的政绩考核标准，加强对政绩的综合分析，建立多样化、多层次的考核体系，确定适应全要素效益考核量化指标，全面考核经济、政治、文化、社会、生态文明建设等实际成效；还要把政府负债情况作为政绩考核重要指标，强化约束性指标，限定地方政府官员任期内的负债率标准，明确地方政府债务管理职责，强化任期内举债情况的考核、审计和责任追究，将举债数量和能否有效化解已有债务纳入干部考核体系，对于盲目举债留下一摊子烂账的，即使已经离任也要严格追究责任；此外，还要防止地方政府因追求政绩而盲目举债发展，杜绝地方政府以高投入、高排放、高污染换取经济增长速度，不断减少并最终堵住目光短浅的政绩工程；另外，要从根本上激发地方政府领导干部的思想自觉性，注重聆听民意，注重均衡发展，既看发展成果，又看发展成本与代价，以抓铁有痕、踏石留印的精神踏实做事，造福人民，创造造福子孙的政绩。

（四）加强地方政府债务管理，建立责、权、利相统一的债务偿还保障机制

为了进一步明确债务主体，地方政府应指定专门机构对债务进行统一管理，规范政府债务管理程序，从根本上改变当前地方政府债务多头、分散管理的局面。为了摸清地方政府债务的具体情况，我国应组织科技人员改进预算编制技术，完善预算统计方法和手段，加强预算绩效评价，设置国际公认债务风险监控指标。在做好总量统计、全面了解债务情况的基础上，中央政府应更加注重源头规范，对地方政府债务实行全口径预算管理，研发科学规范、操作性强的地方政府债务规模监控和风险预警指标体系，对地方政府债务进行实时监督，尽快出台政府债务风险预警办法，保证地方债务与当地经济发展水平相适应。

我国应建立充分信息披露制度，增强债务管理透明度，提高政府举债合理性，抑制盲目举债冲动。地方政府应在对于不涉及国家机密的债务信息予以公开的同时，提高对财政信息公开的要求，将详细的财政预决算报告和表外政府交易予以公布，随时接受社会公众舆论对政府性债务的监督和管理；尽快修订、不断完善《预算法》，进一步合理规范地方政府的举债行为，使地方政府债务趋于显性化，逐步放开地方政府发行地方债，明确规定地方发债的层级，对于举债程序、债务管理、债务清偿等一系列可能出现的问题，都应在法律上尽可能地进行明确规定，以化解地方政府的存量债务并防范新增债务形成。

地方政府盲目举债冲动与当前我国地方政府债务风险责任不明确有直接关系，遏制地方政府盲目举债冲动，就要明确地方政府及其相应职能部门的债务责任，建立政府性债务借、用、还全过程，权、责、利全方位相统一的债务偿还保障机制。政府可在债务管理中引入审计监督机制，将债务管理纳入领导干部经济责任审计内容，以进一步明确债务主体，追究债务责任。

（五）规范地方政府的投融资平台，推动市场化投融资平台建设

针对当前地方政府投融资平台定位不清、管理混乱等问题，我国可尝试通过发行国债，成立地方资产管理公司等途径加大对地方政府投融资平台的清理和规范力度；可通过成立地方政府债务监督机构，使各融资平台的公司资产负债情况透明化。中央政府应加大对地方政府融资平台的整合决心，清除没有资质的地方政府融资平台，隔离不良资产，把地方负债逐渐消化掉；应尽量将地方政府投资平台的管理权归于省级或者市级政府，严格控制区、县级政府融资平台数量；应把地方政府债务约束在合理的范围之内，有效约束地方政府的盲目举债冲动。

各级政府应从融资平台的治理结构、项目管理、经营能力、资产负债等方面推动融资平台建设，在注入优质资产增强平台实力的同时，注重引进民间资本，改善地方融资平台的公司股权结构，提升可持续融资能力，切实做大、做强、做实地方政府融资平台。

我国应积极推动地方政府投融资平台融资方式的市场化运作，运用市场化手段，引导地方政府投融资平台处理好营利性和公益性关系，逐步推行准市场化考核；还应该通过计算机会成本与机会受益，将其纳入核算，使企业的非市场行为与市场行为之间有可比性，以实现对企业运作的真实考核。[①]

参考文献

［1］杜人淮：《中国城镇化可持续发展的困境与破解》，《现代经济探讨》2013 年第 6 期。

［2］王婷：《再议地方政府职能的"越位"——当前地方政府"投资热"的思考》，《江西社会科学》2004 年第 12 期。

［3］杨永磊：《试析地方政府经济职能的越位——从尚德神话的破产说起》，《企业导报》2013 年第 8 期。

［4］林毅夫、李志赟：《政策性负担、道德风险与预算软约束》，《经济研究》2004 年第 2 期。

［5］施华强：《中国国有商业银行不良贷款内生性：一个基于双重软预算约束的分析框架》，《金融研究》2004 年第 6 期。

［6］王叙果、张广婷、沈红波：《财政分权、晋升激励与预算软约束——地方政府过度负债的一个分析框架》，《财政研究》2012 第 3 期。

［7］周雪光：《"逆向软预算约束"：一个政府行为的组织分析》，《中国社会科学》2005 年第 2 期。

［8］于长革：《明确事权是财税改革基础》，《经济日报》2013 年 11 月 19 日。

---

① 《国务院关于加强地方政府融资平台公司管理有关问题的通知》（国发［2010］19 号）。

缺陷市场条件下政府购买
公共服务的竞争问题

●陈雪娟*

内容提要： 在缺陷市场条件下，政府边界模糊、社会组织缺乏承接力以及购买程序化不公平等问题的存在，导致当前政府购买公共服务缺乏必要的竞争。本文分析了这些竞争性难题的表现、性质、成因和影响，指出缺陷市场带来的竞争问题要靠完善市场来解决，但政府购买是有限的市场化，有自己的边界，政府更应该注重培育社会力量的承接能力，发挥社会志愿机制对竞争性的促进作用。

关键词： 政府购买公共服务　竞争性市场机制　社会志愿机制

一　问题的提出

政府购买公共服务作为一项健全现代公共服务体系，构建服务型政府，创新社会管理和加强社会建设的重要手段，近年来已经成为各级政府部门与学术界共同关注的焦点。十八届三中全会通过的《中共中央关于全面深化改革若干重大问题的决定》明确提出，推广政府购买服务，凡属事务性管理服务，原则上都要引入竞争机制，通过合同、委托等方式向社会购买。对于政府新增的或临时性、阶段性的公共服务事项，凡适合社会力量承担的，原则上都按照政府购买服务的方式进行。在十八届三中全会决定的基础上，2014年1月16日召开的全国政府购买服务工作会议进一步勾勒了今后一段时间推进政府购买公共服务的改革路线图。会议提出，2014年，要在全国推行政府购买服务工作，"十二五"时期初步形成统一、有效的购买

---

*　陈雪娟，中国社会科学院经济研究所副研究员，经济学博士。

服务平台和工作机制，2020 年在全国建立比较完善的政府购买服务制度。

政府购买公共服务，是政府就某些公共服务领域，通过各种模式建立契约关系，由非营利组织或营利组织等其他主体来提供，而政府支付相应资金的公共服务供给模式。实践中，正是因其在促进政府职能转变，降低服务成本，克服官僚制的无效率和提高公共服务效率方面的优势，从而在西方国家政府改革中大放异彩、备受推崇，即便是在 20 世纪 90 年代以后全球公共部门民营化改革日渐式微和衰退的背景下，政府购买服务依然保持了高昂的发展态势，其发展方向似乎已不可逆转。[①]

而在我国，政府购买公共服务的实质，就是要打破公共服务供给过程中政府统包统揽的传统模式，在公共服务供给领域引入市场模式和竞争机制。而且，在我国，这种公共服务购买还被赋予了更多、更广泛的改革使命，那就是在提高公共服务供给效率的同时，进一步促进政府职能的转变和公共部门运营模式的转变。所以，十八届三中全会的决定提出，要通过政府购买服务，推动公办事业单位与主管部门理顺关系和去行政化，推进有条件的事业单位转为企业或社会组织，坚决防止一边购买服务，一边又养人办事、"两头占"的现象发生。

所有支持和倡导政府购买公共服务的理论都是建立在"政府购买把公共服务供给推向一个市场竞争的领域中，而市场竞争的结果将带来效率的提升和成本的降低"的假设之上。[②] 由于在中国这种改革被赋予了多重使命，使得政府购买公共服务过程是否能够实现这些竞争性的好处，就变得更为重要。理论上，政府作为一个"精明的买家"必须知道买什么、向谁买、如何买，并构建一个充满竞争的市场，否则改革结果可能适得其反。然而，政府购买公共服务"并不总是那么容易发展或促进竞争"。[③]

有缺陷的市场经济是政府购买公共服务经常要遭遇的一个挑战。我国政府购买公共服务制度就是在不成熟的市场经济环境基础上，在转型过程中由政府主导、外部推动的产物。在推进政府购买公共服务的制度演进中，传统的政府与社会、政府与市场等的关系需要解构和再构，新的市场主体、市场机制等需要培育。竞争标的在内部指定，非营利组织依附于政府购买，

---

① 詹国彬：《需求方缺陷、供给方缺陷与精明买家——政府购买公共服务的困境与破解之道》，《经济社会体制比较》2013 年第 5 期。

② Kettl, F. Donald, *Sharing Power*: *Public Governance and Private Markets*, Washington, DC: Brookings Institution Press, 1993. 转引自詹国彬：《需求方缺陷、供给方缺陷与精明买家——政府购买公共服务的困境与破解之道》，《经济社会体制比较》2013 年第 5 期。

③ 同上。

缺乏明晰的购买程序，资源供给不充足等是当前政府购买公共服务实践中较为普遍的现象。多重改革要求和多重转型背景的叠加，使得我国当前正在推行的公共服务购买政策的竞争性问题变得更为重要。而在现实改革中，我国的政府购买公共服务面对多重的竞争性难题，包括厘清哪些公共服务可以且应该纳入竞争性供给，承接主体是否有竞争力，不同主体竞争是否公平等诸多问题。本文拟对这些竞争性难题的表现、性质、成因和影响等进行梳理厘清，进而为寻找这些难题的破解之道起到一些抛砖引玉的作用。

二　政府边界模糊

公共服务领域必须明确公共部门和私人部门的界限，各个部门在各自规则范畴内发挥作用。尽管当前政府购买公共服务一般认为是针对公共服务部门过大、政府效率太低或认为政府介入的领域太多等问题，但购买只是公共服务提供的一种方式，它并不意味着政府的作用消减，更不应导致公共空间被稀释和腐蚀。

从历史角度看，公共服务是政府供给还是私人供给，在不同阶段并没有固定的边界。中国的公共服务供给经历了以下几个阶段：计划经济时代的政府包办，即国家通过行政体系以及附属的企事业单位提供全部公共服务；改革开放之初的市场化时期，国家因为种种原因把政府职能范围之内的大量公共服务甩给社会，如教育、医疗、住房等领域的市场化改革；伴随经济的发展，国家财力大增和民生问题凸显，政府提出"政府购买"公共服务。

从理论上看，判断公共服务购买范畴的依据很含糊。世界银行的观点认为，在决定政府在服务提供中的角色时，真正重要的因素是公平方面的考虑，即只有当私人市场失灵，不能在公平和效率方面都产生令人满意的结果时，政府干预服务提供才有合理依据；四种导致公共服务低效供给的市场失灵——公共物品、外部性、自然垄断和信息不对称，是政府需要主要关注的。有学者进一步分析了外购公共服务的技术条件：工作任务要清楚地界定；存在几个潜在的竞争者，已经存在或可以创造并维持一种竞争气氛；政府能够监测承包商的工作绩效；承包的条件和具体要求在合同文本中有明确规定并能够保证落实等。也有学者认为，公共服务产品的生产和配置决策由政治过程所决定，而不依赖市场机制。

从现实来看，目前政府购买服务的范围与边界尚未明确，主要是参照我国于 2003 年实施的《政府采购法》，由于"服务采购"的解释仅限于政府自身运作的后勤服务，而范围更广泛、更重要的公共服务并没有被列入采购范围，从而使得一些地方政府深化购买公共服务的改革缺乏准确、有效的政策依据。政府购买公共服务作为公共财政的一种开支类型，在其目的、性质、范围和方式等方面，还缺乏一套十分严明的规定。在实践中，地方政府普遍还是将文化体育类服务的新增采购作为一个主要购买方向，譬如各种运动会的火炬传递仪式、各种体育场馆、开闭幕式演出等。在政府边界不明确的条件下推动的竞争，地方不是在比谁的机制好、谁的效果好，而是把它简化成数字上的比较，像攀比 GDP 一样去攀比政府购买公共服务金额：北京市 2011 年拨款 1 亿元购买社会服务，广州市政府 2012 年安排 2.6 亿元，上海市每年也有上亿元的财政拨款。①

在相互攀比政府购买公共服务金额的同时，部分地方政府也试图借机甩包袱。在界定购买内容时，地方政府往往将行政工作中容易得罪人的、劳动强度大的、直接面对公众的事项外包出去，而忘记了政府购买公共服务，只是公共服务提供的一种方式，它所外包出去的只是生产环节，不论采取何种提供方式，"保障基本公共服务的提供"都是政府的责任所在。②

公共服务这种界定不清的政府购买边界，会使竞争领域模糊化，不利于竞争有效、正确地推进。

三 社会组织承接力弱

公共服务购买的主体是各级行政机关和参照公务员法管理、具有行政管理职能的事业单位，纳入行政编制管理且经费由财政负担的群团组织也可通过购买服务方式提供公共服务。购买服务的承接主体包括依法在民政部门登记成立或经国务院批准免于登记的社会组织，依法在工商管理或行业主管部门登记成立的企业、机构等社会力量。③

---

① 钱津：《改善民生需要防止过度依赖政府》，《贵州财经学院学报》2012 年第 5 期。
② 蔡红东：《政府购买公共服务不能随心所欲》，《深圳商报》2013 年 8 月 5 日，http：//szsb. sznews. com/html/2013 – 08/05/content_2577202。
③ 刘昆：《政府买服务，怎么买才值（政策解读）》，人民网 2014 年 1 月 19 日，http：//politics. people. com. cn/n/2014/0119/c1001 – 24160054. html。

在公共服务供给中，社会组织与营利组织存在重要区别。首先，非营利社会组织不以营利为目的，因而不能进行剩余利润的分配；其次，非营利组织不得将组织的资产以任何形式转变为私人财产，也不能分红；最后，营利性组织往往具有降低承诺服务的数量和质量的激励，而非营利组织没有足够的激励动力来提供更少或更低质量的服务，因为它们不能从这些行为中得到好处。因此，非营利社会组织更适合社会化的公共服务提供。

然而，由于受计划经济体制惯性的影响，社会组织面临较高的法定登记条件，政府严格控制各类社会组织的发展。同时，公民社会的"先天不足"也制约了社会组织的发展，导致社会组织发展的总量不足，不足以承接公共服务外包的需要。从数量上看，据统计，截至 2012 年年底，以每万人拥有的民间组织数量计算，日本是 96 个/万人，美国是 53 个/万人，新加坡是 16 个/万人，巴西是 14 个/万人，而我国内地只有 3.67 个/万人①，不仅与发达国家相比有差距，即使与某些发展中国家相比也存在较大差距。

已成立的社会组织由于普遍力量偏弱，因而承接政府转移的公共服务职能的能力不足。一些社会组织也暴露出诸多问题，比如，自身管理运作体制不健全、不规范，服务意识和服务水平还有待提高；社会组织为员工提供的薪资和福利水平有限，往往吸引不到高素质的工作人员，导致从业人员素质偏低，专业人才缺乏；经费紧张，资源不足，机构规模普遍较小；等等。

当前，我国力量薄弱的各种非营利组织在与官办单位以及各类承接主体比较中处于劣势。首先，这种比较劣势表现在社会组织自身的各项条件相对弱势。与非营利组织比，企业的资金实力比较雄厚，各项硬件设施和护理技术更有优势；官办单位则更容易拿到政府资源，同时专业知识和条件更有优势。其次，中国的非营利组织面临的各项限制性条件较难以突破。现在各省关于购买服务的指导意见文件中设置了诸如办公场所、专职人员、年检等级等诸多条件，门槛之高挡住了很多非营利组织的进入。

此外，社会组织在申报公共服务相关项目的组织管理上，也要经历更多的坎儿。当前，一些地方政府在实践中，为了应对较大规模的公共服务外包任务，多将工会、共青团、妇联、残联等团体作为枢纽，企业和社会组织可以通过它们来申请政府购买。如北京市社工委 2010 年发布的文件提

---

① 赵雪峰：《我国政府向社会组织购买公共服务研究》，国家发展和改革经济体制与管理研究所网站 2013 年 8 月 29 日，http://www.china-reform.org/? content_501.html。

出，政府购买相关领域社会组织的服务项目，原则上应由相关的这些官办社会组织进行汇总和申报。这些枢纽组织由官方发起成立，还有财政拨款、事业编制和行政级别。如此一来，可能会变成"二政府"——一个垄断资源的发包方，不但拥有对其下辖社会组织申报项目的否决权，也可以从资金拨付方面控制非营利社会组织，而不是作为行业代言人从事行业自律和支持服务的工作。[1]

四　程序化不公平

政府购买服务的本质在于用契约化方式提供公共服务，公开透明、平等竞争是契约化的要义。从国际经验来看，政府购买公共服务大多是竞争性购买，但中国与西方的情况又有很大不同。"竞争"在中国政府购买过程中较为复杂。

在购买过程中，成本往往是政府重要的考量因素。然而，由于公共部门的特殊属性，在比较成本的过程中，存在一些程序化不公平的问题，不利于平等竞争。

首先，内部机构提供服务的成本仅是边际成本，合同外包只能避免直接运营成本、资本支出等通过合同外包可以避免的费用。因此，在比较内外机构的供给成本时，如果运用可变成本计算，则结果有利于内部机构，但低估了服务的真实成本。

其次，税收处理的问题。政府机构成本低，一个重要的原因是政府部门无须缴税，而企业则要交纳各种税费。但公共服务外包的免税问题一直鲜见改观。按照《财政部、国家税务总局关于非营利组织企业所得税免税收入问题的通知》（财税〔2009〕123号）的规定：非营利组织因政府购买服务取得的收入不在企业所得税免税范围内，需征收相关税费。非营利组织不以营利为目的，且通过了相关审核取得了免税资格，但因政府购买公共服务取得的这部分收入不能免税，这样显失公平，且存在重复征税问题。因此，承包商向政府缴纳的各种税费应从标价中减去，从而使私人承包商和政府内部承包之间有一个正确的比较。

再次，如果在公共服务领域，片面追求成本最低，则易造成先低价中

① 韩俊魁、李光、王阳：《政府购买公共服务宜放缓》，《凤凰周刊》2014年1月9日，http://www.rmlt.com.cn/2014/0109/213898.shtml。

标，然后再以各种理由施压政府部门，要求追加预算，即"低球标"问题。① 企业为了中标而给出最低报价，促使政府对其产生依赖性，续约时再大幅抬高要价。譬如，2008 年 1 月，湖北省十堰市 300 多辆公交车停运，致使全城 70 多万市民出行困难，造成停运的原因就在于公交民营化运转不良。类似的事情还发生在自 2002 年开始启动市场化的国内水务行业，在兰州等地甚至出现外资水务公司为涨水价不惜以停水来要挟当地政府的极端现象。应当注意的是，"低球标"问题归根结底还是一个市场竞争性不足的问题。因为"低球标"问题只有在投标商确信中标后不可能面临竞争的情况下才会出现，因此，只有在购买公共服务当中，始终坚持并积极推进竞争，才能打消承包商的企图。但不能否认的是，公共服务的特性决定了合同承包不可避免地会产生私人垄断，那么，作为地方政府主管部门就应设法保证这一垄断只是暂时的，将来的竞争难以避免。此外，对于公共服务的承包商来说，他们一旦签订合同，就会熟悉有关工作并获得对其他未来投标者的竞争优势。对此，地方政府要设法使这一合理优势最小化，从而降低其他投标商的进入门槛，只有这样，才能在一定程度上解决"低球标"问题。

综上所述，政府在购买服务时，必须严格遵循政府采购相关法律法规所规定的程序，采用竞争性招投标的方式，根据服务提供的质量、效率、经验、成本、持续性等标准，来综合考察、评估和选择服务提供商，不能仅仅考虑成本因素。

五 政策建议

本文认为在缺陷市场条件下，政府首先需要明确边界，转变职能，实现从"管制型"向"服务型"转变，处理好政府与市场、政府与社会的关系，把该放的权力放掉，把该管的事务管好，激发市场主体创造活力，把政府工作重点转到创造良好发展环境，提供优质公共服务，维护社会公平正义上来。

其次，缺陷市场带来的竞争问题要靠不断完善市场来解决，但市场化也不是一种包治百病的灵丹妙药。市场存在诸多缺陷：信息不对称、道德

---

① E. S. 萨瓦斯：《民营化与公私部门的伙伴关系》，周志忍等译，中国人民大学出版社，2002。

风险和逆向选择普遍存在；在政府主导、外部推动的购买过程中，政府易于被生产企业所"俘获"，产生腐败；市场的天然逐利性与投机性，容易导致资源配置不公。

政府购买公共服务应该是有限的市场化，政府不能将责任市场化，而只能在流程上引入市场机制。公共服务领域不同于其他领域，市场对资源配置的决定性作用不能无条件地放大到市场决定公共资源的配置上。公共资源的配置不能由市场决定，公共服务资源的配置不适用单纯的效率原则。公共服务供给的效率和市场化竞争的水平固然重要，但作为社会化供给的回应性、平等性、有效性和责任同样重要。

最后，要注重发挥社会组织志愿机制的作用。政府购买公共服务，意味着政府从操作层面退出，逐步释放被过度行政化了的治理资源。在社会志愿机制下，强调政府、社会和公民责任共担、共同决策。相对于企业组织而言，非营利社会组织不以营利为目的，更适合提供公共服务，因为它们不具有降低承诺服务的数量和质量的激励，它们不能从中得到好处也不能分红。因此，社会化志愿机制不是对市场的简单否定，而是对市场化供给的一种扬弃。① 社会志愿机制是在保障分配公平的前提下追求生产效率，有利于实现公共资源公平、有效的配置。它通过推动政府与社会制度化、常态化的双向互动与有效合作，社会成员平等参与、自觉自愿地承担现代社会的公民责任，来实现公共资源的公平分配，进而对"政府失灵"与"市场失灵"实现双重弥补。

参考文献

[1] 詹国彬：《需求方缺陷、供给方缺陷与精明买家——政府购买公共服务的困境与破解之道》，《经济社会体制比较》2013年第5期。

[2] 钱津：《改善民生需要防止过度依赖政府》，《贵州财经学院学报》2012年第5期。

[3] 蔡红东：《政府购买公共服务不能随心所欲》，《深圳商报》2013年8月5日，http：//szsb.sznews.com/html/2013-08/05/content_2577202。

[4] 刘昆：《政府买服务，怎么买才值（政策解读）》，人民网2014年1月19日，http：//politics.people.com.cn/n/2014/0119/c1001-24160054.html。

---

① 彭少峰、张昱：《政府购买公共服务：研究传统及新取向》，《学习与实践》2013年第6期。

［5］赵雪峰：《我国政府向社会组织购买公共服务研究》，国家发展和改革经济体制与管理研究所网站 2013 年 8 月 29 日，http：//www. china - reform. org/? content_501. html。

［6］韩俊魁、李光、王阳：《政府购买公共服务宜放缓》，《凤凰周刊》2014 年 1 月 9 日，http：//www. rmlt. com. cn/2014/0109/213898. shtml。

［7］E. S. 萨瓦斯：《民营化与公私部门的伙伴关系》，周志忍等译，中国人民大学出版社，2002。

［8］彭少峰、张昱：《政府购买公共服务：研究传统及新取向》，《学习与实践》2013 年第 6 期。

第三篇

新型城镇化与
土地制度改革

资源、环境约束下的技术创新与
中国新型城镇化

●关丽洁　纪玉山*

内容提要： 资源、环境约束下的经济发展过程及人们生活方式、健康理念的改变赋予了城镇化新的内涵：信息化、低碳化、生态化。新型城镇化要求以技术创新为推动力，充分开发和利用信息、新能源、节能减排等新兴技术，实现城乡统筹发展，建立新型城镇。我国目前面临着技术创新能力不足、产业结构失调、二元经济结构等制约新型城镇化的因素。因此，只有通过进一步完善市场竞争机制，发展战略性新兴产业，完善国家创新体系等途径，才能推动新型城镇化的发展。

关键词： 新型城镇化　技术创新　新兴技术　碳排放　产业结构

城市化是工业化的结果，城市化又反哺工业化。城市是经济的增长极，城市化是经济发展的必由之路。以粗放型经营为特征的传统工业化最终导致城市的生态环境遭到严重破坏，资源耗竭，污染严重，人们的健康受到威胁。在资源、环境的约束下，在人们新的生活理念、世界经济一体化及我国特有的国情要求下，加强技术创新能力，推进产业结构的高级化，推进绿色城镇化，实现经济的绿色增长，是时代进步的必然要求。

一　资源、环境约束下的技术创新与新型城镇化

从古典经济学的经济增长理论到 20 世纪 80 年代的新经济增长理论，资

* 关丽洁，副教授、经济学博士，从事金融企业经营管理研究，邮箱：japanguan2003@ aliyun. com；纪玉山，教授、博士生导师，从事经济可持续发展研究，邮箱：jiyushan@ vip. sina. com。
基金项目：本文系国家社科基金重点项目"不可再生自然资源跨期优化配置机制研究"（项目编号：11AZD100）、吉林大学 985 工程项目"中国国有经济改革研究"（项目编号：2011012）的阶段性成果。

源、环境作为外生变量而被弃于经济学研究范畴之外。在经济发展过程中，由于无限度地践踏资源、环境，人类社会终于遭到了资源、环境的惩罚。在经济发展过程中，经济、社会和资源环境的平衡发展是经济体可持续发展的具体表现。[①] 当经济结构失衡、社会收入差距过大、资源环境恶化等任意要素的数量变化达到维持经济体健康发展的临界水平时，由于经济结构系统具有协同演进功能，因而其他子系统的正常功能将受到抑制，此时的经济结构系统被锁定在某种无效率或失衡的状态，成为经济发展的阻碍因素。[②] 在中国经济发展过程中，由于片面追求经济增长速度，以粗放型经济增长方式为主，带来过度投资、浪费资源、环境污染等后果，使我国原本人均资源占有量大大低于世界平均水平的状况面临着更加严峻的危机，资源短缺、环境恶化已经成了制约我国经济持续发展的瓶颈，导致生态、社会与经济之间的一系列恶性循环。

城市是经济增长极，工业化是城市化内容，工业化决定城市化。1979年，美国地理学家诺瑟姆通过对欧美国家城市化历程进行研究，提出了城市化与工业化进程相联系的发展三阶段：农业在产业结构中居主导地位的城市化起步阶段、工业的发展使大量人口向城市集聚的城市化加速阶段及工业化后期第三产业发展的城市化成熟阶段。由此可知，工业化带动着城市化的发展，或者说城市化进程是以产业结构演进的时序性为基础的城市化，不是主观臆断的，它的发展有其客观规律性。

工业化对城市化的推进，具体表现在产业集群对城市化的推进上。20世纪90年代后期，波特用产业集群理论解释了产业集群与城市化之间的因果关系及相互作用。产业集群在大城市形成后，生产要素价格上涨使周边地区的土地价格、劳动力成本优势凸显出来，吸引产业集群向其扩散，带动周边地区城市化。那些地理位置相邻或较近的城市以产业分工或相似的产业结构为纽带，相互连接形成都市圈，都市圈又反作用于产业集群，如此循环，城市化与产业集群相互促进，彼此壮大。

产业集群是产业结构的主要空间布局形式，是产业结构调整和优化升级的重要载体，是城镇化发展的基础。产业集群、产业结构或工业化水平的高级化程度决定了城市化的质量和内涵。技术含量低、粗放型经营、资源浪费严重、污染环境的产业集群带来的城市化，必然是空气污染、少见

---

① 项俊波：《结构经济学——从结构视角看我国经济》，中国人民大学出版社，2009。

② 纪玉山、关丽洁：《"中等收入陷阱"形成机制及跨越》，《江苏行政学院学报》2012年第4期，第57~58页。

草木、人们生活质量低下的城市化。随着经济的发展，人们的生活质量、生活态度、价值观念都在发生变化，环保意识加强，因此，人们对新型城市的渴望注入了更多的人与自然和谐共处，提供更有益于人类身心健康生活环境的要求。这样的城市即是低碳化的、生态化的城市。城镇的发展离不开工业产业的发展，新型城镇的内涵决定了在产业结构演进中，技术创新要突出新型能源、节能减排、信息技术的开发，利用信息技术、新型能源、节能减排技术改造传统产业，引领和推动产业结构高级化进程。技术创新通过新旧产业更迭推动产业结构不断向高级化演进，由这样的技术创新推动的产业结构高级化具有绿色、节能特征，并以此诞生新型城镇。

20世纪90年代，动荡的世界经济环境使我国内需严重不足的问题显露出来，我国经济发展的拉动力要立足于自身的需求，建立消费主导型的需求结构，这使得扩大中等收入人群，加速城市化进程成为现实的选择。党的十六大报告明确提出全面繁荣农村经济要与城镇化相结合。2013年12月23日，中央农村工作会议讨论的《中共中央、国务院关于全面深化农村改革加快推进农村现代化的若干意见》强调，推动新型城镇化要与农业现代化相辅相成。我国的城镇化是城乡统筹发展的城镇化，是改善农村人口的生存条件、生活方式、生活质量的城镇化，不是单纯地将农村人口向城市转移。[①] 新型的城镇是生态与经济、社会发展相融合的工业化的结果。

二　新型城市化特点

在资源、环境的约束下，在我国现有国情的要求下，新型城镇化是以技术创新为推动力，以开发、利用信息、新能源、节能减排技术等为主要手段，推动我国产业结构高级化演进，建立城乡统筹发展、城与乡相融合的具有信息化、功能化、低碳化、生态化特征的城镇。

（一）信息化

人类社会经过农业社会、工业化社会洗礼之后，步入信息化社会，这是产业结构演进的必然结果。后工业化社会是以高度发达的第三产业为特征，信息产业是第三产业的主导产业。因此，新型城市化被赋予了信息化

---

① 许经勇：《新型城乡关系的基础——新农村与城市化融为一体》，《山西师范大学学报》（社会科学版）2006年第5期，第1~3页。

的特征。信息化打破了地域、时间界限，快速、便捷地传递着一切文明成果。信息化使城乡融合成为可能。信息网络具有外部经济性，网络内部的所有端点都是网络系统的一部分，其共享网络信息资源，而不仅限于网络内部的个别成员。随着网络的延伸、扩大，网络内部成员将共同分享由此带来的利益。信息网络将突破城乡地理界线，填平城乡之间的数字鸿沟，在资源配置方面改变着传统的空间关系，数字化城镇将由此诞生。信息化使大批量传统密集型和资本密集型制造业从城市中心区向劳动力价格较低的郊区、农村扩散或从发达国家向发展中国家扩散成为可能，同时，以创新为基础、需要大量信息、交易频繁的企业向中心区域聚集，这种发展促使城乡经济活动的空间布局进一步合理化。信息产业的发展需要更多的产品、业务支持，信息化使传统服务业分工更为细致、专业，信息化的发展为城镇化的就业问题提供了解决途径。信息资源具有部分替代能源、自然资源的功能，对于发展生态城市起着重要作用。[①]

（二）功能化

城市是经济的增长极，城市化的目的是促进经济健康、持续发展，提高人们的生活质量，提升人们的幸福指数。因此，城镇化本身承担着进一步提高工业化水平，促进经济增长的重任。由此，城镇化必须具有基础服务功能、产业支撑功能、市场运行功能，并以此为基础推动城市经济社会的发展螺旋式上升。一是基础服务功能。城镇基础设施的结构、数量、质量是城镇经济发展的基础。城市道路、交通、供水及供电系统、信息网络、环保系统关系到经济体创造价值的成本，信息、服务、速度等构成经济体的竞争能力。在现代市场竞争中，竞争能力和成本是决定竞争成败的关键要素，城镇基础服务功能的强弱直接关系到城镇未来发展的空间、水平、质量。二是产业支撑功能。以产业发展繁荣城镇经济是经济发展规律，是立城之本。因此，只有培育发展主导产业，构造区域经济拓展圈，积极推进产业集聚，以产业集聚带动人口集中，才能为城镇化发展提供强有力的经济支撑。三是市场运行功能。在发展城镇经济与城镇化建设中，政府要充分发挥市场对资源配置的决定性作用，减少政府在资源配置过程中的不当干预，提高资源配置、运行效率。[②]

---

① 陈志平：《新型工业化视域下的新型城市化发展》，《延边大学学报》（社会科学版）2009年第12期，第130～131页。

② 张常明：《强化城市五大功能，加快推进新型城市化——中共祁阳县委副书记、县长张常明畅谈发展新思路》，《时代经贸》2009年第10期，第45～48页。

（三） 低碳化

工业化是城镇化的内容，新型城镇化就要建立和发展低碳的城镇。改革开放以来，我国经济的高速增长是以牺牲资源、环境、生态为代价的。"三高一低"的粗放型经济增长方式以及重化学工业在工业发展中的优先和主导地位，是我国经济发展面临资源枯竭、环境污染、生态恶化的重要原因。在工业化的发展过程中，二氧化碳排放过多导致全球变暖，生态环境遭到严重破坏，人类的生存空间受到威胁。我国新型城镇化的主旨是使广大人民群众生活得更加幸福，因此，要进行中国新型城镇化建设，就必须大力发展低碳经济，而实现工业化发展与温室气体减排之间的平衡，是中国新型城镇化的重要特征。[①]

（四） 生态化

生态化城市是由经济社会发展的累积性成果决定的。从经济学角度看，生态城市就是利用信息、清洁生产、环保、资源再生利用等新兴技术，以实现资源的最佳配置，达到保护环境的目标，营造人与自然和谐发展的局面；从城市发展过程看，生态城市要在追求城市经济效益的同时维护生态环境平衡；从地域空间角度看，生态城市就是城乡融合，城市与周边区域协调发展。总之，生态城镇建设的本质是城市经济、社会、环境的生态化。[②]

三　制约新型城镇化发展的主要因素

（一） 技术创新能力不足，新型城镇化缺乏新技术依托

以信息化、低碳化、生态化为特征的新型城镇化要求其赖以发展的新型工业以技术创新为动力，以信息技术、开发新能源、节能减排技术等为核心与手段，推动产业结构的高级化。新兴技术及传统产业的演进需要强大的技术创新能力。但是，我国产业演进过程中的技术创新能力不足，制

---

① 刘美平：《我国低碳经济推进与产业结构升级之间的融合发展》，《当代财经》2010 年第 10 期。

② 张云：《城市化与生态化视角的生态城市建设机理研究——以北京为例》，首都师范大学硕士学位论文，2004，第 5~6 页。

约着产业结构高级化的进程；我国研究开发投入占 GDP 比重小，基础研究投入少，教育投入严重不足，制度性约束等问题抑制着企业的技术创新能力。2013 年，我国研究开发投入占 GDP 比重首次超过 2%，达到 2.09%，但美、日等发达国家这一指标长期保持在 2% 之上；我国基础研究占研究与发展（R&D）经费总支出的比重为 4.78%，但发达国家该指标长期保持在 15%~20%。基础研究投入不足，直接影响我国技术创新能力。知识和人力资本是经济增长的动力源泉，这是新经济增长理论的核心观点。2010 年，我国大学毕业人口占在业人口的比重仅为 10.05%，而美国、英国、韩国等国家在 2007 年该指标就超过了 30%。[①] 2005 年，我国公共投入占教育投入的比重为 2.8%，法国、英国、美国等发达国家该比重均高于 4.8%，印度、墨西哥等发展中国家也高于 3.8%，如表 1 所示，我国个人投入占教育总投入的比重为 3.3%，而该比重韩国为 2.9%，美国为 2.3%，日本为 1.5%，墨西哥为 1.2%。以上数据表明，我国公共教育投入的比重明显低于发达国家和发展中国家，而个人教育投入明显高于其他国家。由此可见，我国人力资本知识储备不足。技术创新推动产业结构升级，要求进行相应的制度创新，建立要素在市场中自由流动的灵动的制度体系是技术创新的保证。目前，政府对企业的创新活动仍然握有审批权，是由政府决定企业的创新活动，而不是作为市场主体的企业根据市场状态进行自主创新。条块分割、各自为政的不完善的市场体系阻碍着生产要素的自由流动，抑制了新技术的扩散，减损了技术创新的经济价值，阻碍了技术创新活动的动力。因此，我国的技术创新能力不足，使新型城镇失去技术依托。

表 1　2005 年部分国家的教育投入构成

	教育投入占 GDP 比重（%）		
	公共投入	私人投入	总投入
美　国	4.8	2.3	7.1
日　本	3.4	1.5	4.9
韩　国	4.3	2.9	7.2
英　国	5.0	1.2	6.2
法　国	5.6	0.5	6.1

① 国家统计局：《国际统计年鉴》，2011。

续表

	教育投入占 GDP 比重（%）		
	公共投入	私人投入	总投入
德　国	4.2	0.9	5.1
墨西哥	5.3	1.2	6.5
印　度	3.8	—	—
中　国	2.8	3.3	6.1
OECD 国家平均	5.0	0.8	5.8

资料来源：蔡昉主编《劳动与人口绿皮书》，社会科学文献出版社，2009。转自陆万军《收入分配对经济增长的影响远离与传导机制》，《经济学家》2012 年第 5 期。

（二）三大产业比例失调，信息化基础不完善

以信息技术为代表的新兴技术是在工业化发展到一定阶段后产生的，工业化为信息化的发展提供了经济基础。从工业化的发展历程来看，信息化出现在农业、工业、服务业的现代化之后，是在后工业化阶段出现的。那些在信息化浪潮中成为领导者的国家，无不是得益于在工业化时期积累起来的丰富的物质财富、充足的能源、先进的科学技术和高素质的人才。因此，信息化是以工业化的发展、成熟为先决条件的，信息化在发展过程中需要以发达制造业和先进制造技术作支撑。2010 年，我国人均 GDP 达到中等偏上收入国家水平。从世界不同收入国家的三类产业占国内生产总值的比值来看，如表 2 所示，截止到 2011 年，我国农业增加值占 GDP 的比重（10.0%）高于中等偏上收入国家（7.4%）和中等收入国家（9.7%），远远高于高收入国家（1.3%）和世界平均水平（2.8%）；工业增加值占 GDP 的比重（46.6%）远高于中等偏上收入国家（30.9%）、中等收入国家平均水平（34.7%）、高收入国家（24.4%）和世界平均水平（26.3%）；服务业增加值占 GDP 的比重（43.3%）大大低于中等偏上收入国家（56.7%）、中等收入国家平均水平（55.6%）、2010 年高收入国家（74.3%）和世界平均水平（70.9%）。显然，我国产业结构与中等偏上收入国家的产业结构相比存在着较大差异。无锡市课题组（2009）在前人研究成果的基础上，提出了后工业化时期三大产业的比例关系，即第一产业比重小于 10%，且第二产业比重低于第三产业。① 以此为据，我国产业结构中第二产业比重高于第三产业比重。20 世纪 90 年代末

---

① 无锡市课题组：《转型期无锡生态环境演变特征、趋势及对策研究》（内部研究报告），转自夏永祥：《社会主义市场经济理论》（第三版），高等教育出版社，2010，第 237 页。

期，我国工业内部再度出现了重工业高速增长现象。《2012 年国民经济和社会发展统计公报》显示：我国 2012 年全年能源消费总量 36.2 亿吨标准煤，比上年增长 3.9%，煤炭消费量比上年增长 2.5%。欧洲委员会合作研究中心（JRC）与荷兰环境评估机构（PBL）发布的《全球二氧化碳排放趋势年度报告》指出，2011 年，中国二氧化碳人均排放量达到 7.2 吨，平均排放量增长 9%。"工业主导增长，特别是由能源密集、污染排放密集的重化工业主导经济增长"是我国经济发展过程中能源耗费和污染排放巨大的重要原因。[1] 过高的能源消耗和碳排放是产业结构劣化和服务业低级化的反映。我国目前的产业结构状态表明，我国工业发展过程的累积还没有为信息化等新兴技术的发展，提供在技术、资金、人才等方面的充足准备。

表 2　国内生产总值产业构成

单位:%

国家和地区	农业增加值占国内生产总值比重		工业增加值占国内生产总值比重		服务业增加值占国内生产总值比重	
	2000	2011	2000	2011	2000	2011
高收入国家	1.8	1.3[1]	27.5	24.4[1]	70.8	74.3[1]
中等收入国家	11.4	9.7	35.5	34.7	53.1	55.6
中等偏上收入国家	8.9	7.4	33.2	30.9	61.3	56.7
中等偏下收入国家	20.1	17.1	36.2	35.9	54.9	52.1
中低收入国家	12.0	10.0	35.1	34.4	52.9	55.5
低收入国家	33.8	22.7[1]	20.9	25.3[1]	45.3	50.5[1]
世　界	3.5	2.8[1]	28.7	26.3[1]	67.7	70.9[1]
中　国	15.1	10.0	45.9	46.6	39.0	43.3

数据来源：马建堂主编《国际统计年鉴（2013）。》①为 2010 年数据。

（三）二元经济结构抑制农业技术创新活动，限制农业劳动生产率的提高

发展城镇化的主要目的是增加农民的收入，提高农民的生活水平。劳动生产率提高，降低了生产成本，使农民获得了更高的收入。我国的二元经济结构抑制着农业劳动生产率的提高。建国初期，中国政府确定了优先发展重工业的赶超型经济发展战略，为了筹措发展重化工业的资金而剥夺农业剩余，使得农业技术创新活动的资金不足，创新动力缺失。政府为了保证农业剩余向工业部门的转移，制定了户籍管理制度、人民公社制度和

---

① 胡鞍钢：《经济转型根本任务是产业结构升级》，《中国民营科技与经济》2010 年第 3 期。

统购统销制度，我国"二元经济结构"从此诞生。改革开放后，剥夺农业剩余的现象并没有改观。1990～1998 年，农村仅资金流出就达到 19222.5 亿元。① 对农村剩余的长期剥夺，致使农村经济建设资金缺乏，技术创新受到抑制，制约了农业劳动生产率的提高，使得农业劳动生产率长期落后于工业劳动生产率，城乡收入差距不断拉大。二元经济结构限制了生产要素的自由流动，抑制了农业技术创新，阻碍了新型城市化进程。

四 加强技术创新能力，实现新型城市化

（一）进一步完善市场体系，形成城乡统一的大市场，带动农村城镇化

技术创新是实现产业结构高级化的必要条件，是经济增长的源泉，竞争是技术创新活动的强劲推动力，完善的市场体系是充分发挥竞争功能的前提。竞争能够实现市场主体——企业的优胜劣汰，推动生产要素在市场中的自由流动进而实现资源最佳配置，竞争功能的实现依托于生产要素在市场中的自由流动。因此，我国必须完善市场体系，消除行业、所有制、地区间的"进入"壁垒和"退出"保护，尤其要促进城乡统一大市场的形成，使企业能够真正获得公平竞争机会，在竞争中推动企业的创新活动。政府应通过市场机制促进生产要素、技术、信息在城乡之间的自由流动，促进农业技术现代化，提高农民收入水平，改善农村生活质量；应以技术、信息、劳动力等要素的流动来缩小二元经济结构带来的城乡差异，推动农村就地向城镇化过渡。为实现城乡统一大市场，政府应落实"包容"精神，赋予城乡及居民平等权；应改革户籍制度，赋予城乡居民人身、地位、权利的平等，保证农业人口在不同产业部门间的自由流动；应加大对农村基础设施建设的资金投入，为农村经济发展创造良好的基础环境；应打破行业垄断，促进先进行业、技术向农村转移，鼓励农业技术创新，促进农业现代化；应加大对农村教育的投入力度，提高农村人口社会竞争能力。

（二）加强国家创新体系建设，为技术创新活动创造条件

1987 年，英国经济学家弗里曼提出：国家创新体系对一国技术创新能力的提高起着十分重要的作用。与此同时，世界市场竞争越发表现为综合

---

① 王金秀、郑志冰：《工业反哺农业的财政支出政策研究》，《商业时代》2007 年第 32 期，第 6 页。

国力的竞争，更加凸显了完善国家创新体系的重要作用。我国在国家创新体系的建设中，创新体系的主体间协同效率低，企业创新动力不足是亟待解决的问题。为此，我国政府应进一步完善市场竞争机制，通过竞争机制与市场利益驱动机制提高技术创新的速度和效率；应鼓励和支持企业通过联合、合作、合资、合作经营等方式提高企业的技术创新能力；应加大对企业技术创新活动的支持力度，为企业技术创新提供多渠道融资，保障企业创新活动的资金来源；应加强企业、科研机构与大学、中介服务机构、政府之间在技术创新过程中的沟通与合作，实现国家创新体系各要素的协同效应，提高国家创新体系的运行效率。

（三）发展战略性新兴产业，促进新型城镇化建设

建设信息化、低碳化、生态化的新型城镇，是资源、环境约束下经济发展的必然要求。工业化是城镇化的内容，城镇化是工业化的形式。2010年，我国在产业发展战略中明确指出：节能环保、新一代信息技术、生物、高端装备制造、新能源、新材料以及新能源汽车是我国未来重点发展的产业；战略新兴产业不仅具有高尖端技术而且节能环保；以信息网络技术为手段，以战略新兴产业集群为依托，促进新型城市化建设是我国发展新型城镇化的一条重要途径；发展战略新兴产业，利用新兴技术改造传统产业，拉动传统产业技术升级；信息网络技术将冲破时间、空间的限制，使以劳动力成本为竞争优势的传统型产业向农村、郊外扩散成为可能，利用传统产业和新型产业的集聚效应，在城乡之间形成合理的空间布局，促进农村、现有城镇的新型化；信息化使服务业走向高级化，分工更为细致、专业，服务业的分布能够打破城乡地域的限制，成为促进新型城镇化的重要支撑产业；信息共享及信息网络技术本身将会极有力地反作用于农业现代化，现代化农业、信息农业将使农村演变为新型城镇；信息网络通过信息共享将逐渐缩小城乡精神文化差异，形成精神文化共融的城乡一体化。

（四）充分利用监测技术、法律手段，促进实现低碳城镇

发展低碳化、生态化城镇，要在城市基础设施系统建设和运行中广泛使用新能源，运用节能减排技术，推广节能建筑材料、新能源汽车、节能灯、低碳化的运输工具等，努力减少碳排放机会和排放量，利用新兴技术发展低碳化城镇。低碳化、生态化城镇要求限制企业的碳排放量，督促、鼓励企业不断改进技术，努力减少碳排放。因此，我国要充分利用和开发

碳排放检测技术，定时、定量地检测企业的碳排放量；同时，针对不同行业工艺特点，在法律、法规上建立碳排放量行业标准，并以此为依据，制定奖惩措施。国家应实施税收、补贴等优惠政策，鼓励企业不断技术创新，减少碳排放量。低碳城镇化是一项巨大的系统工程，鼓励金融创新，充分发挥市场的融资功能，形成财政投资与银行、市场融资相结合的多渠道的融资途径，为新型城镇化建设提供资金保障。

参考文献

［1］项俊波：《结构经济学——从结构视角看我国经济》，中国人民大学出版社，2009。

［2］纪玉山、关丽洁：《"中等收入陷阱"形成机制及跨越》，《江苏行政学院学报》2012年第4期。

［3］许经勇：《新型城乡关系的基础——新农村与城市化融为一体》，《山西师范大学学报》（社会科学版）2006年第5期。

［4］陈志平：《新型工业化视域下的新型城市化发展》，《延边大学学报》（社会科学版）2009年第12期。

［5］张常明：《强化城市五大功能，加快推进新型城市化——中共祁阳县委副书记、县长张常明畅谈发展新思路》，《时代经贸》2009年第10期。

［6］刘美平：《我国低碳经济推进与产业结构升级之间的融合发展》，《当代财经》2010年第10期。

［7］张云：《城市化与生态化视角的生态城市建设机理研究——以北京为例》，首都师范大学硕士学位论文，2004。

［8］国家统计局：《国际统计年鉴》，2011。

［9］无锡市课题组：《转型期无锡生态环境演变特征、趋势及对策研究》（内部研究报告），转自夏永祥：《社会主义市场经济理论》（第三版），高等教育出版社，2010。

［10］胡鞍钢：《经济转型根本任务是产业结构升级》，《中国民营科技与经济》2010年第3期。

［11］王金秀、郑志冰：《工业反哺农业的财政支出政策研究》，《商业时代》2007年第32期。

"谁来种地"困境及路径选择

——基于江西省的调查

●康静萍 *

内容提要： 农村人口"空心化"引致的"谁来种地"问题已经相当严重，以至于被提上 2013 年年底的中央农村经济工作会议议程。大多数农户家庭的青壮年成员外出打工，我国农业劳动力老龄化趋势也在继续加强，农民工从业人员在农忙期兼职农业的现象明显，以致学生成为农业生产的临时工。农业劳动力供给严重不足，造成农业劳动力成本上升，土地规模经营受限，并带来食品安全风险。然而，由于农业的比较收益远低于非农产业，农村的公共品供给不足严重影响人们的生活环境，再加上农业的收入方式（即不是按月领薪）不适合年轻人的生活方式，使得年轻人不愿当农民。因此，要破解"谁来种地"这一困局，就需要进行土地制度改革创新，实现规模经营，以提高农民收入；需要完善农村公共品的供给体系，以留住年轻农民种地；还需要把农业工人纳入劳动管理范围，培养新型的职业农民。

关键词： 种地　农村　劳动力供给　规模经济　职业农民

一　引言

2013 年 12 月 24 日召开的中央农村工作会议将解决好"谁来种地"的问题提上议程。会议强调，要"让农民成为体面职业"，"小康不小康，关键看老乡。一定要看到，农业还是'四化同步'的短腿，农村还是全面建成小康社会的短板。中国要强，农业必须强；中国要美，农村必须美；中国要富，农民必须富。农业基础稳固，农村和谐稳定，农民安居乐业，整个大局就有

---

* 康静萍，江西财经大学经济学院《资本论》与当代经济问题研究所教授，电子邮箱：kangjinping@126.com。

保障，各项工作都会比较主动"。① 并且，会议进一步提出要"让农民成为体面职业"。②但是，长期以来，"谁来种地"的问题并没有引起学术界的广泛关注和重视。因为我国农村人口（按户籍）至今仍占人口总量的60%以上，农村存在大量的过剩劳动力这一现状被大家普遍接受，甚至有人认为"谁来种地"在中国是个伪问题。然而，由于我国农村户籍人口中的劳动力并不一定都从事农业，有学者估计，农村劳动力仅占我国劳动人口的20%，因此，农村人口多并不等于农业劳动力多。③

党的十八届三中全会为我国农业现代化指明了方向——构建新型农业经营体系、发展多种形式的规模经营。2014年，中央一号文件把经营权从承包经营权中分离出来，强调要"在落实农村土地集体所有权的基础上，稳定农户承包权，放活土地经营权"，进一步明确了以多种形式的适度规模经营，包括农民合作社、家庭农场、专业大户、农业产业化龙头企业等，构建新型农业经营体系的途径，其重点是围绕粮食安全和土地流转问题。④我国已有种粮大户（南方经营耕地面积50亩以上、北方100亩以上）68.2万户，经营耕地面积1.34亿亩，占全国7.3%的耕地，粮食产量达1492亿斤，占全国粮食总产量的12.7%；粮食生产合作社共有5.59万个，入社社员513万人，经营耕地7218万亩，占全国4.0%的耕地，粮食产量达971亿斤，占全国粮食总产量的8.2%；种粮大户粮食平均亩产486公斤，粮食生产合作社平均亩产545公斤（亩产为种粮大户的112%，每亩多生产59斤），分别高出全国平均水平133公斤和192公斤。⑤截至2013年6月底，全国农户承包土地流转面积达到3.1亿亩，占家庭承包耕地面积的23.9%。⑥农村合作化发展的势头迅猛，截至2013年12月底，全国依法登记注册的专业合作、股份合作等农民合作社达98.24万家，同比增长

① 《中央农村工作会议在北京举行，习近平发表重要讲话》，http：//politics. people. com. cn/n/2013/1225/c1024-23937047. htmlhttp：//cq. people. com. cn/news/20131225/20131225717309452848. htm。

② 《中央农村工作会议在北京举行，习近平发表重要讲话》，http：//cq. people. com. cn/news/20131225/20131225717309452848. htm。

③ 李迅雷：《农业现代化难以挽救中国农村的衰落》，http：//news. xinhuanet. com/video/2014-01/19/c_126027251. htm。

④ 中共中央、国务院：《关于全面深化农村改革，加快推进农业现代化的若干意见》，http：//finance. sina. com. cn/nongye/nyhgjj/20140120/084318009923. shtml。

⑤ 冯华：《全国种粮大户和粮食生产合作社首次摸底：种了1/10地，产出1/5粮》，http：//news. xinhuanet. com/fortune/2013-03-24/c_115134651. htm。

⑥ 《全国土地流转面积3.1亿亩，农民收入增长9.6%》，http：//news. xinhuanet. com/house/suzhou/2013-12-09/c_125825963. htm。

42.6%；实际入社农户 7412 万户，约占农户总数的 28.5%，同比增长 39.8%。①

随着土地流转新政策的落实和实施，可以预见未来几年将是我国农业经营方式创新的关键时期，家庭农场（庄）、农民专业合作社、种养大户等现代化的农业经营方式将大量涌现。那么，这些具有适度规模经济的农业经营组织，必然需要能适应现代农业发展的新型劳动者——农业工人，可是至今我国还没有形成在严格意义上具有一定规模的现代农业工人。一直以来，"农民"成为文化水平低、无技术、收入低、生活水平低人群的代名词，年轻人都不愿意当农民。

如何使农民成为体面的职业，非常值得大家研究。笔者在江西省农村调查的基础上，试图探讨破解未来"谁来种地"困局的路径。

二　当前我国农业劳动力供给存在的问题

关于我国农业劳动力的现状，已经有很多学者和媒体记者进行了深入的调查和研究。如以刘彦随为首的中国科学院地理资源研究所区域农业与农村发展研究中心团队，首次利用高分遥感影像，对山东等地 4.6 万宗宅基地、6500 余农户进行了历时 4 年的调查，并经综合测算与分析，估算出全国整治"空心村"的潜力面积可达约 1.14 亿亩；② 耿明斋、杜志雄、任远、贺雪峰等学者，对我国农村"空心化"导致的空心家庭进行了分析和归纳；③ 胡小平等人对我国农业劳动力老龄化问题进行了研究，认为农业劳动力老龄化已经成为一种趋势，并指出农业劳动力老龄化将会导致土地粗放经营、农业发展后劲不足以及农产品供给短缺的严重后果；④《光明日报》记者李慧从保障粮食安全的角度提出，我国正面临"农民荒"危机的问题，呼唤新农民的产生；⑤ 李旭鸿探讨了破解"农民荒"的途径；⑥ 张铭翀基于

① 《农业部：加大政策支持，促进农民合作社发展》，http：//news. xinhuanet. com/fortune/2014 - 02/13/c_ 119327481. htm？ prolongation = 1。
② 刘彦随等：《中国乡村发展研究报告——农村"空心化"及其整治策略》，科学出版社，2011。
③ 张清俐：《在城镇化发展中化解农村"空心化"难题》，《中国社会科学报》2014 年 1 月 17 日，第 550 期。
④ 胡小平等：《我国农业老龄化问题探析》，《光明日报》2011 年 12 月 23 日。
⑤ 李慧：《保障粮食安全呼唤新农民》，《光明日报》2013 年 5 月 20 日。
⑥ 李旭鸿：《破解"农民荒"，关键在效益》，《人民日报》2011 年 9 月 4 日。

农业可持续发展的视角指出，农业劳动力可能成为我国农业可持续发展的束缚；[①]温铁军从乡村治理与农村发展的角度，探讨了中老年人和女性成为农村生产经营的主体后，农村因缺乏自我发展条件，导致其人力资本存量难以对接外部资本的尴尬局面。[②]以上学者们的研究给我们发出强烈的信号：当前我国农业劳动力供给状况令人担忧。下面结合自己的调研，笔者把当前我国农业劳动力存在的主要问题归纳如下。

1. 农村青壮年外出打工人数不断增多

由于改革开放和城市化的推进，中国大批农村劳动力尤其是青壮年人口向城市转移，这一方面是中国向现代化迈进的必由之路，另一方面也是造成农村人口"空心化"的直接原因。农村青壮年外出打工的人数不断增多，这里引用武志刚、张恒春的研究成果说明。如表1所示。

表1　农村外出劳动力的变化[③]

年份	农民工总量（万人）	比上年增加（万人）	年增长率（%）
2003	10886		
2004	11151	265	2.4
2005	11788	637	5.7
2006	12532	744	6.3
2007	13275	743	5.9
2008	13753	478	3.6
2009	14687	934	6.8
2010	24223	9536	64.9
2011	25278	1255	5.2
2012	26261	983	3.9

注：2010年、2011年、2012年数据为笔者根据国家统计局官网公布的年度国民经济和社会发展统计公报整理所得。

据国家统计局颁布的《2012年我国农民工调查监测报告》[④]，截至2012

---

① 张铭翀：《试论农业人力资本与农业的可持续发展》，《农业经济》2013年第7期。
② 温铁军：《中国农村社会结构变化背景下的乡村治理与农村发展》，《理论探讨》2012年第6期。
③ 武志刚、张恒春：《农村劳动力外出就业特点及变化》，http://iple.cass.cn/news/479350.htm。
④ 顾梦琳：《统计局：农民工人数超2.6亿，人均月收入2290元》，《京华时报》2013年5月28日。

年年末，我国农民工总量达到 26261 万人，农民工人均月收入水平为 2290
元。其中，外出农民工占 62%，本地农民工占 38%。从就业地区看，2012
年，在东部地区务工的农民工占总量的 64.7%，在中部地区务工的农民工
占总量的 17.9%，在西部地区务工的农民工占总量的 17.1%。东部地区仍
然是农民工流向的主要地区，但中西部地区吸纳能力在增强。调查资料显
示，40 岁以下农民工所占比重逐年下降，由 2008 年的 70% 下降到 2012 年
的 59.3%，农民工平均年龄也由 34 岁上升到 37.3 岁。文化程度方面，农民
工仍以初中文化为主，文盲占 1.5%，小学文化程度占 14.3%，初中文化程
度占 60.5%，高中文化程度占 13.3%，中专及以上文化程度占 10.4%。青
年农民工和外出农民工的文化程度相对较高。2012 年，外出受雇农民工签
订了劳动合同的占 43.9%，与上年基本持平，近几年也未出现明显改善。
社会保障方面，雇主或单位为农民工缴纳养老、工伤、医疗、失业和生育
等保险的比例分别为 14.3%、24%、16.9%、8.4% 和 6.1%。有超四成的
农民工雇主或单位既不提供住宿也没有住房补贴。数据显示，扣除生活成
本，外出农民工每人月均收入结余 1557 元。相比较而言，中西部地区的农
民工在东部地区务工生活开支较大、收入结余少，因此在中西部就业机会
增加的情况下，他们更倾向选择就近就业，这也是当前农民工流动格局变
化的主因。

有的学者甚至认为，目前中国农村主要从事农业劳动的人口大约只有
1.6 亿，比官方公布的农村劳动力 2.62 亿少 1 个亿的人口，未来农村可向
城镇转移的劳动力数量只有 4000 万~6000 万；而且，中国农民平均年龄快
速上升，目前应该在 50 岁以上，与发达国家的农业劳动人口的年龄日益靠
近。[①] 美国农民的平均年龄在 55 岁左右，65 岁以上的农民已经占到了 30%
以上；日本农业劳动力的平均年龄已经达到 65 岁，由于后继乏人，大约占
日本耕地总面积 10% 的土地被荒废，有人将日本的农业称为 "爷爷、奶奶、
姐姐的农业"。[②]

2. 农业从业人员老龄化趋势在继续加强

第二次全国农业普查（2006 年 12 月至 2008 年 7 月）数据显示，全国
农业从业人员中，50 岁以上的占 32.5%。5 年过后，我国 50 岁以上的农业

[①] 李迅雷：《城镇化——中国经济再增长的动力或阻力？》，http：//blog. sina. com. cn/s/bolg_
　　682acc8f0102dyp4. html。

[②] 李迅雷：《农业现代化难以挽回中国农村的衰落》，http：//blog. sina. com. cn/s/blog_
　　682acc8f0102dzyg. html？ tj = 1。

从业人员占比已经超过 40%，预计到 2016 年第三次全国农业普查时，这一比例将会超过 50%。[①] 2012 年 7 月，笔者在江西省南丰县傅坊乡傅坊村，广昌县千善乡盖竹村、大际村以及驿前镇的调研情况，也显示了这一趋势。这些乡村留在家中从事农业生产的劳动者，90% 以上在 40 岁以上，50 岁以下的大多是妇女。当地村干部忧心忡忡地说："再过 5～10 年，将无人种地。"如广昌县千善乡，总人口 6700 人，只有约 2000 人在家居住，基本上是中老年人（以妇女为主）和孩子，青壮年劳动力奇缺。不仅江西省如此，全国其他大部分省区的农村也一样，"空心村"的报道在媒体上屡见不鲜。如《中国社会科学报》早在 2010 年，就发表了记者鲁小彬对大别山区村落"空心化"的报道。[②]

3. 农业从业人员兼业现象明显

由于我国长期以来土地分散经营，每户农民家庭耕种的土地有限，土地上吸纳的劳动力不多。所以，大多数农户家庭的青壮年成员外出打工，并兼职农业。他们从事的非农产业是主业而种地是副业，只有在几个特别的"农忙"时期（如播种、施肥、打农药、收割）才请假回村种地几天。他们并不把种地当成自己的职业，当然也就谈不上专业化的培训和业务上的精耕细作。《人民日报》报道说："据了解，目前大田作物（小麦、玉米）生产机械化程度仍然比较低，这也是困扰外出打工农民的现实问题。拿打药和浇水为例，一到浇水和打药的季节，农民们一般采取以下几种方式：一是花钱雇人浇水和打药；二是家里老人浇水和打药；三是外出打工的排队回来浇水和打药，而且还不能在回来当天浇上水，要浇完水需要 2 天或者 5 天，这几天不能打工，赚不到钱，还有来回路费。在整个作物生长期间，浇水和打药要进行数次，打工者每次回家也不现实。"[③]

4. 刚毕业或在校的学生成为农业生产的临时工

近年来，我国农业发展正在发生较大的变化，其中之一就是农业种养大户不断涌现，如种粮大户、养猪大户、水果种植大户等。显然，这些规模化经营的农业组织需要一定量的劳动力，尤其是收获季节更是要雇用劳动力。那么，劳动力从何而来呢？笔者在江西省进行了调查。

江西某生态农业科技有限公司租用了近 3000 亩土地，养殖生态猪（绿

---

① 李慧：《保障粮食安全呼唤新农民》，《光明日报》2013 年 5 月 20 日。

② 鲁小彬：《大别山变奏：村落空心化与城镇化发展》，http://sspress.cass.cn/news/7950.htm。

③ 潘俊强：《山东汶上县：农民土地托管供销社，种地打工两不误》，http://politics.people.com.cn/n/2013/0418/c1001-21180900.html。

色食用猪)。据该公司董事长介绍,他们的劳动力有相当一部分来自农业大学或职业学院的毕业生。但是,这些大中专院校毕业生只是在毕业初期尚未落实就业单位时,才受聘于该公司,大多只工作几个月,最长时间也超不过1年。第二年又有毕业的学生可供雇用,这些毕业的学生成了农业临时工。江西省南丰县是橘子大县,有大量的果农,近年来,每到橘子收获季节,果农们都为雇不到摘橘子的劳动力而发愁。他们只好与本地的职业学校联系,雇用在校学生充当临时工。2013年,摘橘子的工钱为0.6元/公斤(计件工资)。在对南丰县几个乡村进行调查时,笔者到处可以看见中小学生在假期(暑假)帮助干农活的情景,如广昌县的农村小学生为白莲剥皮等。这种临时工会产生两个问题,一是雇用者(公司)与劳动者之间难以形成稳定的劳动关系,不利于和谐劳资关系的建立;二是临时工无法进行正规培训,不利于农业劳动力队伍的形成及其素质的提高。

三 农业劳动力短缺对农业现代化的影响

没有农业现代化,就没有我国经济社会的全面现代化。而农业劳动力的现状对农业现代化的进程影响很大。

1. 劳动力短缺引起劳动力成本急剧上升,导致种植农户增收困难

劳动力供给不足,使得劳动力的价格急速攀升。我们的调查发现,即使在发展较落后的中部省份,农业劳动力的价格上升也相当快。如广昌县的烟叶种植农户,在收割烟叶时需要雇用两类工种:割烟叶者和捆扎烟叶者(方便烘烤)。前者工资100~150元/天(要求60岁以下男性,50岁以下女性);后者60元/天(均为60岁以上的老人)。目前的情况是,即使工资上升,也很难雇到工人。另据媒体报道:"技术工种工资上涨更快,农机驾驶员一年的工资差不多要四万元。"农民们惊呼:"这些费用真是让我们有点吃不消啊!"①

近几年,东部省市出现了"农民工"回流现象,有人认为这将会缓解农业中劳动力短缺矛盾。其实不然,笔者从调查中获悉,回流农民并不重新从事农业生产,他们返乡后大多进入当地的非农产业(发达地区的制造

---

① 辛阳:《种粮大户的隐忧:亩产上去了,收入还是没变化》,http://finance.sina.com.cn/china/20140112/034217923572.shtml。

业转移到内陆省市）或自己创业（办厂或做生意）。由于农业中劳动力成本上升，农业生产者增收非常困难。加之食品为大众生活必需品，其价格上升过快会引起国家调控，所以上涨的劳动力成本难以通过农产品价格上涨来消化，这对农业生产者极其不利。

2. 劳动力和资本短缺，导致土地规模经营难以实现

土地规模经营是现代农业的基本特征之一，我国广大农村至今未实现农业现代化，其中重要的原因就是土地分散经营、规模小，无法实现农业生产的科技化、机械化和商品化。多年来，人们一直在探索土地规模经营之路，但成效甚微。在本次调查中，笔者发现这个问题仍然严重。农村的劳动力和资本转移到城镇后，进城农民并不愿意放弃家乡的土地承包权，他们基本上是把承包土地看成自己的"财产"，即使不种地或应付性种地（让家里老人种或农忙时回家种地），也绝不愿放弃土地。而要实现土地规模经营，就必须有土地流转，种田大户只有付出高昂的交易成本，才能与众多分散且远在他乡的农户达成土地流转协议。这种高昂的交易成本往往让租地者望而却步。这就不难理解，为什么十多年来全国实现土地流转的土地面积占比不高了。2009 年，全国农村土地承包经营权流转面积已达 1.5 亿亩，超过全国承包耕地面积的 12%；[①] 而截至 2013 年 11 月底，农民承包土地的经营权流转面积也只达到 26% 左右，全国农村承包 50 亩土地以上的大户达到 287 万家，家庭农场的平均面积达到 200 亩左右。[②] 笔者在调查中还发现，农民的承包地并不像政策规定的那样 30 年不变，而是 3 ~ 5 年调整一次。因为土地优劣和人口的变化，都使农民要求调整承包土地，这更增大了土地流转的难度。

3. 劳动力短缺导致农产品安全问题堪忧

农产品安全问题已成为当前中国热议的话题，甚至成为影响中华民族未来发展的重要因素。农药、化肥对农作物的污染已经凸显，典型案例如2013 年广东省陆续检出含镉超标大米，其对人体的危害就不小，而产地多来自湖南和江西等产粮大省。还有一个普遍存在的现象，就是为了更多地生产出农产品而广泛使用激素，这也令人担忧。如猪的正常喂养需一年，而市场上供应的基本上都是 3 个月催大的激素猪；鸡的正常喂养需半年，而

---

① 杨光：《全国土地流转面积和流转率同创新高》，http：// www. cnki. com. cn/article/cjfdtotal-nysc201101036. htm。

② 王春华：《全国农地流转面积已达四分之一》，http：// business. sohu. com/20140114/ n393446765. shtml。

市场上供应的鸡肉几乎都是 28 天催大的激素鸡；蔬菜也靠激素化肥催大。此外，转基因食品安全问题也引起了人们的焦虑。

以上种种农产品安全问题，虽然原因是多方面的，但农业劳动力短缺和素质低是重要原因之一。因为现有的老迈劳动力无法做到精耕细作，所以农药、化肥、催长剂等就成了增加产量的重要武器。笔者在江西省广昌县千善乡大际村调研时，发现村里留守人员极少（有户籍的约 2600 人，但留住该村的人口只有 67 人）。问村主任谁种地，他介绍说，很多农户住在县城或者乡镇上，每隔些时间回家（骑摩托车）种地就可以（施施肥、打些农药），花不了多少时间。由此足见当下中国农业生产粗放经营的程度。

四 农业劳动力后续不足的原因

虽然城乡分治的体制和政策让农民工受到很多不公平的待遇，但难以阻挡大批的农村青年奔向城市。如果要问"80 后"、"90 后"甚至"00 后"的农民工们是否以后愿意回乡当农民，他们中 90% 以上会给出否定的答案。青年人不愿从事农业生产的主要原因有以下几个方面。

1. 农业生产的比较收益远低于非农产业

市场配置经济资源的重要杠杆是价格，资源的流向由价格引导。长期以来，农村劳动力只是单向地往城市流动，其重要原因之一就是从事农业生产的收入（劳动力价格）远低于从事非农产业。从近些年的统计数据看，农村居民的收入确实增长较快，但直接来自农业生产的家庭经营性收入的纯收入占比并不高，如表 2 所示。

表 2 农村居民家庭纯收入情况

单位：元

项　目	1990 年		2000 年		2010 年		2011 年		2012 年	
	总量	占总收入比（%）	总量	占总收入比（%）	总量	占总收入比（%）	总量	占总收入比（%）	总量	占总收入比（%）
人均年总收入	990.4		3146.2		8119.5		9833.1		10990.7	
工资性收入	138.8	14.0	702.3	22.3	2431.1	29.9	2963.4	30.1	3447.5	31.4

续表

项　目	1990 年		2000 年		2010 年		2011 年		2012 年	
家庭经营收入	815.8	82.4	2251.3	71.6	4937.5	60.8	5939.8	60.4	6461	58.8
财产性收入	35.8	3.6	45	1.4	202.2	2.5	228.6	2.3	249.1	2.3
转移性收入			147.6	4.7	548.7	6.8	701.4	7.1	833.2	7.6
人均年纯收入	总量	占纯收入比（%）	总量	占纯收入比（%）	总量	占纯收入比（%）	总量	占纯收入比（%）	总量	占纯收入比（%）
	686.3		2253.4		5919		6977.3		7916.6	
工资性收入	138.8	20.2	702.3	31.2	2431.1	41.1	2963.4	42.5	3447.5	43.5
家庭经营收入	518.6	75.6	1427.3	63.3	2832.8	47.9	3222	46.2	3533.4	44.6
财产性收入	29	4.2	45	2.0	202.2	3.4	228.6	3.3	249.1	3.1
转移性收入			78.8	3.5	452.9	7.7	563.3	8.1	686.7	8.8

资料来源：根据国家统计局编写的《中国统计摘要 2013》（中国统计出版社，2013）整理。

从以上数据中可见，2010 年以来，农村居民家庭纯收入中的经营性收入占比还不到 50%。而且，农民收入中农业经营性收入的增长速度远不及工资性收入的增长速度。2013 年，全年农村居民人均纯收入 8896 元，比上年名义增长 12.4%，扣除价格因素后的实际增长为 9.3%。其中，工资性收入比上年名义增长 16.8%，家庭经营纯收入增长 7.4%，财产性收入增长 17.7%，转移性收入增长 14.2%。①

农民经营性收入主要是种地收入，其占比小的原因，主要是经营土地面积规模太小，尽管农产品价格不断上涨，但种植面积小导致总产量少，所以收入也少。山东省农民种地，每亩收入只有 803 元。②其他地方也相差不大，大田种植每亩收入基本在 1000 元以内。这样，种 10 亩地，收入还不

① 国家统计局：《2013 年国民经济稳中向好》，http：//www.stats.gov.cn/tjsj/zxfb/201401/t20140120_502082.html。

② 肖芳：《山东：种地赚多少钱？亩均年收益 803 元》，http：//news.iqilu.com/shandong/shandonggedi/20120329/1178775.shtml。

到 1 万元，如果种植面积有限，种地农民难有较高收入。2013 年，绝大多数省份制定的最低月工资标准均超过 1000 元，2013 年外出农民工月均工资已达 2609 元①，年收入 3 万元以上。相比之下，种地的比较收益要低很多，所以很难吸引年轻人从事农业生产。

2. 家庭承包经营土地的收入方式难以吸引年轻人

农业是季节性最强的产业，尤其是大田种植（如粮食生产），一年一或两季的收获。因此，种地的农民一年内只有一或两次在庄稼收获时，能见到货币收入，与进城打工每月定期领工资的收入方式有很大的区别。这是当前农业难以吸引年轻人的一个重要心理因素。年轻人的消费结构和消费特点变化较大，所以对于货币收入的期望也较急切，不愿意慢慢地长时间等待。更何况长久期待的结果还可能是失落，因为受自然条件控制的农业收成是最不稳定的。

3. 农村公共品供给不足，留不住青年农民

农村公共品供给严重不足，是早已被公认的事实，笔者 2003 年曾对此问题进行过研究。②虽然近些年通过落实中央新农村建设政策，农村的公共品供给有一定程度的增加和改善，但相比城市的公共品供给，无论在数量上还是在质量上都还有巨大的差距。公共设施如柏油马路、下水道、路灯、公共厕所、商业网点、剧院、公共图书馆等，在广大农村很少见到。就是基本生活需要的供电、供水、供气、网络、通信等设施，在质量上也比不上城市里的设施。青年人都有向往、体验丰富多彩生活的倾向，即使生活辛苦些，他们也愿意奔向城市，去享用比家乡更好的公共设施。农村落后的公共品供给现状，基本上留不住"80 后""90 后"的新生代农民了。

五 培育新型农业工人的对策建议

按照户籍和常住人口计算，2013 年我国城镇化率为 53.73%，与发达国家相比，我国农村人口比重还很高，离现代化水平还有距离。但农村人口大多是中老年或留守儿童，孩子长大了又随父母进入城市，5~10 年后，农

---

① 徐博：《促进就业、维护权益、加强保障》，http：//www.mohrss.gov.cn/SYrlzyhshbzb/dong-taixinwen/shizhengyaowen/201401/t20140128_123422.htm。

② 康静萍：《论农村公共物品供给体系与农民权益保护》，《江西财经大学学报》2003 年第 6 期。

业劳动力必将比现在更短缺。因此，我国必须未雨绸缪，进行制度创新，使"农民成为体面职业"，从而使农业劳动力有稳定的后续来源，这是实现我国农业现代化的基础。

1. 土地制度变革是提高农民收入的根本出路

扩大土地经营规模，是缩小农业与非农产业收入差距的有效途径。如果农民增收主要靠外出打工，那么种地的人会越来越少，近年来我国的情况正是如此。因此，我们必须改变这种趋势，让农民种地的收入大幅度提高，才能真正破解"谁来种地"的困局。根本出路只能是实现土地的规模经营，而不能依赖农产品价格的大幅度上涨。我国"杂交水稻之父"袁隆平院士2012年3月2日在"两会"期间接受记者采访时说："根据湖南省统计局的调查统计，2010年农民种植每亩水稻是186.2元，但其中包括104.1元的国家粮食直补，实际上不含补贴的农民纯收益只有82.1元。2011年，由于生产成本上升了121.6元，农民种植每亩水稻的纯收益只有116.6元，除去109.1元的国家粮食补贴，农民纯收入只有7.5元。"[1] 可见，只有当种植土地面积达到一定的规模，总收益才能提高。按照2012年每亩水稻纯收入116.6元计算，种植50亩（我国定义南方种植50亩为种粮大户）水稻，总纯收入也只达到5830元。而2012年农民工的年均工资是27480元。[2] 要想让种地农民与城市打工的农民工收入相当，至少种地规模要达200亩以上。种植小麦或玉米的亩产收入可能要多些，吉林省的调查显示，种植玉米30~70亩的农户年纯收入2.3万元。[3]

第二次全国土地普查的数据显示，截至2009年12月31日，全国耕地有203077万亩。2013年，我国有农户2.6亿户，户均承包耕地不到10亩。要实现耕地规模化经营（200亩以上），就必须进行土地制度变革。在稳定家庭联产承包责任制的条件下，土地承包权、使用权流转是实现土地规模化经营的主要途径。但是，土地流转从十七届三中全会就提出来了，5年来并无太大的进展，说明还是存在没有破解的障碍。党的十八届三中全会决议对土地流转有了新的政策："稳定农村土地承包关系并保持长久不变，在坚持和完善最严格的耕地保护制度前提下，赋予农民对承包地占有、使用、

---

① 新华社电：《袁隆平：农民种一亩地只赚7.5元》，《北京晨报》2012年3月4日，http://finance.sina.com.cn/nongye/nyhgjj/20120304/050811507573.shtml。

② 国家统计局：《2012年全国农民工监测调查报告》，http://www.gov.cn/gzdt/2013-05/27/content_ 2411923.htm。

③ 李慧：《保障粮食安全呼唤新农民》，《光明日报》2013年5月20日。

收益、流转及承包经营权抵押、担保权能，允许农民以承包经营权入股发展农业产业化经营。鼓励承包经营权在公开市场上向专业大户、家庭农场、农民合作社、农业企业流转，发展多种形式规模经营。"① 在此之后，各地陆续出现了新型的土地流转方式，其中土地入股、土地托管、土地信托等形式备受关注。2014 年，中央一号文件明确提出："推行合作式、订单式、托管式等服务模式，扩大农业生产全程社会化服务试点范围。通过政府购买服务等方式，支持具有资质的经营性服务组织从事农业公益性服务。"②

笔者认为，从农民的接受程度及农村实际情况看，近期应该以土地入股、土地托管为主要形式，要发挥村集体组织在土地流转中的引导和中介作用。从已经实现的土地流转案例中可以发现，每次较大规模的土地流转都离不开村集体组织（村干部）的作用。山东汶上县的土地托管实践就值得推广。③ 据介绍，他们的土地托管，是由农民、县供销社以及本村受群众信任的村民代表或种植大户这三方共同签署土地托管协议，由县供销社所属公司和基层社向受托方提供农资直供、耕种收等托管服务项目，实行统一耕种、管理、收获和分配。土地托管分两种方式：一种是土地全托管服务，包括耕种、管理、收获全过程；另一种是土地半托管服务，即根据村民或流转土地大户需求，由县供销社的土地托管服务队按低于同期市场价格，提供耕、种、收等生产环节的半托管服务。这种土地托管保证了农民对土地的承包权、经营权和收益权，不管赚了多少钱，最后都得交给农民，供销社是在为农民打工。在此期间，供销社也获得了利润收益，壮大了自己。

为了鼓励土地流转，建议政府对土地入股或托管的农户给予一定的奖励，资金可以从每年的支农经费中列支。根据 2014 年中央一号文件的要求，国家发改委确定了 2014 年农村工作的七大重点，其中之一就是要加大对新型农业经营主体的支持力度。"鼓励发展专业合作、股份合作等多种形式的农民合作社，引导农民合作社规范运行，允许财政项目资金直接投向符合条件的合作社。尽快制定新增农业补贴，向专业大户、家庭农场、农民合作社倾斜的具体办法。"④ 农业土地的规模化经营方兴未艾。

---

① 《中共中央关于全面深化改革若干重大问题的决定》，http：//news. xinhuanet. com/mrdx/ 2013 - 11/16/c_ 132892941. htm。

② 中共中央、国务院：《关于全面深化农村改革，加快推进农业现代化的若干意见》，ht- tp：//finance. sina. com. cn/nongye/nyhgjj/20140120/084318009923. shtml。

③ 潘俊强：《山东汶上县：农民土地托管供销社，种地打工两不误》，http：//politics. people. com. cn/n/2013/0418/c1001 - 21180900. html。

④ 江国成：《今年农村经济工作有七大重点》，《人民日报》2014 年 2 月 6 日。

2. 完善农村公共品的供给体系，是留住年轻农民的环境基础

经济学告诉我们，由于公共品的非排他性和非竞争性，市场供给存在失灵，因而必须由政府提供。近年来，政府增加了改善农村道路、通信、供电供气、网络等基础设施的经费，但农民生活中同样重要的公立学校、公立医院，却在不断地向城镇集中。农民为了孩子上学和看病方便，只好纷纷离开农村进城。笔者认为，住在城市的农民是种不好地的，必须让生活在农村的孩子能与城市的孩子一样享受平等的义务教育，必须让农民看病不要千辛万苦地挤进城市医院。

在此建议政府加大对农村地区的义务教育投入。政府的教育经费应该有合理的支出结构，非义务教育的部分可以占比少些，而义务教育阶段的经费必须保障。农村地区有其特殊性，不能因为人口少就不办学校，让方圆几十公里的孩子都集中在乡镇或县城所在地上学。在笔者调查的江西省南丰县傅坊乡，全乡只有3个小学、1个初中学校；广昌县千善乡全乡只有1所中心小学。所有的孩子都必须集中到这几个学校读书，农村学校的条件较差，住校则年龄小不能自我照顾生活，不住校又离家太远。当地农民告诉我们：为了下一代，也不能当农民了。所以，中央政府和省一级政府一定要加大对农村公立学校、公立医院等准公共品的供给投入。2014年，中央一号文件已提出明确要求："要推进城乡基本公共服务均等化。加快改善农村义务教育薄弱学校基本办学条件，适当提高农村义务教育生均公用经费标准，大力支持发展农村学前教育"；"深化农村基层医疗卫生机构综合改革，实施中西部全科医生特岗计划"。[1] 建议农村学校的生均投入要数倍（具体几倍可以专门测算）于城市的公立学校，农村学校可以配置生活教师编制，同时农村学校教师的工资也加倍。公立医院也是一样，政府对农村医院的平均经费投入应该比城市医院的投入多。如果城市人均公立医疗经费为1，则农村的可以为2或3。只有这样才能在较短时间内，缩短城乡之间公共品供给的巨大差距。

3. 把农业工人纳入劳动合同管理范围，是培育新型职业农民的制度保障

在广大农村，其实已经悄然出现了一些新型的农民，他们是农业合作社成员或受雇于农业种养大户。如河南省焦作市博爱县金城乡南庄村的王保田，将自家土地流转并加入中原种植合作社后，成为一名领工资的"职业农民"，一天工作8小时，一个月上25天班，同时还有土地流转的租金收

---

① 中共中央、国务院：《关于全面深化农村改革，加快推进农业现代化的若干意见》，ht-tp：//finance. sina. com. cn/nongye/nyhgjj/20140120/084318009923. shtml。

人。① 这种新型农民的出现，让我们看到了未来农业劳动力后续供给的希望，我国应该在制度层面对其加以鼓励和保障。目前，这种按月领工资的职业农民还处于自发产生阶段，没有劳动管理部门对其进行管理，劳动法规对其的规范也涉及很少。职业农民与合作社（农业公司）之间是什么关系？他们之间的劳动关系是否适用我国现有的《中华人民共和国劳动法》《中华人民共和国劳动合同法》《中华人民共和国劳动争议调解仲裁法》等相关法律制度？这些问题都需要尽快进行专门的研究。只有把农业工人纳入劳动关系管理范围，才能将农业工人与其他行业的劳动者视为平等的关系，也才能有条件"让农民成为体面的职业"。

随着党的十八届三中全会、2013 年中央农村工作会议以及 2014 年中央一号文件等一系列指导思想和方针政策的贯彻落实，可以预见，今后土地流转基础上的规模化经营将会大量涌现，这自然要产生多种形式的新型农民。政府有关部门应该主动把工作做在前面，现有的劳动部门应该适应形势变化，设立专门机构负责农业中劳动关系的管理，督促合作社成员或种养大户与雇用的农民签订正式的劳动合同，让法律规范和保障各方的权益。尤其是在农民的工资收入、工作时间及参加社会保障等方面，要用合同规范起来。这样，年轻人慢慢就能体会到当职业农民与外出打工差别不大，从而愿意选择农民作为自己的职业。政府还应对留在家乡当农民的青年人进行免费职业培训，让他们掌握现代农业技术，成为新型的职业农民。

总之，农业生产关系到我国人民的食品安全、国民经济的稳定发展及国家的安危，政府和社会对农业发展的关注始终不能放松。虽然现代化的农业对农民需求量并不大，但不能仅由中老年劳动力承担，更不能后继无人。既然现在已经出现了"农民荒"的端倪，就应该及时采取措施积极应对，使我国的农业现代化迈上健康发展之路，体现出中国特色社会主义制度的优越性。

参考文献

[1]《中央农村工作会议在北京举行，习近平发表重要讲话》，http：//politics. peo-ple. com. cn/n/2013/1225/c1024 － 23937047. htmlhttp：//cq. people. com. cn/news/20131225/20131225717309452848. htm。

[2] 李迅雷：《农业现代化难以挽救中国农村的衰落》，http：//news. xinhuanet. com/

---

① 李慧：《保障粮食安全呼唤新农民》，《光明日报》2013 年 5 月 20 日。

video/2014 – 01/19/c_ 126027251. htm。

[3] 中共中央、国务院：《关于全面深化农村改革，加快推进农业现代化的若干意见》，http：//finance. sina. com. cn/nongye/nyhgjj/20140120/084318009923. shtml。

[4] 冯华：《全国种粮大户和粮食生产合作社首次摸底：种了1/10 地，产出1/5粮》，http：//news. xinhuanet. com/fortune/2013 – 03/24/c_ 115134651. htm。

[5] 《全国土地流转面积3.1 亿亩，农民收入增长9.6%》，http：//news. xinhuanet. com/house/suzhou/2013 – 12 – 09/c_ 125825963. htm。

[6] 《农业部：加大政策支持，促进农民合作社发展》，http：//news. xinhuanet. com/fortune/2014 – 02/13/c_ 119327481. htm? prolongation = 1。

[7] 刘彦随等：《中国乡村发展研究报告——农村"空心化"及其整治策略》，科学出版社，2011。

[8] 张清俐：《在城镇化发展中化解农村"空心化"难题》，《中国社会科学报》2014 年1 月17 日，第550 期。

[9] 胡小平等：《我国农业老龄化问题探析》，《光明日报》2011 年12 月23 日。

[10] 李慧：《保障粮食安全呼唤新农民》，《光明日报》2013 年5 月20 日。

[11] 李旭鸿：《破解"农民荒"，关键在效益》，《人民日报》2011 年9 月4 日。

[12] 张铭翀：《试论农业人力资本与农业的可持续发展》，《农业经济》2013 年第7 期。

[13] 温铁军：《中国农村社会结构变化背景下的乡村治理与农村发展》，《理论探讨》2012 年第6 期。

[14] 武志刚、张恒春：《农村劳动力外出就业特点及变化》，http：//iple. cass. cn/news/479350. htm。

[15] 顾梦琳：《统计局：农民工人数超2.6 亿，人均月收入2290 元》，《京华时报》2013 年5 月28 日。

[16] 李迅雷：《城镇化——中国经济再增长的动力或阻力?》，http：//blog. sina. com. cn/s/bolg_ 682acc8f0102dyp4. html。

[17] 鲁小彬：《大别山变奏：村落空心化与城镇化发展》，http：//sspress. cass. cn/news/7950. htm。

[18] 潘俊强：《山东汶上县：农民土地托管供销社，种地打工两不误》，http：//politics. people. com. cn/n/2013/0418/c1001 – 21180900. html。

[19] 辛阳：《种粮大户的隐忧：亩产上去了，收入还是没变化》，http：//finance. sina. com. cn/china/20140112/034217923572. shtml。

[20] 杨光：《全国土地流转面积和流转率同创新高》，http：//www. cnki. com. cn/article/cjfdtotal – nysc201101036. htm。

[21] 王春华：《全国农地流转面积已达四分之一》，http：//business. sohu. com/20140114/n393446765. shtml。

[22] 国家统计局：《2013 年国民经济稳中向好》，http：//www. stats. gov. cn/tjsj/

zxfb/201401/t20140120_ 502082. html。

[23] 肖芳：《山东：种地赚多少钱？亩均年收益803元》，http：//news. iqilu. com/
shandong/shandonggedi/20120329/1178775. shtml。

[24] 徐博：《促进就业、维护权益、加强保障》，http：//www. mohrss. gov. cn/SYr-
lzyhshbzb/dongtaixinwen/shizhengyaowen/201401/t20140128_ 123422. htm。

[25] 康静萍：《论农村公共物品供给体系与农民权益保护》，《江西财经大学学报》
2003年第6期。

[26] 新华社电：《袁隆平：农民种一亩地只赚7.5元》，《北京晨报》2012年3月4
日，http：//finance. sina. com. cn/nongye/nyhgjj/20120304/050811507573. shtml。

[27] 国家统计局：《2012年全国农民工监测调查报告》，http：//www. gov. cn/gzdt/
2013 -05/27/content_ 2411923. htm。

[28] 《中共中央关于全面深化改革若干重大问题的决定》，http：//news. xinhuanet. com/
mrdx/2013 -11/16/c_ 132892941. htm。

[29] 江国成：《今年农村经济工作有七大重点》，《人民日报》2014年2月6日。

关于我国城市化成本的测算

● 杜帼男 *

内容提要： 城市化问题是中国当前经济社会发展面临的最重大的问题之一，合理推进城市化发展进程对促进中国经济增长，提高人民生活水平等具有重要作用。城市化发展进程与城市的承载能力相关，准确度量城市化成本是制定城市化发展战略和选择城市化发展模式的重要依据。本文将城市化定义为农村居民的市民化，因此中国的城市化成本就是公共服务均等化的成本，即每增加一名农村迁移人口，政府公共服务支出所增加的费用。城市公共服务支出主要由三项内容组成：社会保障支出、保障性安居工程支出以及教育支出。经测算，2012 年中国城市化人均成本为16859.3 元。

关键词： 城市化成本　公共服务均等化　农民工市民化

城市化是社会发展进程中的必经阶段，改革开放 30 余年来，随着中国经济的高速增长和社会的全面发展，城市化进程逐步推进。1978 ~ 2011 年，中国城市数量由 193 个增加到 658 个，建制镇由 2173 个增加到 19881 个，市镇常住总人口由 5765 万人上升至 69079 万人，占全国总人口的比重由 10.64% 提高到 51.27%[①]，城市化进程不断推进，城市化水平不断提高。

中国的城市化水平采用城市常住人口占总人口的比重表示，但常住人口存在着大量的农村转移人口，他们虽然在城市就业、居住，但户籍仍然滞留在农村。由于中国特有的"二元户籍制度"的存在，城市的公共服务大多与城市户籍相捆绑，使这部分农村转移人口无法享受城市的相关服务与福利。

城市化的真正意义在于全面提高人民生活水平，实现公共服务均等化，

---

* 杜帼男，经济学博士，中国邮政储蓄银行股份有限公司，邮箱：nancyduu@gmail.com。

① 民政部：《中国民政统计年鉴 2012》，中国统计出版社，2012。

2012 年国务院《政府工作报告》指出："中国未来的城市化方向是推进农民工市民化，逐步将城镇基本公共服务覆盖到农民工。"但由于城市容纳人口的数量是有限的，城市化研究首先要确定城市化的相关成本，按照城市提供公共服务的能力合理确定城市化水平，健康、有序地推进城市化发展。

一 城市化概念的界定

从 1867 年的第一本城市化著作——Serda 的《城镇化基本原理》一书开始，城市化研究至今已走过了近 150 个年头。但遗憾的是，关于城市化的概念至今仍未形成一个统一的理解。

（一）现有的城市化定义

城市化是一个长期的、复杂的社会发展过程，由其引发了政治、地理、人口、经济、社会的多重变革，不同学科均对其有着不同的理解。

人口学从人口流动的角度定义城市化，将其理解为城市人口比重增加的过程，赫茨勒（1963）认为城市化是"人口从乡村流入城市的过程，最终导致人口在城市集中"。Wilson（1985）在《人口学词典》中将城市化定义为"居住在城市中的人口比重上升的现象"。

社会学将城市化理解为其带来的多方面的社会转变，Wirth（1938）认为："城市化是农村生活方式向城市生活方式发展转变的全过程，具体包括人类文化教育、价值观念、生活方式、宗教信仰等多方面的改变。"孟德斯拉（1991）指出："城市化是生活方式的变化，使农村人享受了城市人的舒适生活。"

经济学聚焦于产业转型，Hauser 和 Schnore（1965）将城市化定义为"社会经济结构转换的过程，即农业向第二、第三产业转换，尤其要重视生产要素（资本、劳动力等）流动在城市化过程中的作用"。

地理学着重分析城市化带来的地域变化，山鹿城次（1986）指出"城市化就是原有城市、街道、地区的再组织、再开发，从而使城市地域扩大，并产生了城市关系的形成和变化"。

有学者认为，单一学科对城市化的理解只着眼于单一角度，应赋予城市化更全面、多角度的定义，许学强（1988）采用罗西在社会科学词典中对于城市化的论述，认为"城市化包含四个层次：一是城市对农村影响的传播过程；二是农村人口逐步接受城市文化的过程；三是人口集中的过程，包括集中区域的增加和每个集中区域的扩大；四是城市人口占总人口比例的提高过程"。

除了从城市化的单一学科角度理解，沃纳·赫希（1990）还从城市化的动态变化过程来阐述其内涵，他认为："城市化是从人口稀疏、空间分布均匀、劳动强度大且个人分散为特征的农村经济转变为以与其对立的经济过程和方式为特征的城市经济的变化过程。"

由于中国的城镇设置基于行政审批，也有学者（杨重光和刘维新，1986；郭书田和刘纯彬，1990）将城镇数量这一变化纳入了城市化的定义之中，认为"城市化以人口向城市集中为基本特征，这种集中不仅包括人口规模的扩大还包括了城镇数量的增加"。

城市化的准确定义是城市化研究的起点和基础，不同学科采用不同的分析视角。人口学从城市化的起源与本质入手，将城市化锁定为人口迁移的过程；社会学着重研究城市化的社会效应，人类文化教育、价值观念、生活方式、宗教信仰等多方面的改变均为人口转移后融入城市生活的自然转变，不应将其定义为城市化本身；而经济学将城市化理解为社会经济结构的转变，混淆了城市化的本质与现象，农业向第二、第三产业的转化是农村人口转移到城市后其就业方式改变的必然现象；而综合观点则是对各学科的总括，并不具有自身的独特理解。

（二）本文对于城市化的定义

人口是城市存在的必要基础，城市是人口聚集的表现形式，城市的变化是伴随着人口的变化而产生的。产业划分、空间利用、职业特征等都是由于人口聚集而自然引发的结果，以人口聚集为基本前提。因此，城市化的定义应以人口为重点。

随着社会经济的发展以及劳动生产率的不断提高，农村产生了大量剩余劳动力。与此同时，城市第二、第三产业的崛起，提供了大量的就业岗位，使农村人口开始向城市迁移，由此产生了城市化现象。

城市拥有先进的公共设施，包括便利的交通、整洁的环境、高水平的医疗和教育条件等，对于城市居民生活品质和收入水平的追求，使得人口迁移数量不断升高。

随着农村人口迁移规模的不断扩大，人口结构产生了巨大的变化，农村人口比重不断缩小，城市人口比重不断升高，最终导致了人口在城市的集中。

综上所述，城市化的起源是农村人口向城市的迁移，动力是农村人口对于城市居民生活品质和收入水平的追求，即农村居民市民化的追求，最终的结果则是人口在城市的集中。因此，城市化的定义必须包含其起源、动力及结果，缺一不可。

因此，笔者在本文中将城市化定义为："农村人口向城市不断迁移和集中的过程，即农村居民的市民化。"

二 城市公共服务的户籍差异

二元户籍制度是中国特有的一种人口管理制度，旨在控制农村人口向城市转移以及由此带来的城市人口规模的增长。随着中国工业化、现代化的逐步推进，大量人口从农村流向城市，但受到现行户籍制度的制约，迁移人口完成了地域的转移却未能实现身份的转变，他们长期在城市生活、工作，却无法真正在城市定居，在社会保障、住房等诸多方面尚不能达到城市户籍居民的同等待遇。

（一）二元户籍制度

1958 年，我国颁布了《中华人民共和国户口登记条例》，这标志着中国限制人口流动的户籍制度正式以立法的形式被确定下来。1961 年，公安部改变以往的人口统计指标，第一次明确将中国居民区分为"农业户口"和"非农业户口"两种不同性质的户籍。

20 世纪 60 年代至改革开放前，在计划经济的背景下，中国严格限制户口迁移行为，先后发布了《关于处理户口迁移问题的通知》《关于加强户口管理工作的意见》《关于处理户口迁移的规定》等多个文件，以控制农村人口迁入城市。第四届全国人大第一次会议将《宪法》中关于"中华人民共和国居民有居住和迁徙自由"的条文删除。同时，公安部向各级政府机关下达了严格的农转非指标，即"每年批准从农村嵌入市镇和转为非农业人口职工家属人数，不得超过农业人口数的千分之一点五"（殷志静、郁奇虹，1996）。

1979 年，十一届三中全会召开，中国的改革开放拉开了序幕，对于户口迁移的限制逐步松动。1984 年，《中共中央关于一九八四年农村工作的通知》《关于农民进集镇落户问题的通知》两个文件的发布首次打破了农村居民到城市落户的限制。1995 年，国务院颁发《关于指导小城镇综合改革试点的意见》，户籍制度改革走上轨道。

在市场经济的背景下，允许人口的自由流动是发展经济的必要条件，1997 年，《关于小城镇户籍制度改革试点方案》明确规定"具备条件的农村人口可以办理城镇常住户口"，户籍制度改革正式开始。

中国的户籍制度改革在小城镇取得了十分显著的成果，规定"在小城镇有合法固定住所、固定职业或生活来源的农民，均可自愿转为城镇户口，并在子女入学、参军、就业等方面享受城镇居民同等待遇"。[①] 但在由小城市向大城市逐步推进的过程中，户籍制度改革仍然阻碍重重，由于受到公共服务与公共资源的限制，大城市的户籍制度始终未全面放开，并逐步从紧。2013 年，十八届三中全会通过《中共中央关于全面深化改革若干重大问题的决定》，虽然强调要加快户籍制度改革进程，但对于不同规模城市的户籍放开程度进行了明确的区分，即"全面放开建制镇和小城市落户限制，有序放开中等城市落户限制，合理确定大城市落户条件，严格控制特大城市人口规模"。

（二）城市公共服务的户籍差异

公共服务是指通过政府权力介入或公共资源投入，以满足公民的生存、生活、发展等社会性直接需求所提供的服务。具体来说，城市公共服务包括社会保障、住房、教育等。

1. 社会保障的户籍差异

中国的社会保障制度主要是针对城镇人口设计实施的，对其采取强制性社会保险政策，并辅助各种社会福利、社会救助和社会优抚待遇，但对进城农民工的社会保障制度却没有采取任何强制措施。2011 年，雇主或单位为农民工缴纳养老保险、工伤保险、医疗保险、失业保险和生育保险的比例分别为 13.9%、23.6%、16.7%、8%、5.6%，除工伤保险外，农民工在社会保险其他项目的参保率均不到 20%（国家统计局，2012）。2010 年，农民工平均参加社会保险率为 17.7%，而非农业人口平均参加社会保险率为 33.3%，相差 15.6%。以城市户籍为基准，农业人口的社会保险覆盖率甚至只达到了其 53.15% 的水平（国家人口和计划生育委员会，2011）。

---

① 《中共中央、国务院关于促进小城镇健康发展的若干意见》，《人民日报》2000 年 7 月 5 日。

目前，中国农村务工人员大多是青壮年劳动力，尚不存在看病及养老等问题，所以没有主动参加社会保险。而有些用工单位出于自身利益考虑，也不愿同员工签订劳动合同，以免除其为雇员缴纳社会保险的义务，这些都导致流动人口的社会保险覆盖率水平长年处于较低水平。

2. 住房的户籍差异

住房是成家立业的根本，近年来，大中城市房价飙涨，不仅提高了我们的生活成本，还大大降低了我们生活的幸福指数，而农村流动人口的情况则更为突出。中国外来农民工的主要住房来源是单位提供的免费集体住房，居住条件较差，而城市户籍人口中则有将近一半已经购买了商品房或得到保障房。2011年，农村户籍流动人口在制造业和服务业就业的比例分别高达36.5%和39.8%，这些行业工资标准较低，且计酬方式多不规范。艰苦的经济条件导致农村务工人员无法承受城市的高房价，无法靠购房商品房来解决居住问题。

对于保障性住房，户籍条件就如同一道鸿沟把流动人口排挤在政策之外。

《北京市限价商品住房管理办法（试行）》规定："限价商品住房供应对象为本市中等收入住房困难的城镇居民家庭、征地拆迁过程中涉及的农民家庭及市政府规定的其他家庭，申请人须具有本市户口。"同样地，《北京市城市廉租住房管理办法》也对申请人的户籍性质进行了限制："申请人必须具有本市城镇户籍，在本市生活。"而经济适用房对于申请人的户口要求则更为苛刻，《北京市经济适用住房管理办法（试行）》规定"申请人须取得本市城镇户籍时间满3年后才可申请北京市经济适用房"。

这意味着，尽管大部分进城务工的农村人口已经在城市长期居住，但由于收入相对较低，因而无法享受当地的基本住房保障待遇。

3. 子女教育的户籍差异

农民工的子女教育对维护中国社会稳定，提升下一代人口素质有着极其重大的意义。然而，长期以来，农村流动儿童的义务教育却被隔离在城市教育体制外。2006年新修订的《义务教育法》第十二条规定："地方各级人民政府应当保障适龄儿童、少年在户籍所在地学校就近入学。"

目前，农村流动人口想解决在城市的教育问题共有四种方式。

首先是进入公立学校。1998年颁布的《流动儿童少年就学暂行办法》规定："招收流动儿童少年就学的全日制公办中小学，可依国家有关规定收取借读费。"高额的借读费对于普遍收入较低的农民工来说是难以承受的，因此，大多数农民工放弃了让子女进入办学条件较好的公立学校。

其次是政府批准的民办私立学校。此类学校办学条件好，硬件设施甚至高于公立学校。但由于收费过高，连普通城市居民都难以承受，对于大部分农民工子女来说实在是望尘莫及。

再次是进入政府批准建立的打工子弟学校。此类学校的办学条件和教育质量与公立学校相当，而且费用较低，是流动人口密集的大城市解决流动儿童就学问题的主要途径。但是，由于其数量非常有限，远不足以满足数量众多的农村流动儿童的入学需求。

最后是进入非正规的打工子弟学校。此类学校没有得到政府批准，教学条件差，教学质量低，学校管理混乱，并且为了躲避检查和取缔，频繁搬迁，使得很多就学儿童得不到正规的基础教育。

总体说来，农民工子女的教育问题十分严重，农村务工人员存在流动性较大，居住地点常变换等特点，使其子女也面临着教育不连贯、转学率高等问题。

三 城市化成本的测算

从上文的讨论可以看出，中国社会公共服务的户籍差异十分巨大，要实现农民工市民化，实现公共服务均等化还有很长的一段路要走。要打破公共服务的户籍差异首先要准确测算城市化的成本，在财政支出能够承受的范围内逐步完成户籍制度的改革，实现农村人口向城市居民的实质性转变。

（一）城市化成本的内涵

中国已有多位学者对城市化的成本进行了测算，主要分为三个角度。

第一，个人成本。牛文元和刘怡君（2009）将个人成本分为两个部分——个人生存成本与个人发展成本。

第二，政府成本。以公共支出角度衡量城市化成本是目前最为主流的观点，建设部调研组（2006）的调研结果显示，城市化成本随城市规模的扩大而增加，小城市的市政公用设施配套费为2万元，中等城市为3万元，大城市为6万元，特大城市则为10万元；中国科学院可持续发展战略研究院（2005）的计算结果是每增加一个农民工，城市需要付出的成本约为1.5

万元。还有陈广桂（2004）、申兵（2012）等众多学者支持这一观点，但测算结果均不相同。

第三，政府成本与个人成本的总和。曹兵和郭玉辉（2012）将二者的合并称为社会成本，张国胜和杨先明（2008）分地区进行了政府成本和个人成本的测算，结果显示经济发达地区的两项成本均高于次发达地区；单菁菁（2012）对全国和东、中、西部地区进行了分别计算，东部地区成本显著高于中、西部地区，全国平均的政府成本为 13.1 万元，个人成本为 11.9 万元。

根据本文对于城市化的定义，即农村居民的市民化，认为城市化的成本采用政府成本的视角，并采用边际分析方法进行测算，将城市化的边际成本定义为每增加一名农村迁移人口，政府用于建设和维护公共设施与公共服务所付出的费用。

（二）城市化成本的测算

对于城市化成本的测算，本文将重点放在政府公共服务的费用支出方面，因为对于城市化的边际成本来说，每增加一名农村转移人口，政府在公共设施建设和维护方面的支出基本保持不变。并且，由于城市公共设施的非排他性，并不存在户籍上的限制，使得农村居民已经得到正常享受或使用。

为实现公共服务均等化，政府支出主要体现在三个方面：社会保障支出、保障性安居工程支出以及教育支出。

1. 社会保障的城市化成本

社会保障的城市化成本是指农村转移人口在转移至城市后增加的城市社会保险支出以及满足其基本生活的最低保障资金。

（1）社会保险成本。中国社会保险由基本养老保险、医疗保险、失业保险、工伤保险及生育保险五项内容组成。

2012 年年末，中国共计 30426.8 万人参加城镇职工基本养老保险，合计支出 15561.8 亿元，人均支出 5114.5 元；共计 26485.5 万人参加城镇医疗保险，合计支出 5543.6 亿元，人均支出 2093.1 元；共计 15224.7 万人参加失业保险，合计支出 181.3 亿元，人均支出 119.1 元；共计 19010.1 万人参加工伤保险，合计支出 406.3 亿元，人均支出 213.7 元；共计 15428.7 万人参加生育保险，合计支出 219.3 亿元，人均支出 142.1 元。[①]

① 国家统计局：《中国统计年鉴2013》，中国统计出版社，2013。

由于已有部分农民工参加了社会保险中的相关项目，各项支出应进行相应缩减。2012 年，农民工社会保险参保比率为：养老保险 14.3%、医疗保险 16.9%、失业保险 8.4%、工伤保险 24%、生育保险 6.1%，将各项目的人均支出按比例缩减后加总得到城市化的社会保险成本为 6527.4 元。

（2）城市低保成本。2012 年年底，中国共有城市低保对象 1114.9 万户，合计 2143.5 万人，全国各级财政共支出城市低保资金 674.3 亿元，其中中央财政补助资金 439.1 亿元，占支出总额的 65.1%。2012 年，全国城市低保平均标准为每月每人 330.1 元，比 2011 年增长约 14.8%。[1]

2012 年年底，中国有农村低保对象 2814.9 万户，合计 5344.5 万人，全年各级财政共支出农村低保资金 718.0 亿元。其中，中央补助资金 431.4 亿元，占支出总额的 60.1%。2012 年，全国农村低保平均标准为每年每人 2067.8 元，比 2011 年提高 349.4 元，增长约 20.3%。[2]

农村居民转变为城市居民时，他们将享受城市的低保标准。2012 年，城市低保平均标准为每年每人 3961.2 元，相对地，农村低保平均标准为 2067.8 元，差额 1893.4 元，即为农村居民市民化的城市低保成本。

（3）医疗救助成本。2012 年，中国累计医疗救助城市居民 2077 万人。其中，民政部门资助参加城镇居民基本医疗保险 1387.1 万人，人均救助水平为 84 元，民政部门直接救助城市居民 689.9 万人次，人均医疗救助水平 858.6 元。全年各级财政共支出城市医疗救助资金 70.9 亿元，比 2011 年增长 4.9%。[3]

2012 年，我国累计医疗救助贫困农村居民 5974.2 万人。其中，民政部门资助参加新型农村合作医疗 4490.4 万人，人均资助水平 57.5 元；民政部门直接救助农村居民 1483.8 万人，人均救助水平 721.7 元。全年各级财政共支出农村医疗救助资金 132.9 亿元，比 2011 年增长 10.8%。[4]

农村居民转变为城市居民时，他们将享受城市居民的医疗救助水平。2012 年，中国城市居民的人均医疗救助水平为 942.6 元，相对地，农村人均医疗救助水平 779.2 元，差额 163.4 元，即为农村居民市民化的医疗救助成本。

将社会保险成本、城市低保成本与医疗救助成本相加得到社会保障的

---

① 民政部：《中国民政统计年鉴 2013》，中国统计出版社，2013。
② 同上。
③ 同上。
④ 同上。

城市化成本, 2012 年的数值为 8584.2 元。

2. 保障性安居工程的城市化成本

保障性安居工程是指政府为解决城乡中低收入家庭住房困难而出台的一项惠民政策, 分为城镇保障性安居工程和农村保障性安居工程两大部分。城镇保障性安居工程包括廉租住房、公共租赁住房、经济适用住房、限价商品房和各类棚户区改造（城市棚户区、国有工矿棚户区、林区棚户区、垦区棚户区、煤矿棚户区）。其中, 廉租房、经济适用房、公共租赁房又统称保障性住房。①

2012 年, 全国保障性安居工程财政支出 3800.43 亿元, 比上年增加 457.52 亿元, 增长 13.7%。全国累计开工建设城镇保障性安居工程 3400 多万套, 基本建成 2100 多万套。

按照资金来源, 公共财政预算支出 3123.32 亿元, 占 82.2%; 住房公积金增值收益支出 84.10 亿元, 占 2.2%; 土地出让收益支出 593.01 亿元, 占 15.6%。按照资金使用情况, 廉租住房支出 1005.49 亿元, 占 26.5%; 公共租赁住房支出 1045.51 亿元, 占 27.5%; 各类棚户区改造支出 654.17 亿元, 占 17.2%; 农村危房改造支出 485.31 亿元, 占 12.8%; 游牧民定居工程支出 57.95 亿元, 占 1.5%; 其他支出 552.00 亿元, 占 14.5%。各级财政资金投入的增加, 有力地保障了保障性安居工程建设资金的需要。②

保障性安居工程多为城镇户籍人口享受, 2012 年, 中国城镇共有户籍人口 470585840 人, 计算可得保障性安居工程的人均支出为 807.6 元。

3. 义务教育的城市化成本

二元户籍限制使得农村居民子女在城市无法享受到与城市居民同等待遇的教育水平, 主要体现在义务教育方面。

义务教育是指国家用法律形式规定对一定年龄儿童免费实施的某种程度的学校教育, 也称为强迫教育、免费教育或普及义务教育。1986 年 4 月 12 日, 第六届全国人民代表大会第四次会议通过了《中华人民共和国义务教育法》, 规定中国实施九年制义务教育, "凡年满六周岁的儿童, 不分性别、民族、种族都应入学接受规定年限的义务教育"（中国小学教学百科全书总编辑委员会教育卷编辑委员会, 1993）。但城乡教育资源的巨大差异, 使得城乡教育水平和质量具有明显区别, Zhao（1999）发现在农村人口进

---

① 财政部:《中国财政年鉴 2012》, 中国财政杂志社, 2012。

② 数据来源于中华人民共和国财政部网站, http://zhs.mof.gov.cn/zhuantilanmu/zhufangguanli/201303/t20130318_ 780727. html。

行是否向城市转移的决策时，子女教育问题是其考虑的最关键因素。

2012 年，中国共有普通小学 228585 所，其中 155008 所分布在农村；初级中学 39592 所，其中 19408 所分布在农村；普通高中 13509 所，其中 718 所分布在农村。义务教育的城乡差别在绝对数量上随着教育水平的上升，差距逐步拉大，初级中学分布在农村的不足 50%，普通高中不足 6%。[①]

城乡义务教育差异还体现在师资力量上：2012 年，中国普通小学共有专任教师 5121626 人，2297533 人在农村任教；初级中学共有专任教师 3504363 人，781611 人在农村任教，大约占比 1/5；高级中学共有专任教师 1595035 人，55631 人在农村任教，不足 6%。[②]

为了提高子女教育水平，众多农村居民选择举家迁移城市，使城市适龄学童人数剧增。由于城市教育资源有限，很多城市出现了"入学难"的问题。

2012 年，中国城镇普通小学在校人数 60434009 人，教育经费生均支出 6020.8 元；初级中学在校人数 37889614 人，教育经费生均支出 8181.27 元；高级中学在校人数 23837430 人，教育经费生均支出 10000.69 元。将三类教育经费支出按照在校人数加权平均，最终得到中国义务教育城市化成本为 7467.5 元。[③]

综上所述，中国城市化成本为公共服务均等化成本，由社会保障人均成本、保障性安居工程成本和子女教育人均成本组成，2012 年的三项成本分别为 8584.2 元、807.6 元、7467.5 元，合计 16859.3 元，即中国城市化的人均成本。

四　结论

城市具有聚集经济，当农村人口不断向城市转移时，城市人口规模上升，带来生产的专业化、产业的多样化和城市公共服务与公共基础设施的共享，达到经济增长的结果。但城市的规模不是越大越好，城市的人口数量受到政府公共服务承载能力的约束，2012 年，中国城市化人均成本

---

① 中华人民共和国教育部网站：http://www.moe.gov.cn/publicfiles/business/htmlfiles/moe/s7567/index.html。

② 同上。

③ 教育部：《中国教育经费统计年鉴》，中国统计出版社，2012。

16859.3 元，农民工数量 26261 人，总成本约 4.43 亿元。

以城市化成本为依据，可以科学、合理地制定中国的城市化发展战略和发展模式，稳步推进农村居民市民化，实现公共服务均等化，实现城市化发展方式从粗放增长型向功能质量型的转变，真正做到城乡统筹、城乡协调、城乡一体化。

参考文献

[1] P. M. Hauser and L. Schnore，*The Study of Urbanization*，New York：John Wiley and Sons，1965.

[2] C. Wilson，*The Dictionary of Demography*，New York：Basil Blackwell，1985.

[3] L. Wirth，"Urbanism as a Way of Life"，*American Journal of Sociology*，No. 44，1938.

[4] Zhao Yaohui，"Leaving the Countryside：Rural – to – urban Migration Decisions in China"，*American Economic Revie*，No. 2，1999.

[5] 曹兵、郭玉辉：《论农民工市民化的社会成本构成》，《经济论坛》2012 年第 8 期。

[6] 陈广桂：《房价、农民市民化成本与中国城市化》，《中国农村经济》2004 年第 3 期。

[7] 单菁菁：《中国城镇化面临的挑战及应对——基于社会视角的研究》，《现代城市研究》1990 年第 7 期，第 35 ~ 37 页。

[8] 郭书田、刘纯彬：《失衡的中国：石家庄》，河北人民出版社，1990。

[9] 国家人口和计划生育委员会：《中国流动人口发展报告》，中国人口出版社，2011。

[10] 国家统计局：《2011 年中国农民工调查监测报告》，2012 年 4 月 27 日，http：// www. stats. gov. cn/tjfx/fxbg/t20120427_ 402801903. htm。

[11] 赫茨勒：《世界人口的危机》，商务印书馆，1963。

[12] 建设部调研组：《农民工进城对城市建设提出的新要求》，《农民工调研报告》，中国言实出版社，2006。

[13] 孟德斯拉：《农民的终结》，中国社会科学出版社，1991。

[14] 牛文元、刘怡君：《中国新型城市化报告》，科学出版社，2009。

[15] 山鹿城次：《城市地理学》，湖北教育出版社，1986。

[16] 申兵：《"十二五"时期农民工市民化成本测算及其分担机制构建》，《城市发展研究》，2012。

[17] 沃纳·赫希：《城市经济学》，中国社会科学出版社。

[18] 许学强：《现代城市地理学》，中国建筑工业出版社，1988。

［19］杨重光、刘维新：《社会主义城市经济学》，中国财政经济出版社，1986。

［20］殷志静、郁奇虹：《中国户籍制度改革》，中国政法大学出版社，1996。

［21］张国胜、杨先明：《中国农民工市民化：社会成本视角的研究》，人民出版社，2008。

［22］中国科学院可持续发展战略研究院：《中国可持续发展战略报告（2005）》，科学出版社，2005。

［23］中国小学教学百科全书总编辑委员会教育卷编辑委员会：《中国小学教学百科全书·教育卷》，沈阳出版社，1993。

深化农村集体土地产权制度改革的
方向与政策设计探讨

● 郭正模 *

内容提要：当前我国农村集体土地产权制度改革深化的方向在于使农户的土地使用权财产化。有关政策设计的内容包括：通过土地确权等工作，最大限度地明晰和界定产权关系，重点促进转移农户宅基地财产化和构建有偿退出的出让机制，推进集体农用土地使用权向家庭农场的流转和集中，探索国有与集体土地产权并存的新型城市土地产权制度。

关键词：农村集体土地　土地产权　产权制度改革

农村土地作为农民集体资产和家庭的财产物权是农民根本性的利益所在。2014 年，中央一号文件和十八届三中全会提出了一系列农村集体土地产权制度的改革措施。但是，目前对农村集体土地产权制度改革的理论认识还有待深入探讨，决策层和理论界对农村集体土地产权制度改革的途径在选择上还存在许多重大的分歧，土地产权模式和流转机制的设计也需要进一步深入研究。

一　我国农村集体土地产权制度的
历史演变和制度安排特征

农地问题是"三农"（农民、农业、农村）问题之外的又一个重要问题，与农民、农业和农村问题的全面、彻底解决紧密相关。新中国成立 60 多年以来，农地问题始终是我国经济社会变迁的主要脉络所在。中国

---

* 郭正模，四川省社会科学院经济研究所研究员（二级），电子邮箱：chizguo@ sina. com。

共产党在新民主主义革命时期动员组织广大人民群众的基本手段是土地改革和建立农村家庭的私有土地产权制度。由于其符合最广大农民的意愿，所以对新中国的建立和初期的农村经济恢复发展起到了极其重要的作用。但是，这种新的农村土地产权制度还没有经过足够的时间对其进行检验，就在急遽的由行政化方式推行的农业集体化运动的冲击下解体，到20世纪60年代全面实行农村人民公社的体制后，被转变为农村集体土地所有制。后来又经过一些政策性调整，形成了20世纪80年代农村改革之前的"三级所有，队为基础"的模式。历史证明，传统计划经济体制下的集体土地产权是对农业生产力的极大约束，也是对农民基本土地财产权利和自主经营权的剥夺。

20世纪80年代我国农村改革的突破点，就在于恢复农村家庭作为农村生产活动的自主经营地位，使农村家庭拥有对土地的长期使用权和经营权。我国农村家庭土地承包制的推行，从客观上否定了传统农村土地公有产权制度必然具有"效率"和"公平"的先验论观念，使人们开始对发展多元化的土地产权制度的积极意义进行重新认识和积极探索。

改革开放以来，我国城乡土地产权制度安排的基本特征是始终坚持国有和农村集体的两种公有土地产权制度。其中在农村，一方面将集体土地产权制度作为改革的"底线"，同时又要求长期稳定家庭承包责任制，在相关法律中提出农村家庭对宅基地和承包地使用权的长期性、继承性和物权性质；另一方面，又积极鼓励通过土地经营权的流转与集中方式来提高农村土地资源配置和利用的效率。

我国城乡土地产权制度变迁主要的动态趋势是：城市化、工业化背景下的农村集体土地产权通过征用向国有土地产权的转变；人口城镇化和农村劳动力转移背景下的农村家庭经营土地使用权的多种方式的流转；在政府对土地用途严格管制的背景下，城乡土地市场建立后的城乡土地使用权的商品化出让交易的范围日益扩大。伴随着上述脉络，产生了大量优质耕地的非农业占用，耕地数量的大量减少；农村土地的有偿流转范围扩大使经营者的地租成本逐年增加；有些地方出现耕地撂荒和宅基地闲置等低效率土地利用现象；还有围绕政府对农村集体土地的征用、农村小产权商品性住房开发等一系列利益主体之间的纠纷、冲突仍频繁发生。近年来，我国农村集体土地产权制度安排的一系列深层次问题开始大量暴露，对现行农村集体土地产权制度的"公平与效率"提出了严峻的挑战。

二　现行农村集体土地产权的制度安排存在的问题

（一）政府对农村集体土地的管理仍带有传统二元经济色彩

改革开放以来，相对市场经济体制的其他领域，我国对于国有土地和集体土地产权制度的安排长期维系二元结构，缺乏市场体制所要求的变革突破。与世界上多数国家采取的国有、社区居民共有和私有土地产权多元化制度安排不同的是，我国的土地产权制度安排既排除了土地私有产权部分性存在的空间，也没有采取少数国家（如越南）实行的全国土地覆盖的土地国有化体制，而是简单地基本按照城市和农村的地域差别和主导产业特征，采取国有和集体土地产权制度所有权并存的二元体制。例如，在《土地管理法》等法律、法规中，明显地规定了两种土地产权缺乏平等的市场主体地位和平等、竞争的市场交易规则。政府可以对农村集体土地实施具有强制性的征用手段，其价格由政府单方面规定；政府可以通过行政管理和规划等措施，对农村土地的用途实行管制，严格限制农业土地的非农业利用形式的转变；政府还对农村集体的土地产权流转对象进行严格的限制；政府对农村家庭宅基地还采取行政化的管理方式，执行"一户一宅"和人均房屋面积限制等严格的规定。

（二）农村集体土地产权"三权分离"使土地权属利益关系复杂化

按照产权经济学的理论，我国农村家庭责任制改革的成功在于使土地所有权虚置化，突出了家庭在土地的使用权和收益权的实际控制权，从而调动了广大农民的生产经营积极性。这种所有权与使用权分离的土地产权制度安排在土地的农业利用上是有明显效益的。但是，土地产权的分离状况却增加了土地利用主体之间的长期交易成本和摩擦成本，农户对土地所拥有的"非完全产权"状况，客观上对农业人口的非农业流动和农业转移人口的市民化形成阻力。从产权经济学的角度，所谓"农村集体经济组织"原则上是基层行政组织架构与土地等资产的共有产权的结合体，与改革开放以后发展起来的新型农村合作社的产权结构有较大差别。例如，农村行政村的土地归集体所有，行政村内各家庭人口的自然变动和迁出迁入，都会引起不同家庭对承包土地、宅基地的数量和地块进行调整的诉求；政府征用及村内部的道路、水利等公共基础设施的建设占用，也会引起集体成员之间对家庭土地产权利益变化的关切。其中，在农业税全面取消和"集体提留"非常态化后，改革初期农村家庭的承包土地性质发生了很大变化。在实践中，承包地流转采取的租赁、入股、转包等形式，在体现交易双方或多方的权利、收益关系与风险承担等方面，与集体产权的联系渐行渐远。目前农村土地开展确权后，承包土地的家庭长期使用和继承性特征更加突出，村集体再对农户之间承包地进行面积、地块等方面的调整，几乎不大可能开展。这种所有权与使用权实行长期分离的土地产权制度，在实践中又进一步衍生出使用权（承包权）与经营权、转包权、出让权、收益权、分配权、抵押权、入股权等之间的复杂的产权关系，各种权利存在多重分离状况。在土地资源重新配置和流转的驱动下，把农村土地产权制度所涉及的一系列相关利益主体的经济关系进一步复杂化，围绕产权利益的博弈成本明显偏高，在一定程度上削弱了市场配置土地资源的效率实现。可以说，我国的农村土地产权体系是当今世界上最为复杂的土地产权系统，应当通过改革加以简化。

（三）现行农村土地产权制度安排与人口流动和城市化进程不协调

改革开放以来，大批农村劳动力和农村人口向城镇转移，使劳动收益率相对偏低的农用土地往往呈生产要素投入减少和粗放经营状况。在许多边远农村，承包耕地更是因劳动力流失而使撂荒现象非常普遍。然而，农村家庭成员即使长期外出，也不愿意无偿放弃宅基地和房屋，导致这些家庭的宅基地及其房屋往往长期闲置。与此同时，大批可以希望成为市民的进城农民工又缺乏定居的资金和创业资本。据调查，即使是已经在城镇入户的家庭，其农村房屋的私有财产权与宅基地的集体所有权之间的关系也难以协调。据笔者在四川省仁寿县的调查，当地农村在20世纪90年代就已经全家入户城镇的农户，其住宅仍然多年闲置而未被复垦为耕地。按现行政策，其宅基地已经名义上退出归村集体所有，其原因在于外迁户的住宅为私有产权，如果没有政府的土地整理项目支持，当地的村组织缺乏赔付资金也难以拆除。加上当地耕地撂荒普遍，开发耕地对村集体的意义不大。按照《物权法》的规定，农村宅基地、自留地及其地面附属的房屋具有家庭的物权性质。

（四）农村家庭土地财产物权的流转与市场出让存在法律与机制的障碍

目前，我国农村土地大体可以分为公共设施建设用地、农业生产性用地、生态环境用地和家庭宅基地四种类型。其中，公共设施建设用地（如乡镇企业、学校、道路、水利设施等）在使用上的"共有"产权性质明显；农业生产性用地（如耕地、林地、牧草地、养殖水域等）的使用则具有可分割性和使用收益的排他性；农村生态环境用地的共同利用性质和经济外部化特征突出，但直接性的收益不明显；而农村家庭宅基地因与家庭的私有房屋紧密结合，最具有私人使用的长期继承的专有性和排他性，产权界限最为明晰。农户家庭的承包土地受农业用途的管制，一般只有通过租赁、信托、入股方式才能取得一定的分期支付的财产性收入。而农户的宅基地则可以通过复垦转化为耕地，利用用地单位对非农利用的耕地占用补偿费用的集中支付，为放弃宅基地的农户提供一次性的财产性收入。从银行等法人单位角度来看，我国农户的非完全土地产权拥有特征使之不具有独立的法人资格，其对于土地的使用权衍生的债务权与集体所有权的关系不明晰，从而对农户宅基地和承包地物权的租赁、抵押、转让等市场交易活动都构成了法律障碍。调查发现，目前银行等金融机构在抵押贷款的业务运作中，对于林地和设施农业用地转为抵押物的情况较为普遍，其实质在于农地上的林产品和农业生产设施的市场价值和收益预期，而不是土地的使用权本身。对于普通耕地，在农业用途管制的约束下，银行等金融机构对其作为抵押物的价值评估则非常低下（一般按照短期农作物的收益来确定贷款限额或要求其他资产担保）。而农民住房财产权的收益区位差异非常明显，也许在城市郊区可以通过出租经营获取财产性收入从而成为金融机构接受的抵押贷款，但广大边远地区的农民住房则难以体现财产权，房屋的抵押、担保和转让都难以实现。

三　农村集体土地产权制度改革的方向

基于上述产权经济学理论与现行农村集体土地产权制度安排的具体运作的认识，目前我国农村集体土地产权制度改革的方向主要有以下方面。

（一）改进和完善政府对农村集体土地的法律法规和改革相关管理体制

要按照深化改革的要求，对现有的土地法律与法规进行修改和完善，其中包括《土地管理法》《土地承包法》《物权法》等以及其他相关的法律、法规。要真正从法律层面上明确农村集体土地产权与城镇国有土地产权在市场交易中的平等地位；要加强对基本农田实行永久性保护的政策，对一切有利于补充耕地数量和提高耕地质量的开发整理和流转等活动实行财政支持政策；要切实保障农民家庭土地的财产物权，尤其是农村家庭宅基地的收益物权；要从法律的高度明确农村集体土地系统中的集体公共设施用地与农户承包地、宅基地在所有权、使用权、经营权等方面的权利界限和经济利益关系。政府对农村宅基地的管理要适应人口城市化的趋势，首先，在人口净流出地区取消对新增家庭的宅基地无偿划拨的管理办法；其次，在农村集体土地确权工作结束后，今后新增家庭确实需要宅基地，应当采取租用集体土地的方式和确立新的宅基地租赁契约关系；再次，对于已经转移为城镇居民的农户，要通过土地市场交易实现宅基地的有偿退出；最后，对退出家庭承包土地的农户实行一次性补助的鼓励政策，大力培育现代农业经营实体，实现农业土地使用权的集中和适度规模化经营。

（二）积极推进农村转移人口宅基地的家庭土地财产化和出让交易机制

改革开放以来，农村集体建设用地和家庭承包土地的财产化早已在实践中被实现。如农村建设用地的有偿出租、承包、入股等，家庭承包地的有偿转包、出租和入股等。相对承包地和集体公共用地，农村家庭的宅基地是最具有家庭独立使用和界限明晰的土地类型，也是许多农村家庭发展庭院经济的物质基础，土地的集约化程度在各类土地中最高。但是，农村转移人口的家庭宅基地往往闲置并得不到有效利用，其出让交易也存在产权制度和交易机制方面的障碍。农村家庭宅基地物权的出让和货币化交易，一般在集体内部发生的概率和增值空间很小。但是，在农村劳动力转移和人口城镇化的背景下，政府可以通过实行耕地的占补平衡政策和城乡建设用地增减挂钩政策来实现。我国政府提出确保18亿亩耕地的红线，要求用地单位必须在占用耕地的同时对耕地进行补偿，支付耕地开发的相关成本费用。在我国人口城市化的进程中，城市建设用地增加可以通过减少农村建设用地来加以平衡。据统计，我国农村建设用地80%以上的面积为农村宅基地，宅基地复垦是我国新增耕地的主要来源方式。政府可以通过将移居城镇的农村家庭的宅基地开发为耕地，这样既保持了耕地数量的相对稳定，又为城市建设提供了用地来源。政府可以利用城市经营性用地的市场出让收入和用地单位的耕地占用补偿收入，对完全放弃宅基地的家庭给予财产补偿，形成一种既保障了农民利益，使这部分农民能够带着宅基地的土地财产进城，又补偿了耕地的良性运作机制。据笔者在成都市龙泉驿区的调查，该区利用一个村宅基地复垦的耕地占用指标的市场交易收入，由区土地开发整理公司运作，对整村入城定居移民提供了商品性住房的全部资金和搬迁、复垦的费用①，扣除当地政府对该项目的少量财政资金外，农村移民的费用最终是由占用耕地的用地单位支付，其价格由土地市场机制来决定。

（三）加快有利于农业现代化的土地使用权集中的产权制度建设

以耕地为核心的农用土地是发展现代化农业的物质基础。当前和今后一段时期，在我国人口城镇化和新型工业化、信息化协调推进的同时，必须加快农业现代化的推进步伐，其中实现农村土地适度规模经营是关键措施之一。政府要在政策上引导已经进城稳定就业的转移家庭实现定居，将这些农户有偿退出的承包地和宅基地所开发的新增耕地调配给农村集体组织的种植业大户和家庭农场，由这些经营主体进行商品性的集约化经营。同时，政府应允许部分农民凭借承包地的使用权，以出租、入股、信托等方式，参与非农村集体的农业产业化公司的农业现代化经营活动。但是，农业承包地的使用权和经营权长期分离的现象不应当成为现代农业土地制度的主体形式，一些地方政府允许已经入户城镇的农村转移人口长期保留承包地的使用权并享有土地流转租金等收益的政策设计是不可取的。

（四）建立与市场公平原则相适应的城乡土地产权制度和交易平台

由于社会公益性的基础设施建设的需要，完全取消政府对农村集体土地实行征用的产权变更方式是不可能的。但是土地征用必须按照市场的公平交易原则进行。近期政府要大幅度提高土地征用的赔付与补偿标准，并将一部分土地的商业化出让收益返回给失地农户分享；要结合地方政府财政对城镇房产税的开征，最终将土地征用方式限制在社会公益性建设的范围内，并将被征地农民的就业、社保、住房、教育等问题给予统筹解决；要按照十八届三中全会决定的精神，允许农村集体经营性建设用地直接进入土地市场，通过出让、租赁、入股等方式，取得农民的土地财产性收入；要实现与国有土地同等入市、同权、同价的权利，保障农民能够公平分享土地增值收益；要积极解决地方政府在城市化建设中提供公共设施和公共服务的资金来源问题，改变地方政府严重依赖土地征用和土地市场化拍卖

---

① 郭正模、张雨：《依靠土地制度创新，实现整村移民城市》，《西北人口》2010 年第 4 期。

的价格差以取得财政收入的现象。上述举措无疑需要政府加快开辟新的城市房产税以作为稳定性的财政收入来源，从而约束地方政府对征用土地的利益冲动。

四 当前农村集体土地产权制度改革的若干政策与机制的选择

虽然目前对农村集体土地产权制度改革的基本方向已经确定，但是决策层和理论界对许多具体的政策设计与运作措施却存在明显的认识分歧，需要在实施中加以慎重选择。

（一）加快农村集体土地的全面确权等工作，为土地产权的市场化运作创造条件

由于农村集体土地的产权制度不完善，层次结构复杂，产权界限不明晰，特别是在过去 30 多年里，经过两轮承包地使用权调整和各种流转关系的交织，使历史遗留的产权利益纠纷存在许多问题有待解决。当前要深化农村集体土地产权制度的改革，全面提高城乡土地利用和配置的效率，必须首先对集体内部的各种类型的土地进行确权。其中重点之一是梳理与明晰农村家庭土地财产物权和与集体土地产权的边界，解决农户在历史上土地调整所涉及的各种产权纠纷问题，充分保障多种经营主体的土地利用权，预防土地产权制度改革深化后带来的因利益关系调整产生的产权纠纷隐患。但是，对农村集体土地进行确权等工作的目的，并不是为了进一步固定农村集体土地"三权分离"的格局，而是为下一步的农村集体土地产权的市场化流转创造条件，并且通过流转简化产权关系。另外，鉴于农村房屋、土地和城镇房屋、土地产权性质的巨大差别，农村土地确权不可能从根本上解决一般农业经营者"贷款难"的问题。种植业经营者的贷款主要应当通过发展乡村银行的无抵押贷款模式和建立政府的土地流转风险基金担保方式来解决。农户的土地承包权抵押贷款不仅涉及所有权障碍问题，还涉及农民的基本生存权问题，因此需要慎重对待。

（二）重点解决农业转移人口的宅基地财产化和有偿转让机制问题

保障宅基地财产物权并能够实现货币性转让是农村转移城镇家庭的根

本利益所在，也是我国农村土地资源利用效率提高的关键所在。但目前由于农村家庭宅基地财产权的转移机制缺失，一些地区政府在推进农民工市民化的过程中，既将城镇户口给予一些长期稳定就业和购房的农村转移家庭，又在政策上允许其继续保留在农村中的宅基地和承包地的占有权、使用权。这一政策设计表面上尊重了农户的土地财产权，但却继续维持了大量转移人口的农村宅基地闲置浪费的现实，同时也形成了农业转移人口存在类似于"双重国籍"的双重居民身份问题，对社会管理造成许多新的难题。按照农村集体组织的"村民自治"原则，已经转为城镇户口的农村转移人口不应当继续保留农村居民身份以及继续持有农业土地的使用权。政府应当将农村转移家庭的宅基地复垦为耕地，通过市场交易使有关家庭获取宅基地的财产性收入，让进城稳定就业和全家搬迁的家庭带着宅基地财产进城，用自己的家庭财产到城镇自主选择商品房、经济适用房或公租房，实现与农村土地的彻底分离。政府可以采取建立专门的农村土地开发整理机构作为中介，通过城乡土地交易市场来实现有关交易。政府对目前已经长期在城镇就业的农民工家庭，可以采取先进入公租房，待农村宅基地财产化问题解决后，通过补缴购房款再转为全产权经济适用房，也可以实行工业产权房的模式。

（三）大力推进农村集体农用土地使用权向家庭农场的流转和集中

可以设想，在未来大规模人口城市化的农民工及其家属市民化后，解决"谁继续在农村种地"的问题十分迫切。为此，必须大力完善与现代化农业相适应的新型农业经营组织的土地产权制度。在农村集体土地产权制度的前提下，主导性的农业经营主体应当是专业大户、农业合作社和家庭农场。农村集体产权的农用土地应当向这些经营主体流转与集中，以实现适度的农业规模经营。其中家庭农场因具有法人资格，农业土地、农用机械和设施等具有家庭的继承性，最有利于农业资源的可持续利用和稳定性的集约化投入，具有良好的发展前景。但是，目前农村中的家庭农场扩大土地经营规模的障碍在于其具有使用权的土地数量不足，要扩大经营权土地的数量必然使土地租赁的生产成本昂贵，严重影响弱质农业生产的效益提高和资金的积累，使承租的经营者很难将土地用于粮食等农产品生产。因此，政府应当在政策上建立和完善农村转移人口的土地退出机制，以"有偿赎买"基本农田的方式，将市民化的农村家庭所退出的承包地和复垦为耕地的宅基地转给家庭农场使用；在严格执行农业土地用途管制的制度约束下，家庭农场主将最终拥有农村永久性的基本农田使用权，以扩大农业经营主体的土地经营规模。目前有关政策所设计的土地所有权、承包权和经营权的"三权分离"模式，绝不是我国农业土地产权制度的长远性发展方向，因为"三权分离"所形成的大批零散的土地出租者现象，不仅不符合"耕者有其田"的原则，还会对我国农业发展带来一系列消极的负面影响，例如，使我国农业建立在土租制度的基础上，改革所建立的农业生产家庭经营的优势大幅度弱化与消退，产生和推动地租成本拉动型的农产品价格上涨和依靠高补贴来维系农业生产的机制以及国家面临因土地制度安排失当而引起的粮食安全风险问题，等等。所谓的农户通过使用权流转就是既能够依靠出租承包地获取租金形式的财产性收入，又能够作为农业工人就地打工获得工资性收入。这种天真美妙的想法也许在局部地区的少数案例中可能成立，但若全面扩大到所有的农村，却只会成为"乌托邦"式的畸形农业画图。中国的农业现代化不可能通过全面的地租制度来实现。虽然近期可以采取由政府提供专项财政补贴的办法来减轻家庭农场、专业大户因土地流转产生的土地租金负担，但从长期可持续的制度建设而言，土地流转的目标应当实现农业土地使用权与经营权的统一模式，而不是"三权分离"的模式。

(四) 大胆探索国有土地和集体土地并存的城市土地产权制度与运作机制

据考察，发达市场经济国家的城市土地产权为多元化结构：其城市中既有政府所有的公共用地，又有属于私人产权的住宅等用地，还有为一些社会团体（教会、基金会等非政府组织）和股份制企业所有的地产以及一些社区成员共有产权性质的地产（如社区公共绿地和广场等）。以上事实说明多元化的土地产权制度在城市体系中是可以存在和运作的。而按照我国城市土地产权的传统制度安排，城市土地只能采取单一的国有产权形式。我国城市发展的土地增量部分要求由政府通过对农村集体土地的征用方式，将其转变为国有土地性质。但是我们也发现，目前许多城市在建设中，尤其是一些快速扩张的田园风格的城市，由于政府征用财力不足或城市规划的土地类型缺乏土地收益等原因，事实上在城市空间内部已经形成了一定规模的"城中村"土地产权模式，即许多城市土地产权仍保留了原农村集体土地产权的性质，这些土地的部分收益成为原农村集体成员的共有性收入，按照集体组织达成的内部协议进行收入分配。例如成都市在城市化过程中，一些村集体将部分土地按城市规划改变为生态绿化用地性质的公园，利用部分农户的宅基地在公园内建设私人的餐厅和茶馆，利用集体建设用地建设儿童游乐园、网球场以及集中居住房屋（其中也包括部分小产权房屋）。通过服从当地城市的科学合理规划和积极的城市功能性改造，一些"城中村"已经成为新型城市社区的一个有机组成部分。以上情况说明，在一定前提条件下，在城市中完全可以继续维持原农村集体的土地产权来发展城市经济，如利用城市规划区内的集体建设用地建设公租房，或以土地入股方式投资城市的房地产开发，或改成城市的社会公益性生态环境用地，等等。因此，允许一定数量和比例的农村集体土地产权成为城市国有土地产权形式之外的另一种带有补充性质的新型城镇居民社区"共有"的土地产权形式，其利弊和前景有待进一步探索。两种产权制度并存的城市土地产权制度一旦确认可行后，就应当通过法律来加以完善与保障。

参考文献

[1] 郭正模、张雨：《依靠土地制度创新，实现整村移民城市》，《西北人口》2010年第4期。

[2] 郭正模：《统筹城乡发展中的土地二元制度障碍与突破》，《当代经济》2010年第9期。

[3] 贺振华：《农户外出、土地流转与土地配置效率》，《复旦大学学报》（社会科学版）2006年第4期。

[4] 冯振东、霍莉：《中国农村土地流转问题研究述评》，《西北大学学报》（社会科学版）2010年第2期。

[5] 冯家臻：《促进土地承包经营权流转的思考》，《西部大开发》2009年第7期。

以土地资产改革和劳动力转移推动土地流转

● 程传兴 曾 赏 张良悦*

内容提要：目前，农村土地经营权流转的最大障碍在于农民无法完全从土地中退出，而不能退出的主要原因在于农村土地资产制度的缺失。本文认为，促使农村土地流转必须解决农村劳动力完全城市化移民，而要促使完全的城市化移民就必须加大农村土地资产方面的相关制度改革，通过农村土地资产置换，鼓励农村劳动力迁移，使其完全退出土地，进而促进大规模土地流转和新型农业生产经营体系的建立。

关键词：土地资产改革 劳动力转移 土地流转

一 引 言

2013 年，中央一号文件围绕现代农业建设提出要"着力构建集约化、专业化、组织化相结合的新型农业经营体系"并"鼓励和支持承包土地向专业大户、家庭农场、农民合作社流转，发展多种形式的适度规模经营"。这表明我国农村经济和现代农业发展政策已进一步转向注重农村内生因素的培育和发展，把城乡发展一体化作为解决"三农"问题的根本途径。然而，要真正做好土地流转工作，建立新型农业体系，不仅要做好土地经营制度方面的改革，还要做好土地资产制度方面的改革，推进农村劳动力转移，统筹城乡发展。目前，中国市场经济发展的重心在于要素资本化，通过要素贴现来进一步积累资本和社会财富，其中，最为明显的就是土地资产的开发。但是，正是在土地要素资本化方面，土地资产改革的滞后导致

* 程传兴，河南农业大学经济与管理学院教授、博士生导师；曾赏，河南农业大学经济与管理学院硕士研究生；张良悦，河南农业大学经济与管理学院博士后。
　本文为国家社科基金项目"差异化视角下农村土地承包经营权流转市场形成机理及其政策分类设计研究"（11BJY085）的阶段性成果。

了城乡差距的扩大以及劳动力转移的困境，而劳动力转移的不畅又进一步阻碍了土地流转的大规模启动，进而限制了现代农业的发展。所以，我们认为，在"四化"同步发展中，必须以土地资产改革和农村劳动力转移为动力，来促进土地流转和新型农业体系建设。

二　土地流转规模及其政策支持

规模化经营、产业化生产、集约化管理是现代农业的基本内涵，通过土地流转来培育和发展专业大户、家庭农场是一个基本的途径。那么，专业大户和家庭农场有没有一定的标准，怎样去培育和发展？

在中国人多地少的现实约束下，中国的农业生产规模化经营，不能以技术生产能力来判断，只能以劳动力的收入水平为标准。在市场经济条件下，城乡劳动力的配置都是以市场价格为标准。兼业化的过度发展使农业生产处于边缘化的状态，农业生产逐步副业化，农业生产的劳动力投入严重不足，农业生产面临新生劳动力断层的困境。这种状况无疑是劳动力市场调节的结果。

劳动力收入作为土地转让标准的基本思路如下。第一，农村劳动力必须进行分层，发挥各自优势，从事农业生产的专业化农民保障对农业生产的劳动投入。第二，通过适度规模经营提高劳动力的收入水平，使农业劳动力的年均纯收入不低于劳动力非农就业收入，从而使农业劳动力愿意全力投入农业生产，而不是外出打工。第三，以专业农民年均收入水平为标准，推算出所需经营的土地面积。例如，假设农民外出打工年均纯收入为3万元，为了保障专业农民不离开农业，就必须使专业农民的年均纯收入不低于3万元。按照目前每亩粮食纯收益1000元，则需要30~40亩。如果再考虑到农业生产的周期性和特点，专业农民也有部分兼业工作时间（比如1/3年的时间），可以降到20~25亩。如果按照家庭农场进行经营，一个家庭至少需要2~3个劳动力，这样，一个适度规模化生产的家庭经营至少在100亩左右。当然，如果实施精细化耕作，每亩粮食纯收益提高一倍，则土地规模也会相应降至50亩左右。

如果一个家庭经营100亩以上的耕地，就需要相当大的农业投资，包括以下内容：一是农业机械设备和水利设施；二是田间道路的整修与土地平整；三是农业知识的学习、技术培训、市场信息的获取等基本经营知识和管理技术的投入；四是农业风险的防范，包括自然风险和市场风险；五是与农户签约及将各种资源进行组合的企业家才能。如果将这些因素考虑进去，则从事家庭农业生产并不具有竞争优势，而要维持家庭农业规模化生产，还必须实施相应的农业扶持政策。

首先，必须解决农村劳动力转移问题，增加非农就业机会，最大限度消除农地细碎经营化所带来的土地流转困难。在这一问题上，不仅要考虑农村劳动力城市化的完全转移，更要着眼于农村劳动力就地的非农化转移。这就需要在农业的产业化和集群化上做文章，围绕食品的生产和供应构建产业链，包括农业生产、农产品加工和食品配送（程传兴等，2012）。

其次，土地流转必须转向多功能农业生产，包括粮食生产、养殖、经济作物、有机农业和生态旅游。土地流转必须发挥两个功能：一是通过适度经营和加大技术投入增加粮食产出水平；二是通过结构调整，增加农业和非农就业水平及农业收入。

事实上，中国达到中等收入发展水平后，为土地流转提供了实施条件和机遇。中国收入水平的普遍大幅提高带来了饮食结构的转换，肉、蛋、奶、水果、蔬菜的需求比例稳步提升，提出了对种植业与养殖业及种植业内部进行产业结构调整的要求；城市化的快速推进及城市人口的大量增加，对加工食品和保鲜食品的需求日益增加，提出了食品加工、食品分送和冷链物流产业的要求；城市居民收入水平的增加提出了对食品健康的高品质要求，有机食品、生态农业、生态旅游将逐步成为城市居民的消费点和农业收入的增长点。

最后，农业支持政策应该重新调整瞄准机制。2004 年以来，农业税收的全面废除、农业直补及各种补贴政策，为提高农民生产积极性发挥了重要作用，保障了粮食生产的逐年提高。但是另一方面，由于受家庭微小生产规模的制约，这一政策的效果已呈现出边际递减效应。[①] 所以，在继续实施粮食生产直补的普惠政策的前提下，农业生产支持政策应将政策支持直接与农业产业结构的调整相连接。从全国的层面上看，应加大对粮食主产区和生产大省的补贴力度；从粮食生产大省来看，应加大对现代农业生产、粮食高产的支持力度，加快农业发展方式的转变，将农业补贴与农业生产链条的构建、产业集群的发展结合起来，将土地流转作为一个"补贴门槛"

---

① 笔者在调研过程中多次发现，粮食直补的普惠政策，生产资料价格补贴、良种补贴等各种补贴虽然惠及了全体农民，但是在最近几年并没有完全发挥出其激励农民种粮的积极性。而且，与农民的打工收入相比较，现在农民也没有把这一补贴收入看得那么重要。

来推动粮食生产和现代农业的发展。

三 土地流转市场稀薄及其主要症结

(一) "候鸟式" 劳动力转移与土地流转供给的稀薄

中国农村劳动力转移就业限于城乡分治的户籍制度，主要特点是职业与身份相分离，城乡之间双向流动，即所谓"亦工亦农"或"候鸟式"迁移。造成劳动力完全转移退出障碍的制度特征主要包括户籍制度和城市安置成本。户籍制度不仅是一种居住的身份要求，同时也是一种社会福利品支取的凭证。如果不具有某一社区的户籍制度，将无法享受该社区的公共产品和公共资源，因而不可能融入现代化的社会生活中。比如，城市户籍制度就涉及住房保障、社会保障、医疗保障、义务教育以及所有城市中公共产品的低费和免费使用；同样，在农村社区，只要具有社区成员资格，就天然享有社区土地使用权的资源禀赋，而不具有成员资格者，就无法获得。不少学者在提出户籍改革时，简单地归结为实施通行的身份证登记制度，而没有考虑到户籍制度背后公共产品和公共资源的权利内涵及其这些资源的城乡置换，显然是不可行的。

城市的高安置成本是指土地承包权赋予农民的土地资源禀赋在目前市场化条件下不具有可交易性和置换性，从而造成了农村城市化移民的困难。反过来，劳动力向城市转移的不完整，又导致了土地经营权流转的困难：农民很难而且不愿意从其土地资产中退出。在其他发展中国家，移民可以自由地将他们在农村的土地资产进行置换，而中国却不是如此，缺少相应土地资产置换的市场和制度环境。从现有制度上看，一旦他们进入城市安家落户，就应该无条件地放弃农村中所拥有的资源。所以，这种财产的不可移动性影响了移民将财产转移到城市以购买住房、开办企业、融入城市社会的能力 (Henderson, 2007)，成为农村劳动力迁入城市的退出成本 (张良悦和刘东，2008)。据黄祖辉和王鹏 (2008) 的调查显示，农户继续保留土地承包权的主要原因已经不是可以从中获取较好的生活保障，而是认为放弃了土地也没有什么好处或得到其他保障；有近50%的调查户认为，如果政府能够为他们提供适当的养老保障，就愿意放弃承包地，也有农户向政府提出了一次性补偿费用和提供一定就业机会的要求。

（二）传统农业改造的高成本与土地流转需求方的稀缺

土地流转是将土地转移给使用效率高的使用者手中。一般来说，土地流转首先是在农业家庭之间进行，通过流转扩大家庭经营的生产边界，获取规模收益；其次，流转能为公司制企业增加资本投入，延长产业链条。从我国目前流转的情况看，家庭之间的流转由于农业的弱质性和家庭农业经营资本积累的有限性，使得农户扩大生产规模的内在动力不足，导致土地转入需求的稀薄。

从理论上说，有些家庭具有农业生产方面的技术和经验，完全可以通过流入土地来扩大其生产边界。但在现实中，有这些需求意愿的家庭农户受到以下几个因素的约束。

第一，农业水利及田间基本设施的短缺。因为农村集体所有制是一种社区成员共有制，因而其土地上相应的水利及生产设施也应属于社区成员集体所有。然而，在家庭承包责任制的安排下，农业基础设施的公共产品不可避免地会均衡于"公地悲剧"状态（张良悦，2007）。所以，家庭农户扩大生产规模首先必须考虑如何投资这一公共产品。钟甫宁和纪月清（2009）也分析指出，中国农户土地经营规模过小，劳动力相对过剩且成本较低，对有限的土地进行土地投资和机械投资不可能增加多少收益，并且大多数与土地相关的投资因农户土地规模小而表现出公共产品的特征或强烈的外部性，因而农户投资的积极性不高。

第二，农业政策和农业技术的扶持还不到位。尽管目前我国对农业生产的技术投入和技术转化支持逐步增加，但由于某些制度的因素，技术的推广往往由于跬步之遥而不能见效，技术还不能成为有效的准公共产品被农民免费和低费使用。

第三，为了适应农业生产，农民除了传统的耕作经验和直观的认识之外，还必须具备适应市场要求的学习能力，如农业技术、贸易知识、生产信息以及一般的农业政策和保险常识等，这就需要农民家庭在自身的人力资本上加大投入。但是，由于农业产业的弱质性，目前家庭农户在这方面的投入还十分吝啬。

第四，最重要的是缺少资本积累和金融支持。家庭农户扩大生产规模除了土地要素增加之外，其他的要素如水利设施、机械设备等也需要积聚，这需要相当大的成本投入，形成了一个门槛要求。众所周知，中国实施的以平均地产为特征的家庭承包责任制，使得家庭农户生产的积累也是均等化的，而且由于多年来农业生产的弱势地位，比较利益低下，使得家庭农户通过农业利润进行积累的能力非常有限，主要是通过非农业收入进行积累。如果让他们通过土地流转来扩大农业生产规模就产生两个问题，一是拥有农业生产技术的农户家庭长期以来主要依靠农业进行积累，不具有大规模的农业投资能力；二是依靠非农业收入积累丰厚资金的家庭农户，一般都是长期从事非农生产，并没有相应的农业技术和农业生产方面的分工知识、偏好及经验积累，因而投资意愿较低。

上述四个方面的因素表明，农户家庭引入现代要素对传统农业的改造困难较大，因而，只要在能够保证其家庭温饱的情况下，通过转入土地扩大家庭经营规模的意愿是不充足的，这就形成了土地需求方面稀薄市场的特征。

四　土地资产化改革、农村劳动力转移及土地流转

（一）土地要素资本化及农村土地资产改革的诉求

在中国，农村土地对农民而言既是一种生存权利，又是一种发展权利。但目前，由于土地制度改革只注重了土地经营方面的改革，没有重视土地资产方面的改革，结果使得农村土地产权主体不清，产权界定滞后，产权交易制度空缺，导致中国农村产权关系的简单化和静态化，无法适应快速发展的城乡经济，特别是目前要素资本化的市场深化改革。

在土地要素资本化（土地开发）的过程中，目前的土地利用方式显然更注重土地的经济属性而轻视了土地的社会属性和自然属性，或者说更重视效率而忽视了社会公平和经济发展的可持续性。由此，使得城乡发展中的土地利用产生利益冲突和扭曲，主要表现在三个方面：第一个是中央政府与地方政府的利益冲突，体现在土地的利用规划和土地的计划指标上，博弈的结果是政令不畅、指标失控；第二个是地方政府与农民利益的冲突，体现在土地的收益分配上，博弈的结果是农民的利益被剥夺；第三个是农村土地流转中作为土地受让方的农业企业及其他经济组织与农民利益的冲突，体现在农村土地收益的分配上，博弈的结果是农民的利益被挤压（熊小林，2010）。

目前，农村土地已经形成了三种权利束：集体土地所有权、农民土地承包权、土地经营权。农户的土地使用权虽然相对充分，但财产权严重不足，因而必须赋予农民土地发展权（开发权）。实现城乡土地产权对等，使农村集体土地使用权与国有土地使用权拥有同等的、完整的用益物权属性，

包括农业用地、宅基地、农村集体建设用地。为此要进行如下改革：一是使土地承包权永久化和物权化，从而使其具有排他性，能够对自己的土地财产加以保护；二是使农户宅基地及其房产财产化，允许异地交易、置换和银行抵押，改变"一户一宅"无偿使用、无限期分配的制度；三是将集体建设用地股权化，允许农民集体经济组织在一定范围内对非农建设用地进行市场化开发、利用，发展农村第二、第三产业和集体经济；四是逐步构建土地资产置换和交易市场，促进农村劳动力城市化的完全转移。如图 1 所示。

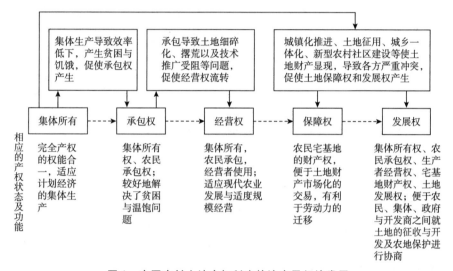

图 1 中国农村土地产权制度的演变及经济发展

（二）土地资产置换与农村劳动力转移

在我国，由于制度的约束，农村土地的资产从法律上只有使用的权利，没有资产置换的诉求。这就是说，如果农村劳动力移民到城市，那么农村的土地经营权和宅基地资产就必须放弃。如果说农村土地承包经营权可以流转的话，那么，农村居民的宅基地资产则是完全被沉淀的，居民在农村居住只能显示其建设成本，而在迁移时则无法显示其资产的价值。这样，作为一个理性的农村居民，这一块资产就成为其转移到城市的退出成本。

资本与资产的最大区别在于它具有增值功能或收益性。在中国，农村集体土地长期以来不具有要素资产化的权能，农民只有有限的土地发展权。农村土地制度改革将土地使用权、收益权完全界定给农民，并且通过建立规范的产权交易平台支持农民根据自身需要流转土地使用权，这就使得农村土地具备了实现资本化的两个最为重要的基本条件，即流动性和增值功能。这种发展态势主要体现在两个方面：一是农村宅基地指标通过土地整理项目被置换到区位更好的区域，用于非农开发；二是将承包地出租或者折价入股成立股份合作经济组织，农民获得土地租金或者成为股东获得分红。

根据托达罗模型，只要迁移者城市的工资性收入高于农村的农业收入，就会导致农村劳动力向城市的迁移。但在中国，由于各种制度因素的制约，城市移民仅仅表现为一种工作场所的变化，而不是生活方式的转变，所以，他们被称为农民工，而不是城市居民。但在这些农民工中，有些已经具备城市居民的资格，而有些仍处于兼职化的状态。如果能够消除一些制度因素，那么一些农民工就会举家迁入城市，融入城市社会，成为城市居民。所以，对城市化的移民应该给予分层次、有序迁移的制度安排（程传兴等，2013）。而当农村的土地资产具有置换制度和交易环境之后，劳动力的完全城市化迁移，或者说农民工的市民化便可实施。

（三）国家对农村移民土地资产的购买与置换

当农村劳动力完全转移到城市，放弃社区土地资源禀赋时，必须给予补偿。这种补偿既是一种产权的交换，也是一种对资产权利的保护。它对于劳动力迁移具有两方面的积极作用，一是对其放弃土地资源禀赋的激励，二是对其城市化移民安置成本的补偿。这里面关键的问题是如何进行机制设计？如果采取市场化的方式，让流入土地的农户或企业，或者是农村集体去进行补偿，将是不充分的（转移农民的弱势谈判地位）、高成本的（谈判成本）和难以启动的（移民宁可闲置土地或粗放耕种），不利于农民从土地上退出，进而也不利于土地流转的交易。另外，土地资产如何评估，安置成本如何估算等也是一个重要的交易难题。

从我们国家的现实情况看，由于制度和市场还不太完善，不易急于实施市场化的转让，因而实行国家购买较为可行。同时，我国还应借鉴欧盟的农业发展和乡村发展政策，将农业发展功能区与城乡一体化建设结合起来，实施基金支持计划，做到农业发展和城乡一体。[①] 鉴于此，笔者认为，

[①] 第二次世界大战后，欧盟通过共同农业基金先后解决了欧盟的粮食短缺、产业结构调整（收入问题）和乡村发展（环境问题），其发展政策经历了从农业发展补贴到支持乡村发展的政策转变。例如，在20世纪60年代的欧盟共同农业政策中，改变了50年代确立的以"农业补贴"为主的核心政策，确立了在市场机制基础上增加农业收入和调整经济结构的发展政策。目前实施的《2007~2013的乡村发展政策》，把农业发展和乡村发展结合起来，明确提出了三项基本目标：实施农业结构调整以提高农业的竞争性，加强土地管理以改善环境和改善乡村，推进乡村地区的经济多样性以提高乡村地区的生活质量（叶齐茂，2008）。

对劳动力转移放弃土地的资产补偿应该由国家以资产证券化的方式进行统一的购买和置换。

首先是对土地资产权证的设置。由于农村土地资源禀赋不同，所以，各地农民对土地资源的占有也就各异。尽管移民对土地资源占有的多寡不同、质量有异、地域有别，但有一点是共同的，那就是这种占有仅仅是由于拥有农村户籍才取得的，所以，对其补偿不能按照资源本身的价值去补偿，而应该按照户籍的福利包去补偿。或者说，这种补偿是对户籍价值的补偿。这样，资产价值就可以对应户籍进行设计，比如，一个户籍就是一个资产权证。

其次是对资产权证价值的评估。资产价值的评估应与移民的安置成本联系起来。比如，北京、上海等大都市安置成本很高，就应赋予权证很高的价值；省级城市、地级城市安置成本相对较高，可赋予相对较高的价值；县级城市和小城镇安置成本很低，权证价值就应相应较低。这样设置便于移民根据自己的能力和意愿向不同的城市转移。

资源价值补偿的另一个问题就是户籍权证如何兑换？这一兑换应与城市的发展相联系，鼓励城市化的开发。而且，国家对户籍权证的购买应与中央政府对城市政府的转移支付相结合，从而更加有利于中央政府对城市化健康发展的指导。具体的思路是，国家根据城市发展的具体情况，发放不同城市的户籍权证，农村移民在放弃农村集体土地承包权之后，即可到其意愿迁入的城市换取户籍权证。农村集体在收回移民土地承包经营权之后，可以通过招标方式向农业大户以低成本的价格进行流转，即使通过村级政府进行再次平均分配土地，也有助于逐步扩大农户家庭的经营规模。户籍权证在帮助移民融入迁入地的生活中可以起到两个方面的作用：一方面是解决移民的住房问题，国家根据权证的多少对不同城市经济适用房的建造给予直接补贴，从而使经济适用房的开发与城市移民结合起来；另一方面，权证可以与移民创业相联系，通过权证进行抵押贷款，鼓励移民进行自主创业，这将有助于节约城市化成本，便于对土地进行整理和再开发，也有助于城市集聚效应的提高。

五 简要总结及政策建议

中国目前的农地制度和农业发展状况决定了我们必须从内生的角度培

育和发展现代农业微观主体，而土地流转是实施这一转变的一个重要政策工具。然而，由于制度的约束导致了土地流转稀薄的市场特征，因而不能有力地促进新型农业生产体系的建立。中国的土地制度改革包括两个方面：一是农地制度改革；二是土地资产改革。农地政策目前越来越朝着强化产权保护和农地市场化的方向演进，明确了土地承包经营权的物权性质，强化了承包农户的市场流转主体地位。但是，在土地资产化方面的改革却一直停滞不前，农民的土地没有给予相应的资产化权能。由于农村劳动力迁移不能进行正常的土地资产置换，这就使农民完全从土地上退出产生了"退出成本"。所以，我国必须实施土地资产化改革和劳动力迁移鼓励政策。

基于本文上述研究，笔者提出如下政策建议：第一，应加快对农民土地资产的确权，特别是农民"宅基地财产权"的确权，便于农民"土地财富"的显现和"土地资产"的运作；第二，对城市化的移民应该给予分层次、有序迁移的制度安排，在目前土地资产市场还不完善的情况下，国家可通过城乡统筹，对城市化迁移农民的资产实施购买，鼓励农村劳动力迁往城市；第三，国家对农业的支持政策应由"普惠性"向"区域性"转移，提高农业生产区域和农业生产者的收入；第四，土地流转的重点在于促进新型农业生产体系的建立，现代农业生产一方面必须保障国家粮食安全，另一方面要实施农业产业集群和多功能农业，最大限度地提供就业岗位和提升产品附加值，改变弱势农业的地位。

参考文献

[1] 程传兴、张良悦、赵翠萍：《价值链驱动、土地流转与现代农业发展》，《中州学刊》2012 年第 5 期。

[2] 程传兴、张良悦、赵翠萍：《土地资产置换与农村劳动力城市化迁移》，《中州学刊》2013 年第 8 期。

[3] J. Vernon Henderson：《中国的城市化：面临的政策问题与选择》，《城市发展研究》2007 年第 4 期。

[4] 黄祖辉、王鹏：《农村土地流转：现状、问题及对策——兼论土地流转对现代农业发展的影响》，《浙江大学学报》（人文社会科学版）2008 年第 38 卷第2 期。

[5] 叶齐茂：《发达国家乡村建设考察与政策研究》，中国建筑工业出版社，2008。

[6] 熊小林：《统筹城乡发展：调整城乡利益格局的交点、难点及城镇化路径——"中国城乡头筹发展：现状与展望研讨会暨第五届中国经济论坛"综述》，《中

国农村经济》2011 年第 11 期。

［7］张良悦、刘东：《农村劳动力转移与土地保障权转让及土地的有效利用》,《中国人口科学》2008 年第 2 期。

［8］钟甫宁、纪月清：《土地产权、非农就业机会与农户农业生产投资》,《经济研究》2009 年第 12 期。

中国土地制度改革的历史回顾

——以全面深化改革实践为中心

● 熊金武　黄义衡*

内容提要：土地制度改革是全面深化改革的重要内容。30 年前的家庭联产承包责任制释放了农村生产力，不过亟待全面深化改革，实现土地产权的明晰和稳定，以利于土地流转和体现土地资产价值。土地要素的市场配置在中国历史上长期存在，有一套自发的有效制度安排。在初始土地产权基本平均条件下的土地要素市场化配置，可能形成公平与效率的统一。中国土地制度改革需要借鉴中国改革经验，尤其是呼唤改革者精神，遵循民生优先、群众路线和实事求是等原则。

关键词：土地制度　全面深化改革　改革精神

2013 年 11 月 12 日，中国共产党第十八届三中全会颁布《中共中央关于全面深化改革若干重大问题的决定》，中国改革再出发的呼声与中共中央决定相呼应，新的改革共识正转变为强大的全面深化改革实践潮流。土地制度改革是此次全面深化改革的重要内容。土地是人类社会的基本生产要素，土地制度改革必然是牵一发而动全身的，因而土地制度改革引起了社会最广泛的关注。无论哪种观点，土地制度改革都已经势在必行。那么，在改革方向大致明确的情况下，我们有必要回溯历史，清醒认识改革使命，迎接土地制度的全面深化改革新实践。

一　摸着石头过河的中国土地制度改革

中国改革开放路径常被描绘成摸着石头过河，这是一个形象的比喻。

---

　　*　熊金武，清华大学社会科学学院经济学研究所博士后；黄义衡，上海财经大学经济学院博士研究生。本文获得教育部人文社会科学研究青年基金项目（13YJC790166）、中国博士后科学基金资助项目（2013M540916）资助。

回首过去，经济特区、国有企业、政府职能等改革，都是一点点摸索出来的，土地制度改革也不例外。人民公社时期的土地制度构成了当代中国土地制度改革的起点，是城乡二元结构的重要制度基础，而"城乡二元结构是制约城乡发展一体化的主要障碍"。① 家庭联产承包经营的集体土地所有制就是改革人民公社制度的成果，它确立了个人的财产权，而且构建了以家庭为单位的生产组织形式，逐步实现了劳动力要素和农产品的自由流动，恢复了土地的资本功能，实现了农业经济的市场配置，释放了农民劳动的自由权和积极性，奠定了中国改革开放 30 年经济增长的土地制度基础。1978～1984 年，我国农业全要素生产率大幅提高②；1979～2010 年，我国粮食产量平均增长率达到 2%。与此同时，城乡收入比率分别从 1978 年的 3.4 下降为 1985 年的 1.93。③

不过，每一种制度都有其效率边界。对于摸着石头过河的中国土地制度改革而言，20 世纪 70 年代末和 80 年代初建立的土地制度只不过是河中间的一个石头，需要继续深化改革和创新。事实上，中国现行的土地制度已经越来越缺乏制度张力。就农村家庭联产承包责任制而言，已有研究表明，20 世纪 80 年代中期以来，中国农业全要素生产率上升的原因是来自农业技术进步，属于技术诱导型的增长模式，而技术效率却下降了。④农业技术效率的持续性下降表明家庭联产承包责任制激励作用的下降。同时，家庭联产承包责任制也越来越难以承担解决城乡差距的使命。随着城市改革和沿海工业发展，城乡差距急剧扩大。2012 年西南财经大学《中国家庭金融调查报告》显示，城乡居民家庭收入差距为 2.5，城市家庭资产平均为 247.60 万元，而农村家庭平均资产为 37.70 万元。⑤城乡差距已经成为制约中国可持续经济发展和现代化的最大问题之一，可能将中国带入"中等收入陷阱"。从根本上解决城乡二元体制也成为当务之急，亟须全面深化土地制度改革。

---

① 《中共中央关于全面深化改革若干重大问题的决定》，http：//www.gov.cn/jrzg/2013－11/15/content_ 2528179.htm，2013 年 11 月 15 日。

② Wen Guanzhong James，"Total Factor Productivity Change in China's Farming Sector：1952－1989"，*Economic Development and Cultural Change*，Vol. 42，No. 1，1993，pp. 1－41。

③ 蔡昉、杨涛：《城乡收入差距的政治经济学》，《中国社会科学》2000 年第 4 期。

④ 全炯振：《中国农业全要素生产率增长的实证分析：1978～2007》，《中国农村经济》2009 年第 9 期；王炯、邓宗兵：《中国农业全要素生产率的变动趋势及区域差异》，《生态经济》2012 年第 7 期。

⑤ 甘犁：《中国家庭金融调查报告 2012》，西南财经大学出版社，2012。

第一，农地流动性的制度性障碍。农地流转包括农业内部的农地流转和农地非农化流转。30 年来，中国农村土地流动性不断强化，逐步取得了出租、抵押等权利。在当前土地制度下，除了农地买卖外，只要不改变耕地属性，农民便已经拥有了农业内部流转农地的自由。但是，由于这种流转缺乏稳定的产权基础，导致当前农地流转的低效率。另外，农地的非农化流转为政府严格控制，缺乏自由。

第二，农地资本功能没有得到彰显。农地是农民所拥有的唯一生产要素，也是唯一可以转换为资本的要素。在城市化高度发展的今日中国，农民进入城市成了大势所趋。但是，这个过程是有成本的，要求农民具备足够的人力资本或其他资本用于支付住房、教育和日常生活等支出。然而，中国农地产权不清，被禁止参与金融市场，事实上也就降低了农民进城的可能性，限制了城镇化进程。农村土地不能市场流转就是死钱，不仅难以融入市场配置机制，得到高效利用，更不能为农民带来财富。

第三，土地升值分配机制有待调整。土地征收中大部分土地升值财富被政府取得并用于城市基础设施建设，城市现代化水平的上升进一步抬高了城市房地产价值，加剧了城乡资产性收入差距，形成"劫贫济富"，而高房价又将农民排斥于城市之外，城市化道路任重道远。围绕土地征收的钉子户、失地农民等又构成了新的社会经济问题。

第四，土地制度不改革，难以解决"三农"问题。由于农地边际农业生产率低，中国人地比例失衡，因而在中国高度城镇化、工业化下，仅仅依靠农业生产率的提高绝无解决城乡差距的可能，我们不可能指望"一亩三分地"让大多数农民与城市居民一样富裕。所以，我们不能留在摸着石头过河的河中央，唯一的出路就是习近平主席提出的"在坚持农村土地集体所有性质的前提下完善联产承包责任制，既保障基本农田和粮食安全，又通过合乎规范的流转增加农民收入"。①这凝聚成了中国新的改革共识，土地制度顶层设计浮出水面。

二　中国土地制度改革再出发的历史依据

《中共中央关于全面深化改革若干重大问题的决定》明确提出农民

---

① 习近平：《了解涉农产权交易》，http://finance.sina.com.cn/china/20130722/131216201834.shtml，2013 年 7 月 22 日。

应平等参与现代化进程，共同分享现代化成果，土地制度改革再一次出发。产权是所有制的核心，土地制度改革"过河"应该寻找的"石头"就是土地产权。围绕"市场在资源配置中起决定性作用"的方向，深化土地经济体制改革的核心内容就是构建满足市场配置要素要求的土地产权，也就是构建"归属清晰、权责明确、保护严格、流转顺畅的现代产权制度"。①

（一）土地产权明晰

产权明晰有利于降低要素流动和分配的成本，有利于形成经济高效率。只有产权明晰的土地，才能构成市场机制配置的对象。在 20 世纪上半叶的土地改革中，中国共产党非常强调土地产权的明晰，在《土地法大纲》中对没收或征收地主土地的范围、分配给农民的土地都有明确的界定，并且"分配给人民的土地，由政府发给土地所有证"。② 中国农村土地制度改革的一个重要内容就是土地产权的明确化。根据 2002 年的《土地承包法》，土地承包合同一般包括发包方、承包方的名称，发包方负责人和承包方代表的姓名、住所，承包土地的名称、坐落、面积、质量等级；承包期限和起止日期，承包土地的用途等。同时，农村集体土地确权登记可有效解决农村集体土地权属纠纷，在城镇化、工业化和农业现代化进程中切实维护农民权益。所以，2008 年《中共中央关于推进农村改革发展若干重大问题的决定》明确提出要"搞好农村土地确权、登记、颁证工作"。③国土资源部的统计显示，截至 2012 年 10 月底，全国农村集体土地所有权确权登记颁证率为 86%，其中广西、天津、海南、安徽等省、市的确权颁证覆盖率已经超过 95%。④ 2013 年 3 月 5 日，时任总理温家宝在《政府工作报告》中明确强调要认真搞好土地确权登记颁证。确权颁证是成渝统筹城乡综合改革试验区重要内容，工作已经基本完成，绩效已经开始彰显。不过，确权工作还有待进一步完善，不仅需要建立纠错机制，更要构建土地产权变更登记的长期机制。只有这样，才能为土地要素的市

---

① 《中共中央关于全面深化改革若干重大问题的决定》，http：//www. gov. cn/jrzg/2013－11/15/content_ 2528179. htm，2013 年 11 月 15 日。

② 《土地法大纲》，http：//baike. baidu. com/link? url＝vE66_ Sleg_ 4f－eSm9gccE10L3ovt6F8k AJMiLXWTc－fqdool6BylNJevE92D2q7k，2013 年 11 月 22 日。

③ 《中共中央关于推进农村改革发展若干重大问题的决定》，http：//www. gov. cn/jrzg/2008－10/19/content_ 1125094. htm，2008 年 10 月 12 日。

④ 李乐：《国土部急查农地确权，"新土改"再临契机》，《中国经营报》2012 年 12 月 8 日。

场化配置提供明晰的交易对象。

（二）土地产权稳定

符合土地市场需求的土地产权不仅应该在空间上是明晰的，而且在时间上也应该是稳定的。在中国传统土地流转中，买卖的对象是一个包括无期限在内的一定期限内的土地产权，抵押、典让对象是一定期限内的所有权，转租则是一定期限内使用权的流转。而时间太短的土地则难以通过市场调节。在家庭联产承包责任制之初，村集体拥有土地再分配的权力，不利于土地产权的稳定。不过，土地产权的稳定性正不断强化。2002 年，《土地承包法》第二十条规定"耕地的承包期为三十年。草地的承包期为三十年至五十年。林地的承包期为三十年至七十年"；第二十七条规定"承包期内，发包方不得调整承包地。承包期内，因自然灾害严重毁损承包地等特殊情形对个别农户之间承包的耕地和草地需要适当调整的，必须经本集体经济组织成员的村民会议三分之二以上成员或者三分之二以上村民代表的同意，并报乡（镇）人民政府和县级人民政府农业等行政主管部门批准"。① 于是，土地承包权三十年不变构成了土地流转比较稳定的产权基础。2008 年《中共中央关于推进农村改革发展若干重大问题的决定》和 2013 年中国共产党第十八届三中全会的《中共中央关于全面深化改革若干重大问题的决定》都明确规定"稳定农村土地承包关系并保持长久不变"。② 这为土地市场化流转构建了扎实、稳定的土地产权基础，坚持和强化土地产权稳定性是土地市场化流转的基本前提。

（三）土地产权流转

土地产权流转是由土地生产要素属性决定的，也是土地产权制度的重要构成部分。构建恰当的土地流转制度是土地要素市场化配置的基本要求。《中国土地法大纲》明文承认农户对农地"自由经营、买卖及在特定条件下出租的权利"。③ 不过，在人民公社时期，农民没有携带土地退出人民公社的自由，土地流转不可能通过市场配置，因为人民公社不仅否定了租让、

---

① 《土地承包法》，http://baike.baidu.com/subview/437279/5078488.htm，2013 年 11 月 22 日。

② 《中共中央关于全面深化改革若干重大问题的决定》，http://www.gov.cn/jrzg/2013 - 11/15/content_ 2528179.htm，2013 年 11 月 15 日。

③ 《土地法大纲》，http://baike.baidu.com/link? url = vE66_ Sleg_ 4f - eSm9gccE10L3ovt6F8k AJMiLXWTc - fqdool6BylNJevE92D2q7k，2013 年 11 月 22 日。

抵押、买卖等土地流转的形式，而且除了国家与公社外的市场主体几乎不存在。家庭联产承包责任制肯定了以家庭为单位的土地经营权，为土地流转机制准备了多元的市场主体，使农户间土地流转成为可能。2002年的《土地承包法》明文规定："通过家庭承包取得的土地承包经营权可以依法采取转包、出租、互换、转让或者其他方式流转。"①这就为农村土地租让打下了基础。不过，此时的交易对象还停留在土地使用权的短期租让上，比较简单。林权改革探索出了新路，即按照"依法、自愿、有偿、规范"的原则，鼓励林木所有权、林地使用权的有序流转。

土地产权改革不仅是分配问题，还应该将土地流转包括进来。只有实现了土地在产权明晰基础上的自由流转，才有土地要素价值的提升，实现效率与公平的兼容。所以，为了进一步构建符合土地市场需求的土地产权，《中共中央关于全面深化改革若干重大问题的决定》明确规定了多种土地流转形式，提出"赋予农民对集体资产股份占有、收益、有偿退出及抵押、担保、继承权。保障农户宅基地用益物权，改革完善农村宅基地制度，选择若干试点，慎重稳妥推进农民住房财产权抵押、担保、转让，探索农民增加财产性收入渠道"。同时，还要"建立农村产权流转交易市场，推动农村产权流转交易公开、公正、规范运行"，②营造健康、完善的土地市场。

该决定为土地产权流转实现了多方面的突破。首先，提出了多样的土地流转形式，包括抵押、担保、继承权以及入股等。其次，实现了交易主体的多元化，即通过"有偿退出"机制③，实现了以农户家庭为单位的土地流转。土地产权多元化是符合社会生产组织形式多样性特征的，也是通过市场机制配置土地要素的基础。最后，交易对象完善，即不仅农户具有土地承包权的占有、使用、收益、流转及承包经营权抵押、担保权能，而且具有宅基地用益物权的更多流转权利，这就构建了符合市场需求的土地产权制度。在中国快速城镇化过程中，针对农地城镇化的流转应该是土地产权流转机制的核心，依然需要进一步强化，尤其是城乡生产要素的双向流动机制。

---

① 《土地承包法》，http://baike.baidu.com/subview/437279/5078488.htm，2013年11月22日。

② 《中共中央关于全面深化改革若干重大问题的决定》，http://www.gov.cn/jrzg/2013-11/15/content_2528179.htm，2013年11月15日。

③ 《中共中央关于全面深化改革若干重大问题的决定》，http://www.gov.cn/jrzg/2013-11/15/content_2528179.htm，2013年11月15日。

三　市场在土地要素配置中起决定性作用的历史记忆

新事物总让人疑惑。每一次改革总让一部分人兴奋，一部分人失望以及更多的人彷徨。但对于此次土地制度改革则大可不必。因为当前的土地改革是有方向的改革，明确了摸着石头过河的对岸是何方！"市场在资源配置中起决定性作用"的土地制度就是前方。这种便于市场配置的土地制度并不是一种全新的制度安排，而是中国人数千年来的历史记忆。土地市场在中国历史上曾经长期存在并发挥积极作用，传统土地市场的发达程度是世界其他国家所不曾经历过的。在 1949 年前，中国传统社会土地要素都是可以自由买卖流通的，服从于传统土地市场的配置。土地市场流转扎根于中国人的经济行为中，包括租佃、买卖、抵押、典当等一系列交易形式。由于长期的土地市场流转，使得土地契约精神深入人心。地契不仅载明土地面积、坐落地点、四周边界、价钱以及典买条件等，还由当事人双方、亲属、四邻、中人及官衙等签字盖章。地契是转让土地所有权的证明文件，可以凭它作抵押贷款，体现了产权的明晰性。同时，地契受到政府保护，即经官府验契并纳税后，民间的"白契"就成为受官方保护的"红契"。这些都代表了中国传统土地市场配置的普遍性。这种土地制度在几乎没有外部支持的情况下承载了当时世界历史上 20% ~ 35% 的人口①，创造了数千年灿烂的中国农业文明。

土地市场可以包括多种土地产权制度，产权多元化是土地市场配置的基础。《中共中央关于全面深化改革若干重大问题的决定》明确提出要"坚持农村土地集体所有权，依法维护农民土地承包经营权"。基于集体土地所有权和农户土地承包经营权的土地制度将是中国未来土地市场的产权基础。这种土地产权的土地市场在中国历史上并不陌生。明清永佃制和上海道契制度就是相类似的两种产权制度安排。

永佃制度盛行于明清时期。地主拥有田底权，佃户则拥有稳定的土地田面权。田面权不仅可以转租，还能用于抵押、买卖。田面权事实上就是一种明晰和稳定的土地使用权，田面权的流转就是一种土地使用权的土地市场。田面权流转不仅促进了土地效率的提高，而且还为佃农融资提供了

---

① 麦迪森：《世界经济千年史》，北京大学出版社，2004。

资产，构成了中国传统农业问题繁荣的产权基础。道契制度是近代上海租界的土地产权基础。从产权结构上看，道契仅仅是外国人在中国境内以永远租用的名义，向业主租赁土地的契约。该契约要由当地的道署发给地契，故曰道契。名义上道契仅仅是土地使用权的契约，不过道契却构成了近代上海租界繁荣土地市场的交易对象，构成了上海这座中国最大近代化城市的土地产权基础。

中国传统土地市场的经验表明，基于土地使用权的土地市场依然可以有效。只要土地使用权是稳定明晰的，甚至只要不受大的外部干扰，不需要外部机构确权，允许土地市场自发组织，土地使用权就可以成为土地市场配置的对象，且有助于提高土地市场的效率。因为市场机制的效率与产权所有制无关，而是与产权是否适应市场配置有关。这包括土地产权的明晰、土地产权的稳定和土地产权的流转性等。这正是《中共中央关于全面深化改革若干重大问题的决定》所指明的方向，也是中国人的社会历史记忆。数千年的土地市场构建了扎根于中国文化中的土地市场意识，现在70岁以上的老人都曾经在年轻时参与过土地市场流转，近三十年农村土地流转行为也构成了新的土地市场的行为经验。中国土地市场的历史记忆和当代土地市场的行为经验都有助于推动土地要素市场化配置的改革。

四 公平与效率的统一：基于耕者有其田的土地市场

公平和效率始终是改革需要权衡的对象。市场化改革总是面临各种公平问题的质疑，同样，中国土地要素的市场化配置也必然会面对各种质疑。很长时间以来，土地兼并和集中常常被视为历朝、历代社会稳定的最大威胁和农民贫苦的原因。事实上，这个观念的形成是值得商榷的。首先，通过市场的土地集中并没有造成社会稳定冲击，关键是古代中国土地集中兼并充满了非市场行为，即凭借权力参与土地分配。非市场行为的土地兼并才是民怨所指，勤劳致富后买田买地一直都得到人们的尊重。其次，市场并不一定导致集中。在中国数千年的土地市场中，土地市场越发达，土地细分化越明显，土地分配越来越分散，造就了大量的自耕农，构成了社会稳定的基本因素。所以，从历史经验上说，反对土地市场化配置是缺乏依据的。

　　根据福利经济学第二定理，任何资源都能在完全竞争条件下通过市场机制达到帕累托最优。也就是说，市场效率与分配公平并不是天生矛盾的。只要社会资源的产权分配结构是公平的，那么市场机制就会形成既公平又有效率的竞争均衡。20 世纪 50 年代，中国共产党领导的土地改革真正实现了耕者有其田，实现了农村土地产权的基本平均。家庭联产承包责任制依然按照人口分包农地，实现了土地承包经营权的平均。那么，这种"耕者有其田"的土地制度就构成了"起点公平"。在当前基本公平的土地承包经营权分配基础上，按照市场机制配置土地要素就能形成公平与效率统一的经济均衡。所以，当代中国的土地市场是不同于传统的新的土地市场。中国土地制度改革"过河"的对岸不是简单的历史重复，而是一个公平与效率兼得的全新要素分配机制。

　　需要说明的是，市场机制自然有其局限性，构建基于家庭承包经营权的土地市场不是一蹴而就的，至少以下几点需要从技术上予以注意。第一，土地市场培育和价格形成过程。土地市场发展是有一个过程的，土地价格发挥土地要素配置作用也不是一开始就有的。在土地市场还没有发育成熟的情况下，城乡土地价格价差可能存在巨大的漏洞。为了防止土地价格低估使农民的利益受损，土地市场应该逐步构建，渐进放开。中国改革开放过程中形成的特区路径、增量改革等改革经验都值得借鉴和坚持。2012 年，由诺贝尔经济学奖获得者 Alvin Roth 等开创的市场设计（Market Design）领域研究，试图解决市场构建中的各种机制问题（比如市场厚度、市场拥塞、市场行为的安全性和简易性等），这有助于逐步构建和完善中国土地市场机制。[1]第二，土地再分配机制。一方面，土地具有必需品性质。土地要素作为社会基本生产要素，对于部分居民依然承担着社会保障功能，这在农业社会最为明显。而这一要求满足了一部分居民基本的取得土地的权利。另一方面，土地价值再分配。由于区位优势因素，土地具有垄断地租，土地价格具有差异性。这就要求配套相应的土地财税制度，构建土地升值的再分配机制，避免孙中山先生担心的土地增值为少部分人占有，"将来大地主必为大资本家"[2]，造成新的贫富差距问题。第三，市场的问题应该交由市场解决。市场经济正是在解决各种市场缺陷过程中才逐渐成熟起来的，并不是所有的市场缺陷都需要政府调控和干预才能解决。

---

①　熊金武：《市场机制设计研究发展评述》，《云南财经大学学报》2011 年第 6 期。
②　孙中山：《孙中山全集》（第二卷），中华书局，1981。

五 改革精神与改革策略

土地制度改革是全面深化改革的重要内容，它离不开中国改革和革命历史经验，吸取了中国百年改革经济思想精华。《中共中央关于全面深化改革若干重大问题的决定》指出，"改革开放的成功实践为全面深化改革提供了重要经验，必须长期坚持"。

第一，改革的精神。改革事业也离不开改革者精神。邓小平同志说，改革是中国第二次革命，提出"胆子要大，步子要稳，走一步，看一步"[①]，杀出一条血路。当时主持广东改革先行一步的习仲勋指出"如不立志改革，没有创新精神，根本无法先走一步，不可能探索道路，也就当不了先驱者和排头兵"[②]，肯定"闯的精神"，"只要对人民有利，对国家有利，我们就干，胆子大一点"。[③]习仲勋提出的"闯的精神"与邓小平"杀出一条血路"，可谓异曲同工。正如习近平主席在十二届全国人大二次会议上对上海代表团提出的，自贸区改革应该坚持以制度创新为核心，"大胆闯、大胆试、自主改"。[④]这种改革家的精神气概，是全面深化改革和土地制度改革不可或缺的。如果没有顽强、坚定的改革者精神，改不改，大改还是小改，怕不怕犯错误，都会影响改革的进程。

第二，改革的原则。改革实践离不开三个原则：民生原则、走群众路线和实事求是。首先，保障民生。李克强强调民生优先，始终把改善民生作为工作的出发点和落脚点，扑下身子着力谋发展、抓改革、调结构、惠民生。民生是近代以来孙中山、毛泽东等领导人革命和改革关注的核心问题，也是中国改革开放事业的重要出发点。其次，走群众路线。群众路线是中国共产党的根本工作路线。改革开放之初，习仲勋等领导人就强调"要大力支持下面的创新精神，要尊重广大干部和群众的实践经验"。[⑤]只有相信群众、依靠群众、服务群众，才能真正地推进中国改革进步。土地制

---

① 邓小平：《邓小平文选》（第三卷），人民出版社，2008。
② 习仲勋：《习仲勋文集》，中共党史出版社，2013，第687页。
③ 习仲勋：《习仲勋文集》，中共党史出版社，2013，第455页。
④ 习近平：《谈自贸区建设：大胆闯、大胆试、自主改》，2014，http://news.ifeng.com/mainland/special/2014lianghui/content-3/detail_2014_03/05/34460559_0.shtml，2014-03-05。
⑤ 习仲勋：《习仲勋文集》，中共党史出版社，2013，第678页。

度改革关系千家万户，更需要尊重群众的创造力，严格走群众路线。最后，实事求是原则。实事求是，一切从实际出发，是毛泽东思想的精髓，也是中国共产党经济思想路线的核心内容。正如邓小平指出的，"我们取得的成就，如果有一点经验的话，那就是这几年来重申了毛泽东同志提倡的实事求是的原则"。①土地制度改革需要结合地方实际情况，稳步推进，切不可一刀砍。

第三，具体改革方案。在中国一百多年的改革历程中，革命领袖和国家领导人曾多次对中国土地制度进行了多种具体设计，依然对当前改革具有直接借鉴意义，比如特区路径。经济特区理论是中国特色社会主义经济理论的主要内容之一，包含了特区路径的改革策略，具体是通过在改革特定阶段优先向少数地方政府释放改革权，然后逐渐推进全国的体制改革。特区改革不仅有利于积累经验，规避风险，还能发挥地方政府改革的积极性和创造力。所以，经济体制改革应该"积极试验"，"先搞试点，而不是一哄而上"。②还有关于城镇化中土地升值再分配问题。孙中山按照涨价归公和平均地权思想，提出了地价税制度，对非产权人付出劳动和投资导致的土地增值予以征税，打压土地投机，避免土地升值为个别家庭所有，导致贫富悬殊。当前房产税的推行就符合孙中山先生的地价税精神。总之，我们有待进一步挖掘百年来中国改革思想精华，服务并全面深化改革事业。

总之，改革已经成为当代中国最大的社会共识，《中共中央关于全面深化改革若干重大问题的决定》符合社会对改革的预期，指明了改革的方向。只有实实在在地深化改革，才能不失民心，才能永葆社会稳定。改革不仅需要勇气，不怕挫折，还需要策略和智慧。这就要求择天下英才而用之，借鉴古今中外的历史经验，探索一套符合中国国情的土地制度。

参考文献

［1］ Wen Guanzhong James，"Total Factor Productivity Change in China's Farming Sector：1952 – 1989"，*Economic Development and Cultural Change*，Vol. 42，No. 1，1993，pp. 1 – 41.

［2］ 习仲勋：《习仲勋文集》，中共党史出版社，2013。

① 邓小平：《邓小平文选》（第三卷），人民出版社，2008。
② 习仲勋：《习仲勋文集》，中共党史出版社，2013，第 678 页。

［3］习近平：《谈自贸区建设：大胆闯、大胆试、自主改》，http：//news. if-
eng. com/mainland/special/2014lianghui/content － 3/detail ＿ 2014 ＿ 03/05/
34460559＿ 0. shtml，2014 年 3 月 5 日。

［4］习近平：《了解涉农产权交易》，http：//finance. sina. com. cn/china/20130722/
131216201834. shtml，2013 年 7 月 22 日。

［5］邓小平：《邓小平文选》（第三卷），人民出版社，2008。

［6］蔡昉、杨涛：《城乡收入差距的政治经济学》，《中国社会科学》2000 年第
4 期。

［7］麦迪森：《世界经济千年史》，北京大学出版社，2004。

［8］甘犁：《中国家庭金融调查报告2012》，西南财经大学出版社，2012。

［9］全炯振：《中国农业全要素生产率增长的实证分析：1978 － 2007》，《中国农村
经济》2009 年第 9 期。

［10］孙中山：《孙中山全集》（第二卷），中华书局，1981。

［11］王炯、邓宗兵：《中国农业全要素生产率的变动趋势及区域差异》，《生态经
济》2012 年第 7 期。

［12］熊金武：《市场机制设计研究发展评述》，《云南财经大学学报》2011 年第
6 期。

［13］李乐：《国土部急查农地确权"新土改"再临契机》，《中国经营报》2012 年
12 月 8 日。

我国城镇用地的国际比较

● 熊　柴　蔡继明[*]

内容提要： 当前我国政府及学者普遍认为我国城镇人均用地远高于发达国家平均水平和发展中国家平均水平，并以城镇用地增长率与城镇人口增长率比值大于 1.12 来判定我国城镇用地扩展过快。本文的研究表明，城镇用地增长率快于城镇人口增长率是非常正常的现象，1.12 的增长率比值并不是一个合理的判断标准。基于 2000 年全球数据的直接比较发现，我国城镇人均用地处于较低水平。基于 2000 年全球 157 个国家的横截面数据分析表明，相对于国际平均水平，我国城镇用地规模不是偏大而是偏小，城镇人均用地水平不是偏高而是偏低。因此，我国政府应提高规划人均城镇建设用地标准值，并适度放开建设用地指标。

关键词： 城镇用地规模　城镇人均用地　国际比较研究

一　问题的提出

2014 年 3 月公布的《国家新型城镇化规划（2014～2020 年）》，将"土地城镇化快于人口城镇化，建设用地粗放低效"列入在城镇化快速发展过程中必须高度重视并着力解决的突出矛盾和问题之一。确实，从相关数据来看，我国城镇用地增长速度明显快于城镇人口增长速度，但是，这并不能表明我国城镇用地扩展过快。[①]

---

　*　熊柴，清华大学政治经济学研究中心博士研究生，电子邮箱：xiongchaipeter@ 126. com；蔡继明，清华大学政治经济学研究中心主任、教授、博士生导师，电子邮箱：jmcai@ tsing-hua. edu. cn。本文为熊柴博士学位论文《我国城镇用地扩展研究》的部分内容。

　①　笔者之前也发表过关于我国空间城镇化与人口城镇化不协调的文章（蔡继明、程世勇：《中国的城市化：从空间到人口》，《当代财经》2011 年第 2 期；熊柴、高宏：《人口城镇化与空间城镇化不协调问题——基于财政分权的视角》，《财经科学》2012 年第 11 期；蔡继明、熊柴、高宏：《我国人口城市化与空间城市化非协调发展及成因》，《经济学动态》2013 年第 6 期），本文将检讨和修正这一观点。

许多学者或政府官员以所谓的"城镇用地增长弹性系数"或"城镇用地扩展系数"（城镇用地的增长率/城镇人口的增长率）是否大于 1.12 作为判断标准（国家土地管理局保护耕地专题调研课题组，1998；刘伯恩，2003；段进军，2008；蔡继明、程世勇，2011；胡存智，2012），判定我国城镇用地扩展过快。实际上，1.12 的标准是中国城市规划设计院 1989 年在研究报告《2000 年城镇用地预测综合报告》中基于我国早期城市用地扩展情况而对未来城镇用地扩展提出的一个控制值（萧笃宁，1997；谢经荣，1997；王万茂，1997），经不断误传至今，以致被不少知名学者和政府高级官员称为合理判断标准乃至国际公认标准。其实，国际上并不存在"1.12"这样一个判断标准。本文在后面将提供数据：国际上诸多国家城镇用地增长率与城镇人口增长率之比都远远高于 1.12。

与上述流行观点相联系的另一个流行观点认为，我国目前城镇人均用地水平远高于世界平均水平（韩俊，2008；徐绍史，2011）。这种观点可能最早出现在 2006 年时任国土资源部咨询研究中心副主任刘文甲的文章中："我国城镇人均用地已达 130 多平方米，远远高于发达国家人均 82.4 平方米和发展中国家人均 83.3 平方米的水平。"[①] 之后，《经济参考报》更是以"我国城市人均建设用地居世界之首"为标题进行了报道。[②] 后来，这组数据或类似观点广泛传播（肖金成等，2006；叶剑平，2007；蒋省三，2009；李宇嘉，2013）。但是，在任何公开的文献中，我们从未查阅到上述观点的原始证据，也很少见学者对我国城镇用地做过系统、全面的国际比较。

如何判断我国当前城镇用地的扩展情况？在对国内外相关文献进行回顾后，我们发现其实并不存在一个判断城镇用地扩展情况的客观标准。因此，本文将尝试通过对我国城镇用地的国际比较研究进行判断。接下来，本文将分如下三个部分进行研究：第一，利用美国纽约大学城市规划专家 Angel 等人（2005、2010、2012）通过高质量卫星影像搜集的全球城镇用地数据及与之对应的人口数据，和美国国际公共政策研究公司 Demographia（2013）搜集的全球 50 万人以上城市人口及用地数据，进行直接的国际比较研究；第二，利用 Angel 等人（2012）整理的全球数据进行国际横截面数据分析，研究我国城镇用地规模及城镇人均用地面积的合理值；第三，给出结论和政策建议。

---

① 刘文甲：《我国城市化中的非健康与土地利用的不合理》，中国网 2006 年 3 月 6 日。

② 方烨、勾晓峰、王真臻：《我国城市人均建设用地居世界之首》，《经济参考报》2006 年 3 月 13 日。

二 城镇用地的直接国际比较

(一) 数据说明

美国纽约大学城市规划专家 Angel 等人（2005、2010、2012）整理的数据库包括 2000 年超过 10 万人的 3646 个全球城市用地及人口数据（精确到经纬度），2000 年各国城镇用地及人口数据，1990 年、2000 年超过 10 万人的全球 120 个代表性城市用地及人口数据，1800～2000 年全球 30 个代表性城市用地及人口数据等。需要说明的有以下几点。

第一，Angel 等人搜集的约 2000 年城市用地数据是以高质量的 MOD500 卫星影像图为基础[①]，结合美国布朗大学 Vernon Henderson 搜集的城市人口在 2000 年超过 10 万的 2719 个全球城市样本[②]，还有联合国人居署搜集的城市人口在 2000 年超过 10 万的 4574 个全球城市样本[③]，通过遥感分析形成新的 3646 个全球城市样本，并通过 Google Earth 精确到经纬度，其中 2000 年城市人口数据来自各国的人口普查，引自 www. citypopulation. de 网站和联合国报告《世界城市化前景（2007 年修订）》。Angel 等人整理的 3646 个全球城市样本人口总计 20.1 亿，用地面积为 34 万平方公里。需要注意的是，其对城市的统计单位为都会区（Metropolitan Area），并非城市行政管辖范围。

第二，依据在全球 10 万人以上城市样本中发现的人口多一倍、城市人口密度大 16% 的经验，Angel 等人结合联合国统计的 2000 年全球各国城镇人口数据，计算了 2000 年各国 10 万人以下城市的总用地和总人口数据，加总得出 2000 年全球各国城镇用地及人口数据，其估计的全球城镇用地数据可以解释由 MOD500 卫星地图识别的城镇用地数据的 93%，精确度较高。

第三，1990～2000 年 120 个代表性城市用地数据依据的是 1990 年、2000 年的美国 Landsat 卫星影像图解析，从 9 个地区、4 种城市人口规模、4

---

① *Potereet* 等人（2009）对包括 MOD500 影像图在内的、可利用的 8 个全球卫星影像图进行了研究，认为 MOD500 全球卫星影像图的效果是最好的。

② Vernon Henderson 的研究是世界银行研究报告 *Successful Cities*：*Determinants of City Growth Rates* 的一部分（Angel et al. , 2005）。

③ 与 Vernon Henderson 的统计相比，联合国人居署的样本覆盖了更多的国家，对中国城市的统计也更为完全，但包含了部分不到 10 万人的城市，并存在一些重复计数。

种所在地区人均 GDP 等三个维度从全球城市样本中分层抽样提取，其人口数据也主要来自 www. citypopulation. de 网站。

第四，1800~2000 年全球 30 个代表性城市样本的地图主要来自纽约公共图书馆地图室、戴维·拉姆齐在线地图集等，人口数据主要来自联合国《世界城市化前景》报告以及 Chandler 和 Fox（1974）的《3000 年城市增长》。

美国国际公共政策研究公司 Demographia① （2013）对全球 1526 个城市的人口、土地面积数据进行了统计，主要统计年份为 2010 年，涉及人口达 19.3 亿，约占全球城镇人口的 54.37%。特别是 Demographia（2013）几乎统计了全球所有 50 万人以上城市的人口和土地面积数据，这种统计在当今世界具有唯一性。其对城市用地的定义是空间上连续的城市建成区，数据主要来源于卫星遥感数据分析，还有美国、英国、法国、加拿大及澳大利亚等国的官方统计；城市人口的数据主要源于各国官方统计部门及联合国城市集聚区人口估计（United Nations Agglomeration Estimate）等统计，其数据现已被国内外诸多学者引用（谈明洪、李秀彬，2010；罗思东，2013）。不过，与 Angel 等人的一致性统计相比，Demographia 公司的数据统计质量稍微差一些，但可以作为补充。

（二）增长率比值不存在 1.12 的国际标准

在世界银行的支持下，Angel 等人于 2005 年发布了其初步研究成果。但由于 Angel 等人（2005）只获得了全球 120 个代表性城市中的 90 个城市的全部数据，所以只基于全球 90 个代表性城市样本进行了初步研究，通过赋予相关权重估计出 1990~2000 年全球 10 万人以上城市用地变化和人口变化。如表 1 所示。

表 1　1990~2000 年全球 10 万人及以上城市的用地增长率与人口增长率

分　类	城市用地 年均增长（%）	城市人口 年均增长（%）	用地年均增长率与 人口年均增长率的比值
发展中国家	3.56	1.79	1.99
发达国家	2.86	0.58	4.93

---

① Demographia 公司于 1985 年由美国人 Wendell Cox 创办，致力于城市政策、交通及人口统计方面的研究，至今已发布 10 版研究报告：*Demographia World Urban Areas（World Agglomerations）*。

续表

分　类	城市用地 年均增长（％）	城市人口 年均增长（％）	用地年均增长率与 人口年均增长率的比值
低收入国家	4.53	1.86	2.44
中低收入国家	5.44	2.03	2.68
中高收入国家	2.25	1.51	1.49
高收入国家	2.87	0.60	4.78
10 万~52.8 万人城市	3.32	1.14	2.91
52.8 万~149 万人城市	3.63	1.13	3.21
149 万~418 万人城市	3.31	2.00	1.66
418 万人以上城市	2.53	1.71	1.48
全球	3.21	1.46	2.20

资料来源：根据 Angel 等人（2005）的研究数据整理。

1990~2000 年，全球 10 万人及以上城市用地年均增长 3.21%，城市人口年均增长 1.46%，城市用地增长率与城市人口增长率的比值为 2.20。其中，发达国家 10 万人以上城市用地年均增长 2.86%，城市人口年均增长 0.58，增长率比值为 4.93；发展中国家 10 万人以上城市用地年均增长 3.56%，城市人口年均增长 1.79%，增长率比值为 1.99，显著低于发达国家。从收入层次来看，高收入国家增长率比值最高，为 4.78；其次是中低收入国家，增长率比值为 2.68；然后是低收入国家，增长率比值为 2.44；最低则是中高收入国家，增长率比值为 1.49。从城市人口规模来看，52.8 万~149 万人的城市用地与人口年均增长率比值最高，其次是 10 万~52.8 万人的城市，而 149 万人以上的城市用地与人口年均增长率比值相对较低。Angel 等人（2010）还补充了另外 30 个代表性城市样本数据，其基于全球 120 个代表性城市样本的研究结果是：在 1990~2000 年，全球 10 万人以上城市的用地年均增长 3.66%，城市人口年均增长 1.66%，增长率比值为 2.20，与其 2005 年的结论差距不大。

Angel 等人（2010）整理了 1800~2000 年全球 30 个代表性城市的数据[①]，这便于我们从较长的历史时期考察城市用地增长率与城市人口增长率

[①] Angel 等人（2010）考虑到城市发展情况，对一些城市的统计时间是从 1800 年之后才开始的，因此该样本并非严格的 1800~2000 年。其中 27 个城市来源于全球 120 个代表性城市样本，为考虑地区平衡加了其他 3 个城市样本。

的相对变化情况。据 Angel 等人（2010）的统计，在 19 世纪，30 个城市中的大部分城市都呈现了人均用地面积先减少、后增加的趋势，即出现过人均用地面积的低值，平均是在 1890±5 年间。而进入 20 世纪后，30 个城市的人均用地普遍增加，城市用地年均增长率是城市人口增长率的 1.27 倍。表 2 是根据 Angel 等人（2010）文中的相关图估计的 21 个城市在 1900~2000 年的用地年均增长率和人口年均增长率情况。另有 9 个城市的数据交织在一起，难以区分，但从其在图形中的坐标位置来看，可以肯定这些城市的用地年均增长率均明显大于人口年均增长率。1900~2000 年，在全球30 个代表性城市中，仅有拉各斯和危地马拉市的用地年均增长率与人口年均增长率的比值小于或等于 1，其他 28 个城市的增长率比值均大于 1。

表 2　1900~2000 年全球 21 个城市用地年均增长率与人口年均增长率

城　市	用地年均增长率（%）	人口年均增长率（%）	用地增长率与人口增长率比值
阿克拉	6.7	5.2	1.29
布宜诺斯艾利斯	4.4	3.1	1.42
开　罗	3.7	2.6	1.42
芝加哥	2.7	1.7	1.59
危地马拉市	3	3	1.00
伊斯坦布尔	3.1	2.1	1.48
吉达市	7	4.4	1.59
约翰内斯堡	4.1	3.8	1.08
加尔各答	3.1	2.6	1.19
科威特城	5.1	4.3	1.19
拉各斯	5.1	5.3	0.96
伦　敦	2.2	0.8	2.75
洛杉矶	7.1	5.8	1.22
墨西哥城	5	3.5	1.43
莫斯科	3.2	2	1.60
内罗比	6	5.5	1.09
巴　黎	2.1	1.2	1.75
圣保罗	4.9	4.5	1.09
悉　尼	4.1	2.2	1.86

续表

城　　市	用地年均 增长率（%）	人口年均 增长率（%）	用地增长率与 人口增长率比值
特拉维夫	7.1	4.5	1.58
华沙	3.5	1.1	3.18
30个城市合计	—	—	1.27

资料来源：根据 Angel 等人（2010）文中的相关图估计。

因此，从全球来看，城镇用地增长快于城镇人口增长是一种普遍现象。2000~2012年，我国城镇用地年均增长率为6.14%，城镇人口年均增长率为3.72%，增长率比值为1.65。但我们不能以增长率比值大于"1.12"作为我国城镇用地扩展过快的判断标准，因为上述分析已经表明，国际上从未有过这样的客观标准。而且，我们也不宜以增长率比值的全球平均值作为判断标准，因为各国的城镇人均用地水平差异很大。如果城镇人均用地水平很低，增长率比值高一点也正常；但如果城镇人均用地水平已经很高，高的增长率比值则值得警惕。因此，判断一国城镇用地扩展是否过快，应主要从一国城镇人均用地水平的国际比较中进行。

（三）城镇人均用地水平比较

根据 Angel 等人（2012）整理的2000年3646个全球10万人以上城市数据及估计的2000年全球各国城镇人口及用地数据，我们可以对我国的城镇人均用地水平进行非常清晰的国际比较。

表3列出了2000年全球分地区10万人以上城市的人口和用地情况，为便于比较，我们把其统计的中国数据单独列出。从中可以看到，2000年，全球10万人以上城市人均用地为168.80平方米，发达国家为287.72平方米，发展中国家为114.91平方米。从各地区来看，土地丰裕的发达国家（美国、加拿大、澳大利亚和新西兰四国）的人均用地最高，为417.62平方米；其次是欧洲和日本，为214.20平方米，其中日本为179平方米；然后是拉美及加勒比海地区、西亚，人均用地分别为167.20平方米、145.16平方米；之后则是东南亚、南亚和中亚，人均用地分别为120.07平方米、103.49平方米；最低则是东亚及太平洋地区、撒哈拉以南非洲，分别为92.17平方米、97.10平方米，其中中国内地仅为92.32平方米。显然，就10万人以上的城市而言，2000年中国的人均用地均低于世界水平、发展中国家水平，更不用说发达国家水平。根据作者的整理，在 Angel 等人

（2012）统计的 158 个存在 10 万人以上城市的国家中，中国名列 113 位，即
倒数第 46 位。比中国城市人均用地少的国家有巴基斯坦、墨西哥、韩国、
印度、哥伦比亚、尼日利亚、孟加拉国等国。

表 3   2000 年全球分地区 10 万人及以上城市人口和用地情况

地　区	城市（个）	城市人口（人）	城市用地面积（平方公里）	人均用地（平方米）
东亚及太平洋地区	891	458050151	42218	92.17
中国内地	820	399965853	36926	92.32
东南亚	196	107298112	12883	120.07
南亚和中亚	539	287046859	29705	103.49
西亚	157	89553220	12999	145.16
北非	115	53066614	5342	100.67
撒哈拉以南非洲	258	131601450	12778	97.10
拉美及加勒比海地区	403	258850283	43280	167.20
欧洲和日本	796	400896460	85871	214.20
土地丰裕的发达国家	291	226903357	94759	417.62
发展中国家	2559	1385466688	159206	114.91
发达国家	1087	627799817	180630	287.72
全球	3646	2013266505	339836	168.80

资料来源：根据 Angel 等人（2012）的数据整理。

即使算上 10 万人以下的城镇，中国的城镇人均用地依然较低。从表 4
可以看出，中国的城镇人均用地依然比全球平均水平、发展中国家水平和
发达国家水平低，还比各地区的平均水平低。据作者整理，在 Angel 等人
（2012）统计的 208 个存在城镇人口和用地数据的国家中，中国排第 179 位，
即倒数 30 位。此外，表 4 中所列中国的城镇人均用地为 102.88 平方米，这
与作者根据当时中国建设部数据得出 2000 年城镇人均用地 106.96 平方米非
常接近，表明 Angel 等人（2012）的数据质量较高。

总的来说，从 Angel 等人（2012）搜集的 2000 年全球数据中，我们可
以非常清楚地判断：与 2000 年全球平均水平及发展中国家平均水平相比，
中国城镇人均用地水平比较低。

表4 2000年世界各地区城镇人口及用地情况

地 区	城镇总人口（人）	城镇总用地（平方公里）	城镇人均用地（平方米）
东亚及太平洋地区	513609025	52978	103.15
中国内地	446614537	45950	102.88
东南亚	205501689	34448	167.63
南亚和中亚	435376204	59872	137.52
西 亚	121319801	22714	187.22
北 非	86642957	12104	139.70
撒哈拉以南非洲	207570819	26500	127.67
拉美及加勒比海地区	390328849	91233	233.73
欧洲和日本	602418651	174581	289.80
土地丰裕的发达国家	267667515	131447	491.08
发展中国家	1960349344	299847	152.96
发达国家	870086166	306028	351.72
全 球	2830435510	605875	214.06

资料来源：根据 Angel 等人（2012）的数据整理。

（四）补充论证

由于上述数据反映的是 2000 年的情况，所以我们使用 Demographia（2013）统计的 2010 年数据来进行补充。在 Demographia（2013）的统计中，除我国城市外的全球 1270 个城市的人均用地为 303.71 平方米，除我国城市外的全球 698 个 50 万人及以上城市的人均用地为 259.41 平方米。表 5 列出了 50 万人及以上城市纳入统计个数达 10 个及以上的 16 个国家的城市人均用地情况，并与我国 2010 年 50 万人以上城市的人均用地（106.22 平方米）进行比较。[①] 可以发现，在列出的 16 个国家中间，只有尼日利亚、韩国、印度、巴基斯坦 4 个国家的城市人均用地水平低于中国，其他 12 个国家的城市人均用地水平均高于中国。

综合两方面的数据，我们可以非常确切地得出如下结论：与国际水平

---

① 我国 50 万人以上城市人均用地数据并非来源于 Demographia（2013）的统计，而是根据《中国城市建设统计年鉴》计算而得，考虑到我国官方统计应比外部的统计更为准确，因而在此使用了本国的官方统计。

相比较，2000 年中国城镇人均用地水平较低。

表 5　部分国家的 50 万人及以上城市人均用地水平

国　家	城市个数（个）	城市平均人口规模（人）	人均用地（平方米）	与中国比较
美　国	73	2233753	875.32	8.24
法　国	10	1878100	543.90	5.12
德　国	15	1672667	376.72	3.55
俄罗斯	39	1247436	305.41	2.88
乌克兰	10	1053000	275.78	2.60
日　本	23	3641522	245.42	2.31
英　国	10	2018200	216.88	2.04
巴　西	34	2486824	189.21	1.78
墨西哥	27	1917037	154.77	1.46
印度尼西亚	22	2324318	123.13	1.16
伊　朗	12	2229583	121.06	1.14
土耳其	12	2322917	113.08	1.06
尼日利亚	17	1884118	104.43	0.98
韩　国	11	3234091	95.26	0.90
印　度	93	2054925	78.52	0.74
巴基斯坦	12	3575833	63.99	0.60

注："与中国比较"一项的值等于该国 50 万人及以上城市人均用地水平除以中国 50 万人及以上城市人均用地水平（106.22 平方米）。

资料来源：根据 Demographia（2013）统计的数据整理。

三　我国城镇用地规模及人均水平的合理值估计

在前文，我们已经通过数据比较直观地感受到了我国城镇人均用地水平与国际平均水平相比较低，但是我们并不能直接断定我国城镇人均用地水平偏低以及城镇用地规模偏小。根据经典的单中心城市模型理论（Brueckner 和 Fansler，1983），人口增加、经济发展、交通成本降低等都会促进城镇用地扩展，而农地价值的提高则会限制城镇用地扩展，但这些因素在各国是不同的，因而对我国城镇用地扩展的情况需要进一步研究。

作者将利用相关国际横截面数据建立以一国城镇用地规模为被解释变量的回归模型，在得出相应回归方程的基础上，把我国数据代入，以得出国际水平下的拟合值，该值即可认为是国际水平下的合理值，进而与我国实际值比较，以判断我国城镇用地规模是偏大还是偏小，城镇人均用地水平是偏高还是偏低。具体而言，本节将分为三个部分：第一，讨论建立本文的计量模型；第二，基于 Angel 等人（2012）整理的各国城镇用地和人口数据，以 2000 年各国城镇用地规模为被解释变量，进行国际横截面数据的回归分析；第三，利用回归方程讨论国际水平下的我国城镇用地的合理规模及合理人均水平。

（一）模型、数据说明及统计性描述

目前，由于数据缺乏及研究视野等原因，国内外学者从全球范围内对一国城镇用地扩展的研究较少。Angel 等人（2011）认为，一国人均耕地面积可作为农地价值的度量。一国人均耕地面积越大，则意味着该国农地资源往往比较丰富，农地价值可能就较低；一国人均耕地面积越小，则意味着该国农地资源比较稀缺，农地价值就可能较高。此外，一国汽油价格应比较好地衡量一国城镇交通成本，汽油价格越高，交通成本则越高，人们的活动半径则会受到影响，而这将影响人们在城镇生产生活的布局。因此，从经典的单中心城市模型出发，参考 Angel 等人（2011）的做法，本文建立如下计量模型：

$$\text{Ln}UA_i = C + \beta_1 UP_i + \beta_2 \text{Ln}ED_i + \beta_3 \text{Ln}ARABLE_i + \beta_4 \text{Ln}GAS_i + \varepsilon_i \qquad (1)$$

式 1 中，UA_i 表示第 i 个国家城镇用地规模（平方公里），UP_i 表示第 i 个国家城镇人口规模，ED_i 表示第 i 个国家的人均 GDP（以 2000 年美元不变价格计），$ARABLE_i$ 表示第 i 个国家的人均耕地面积（公顷），GAS_i 表示第 i 个国家的汽油价格（美元/升）。其中，2000 年一国城镇用地规模和城镇人口规模数据来自 Angel 等人（2012）；人均 GDP、人均耕地面积以及汽油价格等四项数据或直接源于世界银行网站，或根据世界银行网站相关数据直接计算而得。而对 2000 年缺失汽油价格的国家，我们选用了其相邻年份值，或者以 1998 年价格和 2002 年价格的平均值代替。[①] 经筛选，一共获得了 157 个国家样本（不包括中国）。上述变量的统计性描述见表 6。

---

① 世界银行对各国汽油价格的统计为隔年统计。

表6 变量的统计性描述

统 计	UA	UP	ED	ARABLE	GAS
平均值	350250	14717197	7136	0.2640	0.61
中 值	70236	3608435	1764	0.1842	0.60
最大值	11219686	281410671	75606	2.4698	1.19
最小值	203	4929	87	0.0002	0.02
标准差	1035602	34125195	11366	0.2942	0.25
偏 度	7.97	5	3	3.9509	0.11
峰 度	79.86	35	12	25.3296	2.68

我们预期 $LnUP_i$ 的弹性为正，即城镇人口规模较大的国家，其城镇用地规模也较大；预期 $LnED_i$ 的弹性为正，即人均 GDP 较高的国家，其城镇用地规模较大；预期 $LnARABLE_i$ 的弹性为正，即人均耕地面积较大的国家，其城镇用地规模也较大；预期 $LnGAS_i$ 的弹性为负，即汽油价格较高的国家，其城镇用地规模较小。

（二）国际横截面数据分析

通过 White 异方差修正，上述模型的回归结果如表7所示。

表7 估计结果

变量	估计1	估计2	估计3	估计4
LnUP	0.946***	0.943***	0.923***	0.915***
	(39.217)	(49.657)	(47.654)	(48.780)
LnED		0.174***	0.199***	0.216***
		(6.427)	(7.115)	(7.946)
LnARABLE			0.138***	0.157***
			(4.144)	(5.071)
LnGAS				-0.244***
				(-3.117)
Constant	-3.074***	-4.363***	-3.991***	-4.113***
	(-8.472)	(-11.479)	(-11.086)	(-11.503)
样本数	157	157	157	157
R^2	0.880	0.908	0.915	0.921

注：***代表在1%的水平下显著，括号内数值为T统计量。

从上述估计结果可以发现，各变量在模型中的显著性均良好。在估计 4 中，城镇人口的弹性约为 0.92，表明一国城镇人口规模每增加 1%，该国城镇用地规模将增加 0.92%。人均 GDP 的弹性约为 0.22，表明一国人均 GDP 每增长 1%，该国城镇用地规模将增加 0.22%。人均耕地面积的弹性为 0.16，表明一国人均耕地面积每增加 1%，该国城镇用地规模将增加 0.16%。汽油价格的弹性为 -0.24，表明一国汽油价格每降低 1%，该国城镇用地规模将增加 0.24%。总的来说，上述变量可以解释各国城镇用地规模变化的 90%，拟合效果非常好。

将 Angel 等人（2012）统计的中国数据代入估计 4 的回归方程，则有：

$$LnUA = -4.113 + 0.915 \times \ln(446614537) + 0.216 \times \ln(949.18)$$
$$+ 0.157 \times \ln(0.0958) - 0.244 \times \ln(0.4)$$
$$= 15.446 \tag{2}$$

由此可得中国 2000 年城镇用地规模的拟合值为 5.11 万平方公里，比 Angel 等人（2012）统计的 4.59 万平方公里大 0.51 万平方公里；中国 2000 年城镇人均用地面积的拟合值即可算出为 114.32 平方米，比根据 Angel 等人（2011）统计计算的 102.88 平方米高出约 11.44 平方米。需要再次说明的是，根据当时建设部数据，2000 年中国城镇用地规模为 4.91 万平方公里，城镇人均用地面积为 106.96 平方米，这与 Angel 等人（2012）统计的数据非常接近。因此，我们可得出如下结论：2000 年中国城镇人均用地面积低于国际水平 11.5 平方米左右。

（三）进一步讨论

对于当前的情况，由于没有最新的全球城镇用地和人口数据，我们只能依据 Angel 等人（2010）统计的全球城镇用地增长率与人口增长率的比值进行大致估计。在前文，我们谈到，根据 Angel 等人（2010）的研究，在 1990~2000 年，全球 10 万人以上城市的用地年均增长 3.66%，城市人口年均增长 1.66%，增长率比值为 2.20。假设 2000~2012 年全球城镇用地年均增长率与城镇人口年均增长率的比值基本保持在 1990~2000 年的水平，即在 2.0~2.4。

根据国家统计局统计，在 2000~2012 年，我国城镇人口年均增长率为 3.72%，按照国际水平我国城镇用地规模应在 2000 年拟合值（5.11 万平方公里）的基础上年均增长 7.44%~8.93%，到 2012 年，我国城镇用地规模的合理范围大致为 12.08 万~14.25 万平方公里，城镇人均用地水平的合理范围大致为 170～200 平方米。根据建设部统计，2012 年我国实际城镇用地规模为 10.03 万平方公里，实际城镇人均用地面积为 140.95 平方米，这意味着当前我国城镇用地规模很可能至少比国际水平小 2.05 万平方公里，城镇人均用地面积很可能至少比国际水平低 29 平方米。

四 结 论

长期以来，我国政府及学者普遍认为我国城镇人均用地远高于发达国家平均水平和发展中国家平均水平，并以我国城镇用地增长率/城镇人口增长率的值大于所谓的国际标准 1.12 来判定我国城镇用地扩展过快，从而执行了非常严格的城镇用地控制政策。2011 年，住房与城乡建设部发布《城市用地分类与规划建设用地标准》（GB 50137 - 2011），把城市人均建设用地规划值设定在 65～115 平方米；2014 年年初，国土资源部下发《关于强化管控落实最严格耕地保护制度的通知》，更是要求把城市人均建设用地目标严格控制在 100 平方米以内。但本文的研究表明，城镇用地增长率快于城镇人口增长率是非常正常的现象，并不存在 1.12 的判断标准。在全球，我国城镇人均用地处于较低水平；并且，相对于国际平均水平而言，我国城镇用地规模不是偏大而是偏小，城镇人均用地水平不是偏高而是偏低。这意味着我国住房与城乡建设部应该提高规划人均城镇建设用地标准，而不是进一步严格限制；国土资源部应该适度放开年度建设用地指标，而不是缩紧。

熊柴（2014）基于未利用地和农村居民点用地现状的研究表明，我国城镇用地扩展潜力巨大。到 2049 年，我国城镇用地规模可达 25.51 万平方公里，占国土面积的 2.68%，城镇人均用地可达 247.53 平方米。其中，来自未利用地的潜力为 11.29 万平方公里，相当于我国当前未利用地总量的 4.79%；来自农村居民点用地的潜力为 4.19 万平方公里，相当于我国当前农村居民点用地的 25.32%。从当前的美国和日本城镇用地占国土面积的比例来看[1]，我国城镇用地面积占国土面积的比例在 2049 年达到 2.68% 并不高；从 2000 年各国城镇人均用地水平来看，247.53 平方米也只是在全球

---

[1] 据美国最新土地利用报告，2007 年美国城镇用地为 24.51 万平方公里，占国土面积的 2.68%；据日本 2014 年统计年鉴，2010 年日本人口集中区域（DID）面积为 1.27 万平方公里，占其国土面积的 3.37%。

208 个国家排第 85 位。而且，在耕地占补平衡政策以及城乡建设用地增减挂钩政策下，这种城镇用地扩展不会影响我国的耕地面积。因此，从国土资源利用现状来看，我国城镇用地并不像一些人所说的那样稀缺，完全可以更多一些。

参考文献

[1] S. Angel, J. Parent, D. C. Civco and A. M. Blei, "*The Persistent Decline in Urban Densities: Global and Historical Evidence of Sprawl,*" Lincoln Institute of Land Policy Working Paper, 2010.

[2] S. Angel, J. Parent, D. C. Civco, A. M. Blei, *The Atlas of Urban Expansion*, Cambridge: Lincoln Institute of Land Policy, 2012.

[3] S. Angel, J. Parent, D. C. Civco, A. Blei, D. Potere, "The Dimensions of Global Urban Expansion Estimates and Projections for All Countries, 2000 – 2050", *Progress in Planning*, Vol. 75, No. 2, 2011, pp. 53 – 107.

[4] S. Angel, S. C. Sheppard, D. C. Civco, *The Danamics of Global Urban Expansion*, World Bank Transport and Urban Development Department Working Paper, 2005.

[5] J. K. Brueckner, D. A. Fansler, "The Economics of Urban Sprawl: Theory and Evidence on the Spatial Sizes of Cities", *The Review of Economics and Statistics*, Vol. 65, No. 3, 1983, pp. 479 – 482.

[6] Demographia, *Demographia World Urban Areas (World Agglomerations)*, 9th Annual Edition, www. demographia. com, 2013.

[7] D. Potere, A. Schneider, S. Angel, D. L. Civco, "Mapping Urban Areas on a Global Scale: Which of the Eight Maps Now Available Is More Accurate", *International Journal of Remote Sensing*, Vol. 30, No. 24, 2009, pp. 6531 – 6558.

[8] 蔡继明、程世勇：《中国的城市化：从空间到人口》，《当代财经》2011 年第 2 期。

[9] 蔡继明、熊柴、高宏：《我国人口城市化与空间城市化非协调发展及成因》，《经济学动态》2013 年第 6 期。

[10] 段进军：《关于中国城镇化进程的反思》，《城市发展研究》2008 年第 4 期。

[11] 国家土地管理局保护耕地专题调研课题组：《近年来我国耕地变化情况及中期发展趋势》，《中国社会科学》1998 年第 1 期。

[12] 韩俊：《健全严格规范的农村土地管理制度》，《人民日报》2008 年 11 月 10 日。

[13] 胡存智：《以人地联动机制带动人口向城市集聚》，《中国经济导报》2012 年

4 月 14 日。

[14] 蒋省三：《建设性用地制度改革：转变经济发展方式的关键》《红旗文稿》2009 年第 5 期。

[15] 李宇嘉：《盘活城市存量土地是土地改革最佳入口》，《上海证券报》2013 年 10 月 24 日。

[16] 刘伯恩：《城市土地集约利用的途径与措施》，《国土资源》2003 年第 2 期。

[17] 罗思东：《新型城镇化道路为什么是中国的必然选择——中美城市化历史进程的比较研究》，《人民论坛·学术前沿》2013 年第 21 期。

[18] 谈明洪、李秀彬：《世界主要国家城市人均用地研究及其对我国的启示》，《自然资源学报》2010 年第 25 期。

[19] 王万茂：《土地资源部门间分配与耕地保护》，《中国土地科学》1997 年第 11 期。

[20] 肖金成、汪阳红、陈龙桂等：《工业化、城镇化过程中的土地管理与使用》，《宏观经济研究》2006 年第 4 期。

[21] 萧笃宁：《城市化进程与土地资源的可持续利用》，《云南地理环境研究》1997 年第 9 期。

[22] 谢经荣：《建立同最严格的土地管理法规相应的经济机制》，《中国土地》1997 年第 8 期。

[23] 熊柴、高宏：《人口城镇化与空间城镇化不协调问题——基于财政分权的视角》，《财经科学》2012 年第 11 期。

[24] 熊柴：《我国城镇用地扩展研究》，清华大学博士论文（待提交），2014。

[25] 徐绍史：《落实资源节约优先战略、推动经济发展方式转变》，《求是》2011 年第 4 期。

[26] 叶剑平：《以节约用地保护耕地》，《瞭望》2007 年第 37 期。

第四篇
中国经济发展问题

中国经济持续增长的动力转换研究

●焦方义　魏　枫[*]

内容提要： 中国改革开放以来取得的经济增长成就举世瞩目，同时随着步入上中等收入国家行列，中国今后经济增长的态势也成为学界研究的焦点，是保持此前一贯的高速增长，还是转为低速但可持续的增长，抑或是陷入模仿陷阱，都取决于中国今后一段时期经济增长的动力来源及结构。本文首先从中国近年来经济增长的典型化事实出发，探究其高速增长背后的动力机制，然后展望这些动力是否可持续，进而讨论中国进入新时期后的经济增长趋势，在此基础上，得出研究结论与政策主张。

关键词： 经济增长　动力机制

一　问题的提出

凭借着改革以来自身强劲的经济增长，中国在世界经济和国际事务上的影响力，在过去的 30 多年中迅速地扩大。安格斯·麦迪逊（2008）认为这种扩大"对一些人来说是个威胁，对另一些人来说这又是希望之所在，但对大多数人来说这是个不解之谜"。关于中国经济迅速增长的原因以及这种增长是否可以持续，经济学界从众多角度给出解释。

多数人认为，中国经济的快速增长主要取决于生产要素特别是资本的高投入以及资源的高消耗。改革开放以来，我国持续保持了较高的储蓄率和投资率水平，储蓄率的最低值 32.9% 出现在 1981 年，此后一路上升，近期多数年份的储蓄率均在 50% 左右。何帆、张明（2007）分别比较了

---

*　焦方义，黑龙江大学经济与工商管理学院院长、教授；魏枫，黑龙江大学经济与工商管理学院副教授。本文获得 2013 年度国家社科基金项目青年项目（13CJL022）"我国收入倍增战略阶段适配性研究"资助。

中国与发达国家的国民总储蓄率以及中国与东南亚发展中国家（地区）的国内总储蓄率，发现从 20 世纪 90 年代，中国储蓄率就高于所有发达国家（1992 年之前的韩国除外），高于除新加坡和马来西亚之外的其他东南亚发展中经济体；同时，投资率也保持在较高水平，基本处于 30% ~ 40%。由此，许多人认为中国的高速增长只不过是由高积累堆积起来的总量扩张，长期将难以为继（吴敬琏，2006）。历史上，苏联经济曾取得过出人意料的高速增长绩效，但因为单纯依靠资本和劳动力投入来获取增长，最终没能经得住时间的考验。同样，当亚洲四小龙创造了高速增长的"东亚奇迹"时，也遭到了众多西方经济学家的质疑，并断定其增长的不可持续性。特别是在 20 世纪末，东南亚金融危机过后，Krugman[①] 等的预言成真，人们更有理由相信单单靠生产要素的扩张性积累来推动的增长，并配合着动员资源与扭曲要素价格型政府干预的东亚发展模式，长期内难以为继，一时间东亚出口导向型的增长轨迹被视为低效率和不成功的代表。但是随着时间的流逝，进入 21 世纪以后，人们又惊奇地发现，东亚经济不仅没有像南美国家那样被危机打垮，或萎靡不振，经济停滞徘徊不前，反而迅速地恢复了生气，正在享受着新一轮的增长果实。[②] 在表 1 中，我们整理出亚洲第二次世界大战后实现经济快速增长的主要国家近十年的实际 GDP 增长率，从中可以看到，它们的经济增长速度仍然快于世界平均水平。

表 1　东亚与世界主要国家 2003 ~ 2007 年实际 GDP 年增长率比较

国家和地区	2003 年	2004 年	2005 年	2006 年	2007 年	2008 年	2009 年	2010 年	2011 年	2012 年
印度尼西亚	4.8	5.0	5.7	5.5	6.3	6.1	4.6	6.2	6.5	6.2
马来西亚	5.8	6.8	5.3	5.8	6.3	4.8	-1.5	7.4	5.1	5.6
菲律宾	4.9	6.4	5.0	5.4	7.2	4.2	1.2	7.6	3.6	6.8
新加坡	3.5	9.0	7.3	8.2	7.7	1.8	-0.8	14.8	5.2	1.3

---

① Krugman（1994）认为这些东亚经济体的高增长率主要来自高额资本积累（称其为"流汗"），而不是技术进步（称其为"灵感"）。那么，尽管在一定时期经济有可能保持高增长率，但难免终将遭遇到报酬递减，此种经济增长模式与苏联计划经济时代的外延经济增长模式如出一辙，所谓的"奇迹"只不过是"纸老虎"而已。

② 据日本野村国际（香港）公司对东南亚五国（新加坡、马来西亚、泰国、印尼、菲律宾）299 家主要上市公司所进行的调查，2005 年度纯利润同比增长 6%，达到 413 亿美元。来源于《日本经济新闻》，http：// jp. mofcom. gov. cn/column/print. shtml/jmxw/200506/20050600108697。

续表

国家和地区	2003 年	2004 年	2005 年	2006 年	2007 年	2008 年	2009 年	2010 年	2011 年	2012 年
泰国	7.1	6.3	4.5	5.1	4.8	2.5	-2.3	7.8	0.1	6.5
美国	2.5	3.9	3.2	2.9	2.2	-0.3	-2.8	2.5	1.9	2.8
欧元区	0.8	2.1	1.3	2.7	2.6					
世界平均	4.1	5.3	4.9	3.9	3.8	4.0	0.2	4.3	4.1	3.1

资料来源：全球市场信息数据库 Global Market Information Database（GMID）http：//www. portal. euromonitor. com/portal/server. pt，单位：%。

事实驳斥理论判断，人们开始重新思考东亚模式以及中国的所谓要素高投入但低效增长的路径，并认为中国经济增长的要素高投入模式并不一定是低效率的，这要视投资的不同情况而定。在中国，高储蓄—高投资驱动经济增长的同时，必然存在着大幅度的技术进步，以冲减资本边际报酬递减所带来的不利影响。经济增长前沿课题组（2006）认为，中国在开放条件下的外商直接投资与技术引进中，均采取与投资相关的方式来实现技术进步，将中国经济增长的路径归纳为"干中学"引发套利型一哄而起的低成本竞争模式，这样就跳出了内生经济增长理论一直强调的人力资本提升，即只强调劳动投入质量的提升，而无视资本要素的质量提升对于经济增长的作用。其实，物化在机器设备之中的技术进步形式并非是中国的特例，而是在世界范围内广泛存在的一种技术进步形式。对于发展中国家来说，其技术水平通常会远离世界技术前沿，因而通过设备引进来模仿先进技术成为可能，对这类技术更为先进的机器设备进行大量投资，就会带来技术进步，消减通常意义上的规模报酬递减，实现经济的快速增长。中国作为发展中国家，在经历依靠模仿快速实现技术进步阶段后，从模仿而来的后发优势在显著递减。如果这种对于经济增长的正向激励长期内无法持续，那么如何在其消减之前进行恰当的转换，以确保 21 世纪中期中国能够达到中等发达国家的经济水平也就成为我们关注的中心问题。

在研究中国经济迅速增长的原因时，不能忽视的是高比例的投资率和物化在新增投资中的技术进步，这种新增技术会使得原有的技术价值降低，甚至失去价值。Aghion 和 Howitt（1992）重新系统、规范地阐述了 Schumpeter 的创新理论，提出了一个经典的纯劳动力的纵向创新模型，这个模型将持续的增长过程描述为固定数量企业条件下产品连续改进的过程，包含了熊彼特竞争的全部重要内涵：研发的纵向竞争行为、技术知识溢出效应和创新性毁灭的效应。Solow（2007）称赞这是内生增长理论发展中最重要的进步之一，"我（Solow）不能断定他们（Aghion 和 Howitt）是否将Schumpeter 的不精确概念转换成了明确的模型并推进到非常细致的水平，但它确实说明了进步是如何实现的"。

在这些模型中，技术进步是有目的的研究与开发活动的结果，事后的垄断利润作为补偿用以激励厂商进行创新。只要市场上存在着获利空间，厂商的研究与开发活动就会不断出现。从国家的角度，我们扩展了这方面的分析，为中国这样的发展中国家的厂商增加推动技术进步的另一种选择——对发达国家进行模仿，模仿的途径被设定为主要依靠物化了先进技术的设备引进，这样本文的分析就把资本驱动与技术进步同时内生到增长模型中来。新增长理论坚持强调技术进步是推进经济增长的最终动力，处于世界技术前沿的发达国家如果想进一步提升自身的技术水平，别无他法，只能依靠自主研发来实现；而对于远离世界技术前沿的国家，则有两种推进技术进步的形式可供选择，或者模仿引进，或者自主研发。如果此时推进技术进步形式的选择权在逐利的微观主体——厂商手中，那么，决定的影响因素就分别是模仿与创新行为各自所能带来的成本收益。在研究的过程当中，我们发现当中国的技术水平处于较低阶段时，技术进步的推进形式以模仿为主，而且此时政府对于市场的干预和扭曲往往会取得较好的结果；当技术水平得到成功提升，接近世界技术前沿时，其技术进步的主要推动形式就转而以自主创新为主了，同时最优化收敛路径要求政府对于经济的扭曲也要逐步矫正，市场要在资源配置的过程中发挥主导作用。这与许多经济学家所做出的判断也是基本一致的，如 Acemoglu、Aghion 和 Zili-botti（2006）认为，当技术水平远离世界技术前沿时，对于竞争市场的扭曲，成本有限；但如果该国技术水平很靠近世界技术前沿时，这种扭曲成本就会非常高。他们还利用 1965～1996 年非 OECD（经济合作与发展组织）国家的数据（也包括 20 世纪 90 年代才加入 OECD 的国家，如韩国和墨西哥，因为他们曾远离世界技术前沿），回归发现高扭曲的国家在远离世界技术前沿时的增长速度相对较高，在接近前沿后，增速显著降低。①

---

① 在他们的文章中，低扭曲组（low-barrier group）包括：智利、加纳、中国香港地区、印度、以色列、牙买加、马来西亚、尼日利亚、巴基斯坦、秘鲁、新加坡、南非、斯里兰卡、中国台湾地区、泰国、突尼斯、乌拉圭、赞比亚和津巴布韦；高扭曲组（high-barrier group）包括：阿根廷、玻利维亚、巴西、布基纳法索、哥伦比亚、多米尼加共和国、厄瓜多尔、埃及、印度尼西亚、约旦、肯尼亚、韩国、马达加斯加、马拉维、马里、墨西哥、摩洛哥、莫桑比克、菲律宾、塞内加尔、坦桑尼亚、乌干达和委内瑞拉。

二 中国的经济增长成就与典型化事实[①]

改革开放以来，随着国民经济的持续快速发展，我国的国际地位和国际影响发生了根本性的历史转变，目前中国GDP总量跃居世界第二位，主要工农业产品产量均提升到世界第一位。改革开放30年来，中国经济飞速发展，成就举世瞩目。1978年，中国国内生产总值（GDP）仅为3645.2亿元人民币，1986年突破1万亿元，2001年突破10万亿元，2006年突破20万亿元，2012年中国GDP总量突破50万亿元。根据世界银行的测算结果，具体数据如表2所示。

表2 1978~2007年世界主要国家和地区经济增长率比较

国家和地区	1978年	1990年	2000年	2007年	1979~2007年平均增长率	2008年	2010年	2012年	2008~2102年平均增长率
世界总计	4.4	2.9	4.1	3.8	3.0				
美 国	5.6	1.9	3.7	2.2	2.9	-0.3	2.5	2.8	0.8
欧元区	3.1	3.6	3.9	2.6	2.2				
日 本	5.3	5.2	2.9	2.1	2.4	-1.0	4.7	2.0	-0.11
中国内地	11.7	3.8	8.4	11.9	9.8	9.6	10.4	7.8	9.3
中国香港	8.5	3.9	8.0	6.4	5.6	2.1	6.8	1.5	2.6
韩 国	9.3	9.2	8.5	5.0	6.4				
新加坡	8.5	9.2	10.1	7.7	7.1	1.8	14.8	1.3	4.4
马来西亚	6.7	9.0	8.9	5.7	6.2	4.8	7.4	5.6	4.3
印 度	5.7	5.5	4.0	9.0	5.7	3.9	10.3	4.7	6.8
俄罗斯联邦		-3.0	10.0	8.1	0.1*	5.3	4.5	3.4	1.9
巴 西	3.2	-4.3	4.3	5.4	2.7				

注：*为1989~2007年的年平均增长率，单位:%。
资料来源：世界银行数据库 http://extsearch.worldbank.org/servlet/。

1979~2013年，中国国内生产总值年均实际增长9.8%，不仅明显高于1953~1979年的年均6.1%的速度，而且也大大高于同期世界经济年均3%

① 若无特殊说明，本章中的数据及图表均来源于《2013年统计年鉴》。

的速度。当然，世界上许多国家和地区都曾经历过经济的高速增长，我们不能要求中国经济经历高速增长的同时，别国也应有同样经历，国家发展总有先后，高速增长期并不会必然重合。将中国与各主要新型工业化国家历史上曾经历的经济高速增长阶段的年均经济增长率和这种高速增长所持续的时间来进行比较，中国的增长依旧一枝独秀。第二次世界大战以后，一批新兴工业化国家依次经历快速增长的过程，日本的经济高速增长期是19年，年均增长9.2%；新加坡的经济高速增长期是20年，年均增长9.9%；中国香港的经济高速增长期是21年，年均增长8.7%；中国台湾的经济高速增长期是26年，年均增长9.5%；韩国的经济高速增长期是30年，年均增长8.5%。将这些与中国自改革开放以来保持了长达30年的高速增长相比较，我们所取得的成就绝不差之。2008年，受到世界金融危机的影响，世界范围内的金融危机致使多数国家经济增速下滑，在此背景下，中国经济增长的态势更加举世瞩目。这样看来，我国的高速增长期至少与目前世界上高速增长期保持最长的韩国持平或更长，这不能不说是创造了一个奇迹。

30年间，中国一直保持了较高的储蓄率与资本形成率，这是支撑中国经济增长的最主要因素之一。农村剩余劳动力向城市工业、服务业的转移，人力资本水平的上升[①]，也是实现中国经济快速增长的又一重要动力来源。在改革开放初期，中国所实现的技术进步主要以模仿为主，自主研发活动及投入都处于较低水平，而且多为政府所主导，并没有对经济增长形成显著的促进作用。但是进入21世纪以后，研发水平和对实体经济的促进作用开始提升，而且进行研发和推广成果的活动主体也由政府逐步转移到逐利的厂商手中。研究与试验发展经费支出占GDP的比重由1991年的0.71%，提高到2008年的1.52%，绝对值达到4570亿元人民币。此外，我国吸引外资和外汇储备也步入世界前列，2012年，中国利用外商投资总额千亿美元左右，外贸依存度超过70%。这一切的取得只用了不过30年的时间。中国经济实现快速增长的同时，也实现了显著的技术进步，这是贯穿全文的基本判断。结合我们的分析视角，本文主要是从收入增长和技术提升的角度来归纳中国经济增长的典型化特征。

---

① Lucas（1988）认为，人力资本取决于劳动力的受教育年限。王小鲁等人（2009）计算了中国劳动年龄人口（即扣除在校学生）平均受教育年限，1978年为3.9年，而2007年增长至7.5年，可见我国人力资本水平提升显著。鉴于本文的分析视角主要是从中国的资本积累与物化性技术进步的角度来解释增长路径，因而本文没有对劳动力及人力资本进行过多关注。当然，这绝非否认人力资本在中国经济增长过程中所发挥的巨大作用。

（一）逐利厂商成为市场主体，市场经济初步建立

开始于20世纪70年代末的市场化改革，就是非国有部门在社会当中所占比重不断上升的过程，是由国有企业占据主导的计划经济向多种经济成分并存并协调发展的市场经济逐步转变的过程。大多数企业逐步成为追求利润最大化的"标准企业"，市场经济的微观主体基本形成。这种得益于经济结构在调整下的生产资源再次配置也就成为改革开放以来经济快速增长的原动力之一。

1978年，工业企业所有制结构为全民所有制企业和集体所有制企业构成的单一公有制结构。其中，全民所有制工业企业数量占24.0%，工业总产值中占77.63%；集体所有制工业企业数量占76.0%，工业总产值占22.37%。此时的中国城镇从业人员几乎全部集中在公有制企业。此后，私营部门一路发展迅速。截至2011年年底，全国登记的规模以上国有及国有控股企业仅占全国总数的26%。如表3所示。

表3　全部国有及规模以上非国有工业企业工业总产值和国有及国有控股企业所占比重

单位：亿元（当年价格）

项　　目	1996年	1999年	2002年	2005年	2008年	2011年
全国总计	62740	72707	110776	251620	494733	827797
国有及国有控股企业	36173	35571	45179	83750	140959	217865
比　　重	0.58	0.49	0.41	0.33	0.28	0.26

资料来源：《中国统计年鉴2013》。

从社会研发活动的投入份额来看，企业成为社会经济活动的主体愈发明显。2007年，在中国全年的研究与试验发展经费支出总额中，来自企业的资金占70.4%，来自政府和其他方面的资金所占比重不足30%，企业已经成为我国研究与试验发展活动的资金投入主体。企业不但是我国研究与试验发展经费的最大来源，同时也是研究与试验发展活动的主要执行部门。世界范围内，各主要发达国家的企业研究与试验发展经费占全部研究与试验发展经费的比重都在60%以上。其中，韩国和日本均超过77%，美国为70.3%，加拿大、意大利这一比重在50%以上，而阿根廷、波兰等发展中国家这一比重较低。

（二）高储蓄率、高投资率与高外商直接投资

改革开放30年来，中国经济一直保持高增长，储蓄率也一直维持在极

高的水平上，可以说中国的高储蓄率是保障经济高速增长和金融稳定的重要条件。

中国各年储蓄率的最低值 32.9% 出现在 1981 年，多数年份的储蓄率均在 35% 以上，最近几年上升至 40% 以上。这意味着在我国每年的国内生产总值中，个人储蓄加上国家积累要占去近半数，用于国民最终消费的总产出部分仅有 50% 左右，远低于世界平均水平，投资率更是一路攀升。钱纳里、赛尔昆等人进行的一项实证研究表明，在人均国内生产总值为 1000 美元时，消费率一般为 76.5%；当人均国内生产总值达到 3000 美元左右时（可比价格），消费率仍然会保持在较高水平。我们找到了一些发展水平达到和超过这一水平的国家，比较他们当时的消费率发现，消费率也是基本处于 60%~80%。如表 4 所示。

表 4   各国人均国民收入达到 3000 美元的消费率

单位:%，美元

国　家	年份	消费率%	人均国民总收入	国家	年份	最终消%	人均国民总收入
土耳其	2000	83.0	2980	英国	1972	82.0	2832
南　非	2000	81.7	2980	美国	1960	81.0	2787
阿根廷	1990	80.4	3220	巴西	2001	79.8	3090
澳大利亚	1970	73.3	2970	法国	1970	72.7	2990
韩　国	1987	63.4	3230	日本	1972	61.0	2745

资料来源：根据世界银行数据库资料整理，http://extsearch.worldbank.org/servlet/。

在发展初期，中国需要引进大量不同形式的先进技术，包括物化了先进技术的机器设备、许可、品牌甚至高科技企业的全部股权，同时还包括具有国际先进水平的科学家、管理人员以及先进设备的使用顾问。考虑到中国经济规模巨大，各方面所引进的技术设备汇总以后，需要的资金总量更为巨大，因而自身没有庞大的积累也就无从实现技术引进，更谈不上快速发展了。伴随着历年高储蓄率而来的是每年百分之三四十的资本形成率。最近几年，投资率也是一直保持在 40% 以上，但是要小于储蓄率的水平，而且储蓄率与投资率之间的缺口从 2004 年开始，有逐年拉开的趋势。此外，规模巨大的外商直接投资也为中国的高投资率提供了资金来源。中国凭借不断增长的潜力巨大的国内市场、稳定的政治环境，最为重要的是扭曲的要素价格平添了来华生产厂商的获利能力，这对于全世界的投资都产生了强大的吸引力。自 20 世纪 90 年代开始，外商直接投资进入中国的数量开始激增，自 2008 年突破千亿美元大关后，连续 5 年维持在千亿美元左右，2011 年更是突破 1100 亿美元。如图 1 所示。

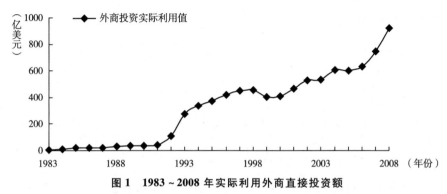

图 1 1983～2008 年实际利用外商直接投资额

资料来源：《中国统计年鉴 2013》。

随着外商直接投资大量涌入中国，不断地与我国国内的工程师和科学家等相结合进行生产。在这一过程中，我们的生产人员就得到了培训、锻炼与提高，生产技能水平和人力资本储备的规模都在不断地提高，这也是中国历来奉行的市场换技术所取得的成果。

（三）技术水平显著提升，设备进口先增后减

改革开放之初，我国工业生产相对落后，多数行业生产能力低下，一些行业门类甚至为空白。通过向发达国家购置设备，积极开展技术引进，模仿和消化吸收，同时适时自主创新并淘汰落后的机器设备的方式，我国生产领域成功实现了技术飞跃，有力地推动了我国产业结构的调整与升级。包含着先进技术的机械设备进口额自改革开放以来至 20 世纪末呈上升态势，进入 21 世纪以后，情况发生了变化，机械设备进口额的相对比重开始下降。如表 5 所示。技术进步路径由以模仿为主，逐步转向自主创新。

经过 30 年的发展，我国各行业的生产能力大幅度提高，新兴行业从无到有，发展迅速，已形成了分工明确、门类齐全的现代工业体系，基本实现了由技术含量低、劳动密集程度高、门类单一的结构向劳动密集、技术密集、门类齐全的发展格局的转变。伴随着三大产业的结构调整，我国各行业生产的技术水平也得到了显著提升。其中，纺织机械行业的自动化技术、能源生产技术升级明显，重大技术装备改变了长期依赖进口的局面，部分重大技术装备实现了自主创新的重大突破。在航天技术、核能发电技

表5　中国主要年份进口份额变化

单位:%

	1985 年	1990 年	1995 年	1999 年	2003 年	2007 年	2009 年	2011 年	2012 年
机械及运输设备进口额占商品进口额比例	38	32	40	42	47	43	41	36	36
工业制成品进口额占商品进口额比例	87	82	82	84	82	75	71	65	65
矿石燃料、润滑油进口额占商品出口额比例	0.00	0.02	0.04	0.05	0.07	0.11	0.12	0.16	0.17

资料来源:根据《中国统计年鉴2013》整理。

术、高性能计算机技术、重型机械成套设备制造技术、数控机床制造技术、第三代通信技术等领域都有一系列的重大突破,逐步进入一个由大变强的历史性阶段。通信设备、计算机及其他电子设备制造业、仪器仪表及文化办公用机械制造业总产值占工业总产值的比重不断增加。家用冰箱、空调器、洗衣机、汽车、微型计算机、程控交换机、集成电路、移动通信手持机等许多产品从无到有或由少变多,不仅满足了国内需求,而且成为国际市场的重要供应方。

(四) 21 世纪研发费用投入显著提高,培育自主创新能力

研究与发展活动是指在科学技术领域,为增进知识总量以及运用这些知识去创造新的应用而进行的系统创造性的活动,包括基础研究、应用研究、试验发展三类活动。研究与发展经费支出是指用于内部开展研究与发展活动的实际支出,包括用于研究与发展项目(课题)活动的直接支出以及间接用于研究与发展活动的管理费、服务费、与研究与发展有关的基本建设支出以及外协加工费等。我国自1991年以来,研发投入费用的绝对数量与占同期GDP比重的变动,具有明显的阶段性,1991~1999年,我国研发投入总额均低于700亿元人民币,占GDP的比重徘徊在0.55%~0.75%,尽管绝对值呈逐年上升之势,但是相对于GDP的比重还是出现了负增长。而在21世纪开始后,情况出现了显著变化,研发费用投入的绝对值迅速上升,2000年投入绝对值为895.7亿元人民币,至2012年已增加到9000亿元人民币,研发费用投入绝对数量的增长速度超过同期GDP增长速度,因而占GDP比重也快速增加,该比值由2000年的0.91%提高到2012年的2%。如图2所示。

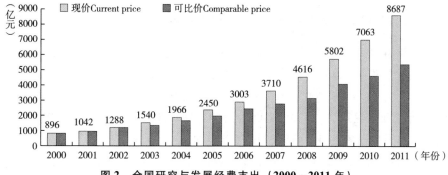

图2 全国研究与发展经费支出（2000～2011年）

资料来源：中国科技统计数据。

中国研发投入的主体在过去相当长一段时间里，相对集中在政府所属的科研院所、高等院校和大中型工业企业。随着改革开放的不断深化，逐利厂商逐渐成为市场的活动主体，这就直接影响到中国研发活动主体结构的变动，逐利厂商逐渐替代政府，开始在研发活动中占据主导地位。近年来，我国企业支出的研发经费（不含企业委托其他单位进行研发活动所支付的经费）占全国研发经费支出总额的比重逐年上升，1996年超过研究与开发机构居首位。2001年，中国研发经费总额突破千亿元大关，而同期企业研发支出则为630亿元，所占比重超过60%。2007年，我国企业研发支出总额为2611亿元，占当年研发经费总额的比重超过70%。我们选取主要OECD国家2010年左右研发费用按执行部门划分的支出情况，比较发现中国目前企业主导研发活动的比重已经和世界各主要市场经济国家的情况非常接近了。如图3所示。

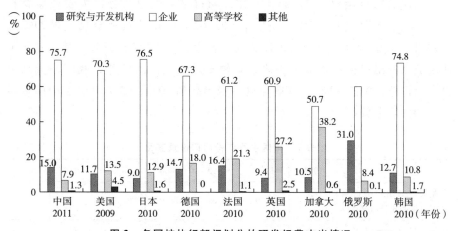

图3 各国按执行部门划分的研发经费支出情况

资料来源：中国科技部，http://www.sts.org.cn/。

（五）出口导向型发展战略，日益融入世界市场

1978 年改革伊始之际，我国全年进出口总额为 355 亿元人民币，占 GDP 的比重为 9.7%；1993 年进出口总额突破万亿元大关，在 GDP 中的份额也上升为 31.9%；2005 年，我国进出口总额突破 10 万亿元，总规模为 11.7 万亿元人民币，占 GDP 比重达到 63.8%；2012 年，我国进出口占世界进出口总量的份额为 10.48%，仅次于美国的 10.53%，排在第二位。排名前七位的国家，2012 年共计进出口额占全世界的 42.4%，连续多年超过 40%，少数国家共同主导了国际商品贸易，贸易总量日益向较少数几个国家集中。2012 年，我国全年货物进出口总额 38669 亿美元，增幅居世界各国前列。如表 6 所示。

表 6　全球主要国家 2012 年进出口额与占世界份额情况

2012 年	世界	美国	德国	中国	日本	法国	英国	荷兰
进出口总额	368900	38827	25745	38669	16844	12428	11488	12465
所占世界份额（%）		10.53	6.98	10.48	4.57	3.37	3.11	3.38

资料来源：《中国统计年鉴 2013》。

我国进出口的结构也在发生变化，初级产品包括粮食、能源等，其所占比重在下降，而工业制成品所占比重在显著上升，这一方面说明我们工业生产品的国际竞争力在提高，另一方面也说明我国产业中应该存在着显著的技术进步。1984 年，我国出口商品额以当年价格计算为 260 亿美元，其中制成品出口额仅占 47.65%，其余超过半数的出口分别为农业原材料（5.71%）、食品（15.27%）、燃料（23.02%）和矿石及金属（2.20%）。1990 年，我国制成品出口占出口总额突破七成，达到 71.58%，其他各非工业制成品的出口比例均显著下降，总额不足三成；1993 年，我国制成品出口占出口总额突破 80%，2003 年进一步提高到 90%，基本奠定了中国世界工厂的国际形象。

表 7　中国主要年份出口份额变化

	1984	1990	1995	2000	2005	2010	2012
农业原材料出口额占商品出口额的比例（%）	5.71	3.49	1.69	1.09	0.52		
食品出口额占商品出口额的比例（%）	15.27	12.65	8.25	5.44	3.23	3.3	3.2

续表

	1984	1990	1995	2000	2005	2010	2012
燃料出口额占商品出口额的比例（%）	23.02	8.31	3.58	3.14	2.30	2.4	2.3
工业制成品出口额占商品出口额的比例（%）	47.65	71.58	84.13	88.22	91.88	95.2	95.4

资料来源：亚洲经济数据库 http://ceicdata.securities.com。

三 中国经济增长过程中的加速动力

中国已经经历了 30 年的高速增长，与其他新兴市场经济体不同的是，中国尚未遭遇较为严重的经济危机或者其他事件而中断这一增长过程。按照魏枫（2009）数理模型的分析结论，处于模仿阶段的发展中国家可以依靠投资物化先进技术的生产设备，并通过向下扭曲要素价格增强企业获利能力，来加快经济的增长速度。这些特征我们都可以在中国经济快速增长的阶段找到。在技术模仿阶段，通过高估企业价值可以加快经济增长速度。向下扭曲要素价格和本币贬值是高估企业获利能力的主要手段，充足的资本积累是企业投资生产的必要条件。扭曲要素使用价格为企业降低了生产成本，超贬汇率使企业扩大出口，通过增加销售商品的数量来增加企业收入。在更高收益—更低成本模式下，厂商的利润就会被高估，更多潜在厂商进入生产领域，更多的资源也被配置到生产领域，从而实现更快的经济增长。

（一）向下扭曲生产要素价格，财税补贴增强企业获利能力

改革开放以来，中国经济发展得益于市场化转型所培育的一大批追逐利润的企业家，而最初这些生产者们的获利能力却不是仅仅依靠自身的力量得到的。中国工业化之所以能够如此顺利地跨过原始积累阶段，主要就是得益于低成本，这种低成本并非来自厂商本身的生产过程，而是来自生产要素价格的扭曲定价，这包括资本使用成本低、劳动力成本低、土地价格低以及实际税收低等。低价工业化的结果就使得生产企业的获利能力被强化，进而吸引更多的潜在厂商加入工业化过程，借助竞争推动技术进步。

首先，政府隐形担保下的贷款成为生产企业可靠的资本来源，这些贷款数量巨大，同时使用他们的价格大大低于资本的市场价格。龚刚和林毅

夫（2007）测算，20 世纪的最后 20 年，我国贷款供给的平均实际利率约为 2%，我国企业进行生产所使用的资本价格远低于主要的 OECD 国家，仅为同期美国资本价格的 61.2%，远不及法国同期资本价格的一半，如表 8 所示。同时，我国货币供给的平均增长率约为 20%，不仅远高于 OECD 国家 6% ~7% 的水平，也显著高于 16 % 的名义 GDP 增长率。此外，我国政府每年都会设定货币供应量 M1 和 M2 的增长率目标，并辅之以一系列的信贷计划作为实现该目标的工具。如表 8 所示。在每年的信贷计划中，国有商业银行被赋予一定的贷款额度。有时贷款额度会细化到省份、行业等，这样就保证了低价格的资本在社会上能有足够的供给量。在绝大多数情况下信贷计划只是指导性的，目的是使国有银行在信贷方面具有一定的自由度。当然，政府有时也会运用行政手段来实施信贷计划。

表 8　中国与 OECD 主要国家实际利率、货币供给增长率等的比较

	中国			美国	德国	法国
实际利率（%）	2.14（1980 -2001）	1.41（2002 -2012）	3.4757（1964 -2003）	2.75（2004 -2012）	4.1092（1970 -2003）	4.5654（1980 -2003）
货币供给增长率（%）	20.06（1985 -2001）	18.16（2004 -2012）	7.12（1964 -2003）	6.31（2004 -2012）	6.26（1975 -2003）	6.01（1980 -2003）

资料来源：龚刚和林毅夫（2007）、世界银行数据库。

上述实际利率差距仅仅是资本价格扭曲的冰山一角，更为巨大的扭曲在于中国银行所发放的贷款回收率极低。2005 年以来，我国不良商业贷款总额一直在 12000 亿元人民币以上，而由国有商业银行发生的不良贷款则一直保持在 80% 以上。2007 年年底，商业银行不良贷款总额为 12684 亿元人民币，其中国有商业银行的不良贷款就达 11150 亿元人民币，占全国不良商业贷款的 88%。考虑这方面情况后，我国资本实际使用价格甚至为负，将贷款充斥为资本金极大地降低了企业的生产成本，显著高估了企业的获利能力指数。

其次，生产企业所使用的劳动力成本也低于正常值，廉价的城市流动人口和农民工有力地支撑了经济的快速发展。这种向下扭曲的劳动力价值主要体现在以下方面：工资水平低，我国制造业工人的工资相当于发达国家的 1/10 或者 1/20，而农民工的工资更只有城镇职工的一半；无相应配套的社会保障成本，农民工通过租赁廉价房、无社会保障等为政府、企业节

省了需要支付的高额成本。

我国劳动力价格严重扭曲的事实，在一类规模庞大然而始终处于极端弱势的劳工群体——农民工中反映最为强烈。改革开放初期，中国乡镇企业异军突起，开创了一条全新的农村工业化道路。其间上亿农民以低成本的方式进入了工业部门，而这些来源于农村剩余劳动力的工人，因为其住房、医疗等社会保障的要求都可以在乡村土地上得到解决，所以其劳动力的使用成本远远小于城市居民所需要的工资，可以说第一代的农民工成本仅仅按"剩余劳动力"被定价了。这是迅速积累起来的工业财富的源泉，成为中国经济增长的第一推动力。而后，中国城市化进程加速，农村劳动力开始大规模向城市转移，早期"离土不离乡"的乡镇工业上造就的劳动力低成本被路径依赖的中国产业继续保持了。这当然也可以借用刘易斯的二元经济理论加以说明，农业部门庞大剩余劳动力的存在，使得劳动力要素只能以较低价格转移到工业部门，在原始农业劳动力无限供给的状况尚未消除之前，劳动力的价格就被限定在最低线上。只不过中国的情况有些特殊，进城务工人员在农村仍然保留土地，作为其生存的最后保障，这原本的好意却在事实上降低了进城务工人员的工资水平。

西方发达国家的工资收入一般占 GDP 的 50% ~ 60%，而我国职工工资总额占 GDP 的比重在 1978 ~ 2006 年，平均为 14%。其中，1978 ~ 1989 年为16%，1990 ~ 1999 年为 13%，2000 ~ 2006 年为 11%。20 世纪 90 年代以来，中国职工工资总额比重呈现出持续下降趋势。白暴力（2007）发现，2004年全国外出农民工的工资收入为 7650.7 亿元，占其所创造 GDP 总数31223.4 亿元的 24.5%。而发达国家的人均工资成本占人均增加值的比重一般在 35% ~ 50%。[①]

表9　2001 ~ 2005 年农民工与城镇职工工资情况

年份	农民工			城镇职工	
	数量（万人）	平均工资年（元/年）	年增长率（%）	平均年工资（元/年）	年增长率（%）
2001	8961	5502	—	10870	—
2002	9400	5597	1.7	12422	14

---

① Altenburg, T., H. Schmitz and A. Stamm, "China and India Transition from Production to Innovation World Development" Vol. 36, No. 2, 2008, pp. 325 – 344.

续表

年份	农民工			城镇职工	
	数量（万人）	平均工资年（元/年）	年增长率（%）	平均年工资（元/年）	年增长率（%）
2003	9820	5279	− 0.57	14040	13
2004	11823	6471	22.6	16024	14
2005	12578	6577	1.6	18405	15
2006		9,954	51.0	21001	14
2007		11,650	18	24932	19
2008		13,729	17	29229	17
2009		14,932	10	32736	12
2010		16,849	18	37147	13
2011		20,407	21	42452	14
2012		23,428	17	47593	12

数据来源：根据 2001~2013 年《中国统计年鉴》《中国农村年鉴》《农村政策法规调查与研究 2005》整理。

上述数据根据《中国经济年鉴》以及国家统计局农调队历年数据进行计算整理后所得。转引自白暴力（2007）根据国家统计局 2004 年的调查，"不少地方农民工每天工作时间在 11 个小时左右，每月工作时间在 26 天以上。农民工月平均收入不到城镇职工平均工资水平的 60%，而农民工的实际劳动小时工资只相当于城镇职工的 1/4"。由于"10 多年来农民工工资基本上没有什么变化"，因而将月工资提高部分扣除物价上涨因素，农民工收入实际上是负增长。

另外，我国生产性土地的使用成本也很低，改革开放以来，乡镇企业在其乡镇里进行土地征用多是低价的，甚至是"无偿"的，并且没有城市社会保障、城市土地与基建开发、基础设施的营运以及城市里许多高税收的项目。在城市当中，特别是开放城市、经济开发区等都对生产企业的税收优惠减免，提供财政补贴。在他们的带动下，全国各省市也纷纷推出招商引资配套措施，让利于生产企业，这在很大程度上增强了企业进行生产活动的获利能力。

（二）汇率贬值政策提升出口企业的获利能力

此外，一些重要的宏观政策对于提升企业获利能力，理解中国经济增长路径也是至关重要的。如 1994 年中国政府主导下的汇率贬值政策,自 1994 年 1 月人民币汇率制度并轨后,人民币汇率一次性贬值到 1 美元兑换 8.7 元人民币的水平。此后的汇率略有波动,1995 年 6 月以后,人民币兑换 美元在 1:8.28 的固定汇率上维持了约 10 年。国际货币基金组织 (2004) 基于 CPI (居民消费价格指数) 对人民币的实际汇率做过测算,以 1987 年 人民币汇率水平作为基准期,我国在改革开放之初,实际汇率水平就已经 开始了大幅度的下降,至 1992 年达到最低点,此后略有上升,在此后的近 10 年中,实际汇率基本保持水平态势,只产生了较小幅度的波动。如图 4 所示。

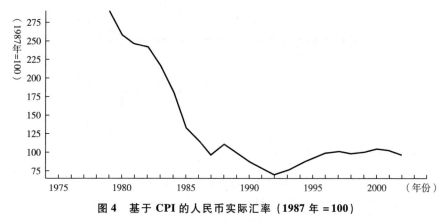

图 4 基于 CPI 的人民币实际汇率 (1987 年 = 100)

资料来源:International Monetary Fund, *International Financial Statistics*, Washington DC: International Monetary Fund, 2004。

Tyers (2008) 比较了 1995 年以来中国与美国产品价格的变动趋 势,发现尽管中国汇率贬值以后的 10 年间,汇率比值保持不变,但是 同类美国产品价格上涨的速度显著快于中国产品价格的上涨速度,导致 了实际上的中国产品在美国市场上的低价格,因而具有极强的竞争能 力。当本国产品价格水平增速慢于贸易国同类产品价格的增长速度时, 购买力平价要求本币升值。1995 年以来的情况是,美国产品价格上升, 而我国产品相应地还有下降的趋势,所以人民币至少从 1995 年开始, 就始终面临着升值压力。现实的名义汇率保持不变,就意味着人民币在 此期间的贬值。

总之,在进入 20 世纪 90 年代以后,我国对外开放的程度迅速加大,汇 率贬值政策大幅度降低了国内企业产品在国外市场上的价格,增强了他们 在同类国外产品中的竞争力,强有力地支持了中国出口导向的发展战略,即使是在亚洲金融危机时期存在较强贬值压力的情况下，中央政府仍然坚持币值稳定。在此期间，人民币实际汇率并没有较明显的上升过程。2005年7月，人民币对美元升值2.1%，此后人民币开始缓慢升值，这一扭曲机制对于企业获利能力的贡献才逐渐减小。如图5所示。

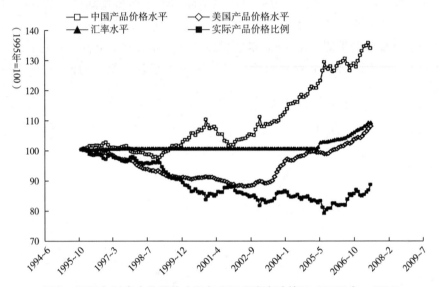

图5 1995 年以来中美价格水平与实际汇率变动情况（1995 年 =100）

资料来源：R. Tyers，J. Golley，"China's Real Exchange Rate Puzzle"，*Journal of Economic Integration*，Vol. 23，No. 3，2008，pp. 547 - 574。

四 对我国近期所处技术路径位置的基本判断

我国改革依赖技术进步所处阶段的基本判断如下：从改革开放到 20 世纪末，我国处在模仿阶段；进入 21 世纪以后，开始进入由模仿到创新的过渡阶段；该过渡阶段还会持续一段时间。下面就这三个基本判断，我们分别给出简要描述。

（一）经济起飞初期至 20 世纪末为模仿阶段

通过向发达国家模仿技术，短期内我们实现了显著的技术进步，经济结构也得到明显的调整，但是也带来了诸多问题，国家整体技术进步严重依赖于发达国家，自身的创新能力不足。这一问题首先表现在产业技术中的核心专利技术少。1990年，我国三种专利申请授权数共计22588件（包括发明、实用新型和外观设计），实用新型和外观设计两项的国内授权数均可以占到较高比重，但是发明一项则不尽如人意，当年国内发明专利申请授权共计1149件，仅占全部发明授权数的29.9%。2000年，国内发明专利申请授权共计6177件，占全部发明授权数的比重提高到48.7%，仍不足半数。我国近半数发明专利申请来自国外，其中绝大部分集中在移动通信、无线电传输等高新技术产业领域。在这些领域，美国、日本拥有的专利占世界专利总量的90%左右。由于缺少拥有自主知识产权的核心技术，我国不少行业存在产业技术"空心化"的危险，成为我国产业进一步发展和进入国际市场的瓶颈。

尽管近年来我国工业制成品的进口比例显著下降，但是工业生产所需的大量技术装备特别是高端产品仍主要依赖进口。我国的高端医疗设备、半导体及集成电路制造设备和光纤制造设备，基本从国外进口；石化装备的80%，轿车制造装备、数控机床、先进纺织机械、胶印设备的70%依赖进口。目前，我国技术的对外依存度超过50%，也就是说一半以上的技术需要从国外引进。第三次全国工业普查提供的数据显示，在我国大中型企业的1180种主要专业设备中，达到先进水平的仅占26.1%。

另外，从研发投入费用的比例额度，也可以判断在20世纪末以前，我国经济的快速增长并没太多地依赖研发投入。通过自主研发来推动技术进步，需要国家和企业等经济主体投入相应的研发费用才能实现。反映到宏观层面上，我们也可以借助研发投入费用的变化，特别是我国研发投入费用与同期GDP的比值变化，来观测近年来技术进步所依赖的主导模式的更替。我国研发费用占GDP比重在20世纪的规模很小，在2000年以前，该比例一直在0.75%以下，上下幅度波动很小。按照张炜（2001）的分析，研发经费占本国GDP比重不到1%的国家是缺乏创新能力的；在1%～2%，才会有所作为；大于2%的国家，其创新能力才可能比较强。这样看来，20世纪末以前的中国，基本不具备自主创新能力，所实现的技术进步主要来自对发达国家的学习、模仿。

（二）进入21世纪后，技术进步开始更多依赖自主研发

我国在通过购买国外设备，模仿、吸收国外先进技术的同时，也注意到消化吸收引进技术工作的重要性，使得引进技术国产化水平不断提高，工业制成品对外依赖度则不断下降。进入21世纪，我国工业制成品进口贸

易额比重显著降至80%以下，这种变化同样体现在出口贸易结构中，初级品出口比重持续下降，工业制成品出口所占比重稳步上升，成为世界上最主要的工业制成品出口大国，被誉为世界工厂。

许多企业在引进技术的基础上，配套研制出国产化程度较高的成套设备。可以说，替代进口机械设备及其改良也是技术进步的一种表现。进入21世纪以后，研发费用占GDP比重开始且持续上升，2002年研发投入费用总额为1287.6亿元人民币，占GDP的比重突破1%。2005年，我国大中型工业企业的研究开发经费占工业增加值的比重达到为2.6%，当然这还是远远小于OECD等发达国家，如美国为8.3%（2000年），德国为7.4%（2000年），日本为8.6%（1998年）；在28567家大中型企业中，有科技机构的仅占23.7%。与此相对应，目前我国国内拥有自主知识产权的企业仅占3%；我国仅有1.1%的企业获得授权专利，其中仅有0.17%的企业获得发明专利权。至2007年，我国研发投入费用总额已达3710.2亿元人民币，按照当年汇率计算的研究开发经费支出总额达到487.9亿美元，超过英国和法国而跃居世界第四位。美国、日本和德国分别以3437亿美元、1485亿美元和738亿美元的研究开发经费支出额高居世界前三位。

我们还可以通过简单计算我国研发投入与同期经济增长率之间的相关性，来判断技术进步对于自主研发能力的依赖性。我国的基本情况是：1985年通过专利法，1993年大量内容被修订，包括对于发明专利的保护期由15年提高到20年，实用新型和外观设计专利的保护期由5年提高到10年，并且专利保护的执行力度也由此大大增强。可以说1993年前后，我国的专利保护系统是有着显著不同的，再考虑到一些厂商实现创新之后并不去申请专利，因而使用专利数作为研究与开发产出的计算方法会低估全社会的自主研发水平；[①] 另外，专利数也无法体现过程创新，这就进一步将其低估。

―――――――――

① 当然，从专利申请数总量和国内申请比重的变化，也可以看出世纪之交的变化，即20世纪专利申请近乎停滞，进入21世纪以后，申请总量显著增长。截至2009年3月，我国受理的国内外专利申请总量已突破500万件，距离突破400万件的时间仅为16个月。相比而言，中国用了近15年的时间，实现国内外专利申请受理量达到百万；四年零两个月后，该总量达到200万件；完成第三个百万件耗时两年零三个月；完成第四个百万件用时18个月。与此同时，国内发明专利申请所占比重也在大幅增长。在所实现的5个百万阶段中，国内发明专利申请所占比重依次为47.8%、50.7%、53.4%、60.8%和67%，增速显著。2008年受理的发明专利申请中，国内申请同比增长27.1%，高出国外同期增速20多个百分点。资料来源于《计算机世界》2009年总第1234期、第10期，第5页。

同时，考虑到数据的可获得性，我们下面的分析基于 1995 ~ 2006 年的时间段来考虑研究与开发投入占 GDP 比重与同期经济增长率之间的相关性，结果发现世纪之交研发投入占 GDP 比重与经济增长率之间的相关性出现了正负的转折。在此没有扩展到 2008 年的数据，主要是考虑金融危机对于中国经济增长的冲击和影响。如表 10 所示。

表 10　分阶段研发投入占 GDP 比重与同期 GDP 增长率相关系数表

时间段	1995 ~ 1999 年	2000 ~ 2006 年
研究与开发投入占 GDP 比重与同期经济增长率之间的相关性	- 0.865	0.973

资料来源：根据《中国科技统计年鉴 2007》相关数据计算。

上述情况说明进入 21 世纪以后，研发活动开始对经济增长具有了显著的推动作用，其间的传导机制就是研发活动对于技术进步有了显著的贡献，而经济增长率则依赖于技术进步的变化而变动。此前研发费用的投入并不能在经济意义上推动技术进步，同时又耗费了可用于生产活动的资源，因而对于经济增长率的相关性为负。

（三）　由模仿到创新的过渡期会很长

尽管我国目前的技术水平与改革开放之初相比，取得了显著的提升，但目前我国尚未进入以自主研发为主要形式的阶段。2000 年，国内发明专利申请授权共计 6177 件，占全部发明授权数的比重提高到 48.7%，仍不足半数。此后这一比值一直徘徊在 40% 左右，上下浮动不超过 10%。2008 年，我国专利授权量为 41.2 万件，其中国内专利授权 35.24 万件，国外专利授权 5.96 万件；发明专利授权 9.37 万件，实用新型专利授权 17.67 万件，外观设计专利授权 14.16 万件；职务申请授权 22.71 万件，非职务申请授权 18.49 万件。中国的专利数在绝对量上确实有很大的增长，但与发达国家相比，我们的水平还很低，而且取得这些专利我们还要花费几倍于发达国家的成本。如表 11 所示。

Altenburg（2008）通过分析得到的结论是：中国庞大并不断增长的国内市场以及巨额的资本积累，使得政府与企业购买先进技术的能力呈几何级数增长，讨价还价的能力也随之增强。尽管我国自主研发能力大幅度提高，缩小了与世界技术前沿的差距，但目前尚不足以对技术领先国构成严重的影响。根据美国学者 Porter 和 Stern 利用国家创新能力指数（NICI）对各国的国家创新能力进行研究测算，2001 ~ 2003 年，我国的国家创新能力

表 11　中国与主要发达国家科学系统表现比较

	发表于 SCI 的专利数量（1997~2001）	发表在 SCI 上的平均耗费成本（单位：美元，可比值计算）	引用 SCI（1997~2001 年）	引用 SCI 平均耗费成本（单位：美元，可比值计算）
中国	115339	23	341519	69
美国	1265808	7	10850549	60
英国	342535	3	2199617	18
德国	318286	3	2500035	19

资料来源：Bound（2007，p. 15）。

在世界的排名分别为第 43 位、第 36 位和第 40 位；而同期，台湾地区排名为第 14 位、第 8 位和第 13 位。2002~2003 年，香港特别行政区排名为第 26 位和第 25 位。2007 年，我国研究与开发经费支出总额中用于基础研究的经费为 22.9 亿美元（按汇率计算），在公布数据的 24 个国家中排在美国、日本、法国、意大利、韩国之后，高于西班牙、俄罗斯等国。但仅为美国的 3.6%、日本的 1/8、法国的 1/5、意大利的 2/5 及韩国的 1/2。我国基础研究经费在全国研究与开发经费支出总额中的比重为 4.70%，在公布数据的 24 个国家中处于最低水平。发达国家这一比重大多在 20% 左右，相对较低的日本也在 10% 以上，俄罗斯接近 15%。

可见，目前中国的技术发展水平、科研效率和研发效率与世界前沿水平尚有较大差距。目前，断言我国已经进入自主创新阶段尚早，处在由模仿到创新过渡这一阶段还会持续一段时期。

五　基本结论与政策建议

第一，发展中国家的技术进步路径具有内生的演化机制。逐利的微观主体为引导全社会推进技术进步的主要形式发生变化，由以模仿发达国家先进技术为主要形式推动技术进步的阶段，过渡到以自主研发为主要形式实现技术进步的阶段。所以，后发国家要建立起市场环境，特别是培育具有创新精神的企业家，这种创新精神则有助于推动全社会的技术进步。

第二，模仿的先进技术多数物化在机器设备当中，因而对于处在模仿阶段的国家，高投资率是更多引入先进设备，推动技术进步，从而更快实现经济增长的保障。如果国内的储蓄率过低，不足以支撑高投资率，政府可以借助外国直接投资的方式以弥补国内投资不足。国际经验表明，相对于向国外借款，外国直接投资因无须还本付息，对于经济刚刚起步的发展中国家可能更为稳妥。但是，当一国技术水平发展到以自主创新为主要形式推动技术进步的阶段以后，外国直接投资对于本国经济增长的贡献就会下降。所以，我们不能盲目迷信引进外资以促进增长的作用，外商直接投资加速经济增长具有阶段性。

第三，由于受到一些因素的影响，并非所有国家都能够顺利实现由模仿到创新的转换，因而会陷于模仿陷阱、经济停滞状态。陷于模仿陷阱的因素有很多，相应地也为政策选择留有很大余地。依靠高储蓄率和高投资率，经济能够得到较快的增长速度，但并不能使得陷入模仿陷阱的国家避免经济最终停滞在较低水平的均衡处。此时，需要选取的政策措施包括提高模仿效率和降低资本使用成本，增强企业的获利能力，提高企业价值，借此摆脱模仿陷阱。

第四，对于能够自发实现技术进步形式提升的国家，在本国技术进步处于模仿阶段时，可以通过高估企业价值的政策手段加速经济增长过程，缩短该国经济处于模仿阶段的时间。高估企业价值可以通过向下扭曲要素价格和本币贬值得以实现。这样的政策手段在依次创造了经济增长奇迹的新兴工业化国家和中国的增长路径中都或多或少地可以看到。

第五，我国30年来经济的快速增长，在很大程度上得益于处在模仿阶段中，低价工业化的加速效应在改革开放初期制度变化带来的效率提升消耗殆尽后更为明显。所以，至少截至21世纪初，我国的经济增长都在最优增长路径上或在其附近运行。伴随着经济增长，我国实现了大幅度的技术进步，而非毫无意义的粗放式增长。

第六，我国目前的经济增长路径基本处于模仿向创新的过渡阶段，对外模仿、吸引外资对于经济增长的促进作用将会出现下降，而自主研发对于经济增长的贡献会显著上升。要保持经济长期、稳定的增长，我国政府必须处理好模仿阶段和研发阶段的衔接。在不同阶段支持经济增长的政策会极为不同。在模仿阶段，政府可以有较大的活动空间，甚至可以主导经济的发展，通过向下扭曲要素价格和超贬本国汇率等手段，直接干预经济，以提高企业的获利能力来加快经济增长的速度；在自主创新阶段，政府的活动空间相对减小，因为任何违背市场的定价机制在长期中都是难以为继的，如果厂商和消费者具有完全理性，那么政府对于经济的干预在短期内也是无效的；在由模仿阶段向创新阶段的过渡时期，最优状态应该是政府逐渐减少对经济的扭曲，将生产资源的定价权逐步交还给市场。

第七，由模仿阶段向创新阶段的过渡绝不是瞬间能够实现的跳跃式过渡，而是渐进式的过渡，首先是整个国家处于模仿阶段，生产中间产品的所有厂商完全向发达国家模仿；随着本国技术水平的提升，小部分能力最强的厂商开始创新，而大部分厂商仍然处于模仿状态，此时模仿企业可能会将模仿对象转移为国内的技术领先者，特别是在国内市场需求超过领先厂商生产能力时，这一现象更为显著；当国内技术水平进一步提升，大部分厂商开始转向研发活动，只有小部分能力极差的厂商还在模仿，直至最后所有技术领先者均自主研发来推动技术进步。在过渡阶段中，国家支持经济增长的政策也要相应地进行调整与变动，以适应经济增长路径的顺利过渡。这就包括在模仿阶段被扭曲的要素价格和被贬低的本国币值的调整。理论与实践都告诉我们，这种调整应该被谨慎对待，否则极易引起整个经济的大幅度震荡。如日元升值过于猛烈，相应配套政策推出不利，致使日本的整体经济陷于停滞达 10 年之久。

第八，对于向下扭曲要素价格的政策我们要有清醒的认识。向下扭曲要素价格，高估企业的获利能力，确实实现了经济的快速增长。但是，这种增长只限于模仿阶段，具有明显的阶段性。当企业进入创新阶段以后，被扭曲的要素价格也包括被低估的汇率都要回复正常值。如果我国真的已经进入了创新阶段，或者进入由模仿到创新的过渡阶段，那么这种价格重估就是常态，而非短期冲击。对此我们要做到两个接受：一是接受模仿企业获利能力逐渐下降的事实；二是接受经济增长率开始放缓的事实。

劳动力的价格增添了社会保障性的支出；资金价格的重新估值恢复了资本的市场价格，或者，至少是资本价格向其自身的市场价格回归；资源价格和土地出让也不再为招商引资服务，开始体现它们应有的价值。上述这一切都在压缩企业的获利能力，进而降低了企业的价值。企业价值的降低在宏观上相应表现在经济增长率上，就是经济增速的减缓。

当然，生产要素价格的回归幅度与速度要有优化选择，与所处的技术进步路径的状态（即模仿实现技术进步与创新推动技术进步的相对比重）相适应。特别是对劳动力的价格回归更要平稳，如果分配给消费的资源过多，就极易形成"未富先老"的社会状态，追求过多的社会福利将使得经济增长的速度放缓。

第九，对于汇率升值的认识。一般理论研究认为，汇率失衡不论是汇率的高估还是低估，都会使经济付出福利和效率方面的代价。汇率低估会破坏经济的内部均衡和外部均衡,并由此引发一系列破坏宏观经济稳定和经济可持续增长的问题。从国民福利和资源配置的角度来看,超贬汇率实际上是全体国民和非贸易部门为出口提供补贴,以汇率低估为代价维持长期的贸易顺差是得不偿失的。但是,在本文的模仿—创新阶段论的分析框架下,本币贬值不失为加快经济增长速度的一剂良药,特别是在发展中国家陷入模仿陷阱之际,更是能够有效地帮助该国脱离困境。当然,一旦该国技术进步的发展阶段离开模仿阶段,本币贬值的这一好处也就随之消失了。此时继续执行本币贬值政策就会抑制企业的自主技术创新,阻碍贸易结构的调整和升级,降低全体国民的福利水平。因而,当一国处在创新阶段或者是由模仿向创新过渡的阶段时,政府就要下大力气关注汇率的升值问题。

参考文献

[1] Aghion, P. and P. Howitt, "A Model of Growth Through Creative Destruction", *Econometrica*, Vol. 60, No. 2, 1992, pp. 323 – 351.

[2] Acemoglu, D., F. Zilibotti and P. Aghion, "Distance to Frontier, Selection, and Economic Growth", *Journal of the European Economic Association*, Vol. 4, No. 1, 2006, pp. 37 – 74.

[3] Solow, R. M., "The Last 50 Years in Growth Theory and the Next 10", *Oxford Review of Economic Policy*, Vol. 23, No. 1, 2007, pp. 3 – 14.

[4] Altenburg, T., H. Schmitz and A. Stamm, "China and India Transition from Production to Innovation World Development", Vol. 36, No. 2, 2008, pp. 325 – 344.

[5] 中国社会科学院经济研究所经济增长前沿课题组:《开放中的经济增长与政策选择——当前经济增长态势分析》,《经济研究》2004 年第 4 期。

[6] 吴敬琏:《中国增长模式抉择》,上海远东出版社,2006。

[7] 何帆、张明:《中国国内储蓄、投资和贸易顺差的未来演进趋势》,《财贸经济》2007 年第 5 期。

[8] 龚刚、林毅夫:《过度反应:中国经济"缩长"之解释》,《经济研究》2007 年第 4 期。

[9] 白暴力:《农民工工资收入偏低分析——现实、宏观效应与原因》,《经济经纬》2007 年第 4 期。

[10] 麦迪逊:《中国经济的长期表现》,上海人民出版社,2008。

[11] 魏枫:《资本积累、技术进步与中国经济增长路径转换》,《中国软科学》2009 年第 3 期。

贫困家庭的孩子为什么不读书：
风险、人力资本代际传递和贫困陷阱

●邹　薇　郑　浩*

内容提要： 人力资本投资对于改善贫困家庭状况十分重要，但是数据显示，相较高收入家庭，低收入家庭普遍地无法或者不愿让自己的子女继续接受教育。本文构建了人力资本代际传递的模型，从教育投资的风险和决策的角度解释低收入家户持续性贫困的问题。模型分析表明：家庭贫困带来的风险溢价会成为其投资中的一项额外成本而削弱教育投资的吸引力，教育的机会成本和未来收益的不确定性也会影响教育投资决策。实证结果显示，在低收入家户中，个体进行人力资本投资的意愿与其收入水平正相关，这意味着越是贫穷的家户进行人力资本投资的意愿就越低；对于人力资本投资意愿极强或极弱的个体，收入的变动对他们意愿的改变有很强的影响；而处于中间意愿的个体，人力资本投资的预期收益和机会成本对其意愿改变的影响则更大。

关键词： 人力资本　代际传递　教育投资风险　贫困陷阱

一　问题的提出和相关文献回顾

近年来，关于我国教育投资及其回报率的研究引起了国内外学术界的广泛关注。多数研究者采用宏观数据，研究表明我国教育的收益率呈现如下几个特征：第一，城镇和农村比，城镇教育回报率高于农村；第二，性

---

* 邹薇（通讯作者），武汉大学经济与管理学院教授、博士生导师，中华外国经济学说研究会理事，电子邮箱：zouwei@ whu. edu. cn；郑浩，武汉大学经济与管理学院博士，电子邮箱：huzhenghao @ gmail. com。本项研究得到了国家社会科学基金重大招标项目（011&ZD006）和国家社会科学基金重点项目（010AZD013）的支持，特此致谢。

别差异上，女性的教育回报率高于男性；第三，时间趋势上，1993 年以前的教育收益率缓慢增长，到 1994 年迅速提高，之后又缓慢增长，且农村地区教育收益率增幅远远小于城镇地区的教育收益率增幅；第四，教育的规模收益上，大学阶段的教育回报率高于高中之前的回报率，高中以下层次间的差异并不显著。主要研究结论的比较如表 1 所示。

表 1　研究者对中国城乡地区教育收益率的估计结果

作　者	数据年份	教育收益率%
A：我国农村地区的教育收益率		
Jamison 和 Gaag（1987）	1985	10
Yang（1997）	1990	2.3
Parish 等人（1995）	1993	1.8 ~ 4.3
Johnson 和 Chow（1997）	1998	4.0
钱雪亚和张小蒂（2000）	1998	2.0
侯风云（2004）	2002	3.66
B：我国城镇地区的教育收益率		
Byron 和 Manaloto（1990）	1986	1.4
Xie 和 Hannum（1996）	1988	男性 2.2　女性 4.5
于学军（2000）	1986 ~ 1994	男性 3.6 ~ 6.7　女性 5.6 ~ 9.9
Yang（2005）	1988 ~ 1995	3.1 ~ 5.1
Zhang 和 Zhao（2002）	1988 ~ 1999	4.7 ~ 11.7
李实和丁赛（2003）	1990 ~ 1999	1.2 ~ 4.1
Brauw 和 Rozelle（2004）	2000	6.4

　　首先，采用微观层面数据进行的研究相对较少。根据中国健康与营养调查（China Health and Nutrition Survey，简称 CHNS）数据 1989 ~ 2009 年的 8 轮调查结果，我们进行统计处理后发现，调查年份中农村地区和城镇地区的各教育层次的失学率变化表现出如下特征：其一，时间趋势上，初中失学率逐年递减，但是高中阶段的失学率持续较高，2000 年之后高中阶段失学率下降，但是依然处在较高水平，大学层次的失学率在 2000 年以后则出现大幅上升；其二，在教育层次上，农村地区高中阶段的失学率非常明显，农村户女性的高中失学率却并未表现更甚，[①] 如表 2 所示；其三，以社区平均水平衡量的各教育层次的平均收入水平逐年递增，依教育水平逐层递增，

[①]　高中和大学阶段的失学率普遍偏高，有可能源于抽样统计的选择性偏差：那些调查时恰好在家的受访者可能正好是失学在家的。统计数值的绝对值并不是我们关注的重点，整体趋势依然印证了我们的初步结论。

但是高中学历者的平均收入方差要高于初中和大学两个教育层次。① 如表3所示。

表2 基于 CHNS 数据统计得出的各教育层次的失学率（%）

年份	初中失学率	高中失学率	大学失学率	农村户初中失学率	农村户高中失学率	农村户大学失学率	农村户女性初中失学率	农村户女性高中失学率	农村户女性大学失学率
1989	5.87	11.98	3.36	31.58	42.86	17.39	27.78	16.67	15.38
1991	4.84	8.96	11.18	24.24	33.33	72.73	25.00	50.00	85.71
1993	4.60	8.07	4.49	17.50	50.00	41.67	15.38	75.00	42.86
1997	4.06	9.73	8.61	30.30	76.47	53.85	16.67	87.50	50.00
2000	3.48	12.72	6.62	25.81	71.43	65.38	21.43	60.00	66.67
2004	1.99	6.93	42.35	3.09	20.00	81.25	5.88	23.08	100.00
2006	3.39	4.67	48.45	7.02	14.29	70.83	7.14	0	68.42
2009	1.38	6.98	64.52	2.63	36.36	80.00	0	33.33	85.71

表3 基于 CHNS 数据统计得出的社区内各教育阶段的平均收入和方差

年　份	初中学历平均收入	高中学历平均收入	大学学历平均收入	初中学历收入方差	高中学历收入方差	大学学历收入方差
1989	1410.99	1511.469	1121.965	5031932	5362500	97025.2
1991	1449.83	1584.535	1604.051	1883275	765593.1	142827
1993	2171.76	2442.058	2122.028	6540586	4575101	983552.7
1997	4592.566	5731.775	5604.834	$2.03E+07$	$2.24E+07$	7829621
2000	5415.375	7690.602	8679.87	$3.43E+07$	$4.93E+07$	$4.28E+07$
2004	6679.113	10356.55	14845.23	$7.98E+07$	$5.90E+07$	$8.57E+07$
2006	9006.908	13504.59	21538.67	$9.83E+07$	$1.97E+08$	$5.44E+08$
2009	15884.74	24045.63	29084.29	$6.19E+08$	$1.13E+09$	$7.47E+08$

注：各教育层次的收入方差是以各个社区为单位，衡量各社区拥有相应教育水平的收入者的方差。

---

① 教育并不是影响个人收入的决定性因素，行业差异和地区差异等因素对个人收入也起着非常显著的作用。

许多研究者发现，相对于城市来说，我国农村地区仍然处于高生育率和低人力资本积累率所导致的马尔萨斯稳态（郭剑雄，2005），而且教育回报率与受教育程度还呈现出随收入水平增加而增加的"马太效应"（张车伟，2006）。人力资本积累对于改善我国农村低收入家庭持续性贫困非常重要（邹薇，2005），但是相较高收入家庭，为什么低收入家庭不愿意或者无法去选择让自己的子女继续接受教育？本文试图从教育投资风险阻碍人力资本代际传递的角度，解释低收入家户持续性贫困的问题。

Sen（1981）曾经明确指出：现实世界中并不存在不够充足的食物，但是总有一些个人和群体无法获得足够的食物。处于贫困状态中的人们由于缺乏权利很难拥有跳出贫困状态的机会，而贫困又将使得他们更加难以获得这些权利。这两个互为因果作用的方面，使得贫困具有自我强加的持续性，它类似于一个陷阱，使得处于该陷阱中的人们长期处于一种低水平的均衡状态。这类问题常常通过多重均衡模型进行刻画，跳出陷阱是从低均衡状态向高均衡状态转变的分水岭，然而跳向高均衡点的过程异常艰难，处于贫困状态的个人、家庭、群体和区域等由于自身贫困导致缺乏初始起跳的动力，从而长期处于贫困的恶性循环中不能自拔。

探讨差异性增长和持续性贫困的传统路径是基于初始禀赋资源、技术进步和资本积累。Lucas（1988）从三个方面分析了不同国家和地区之间经济发展水平产生差异的原因。他认为，首先是各国偏好和技术水平的差异可能影响增长；其次是外生决定的国家宏观经济政策的不同会对经济增长造成差别，特别是那些持久的、较大的外生冲击波及了经济增长；最后是由于经济系统中的内生因素（比如人力资本积累等）影响而出现的经济系统本身的不确定性。这些研究结论最后归结于资本、储蓄以及投资等所指向的主流大道，更多强调的是经济主体的行动对于经济发展的影响，缺少对经济主体微观决策机制的分析。

Galor（2005）认为出现贫困陷阱，造成持续性贫困的主要原因是存在市场失灵与制度失灵，从而导致了贫困的自我强化机制，它们会阻碍穷人采纳有利于跳出陷阱的选择。其中，市场失灵的表现在于收入分配缺陷、信息不完备和次佳的市场结构；制度内容包括政治体制、法律系统、社会规范和群体习俗等。制度的失灵可能直接导致贫困陷阱的产生，也可能与市场失灵相互作用导致长久的无效率状态。

Galor 和 Zeira（1993）通过一个两部门跨期人力资本投资决策模型，分析了贫富阶层的两极分化过程。他们假定存在低工资水平的传统部门和高工资水平的现代部门，仅有两期寿命的个人可以选择直接以非熟练工人身份进入传统部门，或者在第一期进行人力资本投资后在第二期以熟练工人身份进入现代部门。由于人力资本投资存在一个投资门槛，初始财富水平低的个人无法进行人力资本投资从而只能留在传统部门接受低工资，但是初始财富高的个人可以通过人力资本投资进入现代部门获取高工资。因此，初始财富的差异导致了初期人力资本投资的不同，从而影响了未来的收入分配差距，并最终导致贫富两极分化。通过分析家族代际间财富传递方程的收敛性，他们证明存在一个决定性的财富水平，初始财富大于该值的家族财富水平将最终收敛至高均衡点，小于该值的家族财富水平将收敛至低均衡点从而落入贫困陷阱。

Banerjee 和 Newman（1993）从职业选择的角度分析了不完美信贷市场是如何影响贫富差距演化和持续性贫困形成的。他们假设个人依据其初始财富可以选择从事三种不同风险程度的工作：第一，投资于无风险资产；第二，投资于有风险的自雇经营；第三，投资于有风险的企业生产。初始财富不足的个人可以通过借款从事后两类投资，但是由于存在借款人的违约风险，信贷市场是不完美的。那么，担保资产多的高收入者可以以低成本借到资金，但是担保资产少的穷人却只能以高成本借到资金。特定的效用函数使得每个人将其收入的固定比例留给后代。因此初始财富水平将决定其投资类别和收入水平，其后代的初始财富也由此被决定，最终可以得出每个家族代际间财富传递的随机差分方程。在合理的参数结构下，处于初始财富分布尾端的家庭将落入持续性贫困的境地。

Banerjee 和 Newman（1993）从信息不对称的角度在一个两部门一般均衡模型下分析了不完美信贷市场是如何影响个体在现代部门和传统部门之间进行抉择的。他们假定存在生产技术水平高的现代部门和技术水平低的传统部门，现代部门中的工人由于生活和工作距离分散从而彼此疏远，传统部门中的个人由于集体式生活和工作从而彼此熟悉，这种邻里关系间的疏密导致个体间信息不对称的程度不同，进一步影响了两部门内个人进行消费类信贷的成本产生差异。这意味着传统部门的信贷优势会削弱现代部门高工资水平的吸引力，因此个体有可能会选择留在传统部门。他们的模型结果发现，那些最富和最穷的个人都会有动力选择留在现代部门：高收入者之所以选择留下，是因为他们的财富水平足以保障自贷消费而无须贪图传统部门的信贷优势；而低收入者之所以选择留下，是因为他们即使留在传统部门也会因财富不足无法享有信贷优势。这个有趣的模型似乎与通常的低收入者留在低工资部门有些许不同，他们是被迫放弃了低工资部门拥有的信贷优势，这意味着他们仍然被迫陷入了低福利水平的陷阱。

Kiyotaki 和 Moore（1997）从信贷约束的角度考察了贫困陷阱的产生机制。他们的分析结果认为，低收入者通常缺乏抵押担保物，从而使他们面临信贷约束，信贷约束反过来又限制了低收入者参与致富活动的范围，特别是那些需要先期投资垫付成本或数量庞大资本品的活动。因此，对于低收入者来说，获取更高收入的活动范围变小了。这就导致了低均衡的贫困陷阱：收入决定财富，低财富水平限制抵押担保程度，而低担保导致无法参与高收入活动。

Azariadis（1996）从微观个体的偏好出发，分析了由于个体缺乏耐心导致贫困陷阱的情形。对于那些个体缺乏耐心的落后国家来说，耐心的缺失会使个体选择增加即时消费而非储蓄，那么该经济将会迅速达到资本存量为零的均衡状态，从而陷入发展停滞阶段，进入持续性贫困状态。其研究结论从微观层面揭示了增加储蓄、减少即期消费对于一个发展中国家走出低均衡发展水平的重要性，也强调了实施宏观政策时应重视异质性个体的影响。后来的研究在其基础上将个体缺乏耐心的行为进行了内生化，从而弥补了其模型中消费者缺乏耐心的关键假设是外生的缺陷（Chakraborty，2004）。

Matsuyama（2000）从投资风险和利率市场均衡的角度研究了贫富阶层分化的情形。他假定个人有两种投资出处。第一，在信贷市场上借出资金获取利息。第二，投资于企业获取利润，但是企业投资存在最低的投资门槛，低于该门槛水平的投资没有任何产出，高于该门槛水平的投资是边际收益不变的。初始财富不足的个人可以通过借款达到投资规模。由于只有这两类投资方式，每期的资金供给就是全社会的财富总额，每期的资金需求则是低于投资门槛的投资者的初始财富分布，于是最终的均衡利率取决于初始财富分布。Matsuyama 同样假定个人将一部分财富留给后代，并得出了家族代际间财富传递的差分方程。他证明当金融市场效率较低时，存在一个两点分布型的多重均衡状态，低均衡的贫困陷阱是可能的。类似于上述信贷市场的情形，保险市场同样面临着信息不对称和高交易成本的问题。在解释这些问题的模型中，由于借贷双方的信息通常是不对称的，贷款人面临着故意和非故意违约的双重风险，从而低收入者的借贷成本会高于高收入者。这意味着对于初始财富水平较低的收入者来说，风险溢价带来的额外成本将削弱风险投资项目的吸引力。

因此，对于低收入者来说，另外一种对贫困自我强化的来源是风险。在缺乏运转良好的保险和信贷市场时，低收入者会通过选择更加保守的方法来缓解逆向冲击和平滑消费：在面临风险时，通过彻底放弃虽然充满风险但能助其致富的机会来限制风险暴露。那些低收入者对风险的反应有一个共同的特征，即高风险导致的溢价成本削弱了致富项目的预期回报水平，他们倾向于选择保守的低风险、低预期收入的项目，从而强化了低收入者长期贫困的境地。

本文试图从教育投资风险阻碍人力资本代际传递的角度解释低收入家户持续性贫困的问题。我们基于 Galor 和 Zeira（1993）构建了一个教育投资决策的微观模型，重点研究了投资风险对于贫困家庭人力资本代际传递的影响。模型分析和实证检验发现，相比于高收入家户，教育投资的收益风险对于低收入家户选择是否让孩子继续接受教育有重大影响：对于初始财富水平较低的家户来说，在教育投资无风险时，由于家贫导致的风险溢价会成为其投资中的一项额外成本削弱教育投资的吸引力；在教育投资有风险时，教育的机会成本和未来收益的不确定性会影响教育投资的决策。因此，相对高收入家户来说，风险使得低收入家户更容易放弃让孩子接受教育的机会。

本文的结构安排如下：第二部分构建了人力资本代际传递模型，并分析了投资风险对于贫困家庭人力资本代际传递的影响机制；第三部分数值模拟，根据上述模型的模拟结果说明了不同风险情形下各收入层次家户的教育投资决策和最终造成的贫富差距演化；第四部分是实证分析，基于非平衡面板的离散选择模型，通过分样本处理和分位数回归对前述模型提出的三个假说进行了论证；第五部分是本文的结论和不足。

二　人力资本代际传递模型

本节将考察人力资本投资风险对于教育决策的影响。模型假设经济体中只生产一种商品，市场的无风险利率为零。经济体中每个个体只存活一期，各个个体有且只有一个孩子；孩子将从父母那里获取遗产 x。在生命之初，每个个体可以选择如下两种职业之一。

第一种选择，不进行人力资本投资直接参加传统部门一份常回报技术的工作：

$$Y = \bar{w}L \tag{1}$$

其中 Y 为产出，L 为该部门的全部劳动投入，$\bar{w}$ 为生产技术参数。个体将用尽其劳动禀赋 l_t，那么 $w_t = \bar{w}l_t$ 则为选择该职业的回报。假定 l_t 是随机变化的，从而 w_t 也是随机变动的。

第二种选择，以成本 F 进行人力资本投资，该项目的投资收益为 Q_t。财富水平为 $x_t < F$ 的个体可以通过借款来弥补投资成本不足的部分，借款利率为 $i > 0$，其中借款利率高出无风险利率的溢价程度反映了信贷市场的不完美。在这种情形下可以认为这些强加于借款人身上的借款成本是由于监督和执行合同的需要（Galor 和 Zeira，1993）传导至借款人身上。

假设模型中的两个随机生产技术参数 w_t 和 Q_t 的联合概率密度函数为 φ，不妨设经济体中的劳动禀赋标量化为 1，也即 $E[l_t] = 1$。同时设 $E[w_t] = \bar{w} < E[Q_t] - F$，这意味着参与人力资本投资的期望净收益要高于平均工资水平。但是，即使人力资本投资的期望净收益要高，个体仍然可能选择在工资水平 w_t 处工作，原因在于工资水平过低的个体在决定进行人力资本投资时需要以利率 $i > 0$ 进行融资，这可能导致上述两种选择的投资回报不同。

首先考察每个个体的人力资本投资决策，那些拥有遗产为 x 的个体的终身受益为：

$$y = \begin{cases} x + w & \text{如果不进行人力资本投资} \\ (x - F)(1 + i) + Q & \text{如果进行人力资本投资但 } x < F \\ (x - F) + Q & \text{如果进行人力资本投资且 } x \geq F \end{cases} \tag{2}$$

假设每个个体的效用函数为：

$$u(c,b) = (1 - \theta)\ln c + \theta \ln b \tag{3}$$

其中参数 $\theta \in [0,1]$，c 为消费，b 为留给下一代的遗产。因此，每个个体留下的遗产为其自身收入 y 的一个比例 θ，剩下的 $1 - \theta$ 将被用来消费。因此个体的间接效用函数表达式为：

$$v(y) = \gamma + \delta \ln y \tag{4}$$

其中 $\gamma, \delta > 0$ 为常数。

对上述两部门模型中的固定成本 F 有如下两方面解释。一种是对于模型中涉及的人力资本投资项目，其设立成本是需要先行垫付的，F 可能是先期的教育成本，Q 是熟练工人的收益支付。正如 Loury（1981）等人所强调，人力资本类的投资项目最不易通过抵押担保融资，因为靠人力资本投资后获得的资产很难抵偿投资项目失败的风险。另一种解释是，投资项目可以理解为能帮助低收入者跳出贫困的机遇，同时先期垫付的固定成本 F 和由 i 表示的信贷市场不完美程度构成了跳出贫困的阻碍。

（一）不存在风险的情形

首先考虑不存在风险的情形。假定每个个体在进行人力资本投资决策之前都能观测到当期风险 (w,Q)，那么对于 $x \geq F$ 的个体，将在 $(x-F)+Q > x+w$ 时，也即 $Q-F \geq w$ 时选择进行人力资本投资；对于 $x < F$ 的个体，将在 $(x-F)(1+i)+Q \geq x+w$ 时，也即 $x \geq \hat{x} = \dfrac{w-Q+F(1+i)}{i}$ 时选择进行人力资本投资。于是可以得到该经济体中每个家族代际间的财富转移方程为：

$$x_{t+1} \overset{\triangle}{=} s_t(x_t) = \theta \times \begin{cases} x_t + w_t & \text{如果 } x_t \leqslant \hat{x}_t \\ (x_t - F)(1+i) + Q_t & \text{如果 } x_t \in (\hat{x}_t, F) \\ (x_t - F) + Q_t & \text{如果 } x_t \geqslant F \end{cases} \tag{5}$$

图 1 描述了当经济体中没有风险时每个家族代际间的财富转移函数 S 的图像，无风险情形意味着每个个体对于是否选择进行人力资本投资后的工作回报都视为常数。在给定合适的参数后所做出的图形将存在多重均衡：当初始财富水平小于临界值 x_b 的个体最终将收敛于低均衡点 $x_L^* = \dfrac{w}{1-\theta}$，初始财富水平高于临界值的个体最终将收敛于高均衡点 $x_H^* = \dfrac{\theta \cdot (Q-F)}{1-\theta}$。若给定该经济体中初始财富的分布函数 φ_0，那么最终收敛于低均衡的个体比例为 $\int_0^{x_b} \varphi_0$。如果该比例值很大，那么经济体中长期收入的平均值将很小。

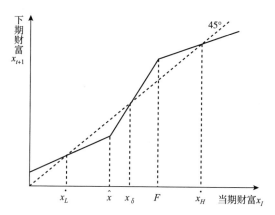

图1　无风险情形下每个家族代际间的财富转移方程

（二）存在风险的情形

其次考虑存在风险的情形。这意味着每个个体在进行人力资本投资决策前都无法观测到当期冲击 (w, Q)，此时生产参数围绕着其均值随机变动。这种情形更具现实性，并且将能够刻画各收入阶层的家族财富动态转移情况。假定生产参数 w_t 和 Q_t 满足二元对数正态分布，此时，转移方程也将随着时间随机变动。

图2给出了某个个体在不同风险冲击下的财富转移方程的拟合结果，$t = 2$ 期出现了一个对人力资本投资回报 Q 的负向冲击或传统部门工资收入 w 的正向冲击，这使得高均衡点消失；$t = 3$ 期是一个较强的对人力资本投资回报 Q 的正向冲击或传统部门工资收入 w 的负向冲击，这使得低均衡点消失了。如果各期中生产参数发生变动，如 $t = 1$ 期和 $t = 4$ 期所示，只要参数数字特征不同，那么形成高、低均衡点的位置将不尽相同。

如果个体的数量很大，那么不同财富水平阶层随时间变动的财富分布 $(\Psi_t)_{t \geqslant 0}$ 可以通过马尔科夫过程 $x_{t+1} = S(x_t)$ 获得，不难证明该马尔科夫过程是遍历的，其含义和动态性与非凸增长模型是类似的。这也意味着在存在人力资本投资风险的情况下，不同的初始财富水平将决定长期的收入水平和代际间的收入不平等情形。经过长期演化，贫富群体之间并不必然出现两极分化：更富裕或受教育更好的个体、更贫穷或受教育更差的个体都有可能收敛于高收入均衡点或低收入均衡点。在风险比较极端的情形下，处于高均衡状态的个体依然有落入低均衡状态的可能，反之亦然。在风险的分布是平稳的情形下，落入低均衡和升入高均衡的比例将保持一种动态

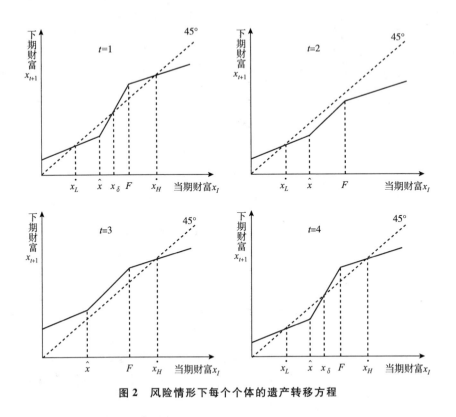

图2 风险情形下每个个体的遗产转移方程

的稳定；在风险的分布是非平稳的情形下，多重均衡可能会转化成单均衡点。

三 数值模拟

假定问题的基本框架一样，我们通过数值模拟考察人力资本投资的机会成本和未来收益的不确定性将如何影响个体间的贫富演化。在有风险的情况下，当期的冲击不再是可预见的，每个个体必须在观察到冲击 w_t、Q_t 之前决定是否进行人力资本投资。假定这两种冲击都是满足对数正态分布的并且可能相关，更进一步，假定在进行借款投资的情形下，贷款人在 t 期之初也无法观测到这些变量的真实值，因而借款利率 $i = i(x)$ 依赖于个体的初始财富水平 x，它反映了人力资本投资的风险。因此，个体的终身收入函数为：

$$y = \begin{cases} x + w & \text{如果不进行人力资本投资} \\ \max\{0, (x - F)[1 + i(x)] + Q\} & \text{如果进行人力资本投资但 } x < F \\ (x - F) + Q & \text{如果进行人力资本投资且 } x \geq F \end{cases} \quad (6)$$

当冲击为对数正态分布时，初始财富水平 $x < F$ 的个体借款后收入为 0 的概率 $P\{y = 0\} > 0$，即其效用水平 $\mathrm{E}v(y) = -\infty$，这意味着在如此简单的情形下，个体将选择绝不借款进行人力资本投资从而长期处于低均衡水平。当冲击为其他联合分布的情况时，财富水平 $x \geq F$ 的个体也仍有可能选择留在传统部门工作而不进行人力资本投资。

因为个体绝不贷款，那么每个家族的代际财富转移动态方程为：

$$x_{t+1} = \theta \cdot (x_t + w_t) \cdot 1\{x_t \in D\} + \theta \cdot (x_t - F + Q_t) \cdot 1\{x_t \notin D\} \quad (7)$$

其中 $D \triangleq \{x : E[v(x + w_t)] \geq E[v(x - F + Q_t)]\}$。该过程的随机核 Γ 可以分为 $x \in D$ 和 $x \notin D$ 两种情况进行分析，利用替换变量的方法可得：

$$\Gamma(x, x') = \varphi_w\left(\frac{x' - \theta x}{\theta}\right) \frac{1}{\theta} \cdot 1\{x \in D\} + \varphi_Q\left[\frac{x' - \theta(x - F)}{\theta}\right] \frac{1}{\theta} \cdot 1\{x \notin D\} \quad (8)$$

其中 φ_w、φ_Q 分别为 w 和 Q 的边缘密度函数。需要进行说明的是，示性函数 $1\{x \in D\}$ 表示的是那些选择不进行人力资本投资的个体的初始财富集合，其下期的财富水平将由 φ_w 和自身的初始财富来决定；示性函数 $1\{x \notin D\}$ 表示的是那些选择进行人力资本投资的个体的初始财富集合，其下期的财富水平将由投资收益决定函数 φ_Q 和自身的初始财富来决定。

我们将参数分别设置为：$F = 1$，$\theta = 0.45$，$\ln w \sim N(0.1, \sigma_w)$，$\ln Q \sim N(1.4, \sigma_Q)$，将风险系数对 (σ_w, σ_Q) 依次定为 $(1, 0.2)$、$(10, 0.2)$、$(1, 2)$ 和 $(10, 2)$，考察了不同风险下每个家族的代际财富转移随机核。① 结果发现，对于给定的参数，当 $x < F$ 时，个体将选择规避人力资本投资风险进入传统部门工作；当 $x \geq F$ 时，个体将选择进行人力资本投资。对数正态分布的冲击在转移过程中赋予低收入者一个非零概率的可能性去跳出低均衡陷阱，高收入者同样也可能在负向冲击的作用下落入低均衡陷阱，但是在不同的风险系数对 (σ_w, σ_Q) 下，低收入者跳出低水平均衡陷阱的转移概率大为不同，而且穷富转化的混合比率依赖于转移方程中的参数和冲击的方差。总之，只要低收入者并没有富有到足以自我保障，就不得不选择最小

---

① 篇幅所限，这里没有列示"不同风险下每个家族的代际财富转移随机核的二维平面图"，有兴趣者可向作者函询。

化风险的收入流，这种选择恰恰是以降低平均收入为代价的，其结果就是强化了自我贫困。Dercon（2003）发现这种选择对于平均收入的影响很大：如果他们拥有与高收入者一样能依靠财富抵御冲击的保障措施，估计结果表明低收入者的收入至少将比平均水平提高25% ~50%。

在无风险的情形下，如图3给出了不同初始财富水平家族的20期拟合时间序列，其中参数的设置为：$\theta = 0.7$，$w = 0.3$，$Q = 2$，$i = 3$，$F = 1$。同方程（5）的分析保持一致，当初始财富水平 $x < \hat{x} = \dfrac{w - Q + F(1 + i)}{i} = 0.43$ 时，个体将选择不进行人力资本投资，这些个体的财富路径也最终将收敛于低均衡点 $x_L^* = \dfrac{w}{1 - \theta} = 0.7$；初始财富水平高于上述临界值的个体将选择进行人力资本投资并最终将收敛于高均衡点 $x_H^* = \dfrac{\theta \cdot (Q - F)}{1 - \theta} = 2.33$。这也说明在无风险情况下，决定是否进行人力资本投资的唯一因素就是家户的初始财富水平，这种由于初始收入不足被迫进行的选择将导致唯一的结果，即令其依然处于低均衡状态而无法跳出持续性贫困。

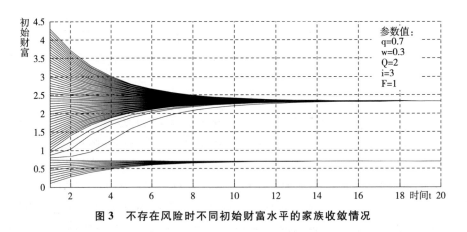

图3　不存在风险时不同初始财富水平的家族收敛情况

在有风险的情形下，如图4和图5给出了不同初始财富水平家族的20期拟合时间序列，其中图4考虑的是影响人力资本投资的冲击为时不变的平稳分布的情形，参数的具体设置为：$\theta = 0.7$，$\ln w \sim N[\ln(0.3), 0.1]$，$\ln Q \sim N[\ln(2), 0.1]$，$i = 3$，$F = 1$。图5考虑的是影响人力资本投资的冲击为时变的非平稳分布的情形，参数的具体设置为：$\theta = 0.7$，$e_t \sim N(0,1)$，$\ln w \sim N[\ln(0.3) + e_t, 0.1]$，$\ln Q \sim N[\ln(2) + e_t, 0.1]$，$i = 3$，$F = 1$。在

这两种情形下，同方程（6）的分析保持一致，初始财富水平属于 $D \triangle \{x: E[v(x+w_t)] \geqslant E[v(x-F+Q_t)]\}$ 的个体都将选择不进行人力资本投资，但是选择的结果存在差异。

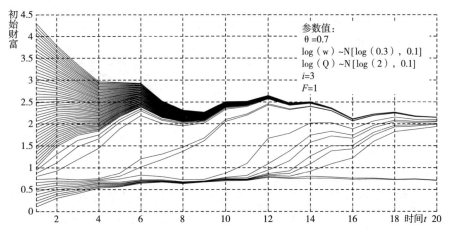

图 4　存在风险时不同初始财富水平的家族收敛情况（冲击分布为时不变）

在影响人力资本投资的参数分布为时不变的情形下，不同初始财富水平的家族最终仍然会收敛至与图 3 相一致的两个稳态，贫富差距最终演化出分层的两类。但是在转移过程中，来自传统部门的工资正向冲击也给了低收入者一个非零概率的可能性去跳向高均衡状态，高收入者同样也可能在人力资本投资收益的负向冲击下跳入低均衡陷阱。在影响人力资本投资的参数分布为时变的情形下，不同初始财富水平家族的财富收敛路径存在着

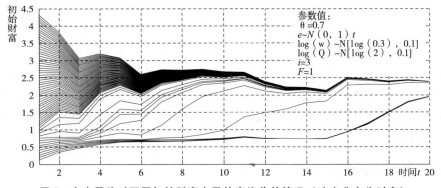

图 5　存在风险时不同初始财富水平的家族收敛情况（冲击分布为时变）

不确定性，贫富差距的演化并不完全有赖于是否进行人力资本投资的决策。

这意味着在不同的风险水平下，个体的初始财富对于人力资本投资决策的影响是不同的。在无风险情形下，人力资本投资的收益和机会成本是确定的，进行人力资本投资从而跳出低均衡状态将是理性的选择。在这种情况下，影响教育决策的关键因素是个体初始财富水平：对于低收入个体来说，如果选择不进行人力资本投资接受教育，那一定是因为个体的初始财富水平太低以至于无法达到最低的投资水平。

在有风险的情形下，且风险冲击是平稳时，人力资本投资的收益和机会成本都是理性预期的，进行人力资本投资从而跳出低均衡状态依然是理性的选择。在这种情况下，影响教育决策的关键因素是个体初始财富水平和传统部门的工资波动：对于低收入个体来说，如果选择不进行人力资本投资接受教育，那一定是因为个体的初始财富水平和传统部门工资波动太低以至于无法达到最低的投资水平。

在有风险的情形下，且风险冲击是非平稳时，人力资本投资的收益和机会成本都是不确定的，不进行人力资本投资未必会落入低均衡状态。在这种情况下，影响教育决策的关键因素将不完全是个体的初始财富水平：对于低收入个体来说，如果选择不进行人力资本投资接受教育，有可能是因为人力资本投资的预期收益太低而机会成本过大。

四　实证检验

根据前述两节的模型分析和数值模拟，我们得知在不同的风险水平下，个体的初始财富对于人力资本投资决策的影响是不同的。我们待检验的结论是：在无风险情形下，影响教育决策的关键因素是个体的初始财富水平；在有风险的情形下，当风险冲击是平稳时，影响教育决策的关键因素是个体初始财富水平和传统部门的工资波动；当风险冲击是非平稳时，影响教育决策的关键因素将不完全是个体的初始财富水平，有可能是因为人力资本投资的预期收益太低而机会成本过大。本节将基于前述模型实施进一步的实证分析和检验。

（一）实证模型

根据式 7 可知，在存在风险的情况下，每个个体决定进行人力资本投资的方程是其初始财富水平属于集合 $\bar{D} \triangleq \{x : E[v(x + w_t)] < E[v(x -$

$F + Q_t$）]}，即进行人力资本投资的预期收益所带来的期望效用会高于机会成本所带来的期望效用。

不妨设每个个体 i 的初始财富水平为 x_i，在第 t 期进行人力资本投资的预期收益和机会成本分别是 $y_{i,t} = x_i - F + Q_t$，$z_{i,t} = x_i + w_t$，那么根据前述分析式（7）、式（8）可知人力资本投资的决策方程为：

$$e_{i,t} = \begin{cases} 1 & \text{进行人力资本投资如果 } E[v(z_{i,t})] < E[v(y_{i,t})] \\ 0 & \text{不进行人力资本投资如果 } E[v(z_{i,t})] \geq E[v(y_{i,t})] \end{cases} \quad (9)$$

根据本文设立的模型从方程（4）可知间接效用函数表达式为 $v(y) = \gamma + \delta \ln y$，通过泰勒展开式可知：

$$v(z_{i,t}) = \gamma + \delta \ln(x_i + w_t) = \gamma + \delta \cdot \left[\ln(1 + \frac{w_t}{x_i}) + \right.$$

$$\left. \ln(x_i) \right] = \gamma + \delta \cdot \frac{w_t}{x_i} + \delta \cdot \ln(x_i) \quad (10)$$

同时假设 Q_t 和 w_t 分别满足对数正态分布：$\ln w_t \sim N(\mu_{w_t}, \sigma_{w_t})$，$\ln Q_t \sim N(\mu_{Q_t}, \sigma_{Q_t})$，于是可得：

$$E[v(z_{i,t})] = \gamma + \delta \cdot E(\frac{w_t}{x_i}) + \delta \cdot \ln(x_i) = \gamma + \delta \cdot \frac{1}{x_i} \cdot \exp(\mu_{w_t} + \frac{\sigma_{w_t}^2}{2}) + \delta \cdot \ln(x_i) \quad (11)$$

$$E[v(y_{i,t})] = \gamma + \delta \cdot E(\frac{Q_t}{x_i - F}) + \delta \cdot \ln(x_i - F) = \gamma + \delta \cdot \frac{1}{x_i - F} \cdot \exp(\mu_{Q_t} + \frac{\sigma_{Q_t}^2}{2}) +$$

$$\delta \cdot \ln(x_i - F) \quad (12)$$

$$E[v(y_{i,t})] - E[v(z_{i,t})] = \delta \cdot \ln(1 - \frac{F}{x_i}) + \delta \cdot \frac{1}{x_i - F} \cdot \exp(\mu_{Q_t} + \frac{\sigma_{Q_t}^2}{2}) -$$

$$\delta \cdot \frac{1}{x_i} \cdot \exp(\mu_{w_t} + \frac{\sigma_{w_t}^2}{2})$$

$$= \delta \cdot \left\{ -\frac{F}{x_i} + \frac{1}{x_i - F} \cdot (1 + \mu_{Q_t} + \frac{\sigma_{Q_t}^2}{2}) - \right.$$

$$\left. \frac{1}{x_i} \cdot (1 + \mu_{w_t} + \frac{\sigma_{w_t}^2}{2}) \right\} + \delta \cdot o(\frac{F}{x_i}, \mu_{Q_t} + \frac{\sigma_{Q_t}^2}{2}, \mu_{w_t} +$$

$$\frac{\sigma_{w_t}^2}{2}) \sim -\frac{F}{x_i} + \frac{1}{x_i - F} \cdot (1 + \mu_{Q_t} + \frac{\sigma_{Q_t}^2}{2}) -$$

$$\frac{1}{x_i} \cdot (1 + \mu_{w_t} + \frac{\sigma_{w_t}^2}{2}) \quad (13)$$

在式（13）的第二个等号中依然使用了泰勒公式进行线性化处理，其

中最后一项 $o(\dfrac{F}{x_i}, \mu_{Q_t} + \dfrac{\sigma_{Q_t}^2}{2}, \mu_{w_t} + \dfrac{\sigma_{w_t}^2}{2})$ 表示这三者的高阶无穷小，本文选取人力资本投资决策的潜变量 y^* 为：

$$y_{i,t}^* = -\frac{F}{x_i} + \frac{1}{x_i - F} \cdot (1 + \mu_{Q_t} + \frac{\sigma_{Q_t}^2}{2}) - \frac{1}{x_i} \cdot (1 + \mu_{w_t} + \frac{\sigma_{w_t}^2}{2}) \qquad (14)$$

根据式（14）可以归结待检验的假说如下。

假说 1　在人力资本投资的成本、预期收益和风险、机会成本[①]和风险水平一定的情况下，当个体财富水平低于投资成本时，个体决定接受教育进行人力资本投资的意愿与个体的财富水平正相关。

假说 2　在个体财富水平和人力资本投资成本一定的情况下，个体决定接受教育进行人力资本投资的意愿与机会成本及其波动程度负相关。

假说 3　在个体的财富水平和人力资本投资成本一定的情况下，当个体财富水平高于投资成本时，个体决定接受教育进行人力资本投资的意愿与投资的预期收益水平正相关，与预期收益的波动程度正相关；当个体财富水平低于投资成本时，个体决定接受教育进行人力资本投资的意愿与投资的预期收益水平负相关，与预期收益的波动程度负相关。

假说 1 源于式（14）中的第二项，当人力资本投资的成本、预期收益和风险、机会成本和风险水平一定时，个体财富水平低于投资成本将使得式（14）中三项的符号都为负，且负向程度随着个体财富水平的降低而增强，这意味着对于财富低于投资门槛的个体来说，个体财富水平越低，越不愿意进行人力资本投资。

假说 2 源于式（14）中的第三项，在个体财富水平和人力资本投资成本一定时，第三项交叉项的符号为负，这意味着进行人力资本投资的机会成本和波动水平越高，那么进行投资的意愿越弱，且意愿强度随着个体财富水平的降低而增强。

假说 3 源于式（14）中的第二项，在个体的财富水平和人力资本投资成本一定的情况下，当个体财富水平高于投资成本时，式（14）中的第二项的符号为正；当个体财富水平低于投资成本时，其符号为负。

---

① 贝克尔在分析人力资本形成过程时，着重分析了高校教育、在职培训方式的投资与收益之间的关系。他认为人力资本投资成本，包括接受正规教育和培训教育所花的直接成本、受教育所放弃的工作收入、保持健康所花的成本、迁移和收集信息的成本。本文分析时的机会成本仅考虑不进行人力资本投资的预期收益。

（二）数据和检验方法

本文采用中国健康与营养调查（*China Health and Nutrition Survey*，简称 *CHNS*）数据，该数据由美国北卡罗来纳大学和中国疾病预防控制中心营养与食品安全所联合采集，其调查旨在探讨中国社会和经济转型与计划生育政策对人们健康和营养的影响，数据中家户的特征及个体的信息比较全面。数据至今已经调查了 8 轮，分别为 1989 年、1991 年、1993 年、1997 年、2000 年、2004 年、2006 年和 2009 年，根据本文待检验模型的需要选取了合适的变量及说明，如表 4 所示。

表 4　实证模型中变量的选取和说明

变量名		变量描述
教育决策的潜变量（$y^*_{i,t}$）		变量选取为历年家户中适龄子女调查当年失学与否，并分为初中、高中和大学及以上三组①：1 - 选择接受教育；0 - 选择不接受教育
个体收入（x_i）		变量选取为历年家户毛收入并通过相应指数平减到 2009 年的水平
预期收益	接受教育的预期收益（μ_{Q_t}）	变量选取的是个体所在社区中获得了初中、高中和大学及以上学历的三组群体的平均收入并通过相应指数平减到 2009 年的水平。比如考察个体接受高中教育的决策，那么接受教育的预期收益即为个体所在社区获得高中学历群体的平均收入②
	接受教育的收益风险（$\sigma^2_{Q_t}$）	变量选取的是个体所在社区中获得初中、高中和大学及以上学历的三组群体的收入方差
机会成本	不受教育的预期收益（μ_{w_t}）	变量选取的是个体所在社区中获得初中、高中和大学及以上学历的三组群体的平均收入并通过相应指数平减到 2009 年的水平。比如考察个体接受高中教育的决策，那么不接受教育的预期收益即为个体所在社区获得初中学历群体的平均收入
	不受教育的收益风险（$\sigma^2_{w_t}$）	变量选取的是个体所在社区中获得初中、高中和大学及以上学历的三组群体的收入方差

---

① CHNS 中并没有子女是否在调查当年辍学的数据，本文在处理过程中通过适龄调查者当年回答是否在继续上学和其已经获得的教育年限进行处理。比如，年龄小于 16 岁者如果当年回答没有继续上学并且其仅取得了初中一年级或者初中二年级的学历，则判断该调查者属于初中组且当年没有选择接受初中教育。

② 在考虑是否接受高中教育的决策中，其预期收益应当为获得高中学历者的收入和获得大学学历者收入的加权平均值，权重分别为初中升高中、高中升入大学的升学率，后文的实证检验中对此分别进行了考察。

续表

变量名		变量描述
社区变量	社区平均教育（Averageedu）	变量选取的是每个个体所在社区的家户平均接受教育的年限
	社区的升学率（Enrollment）	变量选取的是调查当年每个个体所在社区的高等级组正在就读人数除以低等级组就读人数①
	社区失业率（Unemployment）	变量选取的是个体所在社区中获得了初中、高中和大学及以上学历的三组群体的失业率
个体特征	个体年龄（Age）	变量选取为调查当年个体的年龄
	个体性别（Gender）	1-男；2-女
	所处城乡（Urban）	0-农村；1-城镇
	所处区域（Region）	数据共含9个调查省份：21-辽宁；23-黑龙江；32-江苏；37-山东；41-河南；42-湖北；43-湖南；45-广西；52-贵州
家户特征	家户规模（Hhsize）	变量选取为历年家户的人口总数
	户主教育年限（Education）	变量选取为户主接受教育的年限
	户主工作状态（Work）	0-没有工作；1-正在工作

　　为了检验本章的模型，本文首先选取了六项指标，包括教育决策的潜变量观察值、个体收入、接受教育的预期收益、接受教育的收益风险、不接受教育的预期收益和不接受教育的收益风险。我们分别构造了三组教育决策的回归模型：是否接受初中教育、是否接受高中教育和是否接受大学教育。之所以拆分成三组，是由于我们缺少各教育层次的成本数据，而且这三类不同教育的成本水平显然不尽相同。除了基于本文的教育决策模型所建立的实证方程，本文还考虑了与之相对应的经验方程，即考虑了各家庭所处的外在环境。根据 CHNS 中可获得的数据，本章选择以下变量来进行反映：社区变量（社区平均教育水平、社区内的升学率和社区内的失业率），个体特征变量（个体年龄、性别、是否居住在城市和所处区域）以及一些家户特征变量（户主教育程度、家户规模和户主工作状态等）。②

---

①　大学的升学率，来自调查当年个体所在社区仅获得大学一年级至大学三年级学历且正在就读的人数除以个体所在社区仅获得高中一年级至高中三年级学历且正在就读的人数。

②　因篇幅所限，上述各项变量的统计描述未列出，有兴趣的读者可向作者索要。

根据被解释变量的离散特征，我们主要考虑了基于离散选择模型来对式14中教育决策潜变量所满足的三个假说进行检验。面板数据的离散 Logit 模型为：

$$P(y_{it} = j \mid x) = \begin{cases} \dfrac{\exp(x_{it}'\beta_j)}{1 + \sum_{k=2}^{J} \exp(x_{it}'\beta_k)} & (j = 2, \cdots, J) \\[3ex] \dfrac{1}{1 + \sum_{k=2}^{J} \exp(x_{it}'\beta_k)} & (j = 1) \end{cases} \tag{15}$$

其中，$j = 1$ 所对应的选择被称为"参照组"，以上各项选择的概率之和为 1。在这个模型中，第 i 个体的对数似然函数为 $\ln L_i(\beta_1, \cdots, \beta_J) = \sum_{j=1}^{J} 1(y_i = j)\ln P(y_i = j \mid x)$，其中 $1(\cdot)$ 为示性函数。将所有个体样本的对数似然函数加总，即得到整个样本的对数似然函数，将其最大化则得到系数估计值 $\hat{\beta}_{MLE}$。这里我们假定家庭财富水平、教育投资成本、预期收益和风险水平在模型中的各个选择满足"无关选择的独立性"。

在待检验的三个假说中，我们尤其关注低收入个体决定接受教育进行人力资本投资的意愿与其财富水平之间的正向关系以及与投资收益和风险间的关系。分别根据假说1和假说3，当个体财富水平低于投资成本时，个体决定接受教育进行人力资本投资的意愿与个体的财富水平正相关；当个体财富水平高于投资成本时，个体决定接受教育进行人力资本投资的意愿与投资的预期收益水平正相关。由于我们缺少各教育层次的成本数据，而且高中和大学这两类不同的教育，成本显然不尽相同。因此，我们首先需要判明个体接受教育进行人力资本投资的意愿是否确实存在以投资成本为界的情况，对此我们分别进行了关键变量虚拟方程式构造、二次型回归和分样本处理：将样本根据历年家户收入的50%分位线分为了低收入家户和高收入家户两个子样本，并基于 Chow 式统计分别检验在这两类样本中回归系数的差异。

在经过上述初步的分样本处理之后，一旦确认个体接受教育进行人力资本投资的意愿确实存在因投资成本为界的情况，那么可以进一步对模型提出的假说关系进行检验。由于在初步处理过程中，基于家户收入的50%分位线进行分样本处理较为主观，且均值回归仅着重考察了解释变量对被解释变量的条件期望的影响，而后者很难反映整个条件分布的全貌，尤其是本章认为被解释变量不是对称分布，因此我们将使用分位数回归对待验证的关系进行进一步的分析。

（三） 实证分析结果

本部分通过 CHNS 八个年度的非平衡面板数据的实证分析来进一步了解影响人力资本投资意愿的因素。我们在初步分析中首先进行了分样本的 Chow 式统计，通过将样本根据历年家户收入的 50% 分位线分为了低收入家户和高收入家户两个子样本，并检验在这两类样本回归中的系数是否发生突变。另外，我们也分别通过构造关键变量的虚拟项方程式和二次型方程式对人力资本投资的意愿与个体的财富水平之间的关系进行了检验。Hausman 检验的结果显示，基于面板数据的离散选择回归分析是不拒绝原假设的，这说明随机效应模型估计的结果将是一致的，因此本文选择随机效应模型。估计的结果如表 5 和表 6 所示。

表 5　影响个体接受高中教育因素的实证分析结果

是否接受高中教育	样本：低收入家户		样本：高收入家户		全样本		全样本		全样本：二次型	
	系数	z-值	系数	z-值	系数	z-值	系数	z-值	系数	z-值
常数项	-4.847	(-0.38)	-3.036	(-0.96)	-0.829	(-0.36)	1.018	(0.32)	-13.61	(-0.21)
个体收入（x_i）	0.209*	(1.78)	-0.0646	(0.19)	0.166	(0.82)	-0.383*	(-2.00)	-2.217	(-1.05)
个体收入的平方（x_i^2）									-0.0982*	(1.87)
接受教育的预期收益（μ_{Q_i}）	-0.0481	(-0.12)	0.407*	(1.92)	-0.0563	(-0.15)	-0.749*	(-2.14)	-0.746*	(-2.12)
接受教育的收益风险（$\sigma_{Q_i}^2$）	0.0931	(0.70)	0.0369	(0.29)	0.0890	(0.70)	0.382**	(3.04)	0.381**	(3.01)
不受教育的预期收益（μ_{w_i}）	-0.316*	(-1.67)	-0.0642*	(-2.17)	-0.129	(-0.29)	-1.167*	(-2.26)	-1.220*	(-2.32)
不受教育的收益风险（$\sigma_{w_i}^2$）	0.0550	(0.37)	-0.0614	(-0.62)	0.00681	(0.05)	0.120	(0.72)	0.120	(0.72)
哑变量：收入高/低于中位数 $1_{x_i < x_i^{mm}}$					-1.919*	(-2.01)				
交叉项：$1_{x_i < x_i^{mm}} \cdot \mu_{Q_i}$					0.228	(0.42)				
$1_{x_i < x_i^{mm}} \cdot \sigma_{Q_i}^2$					-0.0264	(-0.15)				
$1_{x_i < x_i^{mm}} \cdot \mu_{w_i}$					0.0836	(0.15)				
$1_{x_i < x_i^{mm}} \cdot \sigma_{w_i}^2$					-0.0608	(-0.37)				
个体年龄							0.440***	(5.18)	0.444***	(5.21)
个体性别							-0.521	(-1.91)	-0.529	(-1.94)
家户规模							0.294	(1.93)	0.323*	(2.06)

续表

是否接受高中教育	样本:低收入家户		样本:高收入家户		全样本		全样本		全样本:二次型	
	系数	z-值	系数	z-值	系数	z-值	系数	z-值	系数	z-值
户主教育年限							-0.0449	(-0.45)	-0.0347	(-0.35)
时间趋势							0.126**	(2.77)	0.130**	(2.82)
社区平均教育水平							0.566*	(2.33)	0.549	(1.29)
社区内的高中学历者失业率										
所处城乡							-0.449	(-1.09)	-0.407	(-0.98)
地区（辽宁为参照变量）										
黑龙江							1.390	(1.40)	1.375	(1.38)
江苏							1.272	(1.74)	1.270	(1.74)
山东							0.382	(0.61)	0.363	(0.58)
河南							-0.965	(-1.63)	-1.064	(-1.76)
湖北							-0.507	(-0.92)	-0.564	(-1.02)
湖南							-0.333	(-0.58)	-0.441	(-0.75)
广西							0.705	(1.21)	0.616	(1.04)
贵州							0.646	(0.97)	0.658	(0.99)
样本数	94		118		212		204		204	
统计量	Waldchi²(5) =2.68 Prob>chi² =0.7491		Wald chi²(5) =3.34 Prob>chi² =0.6484		Waldchi²(10) =10.97 Prob>chi² =0.3598		Waldchi²(20) =48.55 Prob>chi² =0.0004		Waldchi²(21) =48.70 Prob>chi² =0.0006	
	Chow test:LR chi²(7) =11.91 Prob>chi²=0.0934									

注：***、**、*分别表示在置信水平1%、5%、10%上是显著的。

表6　影响个体接受大学教育因素的实证分析结果

是否接受高中教育	样本:低收入家户		样本:高收入家户		全样本		全样本		全样本:二次型	
	系数	z-值	系数	z-值	系数	z-值	系数	z-值	系数	z-值
常数项	-14.41	(-0.22)	-14.82	(-0.22)	-2.037	(-0.77)	-30.49**	(-2.93)	-13.29	(-0.46)

续表

是否接受高中教育	样本:低收入家户		样本:高收入家户		全样本		全样本		全样本:二次型	
	系数	z-值	系数	z-值	系数	z-值	系数	z-值	系数	z-值
个体收入(x_i)	0.905**	(-2.62)	-0.229*	(2.15)	-0.563	(-0.79)	0.0699	(0.20)	-3.214	(-0.61)
个体收入的平方(x_i^2)									0.158	(0.63)
接受教育的预期收益(μ_{Q_i})	0.692	(0.78)	0.286**	(2.91)	-3.101	(-1.65)	1.498	(1.84)	1.453	(1.78)
接受教育的收益风险($\sigma_{Q_i}^2$)	-0.539*	(-2.40)	0.0131	(0.20)	-0.0296	(-0.14)	-0.193	(-1.52)	-0.197	(-1.53)
不受教育的预期收益(μ_{w_i})	1.567	(1.22)	-0.391	(-1.02)	3.685	(1.36)	-0.0231	(-0.02)	-0.0279	(-0.03)
不受教育的收益风险($\sigma_{w_i}^2$)	-0.667	(-1.51)	0.0346	(0.33)	-0.244**	(-2.64)	0.161	(0.72)	0.174	(0.76)
哑变量:收入高/低于中位数 $1_{x_i < x_i^{mm}}$					-6.120*	(-2.10)				
交叉项:$1_{x_i < x_i^{mm}} \cdot \mu_{Q_i}$					2.751	(1.36)				
$1_{x_i < x_i^{mm}} \cdot \sigma_{Q_i}^2$					0.208	(0.85)				
$1_{x_i < x_i^{mm}} \cdot \mu_{w_i}$					-2.533	(-0.91)				
$1_{x_i < x_i^{mm}} \cdot \sigma_{w_i}^2$					0.0959	(0.16)				
个体年龄							0.421***	(4.86)	0.426***	(4.80)
个体性别							0.434	(1.17)	0.443	(1.18)
家户规模							0.0457	(0.26)	0.0453	(0.26)
户主教育年限							0.253	(1.03)	0.246	(1.00)
时间趋势							-0.221	(-1.77)	-0.218	(-1.70)
社区平均教育水平							-0.402	(-0.72)	-0.370	(-0.66)
社区内的大学学历者失业率										
所处城乡							0.898	(1.86)	0.931	(1.89)
地区(辽宁为参照变量)										
黑龙江							0.529	(0.78)	0.594	(0.85)

续表

是否接受高中教育	样本:低收入家户		样本:高收入家户		全样本		全样本		全样本:二次型	
	系数	z-值	系数	z-值	系数	z-值	系数	z-值	系数	z-值
江苏							-0.714	(-0.81)	-0.711	(-0.79)
山东							0.202	(0.27)	0.255	(0.34)
河南							-0.239	(-0.29)	-0.211	(-0.26)
湖北							0.0401	(0.05)	0.0556	(0.07)
湖南							-0.0600	(-0.09)	-0.0259	(-0.04)
广西							-0.777	(-0.68)	-0.785	(-0.67)
贵州							0.884	(0.90)	0.936	(0.94)
样本数	29		184		68		182		182	
统计量	Wald chi^2(5) =7.53 Prob > chi^2 = 0.1842		Wald chi^2(5) =5.18 Prob > chi^2 = 0.3948		Waldchi^2(10) =10.12 Prob > chi^2 = 0.4299		Waldchi^2(20) =34.80 Prob > chi^2 = 0.0212		Waldchi^2(21) =34.04 Prob > chi^2 = 0.0359	
	Chow test:LR chi^2(7) = 16.82 Prob > chi^2 = 0.0186									

注:***、**、** 分别表示在置信水平1%、5%、10%上是显著的。

分样本处理和 Chow 式统计的结果表明，在是否接受高中教育和大学教育这两类人力资本投资的选择问题上，高、低两个收入群体的财富水平与投资意愿之间确实显示出不同的关系，且在10%的置信水平上都通过了 Chow 式检验。依据个体收入水平分样本处理后的结果表明：在低收入家户中，个体进行人力资本投资的意愿与其收入水平正相关，这意味着越是贫穷的家户进行人力资本投资的意愿就越低；在高收入家户中，个体进行人力资本投资的意愿与其收入水平负相关，但关系较弱。同样，关键变量的虚拟变量模型和二次型回归的结果也印证了上述结论。从回归分析的效果来看，高中决策和大学决策这两组回归的效果都较弱，这可能与经过处理后的样本容量偏低和调查问卷中可能存在的选择性偏误有关。相对而言，高中教育决策组的分析结果与基于本文模型提出的三个假说在统计意义上更为相近。

在影响人力资本投资意愿的其他几个主要变量中，回归结果显示：在高收入家户组中，人力资本投资意愿与人力资本投资的预期收益正相关，但是与收益风险的关系并不显著；在低收入家户组中，人力资本投资意愿与不进行人力资本投资的预期收益负相关，这两点与假说 2 和假说 3 的表述内容是部分一致的。对于假说 2 中的内容，回归分析结果部分表明了个体决定接受教育进行人力资本投资的意愿与机会成本及其波动程度之间的负相关关系，不接受教育的预期收益的影响在高中教育决策组中获得了通过，但在大学决策组中未获通过，且收益波动的影响都不显著。

与教育相关的环境变量也对个体的人力资本投资意愿产生了显著的影响。其中，从高中教育决策组来看，个体的年龄、社区教育水平和时间趋势对于个体进行教育决策的影响较为显著。随着个体年龄的增长，个体接受教育的意愿在增加；随着时间的推移，个体的教育投资意愿也在显著上升；社区的平均教育水平越高，个体选择接受教育，进行人力资本投资的意愿会越强，这表明个体的选择行为会受到周边环境的影响，表现出一定的群体效应。值得注意的是，回归结果发现家户规模和个体的性别差异并没有对个体选择接受教育的意愿产生显著影响，这与我国通常的男尊女卑的思想表现不相一致，有可能是随着我国计划生育政策的实行，各家户子女较少，对子女教育进行人力资本投资的意识已广泛普及。

与通常的直观认识相悖，人力资本投资意愿与地区的经济发展水平之间并没有表现出显著的统计关系。在地区特征上，农村和城市之间并未表现出显著的差异；在省份的差异上，各省相互之间个体的人力资本投资意愿并未有明显的差异。在通常的宏观经验研究中，人力资本投资对于经济增长的促进作用是显著的，在本文的离散选择分析中，个体的微观选择行为与地区经济发展水平并不一致，与前述研究并不矛盾，因为宏观分析中考虑了地区的人口基数和教育设施等人力资本投资的代理变量，这些是与地区宏观经济发展保持一致的因素。本文的实证分析结果也从侧面说明了经济强省未必就是教育大省，学校匮乏、师源缺少地区的个体未必不愿意接受教育。

为了进一步考察个体不同程度的人力资本投资意愿的影响表现，本文还通过分位数回归进行了分析。从表 7 和图 6 的分位数回归分析结果可以看出，随着分位数的增加，个体收入对于个体接受高中教育的分位数回归系数呈现先降后升的趋势，这表明个体收入对个体接受高中教育意愿的条件分布的两端影响大于其对于中间部分的影响，因此个体收入的变动对于处于人力资本投资意愿两端的家户影响要大，而对于中间阶层的影响相对要小。与个体收入的影响类型相一致的还包括接受教育的收益风险和不受教育的收益风险这两个因素。

表7 影响个体接受高中教育因素的分位数回归分析结果

是否接受高中教育	10% 分位数回归		50% 分位数回归		90% 分位数回归	
	系数	t - 值	系数	t - 值	系数	t - 值
常数项	- 0.577	(- 1.45)	- 2.275 ***	(- 6.12)	6.120 ***	(4.49e + 09)
个体收入（x_i）	- 0.00393	(- 0.19)	- 0.0866 ***	(- 8.79)	- 0.0341 ***	(- 9.33e - 08)
接受教育的预期收益（μ_{Q_i}）	- 0.164 ***	(- 8.24)	- 0.00642	(- 0.23)	0.131 ***	(1.19e + 09)
接受教育的收益风险（$\sigma_{Q_i}^2$）	0.00384	(0.69)	- 0.0224 **	(- 3.43)	0.0151 ***	(6.09e + 08)
不受教育的预期收益（μ_{w_i}）	0.0582 ***	(3.62)	- 0.0300	(- 1.69)	- 0.419 ***	(- 6.49e + 09)
不受教育的收益风险（$\sigma_{w_i}^2$）	0.0131 ***	(3.83)	0.00517	(1.54)	0.0343 ***	(2.68e + 09)
个体年龄	0.0503 ***	(30.60)	0.0490 ***	(50.94)	0.0374 ***	(1.12e + 10)
个体性别	- 0.0231	(- 1.19)	- 0.113 ***	(- 9.63)	- 0.168 ***	(- 3.90e + 09)
家户规模	- 0.0196	(- 1.99)	- 0.000722	(- 0.12)	- 0.0892 ***	(- 3.31e + 09)
户主教育年限	0.00415	(0.28)	0.101 ***	(7.19)	- 0.166 ***	(- 3.16e + 09)
时间趋势	0.00708 **	(3.05)	0.0143 ***	(5.99)	0.0627 ***	(6.55e + 09)
社区平均教育水平	0.0552 ***	(3.61)	- 0.0199	(- 1.42)	0.0518 ***	(8.77e + 08)
社区内的高中学历者失业率	0.0921 **	(2.91)	0.597 ***	(18.99)	0.201 ***	(1.77e + 09)
所处城乡	- 0.0569 *	(- 2.44)	- 0.0964 ***	(- 5.78)	- 0.0485 ***	(- 6.90e + 08)
地区（辽宁为参照变量）						
黑龙江	- 0.0436	(- 1.70)	- 0.0193	(- 0.60)	- 0.0465 ***	(- 3.97e + 08)
江苏	0.0372	(1.83)	0.0845 ***	(3.50)	0.124 ***	(1.33e + 09)
山东	0.0935 ***	(5.35)	0.0270	(1.21)	0.474 ***	(5.69e + 09)
河南	0.126 ***	(3.63)	0.402 ***	(19.53)	0.579 ***	(6.83e + 09)
湖北	0.0606 *	(2.11)	0.0447 *	(2.22)	0.341 ***	(4.53e + 09)
湖南	0.0706 ***	(4.35)	- 0.0572 **	(- 2.90)	- 0.0946 ***	(- 1.25e + 09)
广西	0.123 ***	(6.41)	0.142 ***	(5.85)	0.618 ***	(5.91e + 09)
贵州	0.0266	(1.37)	- 0.00821	(- 0.32)	0.0434 ***	(4.38e + 08)
样本数	82		82		82	
	Pseudo R² = 0.4198		Pseudo R² = 0.5723		Pseudo R² = 0.2376	

注：*** 、** 、* 分别表示在置信水平 1% 、5% 、10% 上是显著的。

另外，接受教育的预期收益对于个体接受高中教育的分位数回归系数呈现先升后降的趋势，这表明接受教育的预期收益对个体接受高中教育意愿的条件分布的两端影响小于其对于中间部分的影响，因此接受教育的预期收益的变动对处于人力资本投资意愿两端的家户影响要小，而对于中间阶层的影响相对要大。另外，在进行的分位数回归结果中，右侧估计系数的标准差持续扩大，这表明对于条件分布右端的分位数回归系数的估计不太准确。

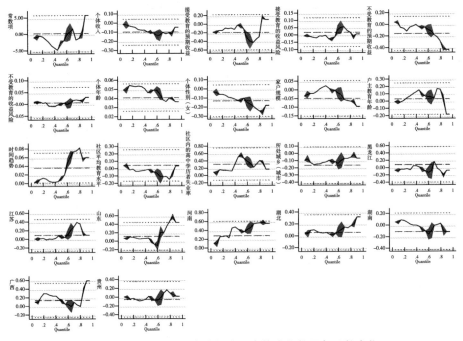

图 6 影响个体接受高中教育因素的分位数回归系数变化

五 结 论

本文构建了一个关于教育投资决策的人力资本代际传递模型，重点研究了风险对于贫困家庭人力资本代际传递的影响，并利用 CHNS（1989～2009）八个调查年度的数据，通过非平衡面板的离散选择模型和分位数回归分析，对影响个体接受教育进行人力资本投资意愿的因素进行了分析，本文研究主要显示了以下结果。

第一，通过模型分析发现，在人力资本投资的成本、预期收益和风险、机会成本和风险水平一定的情况下，当个体财富水平低于投资成本时，个体决定接受教育进行人力资本投资的意愿与个体的财富水平正相关；在个体财富水平和人力资本投资成本一定的情况下，个体决定接受教育进行人力资本投资的意愿与机会成本及其波动程度负相关；在个体的财富水平和人力资本投资成本一定的情况下，当个体财富水平高于投资成本时，个体决定接受教育进行人力资本投资的意愿与投资的预期收益水平正相关，与预期收益的波动程度正相关；当个体财富水平低于投资成本时，个体决定接受教育进行人力资本投资的意愿与投资的预期收益水平负相关，与预期收益的波动程度负相关。

第二，分样本处理和 Chow 式统计的结果表明，在是否接受高中教育和大学教育这两类人力资本投资的选择问题上，高、低两个收入群体的财富水平与投资意愿之间确实显示出不同的关系，且在 10% 的置信水平上都通过了 Chow 式检验。依据个体收入水平分样本处理后的结果表明：在低收入家户中，个体进行人力资本投资的意愿与其收入水平正相关，这意味着越是贫穷的家户进行人力资本投资的意愿就越低；在高收入家户中，个体进行人力资本投资的意愿与其收入水平负相关，但关系较弱。同样，关键变量的虚拟变量模型和二次型回归的结果也印证了上述结论。因此，政府应当特别关注低收入家户个体的教育选择行为，防止其人力资本投资意愿因家庭贫困而被削弱。

第三，与通常的直观认识相悖，人力资本投资意愿与地区的经济发展水平之间并没有表现出显著的统计关系。在地区特征上，农村和城市之间并未表现出显著的差异；在省份的差异上，各省相互之间的个体的人力资本投资意愿并未有明显的差异。在通常的宏观经验研究中，人力资本投资对于经济增长的促进作用是显著的，在本文的离散选择分析中，个体的微观选择行为与地区经济发展水平并不一致，与前述研究并不矛盾，因为宏观分析中考虑了地区的人口基数和教育设施等人力资本投资的代理变量，这些是与地区宏观经济发展保持一致的因素。本文的实证分析结果也从侧面说明了经济强省未必就是教育大省，学校匮乏、师源缺少地区的个体未必不愿意接受教育。

第四，通过分位数回归分析发现，个体收入对于个体接受高中教育的分位数回归系数呈现先降后升的趋势，这表明个体收入对个体接受高中教育意愿的条件分布的两端影响大于其对于中间部分的影响，与个体收入的影响类型相一致的还包括接受教育的收益风险和不受教育的收益风险这两个因素，影响类型相反的因素包括接受教育的预期收益及波动。这说明对于决定接受或不接受人力资本投资意愿特别强烈的个体，个体收入的变动对他们原来意愿的改变有很强的影响；处于中间意愿的个体，人力资本投资的预期收益和机会成本对其意愿改变的影响更大。

总之，微观个体的人力资本投资意愿应该引起政府的关注。在对贫困地区、贫困人群的扶贫过程中，应有效地消除低收入群体人力资本投资不足导致的持续性贫困。为此，要注重考虑低收入个体在人力资本投资决策时对于投资成本过高的担心，同时也要积极维护就业市场，稳定人力资本投资的预期和风险，引导中高收入群体的投资意愿。另外，扶持政策也要注重结合个体所在社区的具体教育环境和各家户自身的教育氛围。

本文的研究还可以在理论上和实证上继续扩展。就理论而言，建立更长期的研究可以放松人力资本投资的预期收益和风险是平稳的假设。就实证而言，本文在对 CHNS 数据进行二次处理之后，样本容量偏小，且由于抽样统计有选择性偏差，因而对数据的有效性有一定影响，未来需要更完备的数据来进一步提高结论的有效性。

参考文献

［1］ Azariadis, C., "The Economics of Poverty Traps Part One: Complete Markets", *Journal of Economic Growth*, Vol. 1, No. 1, 1996, pp. 449 – 486.

［2］ Azariadis, C., *The Theory of Poverty Traps: What Have We Learned?* in Bowles, Daulauf and Hoff, (eds.), *Poverty Traps*, Princeton University Press, 2006.

［3］ Banerjee, A. and Newman, A., "Occupational Choice and the Process of Development", *Journal of Political Economy*, Vol. 101, No. 2, 1993, pp. 274 – 298.

［4］ Galor, O and Zeira, J., "Income Distribution and Macroeconomics", *Review of Economic Studies*, Vol. 60, No. 1, 1993, pp. 35 – 52.

［5］ Galor, O., "A Two – Sector Overlapping – Generations Model: A Global Characterization of the Dynamical System", *Econometric*, Vol. 60, 1992, pp. 1351 – 1386.

［6］ Galor, O. and Weil, D., "Population, Technology, and Growth: From Malthusian Stagnation to the Demographic Transition and Beyond", *American Economic Review*, Vol. 90, No. 4, 2000, pp. 806 – 828.

［7］ Galor, O. and D. Tsiddon, "The Distribution of Human Capital and Economic Growth", *Journal of Economomic Growth*, Vol. 2, No. 1, 1997, pp. 93 – 124.

［8］ Kiyotaki, N. and Moore, J., "Credit Chains", *Journal of Political Economy*, 1997.

［9］ Lucas, R. E., "On the Mechanics of Economic Eevelopment", *Journal of Monetary Economics*, No. 22, 1998, pp. 3 – 42.

［10］ Matsuyama, K. "Endogenous Inequality", *Review of Economic Studies*, No. 67, 2000, pp. 743 – 759.

［11］ Matsuyama, K., "Poverty Traps", in L. Blume and S. Durlauf (eds.), *the New Palgrave Dictionary of Economics*, 2ed, Palgrave Macmillan, 2005.

［12］ 阿马蒂亚·森:《贫困与饥荒——论权利与剥夺》, 商务印书馆, 2001。

［13］ 钱雪亚、张小蒂:《农村人力资本积累及其收益特征》,《中国农村经济》2000 年第 3 期。

［14］ 侯风云:《中国农村人力资本收益率研究》,《经济研究》2004 年第 6 期。

［15］ 郭剑雄:《人力资本、生育率与城乡收入差距的收敛》,《中国社会科学》2005 年第 3 期。

［16］ 张车伟:《营养、健康与效率——来自中国贫困农村的证据》,《经济研究》2003 年第 1 期。

［17］ 邹薇:《传统农业经济转型的路径选择:对中国农村的能力贫困和转型路径多样性的研究》,《世界经济》2005 年第 2 期。

试析二元经济转型中收入分配的倒 U 型演变

●张桂文 孙亚南*

内容提要：二元经济转型中收入分配存在着倒 U 型演变趋势。从生产力与生产关系相互作用的角度分析，收入分配倒 U 型演变的根本原因在于二元经济转型不同阶段的生产力发展水平不同，直接原因则在于劳资双方博弈力量对比的变化以及政府制度安排与政策选择的调整；产业结构升级以及与此相适应的人力资本投资和固定资本比重的提高促进了收入分配格局的演变。计量检验表明，中国农业就业比重与基尼系数存在二次函数关系，从而证明了中国收入分配差距随着农业劳动力转移出现了倒 U 型演变轨迹。这说明近年来中国基尼系数回落不是短期现象，而是与刘易斯转折区间相关的长期趋势。政府应顺应这一趋势，把缩小收入差距，扩大消费需求，促进社会和谐作为现阶段经济发展的主要任务。

关键词：收入分配 二元经济转型 倒 U 型假说

一 引言

库兹涅茨（1955）倒 U 型假说提出以后，国外学者对这一假说进行了大量的统计检验。多国截面数据检验支持这一假说（Adelman and Morris, 1973；Pukert, 1973；Ahluwalisa, 1976）。时间序列数据检验的分歧较大，Linder 和 Williamson（1985）利用欧洲国家和美国的长期数据，研究跨时不

* 张桂文，辽宁大学经济学院转型国家政治经济研究中心教授；孙亚南，辽宁大学经济学院博士研究生。本文由国家社科基金重点项目"制度变迁视角下的中国二元经济转型研究"（批准号：11 &Z146）、教育部人文社科重点研究基地重大项目"转型国家经济增长与收入分配比较研究"（批准号：11jjd80026）、辽宁省教育厅重大基础理论项目"二元经济转型中收入分配的动态演变"（批准号：zw2013002）、辽宁经济社会发展项目"二元经济转型视角下辽宁城乡发展一体化研究"（批准号：2013lslktzijjx‑03）资助。

平等变化问题，结论是支持倒 U 型假说；Feilds（1984）对亚洲四个新兴工业化国家和地区的研究则对倒 U 型假说的有效性提出了质疑。Deininger 和 Squire（1998）利用跨国面板数据对倒 U 型假说进行检验，其结果是经验数据不支持倒 U 型假说。

我国学者对倒 U 型假说在中国的适用性研究也出现明显的学术分歧。

众多的研究成果与相互对立的研究结论，不能不引起我们深入的思考，究竟是什么原因导致长达半个多世纪的学术争论难以形成基本学术共识？我们认为其主要原因包括以下方面。第一，长期以来，学术界对收入分配格局演变问题的研究大多把注意力放到了对倒 U 型假说的经验检验上，这一研究领域重经验实证、轻理论实证的现象十分突出。库兹涅茨虽提出了倒 U 型假说，却没能对这一假说提供充分的理论说明。无论是支持还是否定这一假说的学者也都没有进行具有说服力的理论解释（郭熙保，2002）。第二，无论是经验实证还是理论实证，学术界对收入分配动态演变问题又多是从经济增长与收入分配关系的角度进行研究，结构转型因素被长期漠视。20 世纪 90 年代之前，国外学者主要是对倒 U 型假说进行实证检验，20 世纪 90 年代后开始重视经济增长与收入分配互动关系的研究。20 世纪 90 年代之前，罗宾逊（Robinson，1976）是唯一一个从二元经济内部的收入不均等来检验倒 U 型假说的学者，而且这种检验并非经验验证，而是数理分析。[①] 国内绝大多数学者都从经济增长与收入分配关系入手研究收入分配的演变问题，极少研究二元经济转型中收入分配差距演变问题。陈宗胜（1991）在最初的模型中采用收入差别因素分解的方法，考察了二元经济发展中各种因素对收入分配差别的影响；1994 年又在上述研究的基础上，运用数理方法验证了二元经济转型中收入分配存在倒 U 型轨迹，提出了公有制经济发展中收入分配阶梯形倒 U 曲线。袁志刚和朱国林（2001）从技术创新对二元经济转型发展的重要作用和收入分配对二元经济转型的重要影响两个方面，揭示了二元经济转型中收入分配存在着倒 U 型演变。曾国平和王韧基于城乡转换和经济开放的双重约束，根据农业劳动力转移的路径，构建了一个四部门的双二元递推理论模型，并结合经验数据论证了巨大的城乡差距决定了中国收入差距总体上的倒 U 型趋势。由于大多数学者忽视了结构转型与收入分配互动演进问题，不仅使得不同理论模型的研究结论

---

① 王检贵（2000）认为罗宾逊论文的突出之处有二：其一，"它是 20 世纪 90 年代前唯一从两部门内部的收入不均等来检验库兹涅茨假说的论文"（Anand & kanbur，1993）；其二，涉及倒 U 争论的论文主要是经验验证，而此文是数学推导。

相互矛盾，也导致产生在数据选取上忽视结构转型因素的问题，从而使经验实证结论缺乏可比性。

经过改革开放 30 多年的发展，我国二元经济转型进入了刘易斯转折区间；收入分配差距从 20 世纪 80 年代中期开始持续扩大，到 2008 基尼系数达到最大值，在之后几年逐步回落。上述收入分配格局的变化究竟是契合了倒 U 型假说，还是只是短期现象？显然由于现有收入分配理论忽略了结构转型的因素，因而不可能对上述问题给出现成的答案。

本文的主要目的是以二元经济转型为研究框架剖析收入分配格局演变的原因，并在此基础上对中国二元经济转型中收入分配演变进行实证检验，以期为政府的政策选择提供参考借鉴。本文的理论实证部分既不同于罗宾逊、陈宗胜和曾国平等从劳动力转移的角度，采用数理模型来验证倒 U 型曲线，也不同于袁志刚和朱国林从技术创新的角度来研究二元经济转型中收入分配的演变，本文是从生产力、生产关系以及二者辩证关系的角度，分析二元经济转型中收入分配的倒 U 型演变机理，由于涉及的变量较多，变量之间的相互关系也更加复杂，这部分分析采用逻辑推演的方法。经验实证部分也不同于用经济增长与收入分配差距的相关指标进行经验检验，而是在对农业就业比重与基尼系数进行二次曲线拟合的基础上，结合对刘易斯转折点的判断，本文对中国二元经济转型中收入分配差距的变动进行统计性描述。

二 收入分配演变源于生产力与生产关系的相互作用

现代经济学中最早研究收入分配演变趋势的是美国经济学家库兹涅茨（1955）。他认为"收入分配不平等的长期趋势可以假设为：在前工业文明向工业文明过渡的经济增长早期阶段迅速扩大，尔后是短暂的稳定，然后在增长的后期阶段逐渐缩小"。二元经济转型过程也就是一个国家从前工业文明向工业文明过渡的历史过程。因此，倒 U 型曲线也就是二元经济转型中收入分配的演变轨迹。

从生产力角度看，收入分配倒 U 型演变的根本原因在于在二元经济转型不同阶段的生产力发展水平的不同。二元经济转型初期，在农业劳动生产率十分低下和劳动力无限供给的条件下，工资只能维持劳动力再生产，且长期不变，随着农业劳动力转移和资本积累规模的扩大，工人与资本家间的收入差距不断拉大，从而形成倒 U 型曲线的前半段轨迹。当边际生产率为零的农业剩余劳动力全部转移到城市非农产业后，二元经济转型就进入了刘易斯转折区间。[①] 由于劳动边际生产率大于零，农业劳动力的进一步转移，一方面会通过农业产出的减少，带动农产品价格上升；另一方面又会通过平均劳动生产率的提高，带动生存工资水平上涨。工资水平上涨的压力会促进企业通过技术创新来降低单位产品的用工成本，从而使资方有可能在利润率不变或有所提高的条件下，提高工人的工资水平。在这一阶段，只要工资水平上涨幅度等于或超过利润率上涨幅度，劳动者与资本所有者间的收入差距就不再继续扩大甚至有所缩小。[②] 当边际生产率小于制度工资的劳动力全部转移到城市非农产业后，农业劳动边际生产率已高于生存水平，工农两部门的工资水平不再受制于生存工资，而转由劳动边际生产率决定。由于进入刘易斯第二转折点，资本与劳动要素的相对稀缺程度发生了有利于劳动者的变化，资本边际产出相对减少，劳动边际产出相对增加，从而导致了劳动要素所有者与资本要素所有者间的收入分配差距趋于缩小，从而形成倒 U 型曲线的后半段轨迹。这一阶段为了降低用工成本上涨的压力，工农两大部门生产函数中技术进步的作用都会进一步加强。[③]

从生产关系角度看，二元经济转型中收入分配倒 U 型演变则取决于劳资双方博弈力量对比的变化以及政府制度安排与政策选择的调整。

在现实经济生活中，劳资关系表现为契约关系，劳动报酬是劳资双方讨价还价的结果，讨价还价的能力取决于由劳动力供求关系所决定的劳资双方博弈力量的对比。在二元经济转型初期，劳动力供给远大于经济增长对劳动力的需求，这使得工人在劳动报酬博弈中处于绝对劣势地位。农业最低生存

---

① 刘易斯转折区间是指从粮食短缺点（也被叫作刘易斯第一转折点）到商业化点（也被称作刘易斯第二转折点）的间隔时间。张桂文：《二元经济转型及其动态演进下的刘易斯转折点讨论》，《中国人口科学》2012 年第 4 期。

② 当资本家的利润率上涨幅度大于生存工资上涨幅度，工人与资本家间的收入分配差距还会继续扩大。可见，这一阶段劳动生产率的提高只是为缩小工人与资本家的收入差距提供了可能，并不能据此断定进入刘易斯转折区间工人与资本家间的收入差距一定会缩小。但考虑到进入刘易斯转折区间后工人与资本家博弈力量的对比变化和政府制度安排与政策选择的调整，我们有理由相信在二元经济转型的这一阶段，工人与资本家间收入差距不再扩大甚至缩小具有较高的概率。

③ 实际上，二元经济转型中的收入差距演变不仅包括资本所有者与劳动要素所有者的收入差距问题，也包括工农两大部门劳动者之间的收入差距问题。为了在有限的篇幅内突出功能收入分配的主题，本文设想了对两大部门劳动者之间收入分配差距的分析。由于两大部门劳动者之间收入差距与资本家和工人间收入差距的变动轨迹相同，虽设想了对这一问题的分析，却并不影响研究结论。

工资，使得劳动者不可能在闲暇与就业之间进行选择；同时，这一生存工资水平也意味着劳动力迁移的机会成本很低。在就业及生存压力下，工人的工资也只能维持在生存工资水平。这一阶段劳资双方博弈的结果是资本家获得全部经济发展成果，劳动者只能通过生存工资维持劳动力再生产。

当二元经济转型进入刘易斯转折区间，劳动力供求关系的变化与务农收入的提高都会在某种程度上增强工人与资本家的讨价还价能力。但是，由于农业部门还存在着边际生产率低于生存工资水平的剩余劳动力，劳动力市场的供给压力仍然较为严重。上述两方面因素共同作用的结果是工、农两大部门的工资水平都会有所提高，但提高的幅度不大。因此，当二元经济转型进入刘易斯转折区间，收入分配差距扩大的程度得以缓解，但并未出现根本改观。

随着二元经济转型进入刘易斯第二转折点，边际生产率低于制度工资的剩余劳动力全部转移到城市工业部门，劳动力供求关系的变化进一步增强了工人在劳动报酬博弈中的力量对比。伴随劳动力供求关系变化所带来的劳动报酬的提高，还会进一步加强工人的博弈力量。这是因为高于生存工资水平的劳动报酬使劳动者有可能进行储蓄，由于储蓄的存在，工人就可以在一定期间内在劳动与闲暇间进行选择，并有可能更好地组织起来与资本家抗争。因此，进入刘易斯第二转折点后，工人的工资水平会出现较大幅度的增长，劳资双方的收入分配差距会缩小。

劳资双方收入分配差距的大小，不仅取决于双方的博弈力量对比，还取决于政府的制度安排与政策选择。根据新政治经济学的国家理论，政府与企业一样，也要实现自身利益的最大化。政府的利益诉求主要有两方面，一是政治支持最大化，二是税收最大化。要实现政治支持最大化，政府必须考虑不同利益集团博弈力量的对比；要实现税收最大化，政府必须促进经济增长以求得社会产出最大化。由于在二元经济转型的不同阶段，劳资双方的博弈力量对比不同，实现社会产出最大化所面临的约束条件或主要任务不同，因而政府的制度安排与政策选择也有所不同。

二元经济转型初期，由于劳动者在劳资双方博弈力量对比中处于绝对劣势地位，实现社会产出最大化的主要约束条件是资本短缺，经济发展的主要任务是通过资本积累实现对劳动力资源的有效利用与合理配置，因此，在二元经济转型初期，各国政府的制度安排与政策选择都会把促进资本积累作为首要任务。而这种制度安排与政策选择又会增强资本所有者的博弈力量，从而使二元经济转型初期劳动者只能通过生存工资实现劳动力再生产，却无法分享经济发展成果。当二元经济转型进入刘易斯转折区间，劳动者的博弈力量有所增强。特别是在二元经济转型初期，收入差距的持续扩大使经济增长的需求约束日益严重，社会矛盾的长期积累也通过危及社会稳定来影响经济增长。同时，粮食"短缺点"的出现，也使农业部门成为国民经济发展的瓶颈。由于上述原因，政府的制度安排与政策选择通常会发生有利于劳动者和有利于农业部门的调整。当二元经济转型进入刘易斯第二转折点，劳动力从无限供给变为相对短缺，劳动者的博弈力量进一步增强；经济增长的需求约束、资源约束和农业弱质性制约更加突出，收入分配差距扩大的社会矛盾进一步加剧。上述两方面的变化会使政府的制度安排与政策选择发生重大调整，这突出地表现在保护劳动者权益的制度体系基本完善，政府对收入再分配的调节力度和对农业部门的支持力度进一步增强。

完成二元经济转型的发达国家和新兴工业化国家大多发生过上述制度安排与政策选择的调整。

从生产力与生产关系辩证关系的角度分析，二元经济转型中收入分配演变机理包含以下三个方面。

第一，二元经济转型不同阶段的生产力发展水平是决定二元经济转型中收入分配演变的根本原因，而劳资双方博弈力量对比的变化以及政府制度安排与政策选择的调整，则是基于二元经济转型不同阶段生产力发展水平的变动。这是因为无论是劳动力供求关系，还是经济增长约束条件的变化，都是二元经济转型不同阶段资源禀赋与劳动生产率变化的结果。

第二，劳资双方博弈力量对比的变化以及政府制度安排与政策选择的调整是二元经济转型中收入分配演变的直接原因，并对二元经济转型具有十分重要的作用。从生产力角度看，功能收入分配问题实质上是按要素贡献分配产出的问题。在生产力发展水平低下，劳动边际生产率低于生存水平的条件下，劳动者的工资水平由其平均产出来决定，高于最低生存工资的经济剩余完全归资本所有者；当劳动边际生产率大于生存水平的条件下，劳动者的工资水平取决于劳动边际生产率，与此相对应，资本所有者也只能根据资本的边际产出获得利润。问题在于上述分析是单纯地用经济运行中的物质技术关系来说明要素收益分配问题，实质上是用总量生产函数的投入产出关系来研究收益分配问题。由于分配关系本身是外在于物质生产过程的，经济运行中的物质技术关系只能提供不同要素所有者竞争均衡时的客观标准，现实经济生活中不同要素所有者的实际收入分配情况则直接取决于各方的博弈力量对比和政府的制度安排与政策选择。当然，如果现实经济生活中的收入分配关系与生产力发展的要求相一致，则会更好地促进生产力发展；如果背离生产力发展水平也会对二元经济转型产生不利影响。

第三，产业结构升级以及与之相适应的人力资本投资和固定资本比重的上升对收入分配演变具有重要作用。在现实生活中，大规模的技术创新总是表现为产业结构的升级，而产业结构升级又往往伴随着人力资本投资和固定资本比重的增大。无论是人力资本投资还是固定资本比重的增大都会对收入分配产生重要影响。[①]

在二元经济转型初期，产业结构通常是以劳动密集型产业为主导。劳动密集型产业有两大特点，一是对劳动者的知识与技能要求不高；二是企业总资本中固定资本的比重较少，流动资本比重较大。前者决定了在二元经济转型初期人力资本的投资力度不大，生存工资中劳动者教育与培训费用几乎可以忽略不计；后者则使劳动者处于更加不利的地位。这是因为企业总资本中固定资本比重越小，企业停产对资本所有者造成的损失就越小，在这一条件下，劳动者退出博弈在失去就业机会的同时又难以对资方形成实质性伤害。当二元经济转型进入刘易斯转折区间，特别是进入刘易斯第二转折点后，劳动力成本上升和资本积累规模的扩大会导致利润率下降，逼迫企业进行技术创新，从而带动产业结构由劳动密集型为主升级为资本密集型为主。与劳动密集型产业相比，资本密集型产业对劳动者的知识与技能提出了较高要求；企业总资产中固定资本的比重较大，流动资本比重较小。产业结构升级对劳动者知识与技能的要求，使二元经济转型后期人力资本的投资力度大幅度增加。这不仅增加了工资收入中的培训与教育费用，更重要的是人力资本投资可以提高劳动生产率，并加大资本对劳动的替代难度，从而有利于增加劳动者的工资收入。[②] 由于总资本中固定资本比

---

① 通常认为固定资本比重的提高会减少资本对劳动的需求，从而增加工人的就业压力，不利于工资水平的上升。实际上，技术进步所带来的产业结构升级以及与其相伴随的固定资本比重的增加，不仅会有资本对劳动力的替代效应，还会存在由于对新产品需求的增加所引起的对劳动力需求的增加以及由于资本品价格下降所带来的规模效应。从长期来看，后两种效应要大于资本对劳动的替代效应。

② 由于本文分析的是功能性收入分配问题，没有涉及劳动者之间的收入差距变化，因此也就没有对高技能劳动者与低技能劳动者的数量对比关系进行分析。但二元经济转型后期劳动者受教育程度的普遍提高，使得低技能劳动者的劳动生产率也会大幅度提升，加之白领阶层的人数大幅度增加，蓝领阶层的人数大幅度减少，总体上看即使劳动者异质性增加，也不会影响收入差距趋势的变化。发达国家在二元经济转型后期都经历了收入差距缩小的过程，只是在完成二元经济转型，进入 20 世纪 80 年代以后，收入差距又出现扩大的趋势。这种情况有可能是进入后工业化时代劳动力异质性进一步增强的结果，但这已超出了倒 U 型假说的适用范围。

重较大，劳动者退出博弈的停产损失构成了对资方的强有力威胁，从而加强了劳动者的博弈力量，有利于劳动者权益的保护。

三　中国二元经济转型中收入分配演变的经验实证

(一) 农业就业比重与基尼系数的二次曲线拟合

二元经济转型的核心问题是农业剩余劳动力的转移问题。如前所述，随着农业劳动力向非农产业转移，二元经济转型中收入分配差距会经历一个由扩大到缩小的演变趋势。农业劳动力转移对功能性收入分配的影响已在从生产力角度分析收入分配演变机理中得到说明。此外，在二元经济转型初期，由于劳动力转移速度较慢，农村劳动力和人口比重下降的速度慢于农村收入份额下降的速度，表现在收入分配上就是城乡收入差距会趋于扩大；随着农业劳动力大规模向城市非农产业转移，二元经济转型后期，农村人口比重下降的速度会快于农村收入份额下降的速度，城乡收入差距会出现缩小趋势。如果以农业就业比重为解释变量，以基尼系数为被解释变量，对二者进行二次曲线拟合，若能证明二者存在着二次函数关系，就说明中国二元经济转型中收入分配演变存在着倒 U 趋势。循着这一思路，本文使用 1980 ~ 2011 年的农业就业比重数据分别对这一期间的全国基尼系数、城乡差值基尼系数进行二次曲线拟合。如表 1 所示。

表 1　农业就业比重与基尼系数的变动情况

年份	农业就业比重	全国基尼系数	城乡差值基尼系数
1980	0.687	0.3151	0.1813
1981	0.681	0.2976	0.1557
1982	0.681	0.2750	0.1318
1983	0.671	0.2592	0.1181
1984	0.640	0.2639	0.1238
1985	0.624	0.2593	0.1290
1986	0.609	0.3216	0.1629
1987	0.600	0.3258	0.1703
1988	0.593	0.3252	0.1719
1989	0.601	0.3386	0.1861

续表

年份	农业就业比重	全国基尼系数	城乡差值基尼系数
1990	0.601	0.3320	0.1771
1991	0.597	0.3498	0.2001
1992	0.585	0.3693	0.2200
1993	0.564	0.3943	0.2410
1994	0.543	0.4035	0.2480
1995	0.522	0.3947	0.2359
1996	0.505	0.3746	0.2193
1997	0.499	0.3737	0.2173
1998	0.498	0.3827	0.2232
1999	0.501	0.3886	0.2377
2000	0.500	0.3951	0.2506
2001	0.500	0.4050	0.2599
2002	0.500	0.4253	0.2754
2003	0.491	0.4361	0.2824
2004	0.469	0.4343	0.2794
2005	0.448	0.4341	0.2786
2006	0.426	0.4381	0.2797
2007	0.408	0.4385	0.2796
2008	0.396	0.4391	0.2762
2009	0.381	0.4380	0.2738
2010	0.367	0.4381	0.2636
2011	0.348	0.4211	0.2541
2012	–	–	0.2487

资料来源：农业就业比重和城乡差值基尼系数根据《2012年中国统计年鉴》有关数据计算；1980–2010年全国基尼系数来源于田卫民的《中国基尼系数计算及其变动趋势》（《人文杂志》2012年第2期）；2011年全国基尼系数按照田卫民的计算方法和数据来源的说明，根据《2012年中国统计年鉴》有关数据计算。

1. 农业就业比重和全国基尼系数的模型估计

模型形式设定为：

$$Q_t = c(1) + c(2)L_t + c(3)L_t{}^2 + \mu \tag{1}$$

其中，Q_t 表示全国基尼系数，L_t 表示农业就业比重，μ 是随机误差项，得到估计模型：

$$Q_t = 0.310980 + 0.839131L_t - 1.320716L_t{}^2$$
$$(2.52)\quad(1.76)\qquad(-2.92)$$
$$\bar{R}^2 = 0.8350 \quad F = 79.4578 \qquad D.W. = 0.51 \tag{2}$$

该模型中，D.W. 值为 0.51，表明该模型存在自相关现象。经过试验，进行二次差分变换消除模型自相关，得到估计结果为：

$$Q_t = 0.067335 + 1.850370L_t - 2.345891L_t{}^2$$
$$(0.35)\qquad(2.39)\qquad(-3.06)$$
$$\bar{R}^2 = 0.9422 \quad F = 119.0880 \quad D.W. = 2.16 \tag{3}$$

从模型的回归结果看，该模型的拟合优度较高，方程总体通过显著性检验，$L_t{}^2$ 和 L_t 在 5% 的显著性水平下显著不为零，因此，全国基尼系数与农业就业比重存在着二次曲线的关系，前者随着农业就业比重的下降先缓慢上升，而后又逐渐下降。令 $dQ_t/dLt = 0$ 时，可知在 $L_t = 0.3944$ 时，Q_t 达到最大值 0.4322，全国基尼系数呈现出倒 U 型演变的趋势，如图 1 所示。

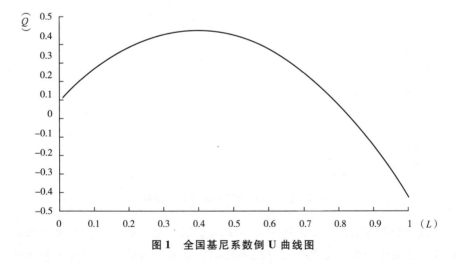

图 1 全国基尼系数倒 U 曲线图

2. 农业就业比重和城乡差值基尼系数的模型估计

模型形式设定为：

$$Z_t = C(1) + C(2)L_t + C(3)L_t{}^2 + \mu \tag{4}$$

其中，Z_t 表示城乡差值基尼系数，L_t 表示农业就业比重，μ 是随机误差项，得到估计模型：

$$Z_t = 0.116375 + 0.922994L_t - 1.329778 \cdot L_t^2$$
$$(0.93) \qquad (1.90) \qquad (-2.89)$$
$$\bar{R}^2 = 0.7876 \quad F = 58.48 \qquad D.W. = 0.37 \qquad\qquad (5)$$

该模型中，D.W. 值为 0.37，表明该模型存在自相关。经过三次差分变换消除模型自相关，得到估计结果为：

$$Z_t = -0.080128 + 1.752665L_t - 2.180734L_t^2$$
$$(-0.48) \ (2.62) \quad (-3.28)$$
$$\bar{R}^2 = 0.9599 \quad F = 134.94 \ D.W. = 2.22 \qquad\qquad (6)$$

从模型的回归结果看，该模型的拟合优度较高，方程总体通过显著性检验，L_t 和 L_t^2 在 5% 的显著性水平下显著不为零，因此，城乡差值基尼系数与农业就业比重存在着二次曲线的关系，前者随着农业就业比重的下降先缓慢上升，而后又逐渐下降。令 $dZ_t/dL_t = 0$ 时，可知在 $L_t = 0.4019$ 时，Z_t 达到最大值 0.2720。城乡差值基尼系数呈现出倒 U 型演变的趋势，如图 2 所示。

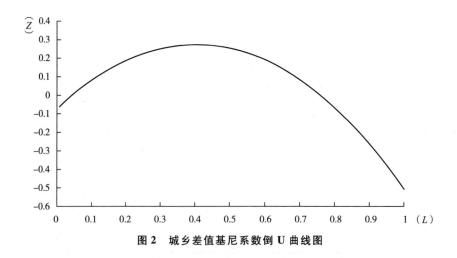

图 2　城乡差值基尼系数倒 U 曲线图

以上分析表明，农业就业比重与全国基尼系数、城乡差值基尼系数都存在二次曲线关系，说明收入分配差距随农业劳动力转移而出现由扩大到缩小的演变轨迹。

（二）刘易斯转折点的判断与收入分配差距演变

上述逻辑推演表明，由于二元经济转型不同阶段的收入分配差距具有不同的变化轨迹，从而形成了收入分配的倒 U 型演变。因此，要考察中国二元经济转型中收入分配差距的演变，就必须对中国二元经济转型阶段进行判断。高铁梅、范晓菲（2011）根据 1994～2008 年的农业数据估计农业总产出曲线，运用农业总产出曲线模型计算了 1994～2008 年农业劳动边际产出和农业劳动平均产出，结论是中国刘易斯第一转折点出现在 2005 年。根据 2005 年前后民工荒的出现、农民收入与最低工资水平的上涨情况，我们认为这一结论符合中国二元经济转型实际。

再来考察我国收入差距的变动情况，从表 1 和图 3 中可以看到，我国城乡差值基尼系数从 1984 年开始波动性上升，到 2003 年达到最高值 0.2824，此后开始下降，到 2012 年下降到 0.2487；全国总体基尼系数也从 1985 年开始波动性上升，到 2008 年达到最高值 0.4391，此后开始下降，到 2011 年下降到 0.4211。基尼系数由扩大到缩小的转折点大致在刘易斯第一转折点前后。

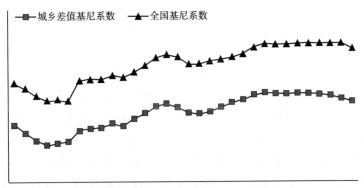

图 3　城乡差值基尼系数和全国基尼系数的变动曲线

四　结论与启示

在二元经济转型中，收入分配存在着倒 U 型演变趋势。从生产力角度看，收入分配的倒 U 型演变在于二元经济转型不同阶段的生产力发展水平不同；从生产关系角度看，则在于劳资双方博弈力量对比的变化以及政府制度安排与政策选择的调整；从生产力与生产关系辩证关系的角度分析，二元经济转型不同阶段生产力发展水平是收入分配倒 U 型演变的根本原因，劳资双方博弈力量对比以及政府制度安排与政策选择的调整是二元经济转型中收入分配演变的直接原因，产业结构升级以及与之相适应的人力资本投资和固定资本比重上升对收入分配格局的演变具有重要作用。

对农业就业比重和基尼系数进行二次曲线拟合的结果表明，农业就业比重与全国基尼系数和城乡差值基尼系数都存在着二次函数关系，从而证明了中国收入分配差距随农业劳动力转移出现了由扩大到缩小的倒 U 型演变轨迹。中国二元经济转型于 2005 年左右进入刘易斯第一转折点，与此相适应，城乡差值基尼系数和全国基尼系数也在 2005 年前后经历了一个由上升到下降的演变过程。尽管由于基尼系数回落的时间较短，还不能通过计量模型验证 2005 年前后中国就进入了库兹涅茨转折点，但结合文章的理论实证分析，用农业就业比重与基尼系数进行计量检验，证明中国二元经济转型中收入分配存在着倒 U 型演变轨迹，而且对应农业就业比重达到基尼系数最大值所发生的时间（全国基尼系数最大值通过农业就业比重所对应的时间是 2008 年）也刚好在刘易斯第一转折点之后不久，我们有理由推论，近年来基尼系数下降不是短期现象，而是刘易斯转折区间到来后的长期变动趋势。

值得提出的是，由于中国双重转型和经济发展不平衡的特殊国情，收入分配差距缩小的长期趋势的形成过程不可避免地会出现短期波动，各区域与不同产业间的收入分配差距演变也会出现不同特点。

上述分析给我们的启示是，二元经济转型中收入分配倒 U 型转变是生产力与生产关系相互作用的结果。收入分配演变虽然最终取决于二元经济转型不同阶段的生产力发展水平，但政府的制度安排与政策选择对收入分配格局演变起到了十分重要的作用。不仅库兹涅茨转折点的到来离不开政府干预，就是倒 U 型曲线前半段的形成也离不开政府的作用。因此，重要的不是政府是否干预，而是政府如何干预。只有政府对收入分配活动的干预符合二元经济转型中收入分配演变规律，这种干预才能起到促进经济发展的作用，否则就会受到规律的惩罚。比如任何大国经济体，如果在二元经济转型初期就把制度安排与政策选择的重点放到收入分配的均等化上，由于可分配的资源有限，平均分配的结果只能是由于缺少必要的资本积累，而使其长期难以摆脱"低收入陷阱"；同样，当大国经济体已经进入刘易斯转折区间，若还依然漠视收入分配差距扩大而不进行相应的政策调整，那么这个国家就会由于有效需求不足和社会矛盾激化而陷入"中等收入陷阱"。

中国二元经济转型已进入刘易斯转折区间，虽然从总体上看，收入分配差距已开始缩小，但基尼系数仍在国际警戒线以上。因此，缩小收入差距，扩大消费需求，促进社会和谐是我国现阶段经济发展的主要任务。

参考文献

[1] Kuznets, S., "Economic Growth and Income Inequality", *The American Economic Review*, Vol. 45, No. 1, 1995, pp. 1 – 28.

[2] Adelman, I. and Morris, C. T., *Economic Growth and Social Equity in Developing Countries*, Stanford University Press, 1973.

[3] Paukert, F., "Income Distribution at Different Levels of Development: A Survey of Evidence", *Int1 Lab. Rev.* Vol. 108, 1973, pp. 97 – 124.

[4] Ahluwalia, M. S., "Inequality, Poverty and Development", *Journal of Development Economics*, Vol. 3, No. 4, 1976, pp. 307 – 342.

[5] Lindert, P. H. and Williamson, J. G., "Growth, Equality, and History", *Explorations in Economic History*, Vol. 22, No. 4, 1985, pp. 341 – 377.

[6] Fields, G. S., "Employment, Income Distribution and Economic Growth in Seven Small Open Economies", *The Economic Journal*, Vol. 94, No. 373, 1984, pp. 74 – 83.

[7] Deininger, K. and Squire, L., "New Ways of Looking at Old Issues: Inequality and Growth", *Journal of Development Economics*, Vol. 57, No. 2, 1988, pp. 259 – 287.

[8] Robinson, S., "A Note on the U Hypothesis Relating Income Inequality and Economic Development", *The American Economic Review*, Vol. 66, No. 3, 1976, pp. 437 – 440.

[9] 郭熙保：《从发展经济学观点看待库兹涅茨假说——兼论中国收入不平等扩大的原因》，《管理世界》2002 年第 3 期。

[10] 陈宗胜、武洁：《收入分配差别与二元经济发展》，《经济学家》1990 年第 3 期。

[11] 陈宗胜：《倒 U 型曲线的梯形变异》，《经济研究》1994 年第 5 期。

[12] 袁志刚、朱国林：《技术创新、收入分配和我国二元经济转型》，《天津社会科学》2001 年第 6 期。

[13] 曾国平、王韧：《二元结构、经济开放与中国收入差距的变动趋势》，《数量经济技术经济研究》2006 年第 10 期。

[14] 张桂文：《二元经济转型及其动态演进下的刘易斯转折点讨论》，《中国人口科学》2012 年第 4 期。

[15] 田卫民：《中国基尼系数计算及其变动趋势》，《人文杂志》2012 年第 2 期。

[16] 高铁梅、范晓非：《中国劳动力市场的结构转型与供求拐点》，《财经问题研究》2011 年第 1 期。

中印国民收入初次分配格局比较

● 任太增　喻　璐 *

内容提要: 对发展中国家而言,只有对混合收入进行拆分,才能较为准确地反映国民收入分配的实际,才能进行有效地国家间的比较。与印度相比,中国住户部门份额明显偏低,企业部门份额和政府部门份额明显偏高。中印两国国民收入初次分配格局演变的趋势表明,国民收入分配格局演变的一般趋势同样适用于发展中大国,只不过随着时间的推移,无论是下降还是上升的拐点都不能机械地套用发达国家的数字。在我国,提高住户部门份额必须与转变经济发展方式,调整产业结构结合起来;降低政府份额,必须转变政府职能,厘清政府、市场、社会的关系。

关键词: 国民收入　分配格局　混合收入　中国　印度

本文利用《中国国民生产总值核算历史资料 1952~1995》中的 1978~1992 年数据,《中国国内生产总值核算历史资料 1952~2004》中的 1993~2004 年数据,2006~2012《中国统计年鉴》中的 2005~2011 年数据以及印度统计与计划执行部提供的印度 1993~2007 年的收入法核算 GDP 数据,通过特定拆分方法还原两国相对真实的劳动报酬和资本报酬数据,并在此基础上展开对中印两国国民收入初次分配格局的研究。

本文结构安排如下:第一部分阐明本文数据选择和混合收入数据的拆分方法,第二部分介绍数据调整前后的中印两国国民收入初次分配格局,第三部分比较中印两国国民收入初次分配格局,第四部分为本文结论。

---

* 任太增,河南师范大学商学院院长、教授、经济学博士;喻璐,河南师范大学商学院硕士研究生。

一 数据选择和混合收入数据的拆分

（一）数据选择

在对我国国民收入分配格局进行核算时，所用数据来源有三：投入产出表、资金流量表和地区生产总值收入法构成项目（简称"收入法国内生产总值"）。本文选择地区收入法国内生产总值作为核算中国国民收入初次分配格局的数据来源。

投入产出表的数据准确全面，但因数据不连续，所以难以利用；资金流量表提供了1992~2010年的连续数据，但其存在的问题在于非经济普查年份的数据常常是根据相应的增长率推算得到，这可能会增加数据的主观性。① 收入法国内生产总值将GDP分为劳动报酬、固定资产折旧、生产税净额和营业盈余四个部分。按照各分配主体的情况来划分，劳动者报酬归住户部门所有；固定资产折旧和营业盈余相加得到总营业盈余额，归企业部门所有；生产税净额归政府部门所有；对应初次分配格局需要计算的指标有：住户部门份额、企业部门份额和政府部门份额，均定义为各主体收入占GDP的比重。

选择地区收入法国内生产总值作为核算中国国民收入初次分配格局的数据来源的另外一个原因是中印比较的需要。印度的统计与计划执行部提供的印度GDP数据是按照收入法口径提供的，包括雇员报酬、经营盈余、混合收入、固定资本消耗和净间接税五部分，其中雇员报酬纳入住户部门，经营盈余、混合收入和固定资本消耗纳入企业部门，净间接税纳入政府部门。

（二）混合收入数据的拆分

在1993的SNA体系（国民经济核算体系）中，混合收入被定义为由住户成员个人所有或与其他合伙人共有的非法人企业创造的收入，且所有者或其住户的其他成员可在其中工作而不领取工资和薪金。该企业的所有者必须是自我雇用的，有付酬雇员的所有者是雇主，而无付酬雇员的所有者是自营劳动者。

---

① 张车伟、张士斌：《中国初次收入分配格局的变动与问题——以劳动报酬占GDP份额为视角》，《中国人口科学》2010年第5期，第24~35页。

就其性质而言，混合收入既不是纯粹的劳动报酬，也不是纯粹的营业盈余。在按收入法进行国民收入核算时，就面临着这样一个问题：是把混合收入作为劳动报酬完全纳入住户部门，还是把混合收入作为营业盈余完全纳入企业部门，抑或按照一定的比例把混合收入分解到住户部门和企业部门。以上三种方法各有优劣，把混合收入全部纳入住户部门或企业部门，在核算上简单明了，但却会高估住户部门份额或企业部门份额，精准性欠缺；按照一定比例分解混合收入，核算的精准性提高了，但核算的成本也提高了，并且按照怎样的比例进行分解也需要研究。

目前在西方国家流行的国民收入核算中，习惯上把混合收入全部纳入企业部门。对发达国家而言，这样做的原因是这些国家自雇用的混合收入主要表现为资本收入，将其全部计入企业部门虽然会抬高企业部门的份额，但总体上影响不大。在我国，因为统计口径的关系，混合收入没有被单独进行统计，但是却包含在劳动和资本报酬中（2004 年之前被纳入劳动报酬，2004 年之后被纳入资本报酬），纳入劳动报酬将导致住户部门份额高估，纳入资本报酬将导致企业部门份额高估。印度采用的是西方工业化国家的核算体系，将混合收入统计为企业部门收入。

就某一国家而言，无论选择哪种方法，只要数据是连续的、完全的，都可以对该国国民收入初次分配格局的演变过程及趋势进行把握和分析。但不同的统计口径在进行国际比较时却遇到了困难，简单地根据各国的统计数据直接比较无法真实体现各国的实际，比较也因此失去意义。对不同国家的国民收入初次分配格局进行比较必定要建立在相一致的统计口径上，这就要求对混合收入进行拆分。

对混合收入进行拆分是本文研究的重要支撑。一是虽然本文利用的中国和印度数据均是采用收入法核算口径得到的，但印度 GDP 核算中的混合收入与中国的相关统计口径不甚一致，这就要求拆分印度统计核算中的混合收入项目，同时计算出中国的混合收入项目，将其归入相应的国民收入分配主体。二是对中国和印度这样的发展中国家来说，拆分混合收入后的国民收入初次分配格局更加切合实际。发展中国家的自雇用混合收入中劳动要素的参与程度远高于资本要素参与程度，其收入更多来自劳动要素的贡献，故而将印度的混合收入按国际通行的方法进行拆分后的国民收入初次分配格局较符合印度的实际情况。[①]

----

① 黄泰岩、梁兆国：《印度国民收入初次分配格局的演变》，《社会主义经济理论研究集萃》，经济科学出版社，2010，第 225～233 页。

国内鲜有关于国民收入初次分配中混合收入拆分的研究，张车伟、张士斌（2010、2012）对劳动份额调整的研究中涉及对自雇者经营收入的调整方法；[1] 在国外，Young（1994）通过对韩国、新加坡等地的研究认为，自雇者与部门、性别、年龄和受教育程度相同的雇员具有相同的小时工资；[2] Johnson（1954）通过对美国、中国台湾和香港地区的研究发现，农业自雇者收入的64%、非农业自雇者收入的2/3是劳动报酬；[3] Gollin（2002）通过对42个不同发展水平国家的研究提出了三种调整自雇者经营收入的方法：一是自雇者的所有收入均属于劳动报酬；二是自雇者与公司经营者有相同的分配比例；三是自雇者与雇员有相同的劳动报酬。[4]

在以上的几种调整方法中，本文选择 Johnson（1954）的方法对两国的混合收入进行拆分。原因在于 Young（1994）的方法虽能够比较准确地计量自雇者的资本性收入和劳动报酬，但需要两个基本条件，一是翔实的微观数据，包括劳动者行业、职业、性别、年龄、教育程度和工作时间等信息；二是较高的劳动力市场一体化程度，如果劳动力市场分割严重，自雇者的收入函数与雇员的收入函数差别大，自雇者与性别、年龄和教育等相似的雇员的劳动报酬差距就可能较大。对于中印两个二元经济特征明显的国家的来说，Young（1994）的方法明显不适合。[5] Gollin 的第一种方法就是中国国家统计局2004年以前使用的方法，它把自雇者的所有经营收入都计入劳动报酬，这种方法会高估劳动报酬；Gollin 的第三种方法假定自雇者的劳动报酬与雇员的劳动报酬相同，实际上是 Young（1994）的方法。[6] 比较各种方法的优缺点并结合中印两国的实际情况，我们选用 Johnson（1954）提出的方法作为本文调整混合收入数据的依据，即城乡自雇者的经营收入中

① 张车伟、张士斌：《中国劳动报酬份额变动的"非典型"特征及其解释》，《人口与发展》2012年第18卷第4期，第2~5页。

② Alwyn, Young, "The Tyranny of Numbers: Confronting the Statistical Realities of the East Asian GrowthExperience", *NBER Working Paper*, No. 4680, 1994.

③ D. W. Johnson, "The Functional Distribution of Income in the United States, 1850 – 1952", *The Review of Economics and Statistics*, Vol. 36, No. 2, 1954, pp. 175 – 182.

④ Gollin, D., "Getting Income Shares Right", *Journal of Political Economy*, Vol. 110, No. 2, 2002, pp. 458 – 475.

⑤ Alwyn, Young, "The Tyranny of Numbers: Confronting the Statistical Realities of the East Asian GrowthExperience", *NBER Working Paper*, No. 4680, 1994.

⑥ Gollin, D., "Getting Income Shares Right", *Journal of Political Economy*, Vol. 110, No. 2, 2002, pp. 458 – 475.

的 2/3 属于劳动报酬，1/3 属于资本收益。[①]

按照中国的统计口径，2004 年以前，混合收入（包括农民和个体户经营收入）全部纳入劳动报酬；2004 年以后，则将个体户收入全部纳入资本报酬。按照上述拆分方法，2004 年以前，剔除农业经营收入和个体户经营收入中的资本性收入后，劳动者报酬将有所减少，资本报酬相应增加；2004 年至今，剔除农业经营收入中的资本性收入，再加上个体户经营收入中的劳动收入后，根据我们的计算，劳动者报酬先减少、后增加，资本报酬呈相反变动趋势。在印度的统计口径中，混合收入全部纳入资本报酬，因此，拆分后印度的劳动报酬将会增加，资本报酬相应减少。

二 数据调整前后的中印国民收入初次分配格局

（一）数据调整前后中国国民收入初次分配格局

将 Johnson（1954）提出的混合收入拆分方法具体应用到中国数据的调整中，我们的做法如下：通过剔除农民和城镇个体户经营收入中的资本性收入，得到自雇者的劳动报酬。2004 年以前，在各地区收入法统计数据的基础上，从劳动报酬中剔除农民和城镇个体户经营收入中的资本性收入，并将其加入营业盈余；2004 年之后，在各地区收入法统计数据的基础上，从劳动报酬中剔除农民经营性收入，并将其加入营业盈余，同时从营业盈余中剔除个体户经营收入中的劳动收入，并将其加入劳动报酬中，至此完成数据的调整。

需要剔除的农民经营性收入由乡村人口数与各地区农村居民家庭平均每人按来源分的纯收入中的家庭经营收入相乘得到；需要剔除的城镇个体户资本性收入由城镇人口数与各地区城镇居民平均每人全年家庭收入来源中的经营净收入相乘得到。

表 1 和图 1 描述了数据调整前后 1978～2011 年中国国民收入初次分配格局。

[①] D. W. Johnson, "The Functional Distribution of Income in the United States, 1850－1952", *The Review of Economics and Statistics*, Vol. 36, No. 2, 1954, pp. 175－182.

表 1　数据调整前后 1978 ~ 2011 年中国国民收入初次分配格局

单位:%

年　份	数据调整前国民收入初次分配格局			数据调整后国民收入初次分配格局		
	住户部门份额	企业部门份额	政府部门份额	住户部门份额	企业部门份额	政府部门份额
1978	49.44	37.36	13.20	39.97	46.82	13.20
1979	51.27	36.32	12.41	41.57	46.03	12.41
1980	51.13	36.71	12.16	40.87	46.96	12.16
1981	52.72	35.44	11.84	41.62	46.54	11.84
1982	53.67	34.88	11.45	41.21	47.34	11.45
1983	53.68	34.96	11.36	41.11	47.53	11.36
1984	53.87	34.48	11.66	42.98	45.36	11.66
1985	52.89	35.05	12.05	43.50	44.45	12.05
1986	52.79	34.65	12.57	43.89	43.55	12.57
1987	52.03	35.49	12.48	43.70	43.82	12.48
1988	51.92	35.34	12.74	44.08	43.18	12.74
1989	51.52	35.20	13.29	44.00	42.71	13.29
1990	53.45	33.52	13.03	45.40	41.57	13.03
1991	49.67	32.92	17.41	42.90	39.69	17.41
1992	50.24	36.63	13.13	43.96	42.91	13.13
1993	49.49	38.83	11.68	43.72	44.61	11.68
1994	50.35	37.65	12.00	44.64	43.36	12.00
1995	51.44	36.29	12.27	45.69	42.05	12.27
1996	51.21	35.89	12.89	45.30	41.81	12.89
1997	51.03	35.32	13.65	45.33	41.02	13.65
1998	50.83	34.92	14.26	45.59	40.15	14.26
1999	49.97	35.14	14.89	45.11	40.00	14.89
2000	48.71	35.99	15.31	44.42	40.27	15.31
2001	48.23	36.14	15.63	44.26	40.11	15.63
2002	47.75	36.66	15.59	44.08	40.34	15.59
2003	46.16	38.07	15.77	42.81	41.41	15.77
2004	41.55	44.38	14.06	39.99	45.94	14.06
2005	41.40	44.48	14.12	40.37	45.51	14.12

续表

年　份	数据调整前国民收入初次分配格局			数据调整后国民收入初次分配格局		
	住户部门份额	企业部门份额	政府部门份额	住户部门份额	企业部门份额	政府部门份额
2006	40.61	44.83	14.56	39.90	45.54	14.56
2007	39.74	46.10	14.16	39.16	46.68	14.16
2008	—	—	—	—	—	—
2009	46.62	39.87	13.51	46.71	39.78	13.51
2010	45.01	42.12	12.87	45.31	41.82	12.87
2011	44.94	42.15	12.92	45.53	41.55	12.92

资料来源：1978～1992 年数据来源于《中国国民生产总值核算历史资料 1952～1995》，1993～2004 年数据来源于《中国国内生产总值核算历史资料 1952～2004》，2005～2011 年数据来源于2006～2012《中国统计年鉴》。由于 2008 年数据缺失，故在此省略。

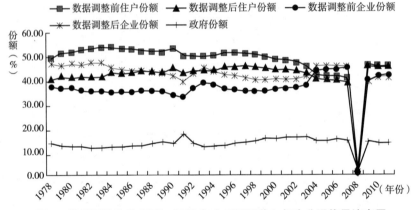

图 1　数据调整前后 1978～2011 年中国国民收入初次分配格局演变图

从表 1 和图 1 可以看出，无论是否进行数据调整，中国 1978～2011 年的国民收入初次分配格局都可分为三个阶段且总的变化趋势一致，即劳动份额都经历了先上升、后下降，再有所回升的趋势；企业部门份额与之呈现相反变动；政府部门份额在经历前期的小幅下降后进入上升通道，近期呈现稳中有降趋势。

这里，我们以调整后数据为例，观察 1978～2011 年中国国民收入初次分配格局的演变趋势。

第一阶段（1978～2003 年）：国民收入初次分配格局略有变动。具体表现是：住户部门份额总体保持上升趋势（从 1978 年的 39.97% 上升到 2003 年的 42.81%），但变幅不大，后期呈小幅下降趋势（最高值出现在 1995 年的 45.69%）；企业部门份额在波动中不断下降（由 1978 年的 46.82% 下降到 2003 年的 41.41%）；政府部门份额总体呈上升趋势，尤其在 1994 年以后进入上升阶段（由 1978 年的 13.2% 上升到 2003 年的 15.77%）。国民收入分配格局在三部门之间均有调整。

第二阶段（2004 年～2007 年）：国民收入初次分配格局发生明显变化。具体表现是：住户部门份额持续下降（从 2003 年的 42.81% 下降到 2007 年的 39.16%），企业部门份额明显上升（从 2003 年的 41.41% 上升到 2007 年的 46.68%），政府部门份额基本稳定，保持在 14% 左右。国民收入分配格局主要在住户部门与企业部门之间进行调整。

第三阶段（2009 年至今）：国民收入初次分配格局出现了有利于住户部门的调整。具体表现是：住户部门份额持续下降的趋势得到遏制，在波动中小幅上升，基本恢复到了 1995～1999 年的水平（2009 年上升到 46.71%）；企业部门份额在长期上升以后总体上出现了回落（下降到 2011 年的 41.55%）；政府部门份额继上阶段的略微下降后，仍保持小幅向下回落的趋势（保持在 13% 左右）。

经过以上三个阶段的演变，我们发现，1978 年以来我国国民收入初次分配格局演变的基本趋势是：居民部门份额明显下降，企业部门份额明显上升，政府部门份额稳中有升，国民收入初次分配格局出现了明显不利于住户部门的局面。值得一提的是 2009 年以来住户部门份额出现了回升趋势，由于时限较短，我们不能判断这就是劳动份额上升的转折点，但这一上升趋势至少表明了一个迹象：经历过持续下降后的劳动份额开始有上升的趋势了，这可能得益于经济不断发展的成果和政府政策两方面的作用。

比较数据调整前后我国国民收入初次分配格局，可以得出以下结论。

（1）2004 年之前，数据调整对住户部门份额与企业部门份额带来了较大影响。具体而言，住户部门份额明显下降，企业部门份额明显上升，且总体上，时间越靠前，住户部门份额下降的幅度越大，最大降幅发生在 1983 年，住户部门份额由 53.68% 减少到 41.11%，减少了 12.57 个百分点。2004 年至今，数据调整对住户部门份额与企业部门份额影响不大，在 2004～2007 年，调整后的住户部门份额略有下降，之后略有上升。

数据调整带来的国民收入初次分配格局的变化是预料中的。2004 年前，由于把混合收入全部纳入劳动报酬中，经过数据调整，住户部门在初次分配中的份额下降是自然的。时间越靠前，住户部门份额下降幅度越大的原因是，随着经济的不断发展，在自雇者的收入中劳动的贡献率下降，资本的贡献率上升，因而时间越靠前，混合收入中劳动报酬占的比重越大，把混合收入全部纳入劳动份额对国民收入分配格局的影响越有限；时间越靠后，混合收入中劳动的贡献率越低，把混合收入全部纳入劳动份额对国民收入初次分配格局的影响就越大。从理论上说，在拆分的时候，应该按照时间序列不断增加资本报酬的比重，减少劳动报酬的比重。但实际中，我们按照同一比例对不同时期的混合收入进行拆分带来的后果是，经过拆分的国民收入初次分配格局中，时间越靠前，住户部门可能越被低估，从而住户部门份额下降幅度越大。2004 年后，数据调整对国民收入初次分配格局的影响不大，这表明，我国目前的自雇者收入中，资本报酬、经营收入已经超过了劳动报酬，因而把混合收入全部记为资本报酬，纳入企业部门对国民收入初次分配格局的影响不大，这也间接证明了我国在国民收入核算口径方面进行的这种调整是必要的。

（2）数据调整后国民收入初次分配格局的变化较之前更为稳定。具体而言，住户部门份额经过调整后没有出现调整前那样大幅的下降状态，调整前的最高值出现在 1983 年（53.68%），最低值是 2006 年（40.61%），两者相差13.07 个百分点；调整后最高值是 2009 年的 46.71%，最低值出现在 2007 年（39.16%），两者相差 7.55 个百分点。企业部门份额调整前的最高与最低值相差 13.18 个百分点，调整后的最高与最低值相差 7.84 个百分点。

从中可以发现，数据调整后，尽管我国的国民收入初次分配格局仍旧不够稳定，但较之调整前，极值差下降了近一半，尤其是住户部门份额虽然仍然总体上呈现下降趋势，但下降幅度明显降低，且目前已经基本恢复到了 20 世纪 90 年代中后期的水平，我们认为这是符合实际的。因为学界普遍认为，20 世纪 90 年代中期以来，我国劳动份额开始快速进入下降通道，尤其是进入 21 世纪后，还出现了加速下降的趋势。这种观点虽然得到统计上的支持，但却无法在学理上得到说明。我们承认，与发达国家相比，我国住户部门的份额仍然偏低，因而提高劳动报酬，增加住户部门份额仍然是国民收入分配中面临的重要任务。但我们也应该看到，住户部门的份额并非像一些人说的那样低，政府为提高劳动者报酬所做的努力也并非毫无效果。

（二）数据调整前后印度国民收入初次分配格局

从印度的统计核算数据中我们可以直接获得其混合收入这一项，因此在进行数据调整时我们直接将混合收入这一项用 Johnson（1954）提出的拆分方法拆分成劳动报酬占 2/3、资本报酬占 1/3，然后将这两部分加入相应的住户部门份额和企业部门份额，计算数据调整后的印度国民收入初次分配格局。表 2 和图 2 提供了数据调整前后印度 1993～2007 年的国民收入初次分配格局。

表 2　数据调整前后 1993～2007 年印度国民收入初次分配格局

单位:%

年份	数据调整前国民收入初次分配格局			数据调整后国民收入初次分配格局		
	政府部门份额	住户部门份额	企业部门份额	政府部门份额	住户部门份额	企业部门份额
1993	26.81	61.96	11.23	54.01	34.76	11.23
1994	27.30	63.25	9.45	54.38	36.17	9.45
1995	28.04	62.30	9.66	53.99	36.35	9.66
1996	27.38	63.51	9.11	54.06	36.83	9.11
1997	28.93	62.37	8.70	55.19	36.12	8.70
1998	29.42	62.37	8.21	55.99	35.80	8.21
1999	30.07	60.90	9.04	55.85	35.12	9.04
2000	31.28	59.80	8.93	56.66	34.41	8.93
2001	31.09	60.52	8.39	56.39	35.22	8.39
2002	30.84	60.70	8.46	55.31	36.23	8.46
2003	29.60	62.54	7.86	54.24	37.90	7.86
2004	29.03	62.35	8.63	52.81	38.56	8.63
2005	28.68	62.83	8.49	52.24	39.27	8.49
2006	28.07	63.46	8.47	51.43	40.10	8.47
2007	27.63	63.85	8.52	51.12	40.36	8.52

资料来源：根据印度统计与计划执行部提供数据计算得到。

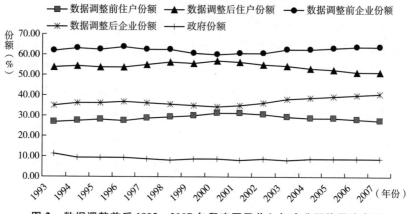

图 2　数据调整前后 1993～2007 年印度国民收入初次分配格局演变图

由表 2 和图 2，比较调整前后印度的国民收入初次分配格局，我们得出以下结论。

（1）无论调整与否，印度的国民收入初次分配格局均十分稳定。具体表现是：调整前，在 1993～2007 年，印度住户部门份额的最大变动为 4.47 个百分点，企业部门份额的最高值与最低值相差 4.05 个百分点；调整后，住户部门份额变动为 5.55 个百分点，企业部门份额变动为 5.06 个百分点，政府部门份额变动为 3.38 个百分点。状态平稳是印度国民收入初次分配格局的一大特点。

（2）数据调整后，在印度国民收入初次分配格局中，住户部门份额大幅上升，企业部门份额大幅下降。住户部门份额由调整前的 27%～31% 上升到调整后的 51%～56%，至少上升了 20 个百分点；企业部门份额相应下降了至少 20 个百分点，由调整前的 60%～64% 下降到调整后的 34%～40%。对于印度这样小企业多、自我雇用比例高的国家而言，把原本全部纳入企业部门的混合收入进行拆分，导致住户部门份额大幅上升，企业部门份额大幅下降是预料之中的，但变化如此之大是我们没有想到的

（3）对印度而言，调整后的国民收入初次分配格局应该比调整前的国民收入初次分配格局更符合实际。原因有二：一是如前所述，我们的调整是有依据的，调整符合印度的经济实际；二是调整后的数据可以在理论上得到解释，而调整前的数据则无法得到理论上的支持。

理论上，国民收入分配的格局取决于要素的贡献率和劳资双方讨价还价的能力，劳资双方讨价还价的能力在一定程度上会导致实际的分配结果偏离要素的贡献率。但如果偏离过大，就会加剧劳资之间的矛盾和斗争，甚至导致社会动荡。已有的研究成果表明，在绝大多数国家，劳动的贡献都超过了资本的贡献，这也是绝大多数国家国民收入初次分配格局中住户份额大于企业份额的原因。而印度的住户份额低于 30%，甚至不到企业份额的一半，如此之低的住户部门份额在理论上是无法解释的。实际中，也找不到任何一个大国的住户份额和企业份额呈现如此格局。

三　中印国民收入初次分配格局及演变趋势比较

作为世界上最大的两个发展中国家，中印两国发展阶段相近，都处于快速的经济发展中，近年来所取得的经济成就均令世界瞩目。但由于两国

实行的经济制度不同，实施的经济发展战略各异，因而两国国民收入分配格局呈现出不同的特点。比较两国国民收入初次分配格局的目的不在于要求一个国家向另一国家看齐，而在于提供一个判断本国国民收入初次分配格局的参照物，在于寻找导致两国国民收入分配格局呈现不同特点的原因，从而为改变我国国民收入分配格局，提高劳动份额寻找思路。

下面从中印两国国民收入初次分配格局的状况及演变趋势两个方面比较两国国民收入初次分配格局。

（一）中印两国国民收入初次分配格局比较

比较数据调整后的中印两国国民收入初次分配格局，可以发现，与印度相比，中国住户部门份额明显低于印度，企业部门份额和政府部门份额明显高于印度。

（1）就住户部门份额而言，中国住户部门份额低于印度，且波动幅度较大。1993～2007 年，印度的住户部门份额均在 50% 以上且保持稳定，最高份额（2000 年的 56.66%）与最低份额（2007 年的 51.12%）相差不大。而中国在 1978～2011 年，住户部门份额从未达到 50% 的水平，中国住户部门的最高份额（2009 年的 46.71%）与最低份额（2007 年的 39.16%）相差 7.5 个百分点左右，波动幅度明显高于印度。与印度相比，中国住户部门份额平均比印度低，甚至中国住户部门份额的最高值比印度住户部门份额的最低值还少 4.5 个百分点左右。可以说，即使与发展中大国印度相比，中国住户部门份额水平也是偏低的。因此，尽快扭转住户部门份额偏低，让广大人民群众更好、更多地分享改革开放带来的经济发展、社会进步的成果已经刻不容缓。

（2）与住户部门份额相反，中国企业部门份额高于印度。印度企业部门份额的最高值为 40.36%（2007 年），最低值为 34.41%（2000 年）；相比之下，中国的企业部门份额相对较高，在 1978～2011 年，中国只有 1991 年（39.69%）和 2009 年（39.78%）这两年的企业部门份额在 40% 以下，其他年份均在 40% 以上，最高值达 47.53%（1983 年），比印度的最高值多 7 个百分点。

（3）印度政府部门份额较低，接近发达国家的水平；中国政府部门份额近些年虽有所降低，但仍处于较高水平。印度政府部门份额长期保持在 8%～9%，只有 1993 年超过了 10%。中国政府部门份额自 1978 年以来均在 11% 以上，大部分年份保持在 13%～15%，最高值达到 17.41%（1991

年）。在发展中大国中，印度政府部门份额是较低的，中国政府部门份额是较高的。

中国住户部门份额低于印度，企业部门份额高于印度的原因是多方面的。

一是中国经济长期保持高速增长，资本的有机构成不断提高，资本—劳动比率大幅度上升，与此同时，企业在高速经济增长中获得了广阔的盈利空间。一方面是人均资本拥有量的快速增加；另一方面是较高的资本回报率，这为企业部门获得较高份额提供了可能。

二是中印两国产业结构的差别导致企业部门份额的差距。一般而言，第一产业和第三产业所占比重越高，国民收入分配格局中住户部门所占份额就越大；第二产业所占比重越高，企业部门所占份额越大，这也是在工业化初期住户部门份额往往下降，而经济发展到一定水平后住户部门份额开始上升的原因。尽管中国的经济发展水平高于印度，但在产业结构上，中国第二产业所占比重远高于印度，第三产业所占比重则低于印度，这是造成中国企业部门份额高于印度的产业结构方面的原因。2012 年，中国第一、第二、第三产业占 GDP 的比重分别为 10.1%、45.3%、44.6%；而 2010 年，印度第二产业所占比重仅为 26.8%，第一产业和第三产业比重分别为 18.2% 和 55.0%。

三是中印两国选择了不同的经济发展方式。在投资、消费和出口三大推动经济增长的因素中，中国形成了主要依靠高投资和多出口发展经济的道路。在过分追求 GDP 的氛围中，地方政府对投资、出口的重视自然超过了消费和民生。要维持高投资，就必须为资本创造更有利的环境；要维持多出口，就必须依靠廉价的劳动力（因为中国的出口主要是以价格低廉为主要竞争手段的）。如果说，住户部门和企业部门各自的份额是双方讨价还价的结果，那么一定会出现不利于住户部门的结果。因为不仅劳动者缺乏讨价还价的能力，追求 GDP 的政府通常还会站在企业一边。在印度，繁荣的中小企业经济和新兴产业是其经济发展的动力和源泉。印度虽然是一个发展中国家，但其 IT 业的发展远超许多发达国家。印度鼓励自主创业，并为中小企业的发展提供很多优惠政策。印度存在数量众多的中小企业经济体，这在为印度提供大量就业岗位的同时，也拉动了印度的经济增长。[1]

印度政府部门份额低于中国既与两国不同的政治经济制度有关，也与

---

[1] 黄泰岩、梁兆国：《印度国民收入初次分配格局的演变》，《社会主义经济理论研究集萃》，经济科学出版社，2010，第 225~233 页。

两国政府拥有的不同经济权力有关。中国长期实行计划经济体制，在该体制下，政府要包办一切经济事务，需要支配更多的资源。政府拥有配置一切经济资源的权力，能够获得需要的资源。这是计划经济条件下政府部门份额较高的原因。改革开放尤其是推行社会主义市场经济体制以来，政府职能已经有了很大改变，但计划经济的惯性，使得政府仍然承担许多本该由市场和社会承担的职能，而政府要完成这些职责，就必须支配较多的资源。在我国的威权政府下，政府占有更大份额的目标很容易实现。印度自经济独立后历经几次经济改革，已经完全走上市场经济道路，不存在干预市场过多的现象，加之印度政府在动员经济资源方面受到的掣肘远大于中国，即使想提高政府部门份额，也很难实现。

（二）中印两国国民收入初次分配格局的演变趋势比较

根据经济学的相关理论和发达国家的经验，国民收入分配格局的一般演变趋势是：在工业化初期，劳动份额下降，当人均 GDP 达到 1000 美元后，劳动份额下降的趋势开始扭转并逐步上升，达到一定程度后，国民收入分配格局趋于稳定。库兹涅茨的倒 U 型理论也指出，在经济发展的初期，由于不平等程度较高的非农业部门的比率加大，整个分配趋于不平等，劳动份额处于不断下降中；一旦经济发展达到较高水平，由于非农业部门的比率居于支配地位，比率变化所起的作用将缩小，部门之间的收入差别将缩小，国民收入中的劳动份额也开始进入上升通道。

以住户部门份额变化为例，我们发现，随着中国经济的不断发展，工业化、现代化程度的不断提高，住户部门份额经历了上升—下降—上升的过程。改革开放初期到 20 世纪 90 年代初期，我国住户部门份额经历了一个明显的上升期，住户部门份额由 40% 左右提高到 45% 左右，上升了近 5 个百分点；在整个 20 世纪 90 年代，住户部门份额基本稳定；2000～2007 年出现明显下降，2007 年住户部门份额达到整个考察期的最低值；2009 年以来，住户部门份额明显回升，恢复到了 20 世纪 90 年代的水平。

可以说，改革开放初期，住户部门份额的提高主要是因为政府为了补偿计划经济时代长期的低工资（在农村表现为对农产品的低价统购），有意识地通过政策调整提高城乡居民收入水平的结果，与经济的发展阶段关系不大。如果 2009 年以后出现的住户部门份额回升是一个拐点，并且能够长期保持下去的话，那么，可以认为，我国国民收入初次分配格局的演变趋势基本符合国民收入分配格局的一般演变规律。

只不过相较于发达国家，我国的拐点出现得较晚，不是在人均 GDP 1000 美元左右而是在人均 GDP 4000 多美元时出现的。造成这种现象的原因既与我国的政治、经济体制和我国选择的经济发展方式等有关，也与不同历史时期货币的购买力有关，今天的 1000 美元与几十年前的 1000 美元是不可同日而语的。

提高劳动份额是近年来中央政府在收入分配领域的重要目标，为此做出了巨大的努力。可以说拐点的出现，既是经济发展的结果，更得益于政府实施的提高劳动者报酬的各项政策。

受到可得资料的限制，本文仅对 1993~2007 年印度国民收入初次分配格局进行了考察。总体来看，印度的国民收入初次分配格局较为稳定。不过，我们仍然能够从中看出印度国民收入初次分配格局演变的迹象：住户部门的份额在下降，企业部门的份额在上升，尤其是 2002 年以来，这种迹象十分明显。

我们知道，印度同中国一样，目前也处于经济的快速发展中，只是工业化的起步晚于中国，工业化的水平、人均 GDP 的水平低于中国，目前尚处于工业化的初步阶段。与中国相似，印度在这一阶段也出现了住户部门份额下降的趋势，并且目前仍然处于下降过程中。

比较中印两国国民收入初次分配格局的演变趋势，可以发现以下共同特征：工业化过程中，住户部门份额都出现了明显下降的阶段，并且中国的这种下降是在人均 GDP 达到 1000 美元左右时开始出现的，印度的这种情况则是在人均 GDP 接近 1000 美元时出现的。（根据世界银行统计，2001 年，中国人均 GDP 首次超过 1000 美元，达到 1042 美元；印度在 2007 年人均 GDP 首次超过 1000 美元，达到 1069 美元。）这说明，国民收入分配格局的一般演变规律同样适用于发展中大国，只不过随着时间的推移，无论是下降还是上升的拐点都不能机械地套用发达国家的数字。

四　结　论

对发展中国家而言，如果把混合收入全部纳入劳动报酬或全部纳入资本报酬，得出的国民收入分配格局都会与实际情况出现较大偏离。只有对混合收入进行拆分，才能较为准确地反映国民收入分配的实际，才能进行有效的国家间的比较。

与印度相比，中国住户部门份额明显偏低，企业部门份额和政府部门份额明显偏高。转变经济发展方式、调整产业结构是提高住户部门份额的要求，只有这样转变政府职能，厘清政府、市场、社会的关系，降低政府部门份额才能成为可能。

中国住户部门份额持续下降的趋势已经得到遏制，2009 年至今，住户部门份额的回升可能是拐点出现的迹象。住户部门份额的回升既是经济发展的结果，更得益于政府实施的提高劳动者报酬的各项政策。

中印两国国民收入初次分格局演变的趋势表明，国民收入分配格局演变的一般趋势同样适用于发展中大国，只不过随着时间的推移，无论是下降还是上升的拐点都不能机械地套用发达国家的数字。

参考文献

[1] Alwyn, Young, "The Tyranny of Numbers: Confronting the Statistical Realities of the East Asian GrowthExperience", *NBER Working Paper*, No. 4680, 1994.

[2] D. W. Johnson, "The Functional Distribution of Income in the United States, 1850 – 1952", *The Review of Economics and Statistics*, Vol. 36, No. 2, 1954, pp. 175 – 182.

[3] Gollin, D., "Getting Income Shares Right", *Journal of Political Economy*, Vol. 110, No. 2, 2002, pp. 458 – 475.

[4] 张车伟、张士斌:《中国初次收入分配格局的变动与问题——以劳动报酬占 GDP 份额为视角》,《中国人口科学》2010 年第 5 期。

[5] 黄泰岩、梁兆国:《印度国民收入初次分配格局的演变》,《社会主义经济理论研究集萃》,经济科学出版社, 2010。

[6] 张车伟、张士斌:《中国劳动报酬份额变动的"非典型"特征及其解释》,《人口与发展》2012 年第 4 期。

附　录

深入研讨加快完善社会主义市场经济体制的重要问题

——中国政治经济学论坛第十六届年会综述

● 胡家勇　任太增　乔俊峰

2014 年 4 月 27~28 日，由中国社会科学院经济研究所主办，河南师范大学商学院承办的中国政治经济学论坛第十六届年会在河南省新乡市召开。来自中国社会科学院、清华大学、武汉大学、吉林大学、辽宁大学、西北大学等科研机构和高等院校以及《人民日报》、《求是》杂志社、《经济学动态》、社会科学文献出版社、中国社会科学出版社、中国社会科学网等新闻出版单位的 100 多位专家学者参加了本届论坛年会。本届论坛年会的主题是完善社会主义市场经济体制，会议共收到应征论文 150 余篇。入选会议交流93 篇。与会专家就中国特色社会主义理论新发展、政府与市场关系、基本经济制度的完善和发展、土地制度改革与新型城镇化、现代市场体系建设、收入分配制度改革、国有企业改革、中国经济发展等问题进行了广泛深入的讨论。代表们认为，习近平同志系列重要讲话是中国特色社会主义理论体系的最新成果，完善我国社会主义市场经济体制，需要解决的重要理论和实践问题主要是处理好政府与市场、政府与社会的关系，坚持和完善基本经济制度，加快土地制度改革，促进现代市场体系建设。下面对代表发言和入选论文的学术观点进行综述。

一　政府与市场的关系

中共十八届三中全会《中共中央关于全面深化改革若干重大问题的决定》指出，经济体制改革的核心问题是处理好政府和市场的关系，使市场在资源配置中起决定性作用和更好发挥政府作用。会议代表围绕中国特色社会主义理论新发展和政府与市场关系进行了热烈的讨论。

中国社会科学院经济研究所所长裴长洪研究员在主题报告中对习近平系列重要讲话进行了系统阐释，指出习近平总书记系列重要讲话是中国特色社会主义理论的最新成果，是马克思主义中国化的新里程碑，提出了当前及未来发展的新思路，创新发展了马克思主义国家理论，以辩证思维发展了中国改革开放新布局，发展了马克思主义精神文明理论，提出了历史唯物主义在中国最新实践的主要任务。

四川师范大学校长丁任重教授对经济体制改革战略进行了理论思考，认为新一轮改革有三方面的变化：一是改革背景发生了变化，由单一经济转变为多元经济，由计划经济转变为市场经济，由短缺经济转变为过剩经济，由封闭经济转变为开放经济；二是改革模式发生了变化，既强调顶层设计又重视基层制度创新，既有政府主导也强调社会参与，既强调全面深化改革也强调重点突破；三是改革思路选择和改革中心发生了变化。

河南师范大学商学院苏晓红教授认为，正确处理政府和市场的关系是完善社会主义经济体制的根本要求，是对我国改革开放 30 多年的经验总结，重点是发挥市场在资源配置中的核心作用，同时更好地发挥政府的作用。

河南大学赵学增教授依据市场与国家职能的历史变迁分析了政府与市场的关系，认为问题的关键在于是用市场取代政府还是用政府取代市场，对政府职能的分析要根据历史的实际状况而不是根据头脑中的想象。

清华大学政治经济学研究中心主任蔡继明教授等认为，应明确市场在土地资源配置中的决定性作用，政府的作用（规划和用途管制）只是为了弥补市场的缺陷（市场失灵），规划和用途管制也要尊重市场规律；要切实保障农民土地权益，推进城乡统一、公平有序的土地市场化改革。

江西财经大学校长助理王秋石教授认为，政府应从化解产能过剩中淡出。产能过剩是一个与生产过剩完全不同的概念。化解产能过剩应主要依靠市场发挥基础与决定性作用，同时兼顾政府的有效监督，尊重政府的宏观调控行为。

西北大学经济管理学院任保平教授等认为，中国经济发展的关键在于处理好政府与市场的关系，明确政府与市场的职能定位。经济发展方式的转变以经济增长质量提高为重点，以居民福利水平提升为目标，通过协调推进经济体制改革与政治体制改革，以实现可持续性的内生经济增长。

上海财经大学包亚钧副教授分析了国家调节经济的四个目标导向，认为构建有利于科学发展的"适度规模、高效有力"的优质服务型政府，是实现目标的重要途径。

南京政治学院杜人淮教授等指出，规模庞大和不断膨胀的地方政府债务对国家财政安全和金融安全构成巨大风险隐患，有效遏制地方政府的盲目举债冲动已迫在眉睫。我国地方政府陷入盲目举债冲动困局有着极其复杂的深层原因，破解地方政府盲目举债冲动困局需要有效的应对举措。

安徽工业大学伍开群副教授认为，经济发展方式的核心在于效率，依据制度－行为－绩效的逻辑分析框架，粗放式经济发展方式低效的成因在于市场制度扭曲。因此，必须完善市场制度。

华东师范大学博士研究生谢建平认为权力清单制度是新时期贯彻落实推进国家治理体系和治理能力现代化的重要举措，也是中国共产党应对"四大考验"和克服"四大危险"的主动回应和现实关切。

中国社科院经济所博士后陈勇兵等认为，政府补贴在企业的生存与发展过程中扮演了重要角色。他们基于1999～2007年中国制造业企业的微观数据，运用倾向得分匹配技术和离散时间生存分析方法考察政府补贴对企业生存的影响，结果发现政府补贴能降低企业失败风险，且其作用效果在外资企业、中西部地区及资本密集型行业更为显著。但由于政府失灵的存在，政府补贴普遍存在资源误置现象，因此，政府应谨慎使用补贴政策。

江苏省委党校成晓叶对2010年英国保守党领袖戴维·卡梅伦成功竞选中所提出的"大社会"的竞选口号进行了理论分析，认为"大社会"计划在理论上仍显稚嫩，在实践中也是困难重重。英国"大社会"计划所需要的基本社会土壤、政治土壤仍然不成熟，在国情差异较大的我国推行类似的做法未必可行。

浙江省温岭市委党校朱圣明总结了浙江省温岭市"票决部门预算"的经验，认为"票决部门预算"以民主恳谈为载体，将协商民主和代议制民主相结合，在"治理现代化"的时代背景下，见证了表决方式的多样化发展，对人大监督乃至人大制度建设无疑都具有实质性意义。

北京大学国家发展研究院邹静娴等利用世界银行2005年有关中国企业投资环境调查数据，使用量化的政企关系评分指标进行实证研究，发现大企业可以凭借其更好的政府关系，在地税层面获得税收优惠，但此渠道在国税层面不显著。

二 社会主义基本经济制度的完善和发展

经过 30 多年的改革开放，我国基本经济制度已经建立并不断得到完善，所有制结构逐步调整和优化，公有制经济和非公有制经济在我国经济建设中都发挥了重要作用。中共十八届三中全会决定指出："公有制为主体、多种所有制经济共同发展的基本经济制度，是中国特色社会主义制度的重要支柱，也是社会主义市场经济体制的根基。"会议代表对基本经济制度的完善和发展进行了热烈讨论。

清华大学政治经济学研究中心主任蔡继明教授指出，我国混合所有制经济结构经历了否定之否定的发展历程，每次否定所持有的理论依据都需要反思。剥削和私有制是一对孪生兄弟的观念构成了非公有制经济发展的障碍，要破解这个障碍就需要重新定义剥削。广义剥削应该是对他人生产要素贡献的无偿占有。广义价值理论的提出可以为破解这一难题提供理论依据。股份制是一种兼有公私两重属性的产权形式，只有在认识上区分手段和目标，才可避免对混合所有制经济的认识产生误区。

中国社会科学院经济研究所胡家勇研究员认为，完善的产权保护制度是市场经济顺利运转的重要制度基础。建立完善的产权保护制度，需要从三个方面着手：一是强化政府有效保护产权的职责，同时防止政府变为"掠夺之手"；二是同等保护各类产权，特别是同等、有效地保护非公有产权；三是强化对农民土地产权的保护。

武汉大学程承坪教授指出，当前所有制界限制约了中国经济发展的活力。只有对国有企业进行科学定位，改革国有企业管理的方式，转变政府职能，理顺政府与市场的关系，完善市场体系和法制体系，才能打破所有制界限，从而夯实我国经济社会发展的基础，进一步释放我国生产力发展的潜力。

浙江省社会科学院应焕红研究员认为，混合所有制经济发展面临着体制性壁垒和政策环境、民营资本话语权和控制权、国有股东职能、混合领域赢利率和合作对接焦点、市场环境和法律体系等诸多方面的问题。政府应完善国有企业现代企业制度和内部运行机制，大力支持民营资本参与国有企业股权多元化改革，降低国有股权的比例，推进国有资产监管体制改革，建立和健全混合所有制企业中的员工持股制度，完善产权保护制度，实现产权结构的不断优化，完善混合所有制经济运行的法律体系和社会信用体系。

浙江工商大学杨文进教授认为，以抽象状态下得到的生产资料公有制作为社会主义基本特征是对马克思社会主义公有制理论的重大误解，国家权力性质与目标取向才是决定性的，社会主义公有制的性质是"民有、民用与民享"。

吉林大学纪玉山教授等认为，由"北京共识"所引发的有关"中国模式"问题的探讨，实则是探寻与总结改革开放以来中国经济体制改革与社会经济发展取得突出成就的原因。对一些发展中国家而言，中国的实践经验具有一定的借鉴意义，但中国在经济体制改革与社会经济发展的过程中所遇到的种种问题尚不足以把"北京共识"抑或"中国模式"的理念在全球范围内予以推广和普及。

浙江财经大学周冰教授认为，体制的制度结构树状图上的自上而下的改革是突变式的转型，自下而上的改革是一种目标有限的局部改革，本质上是制度结构对环境的一种适应性调整，但它不同于自发的制度演化，而是宏观决策主体主动、自觉的调整。过渡性制度安排是减小改革阻力，实现体制平滑转型的机制。自下而上改革的风险主要在于改革停滞甚至倒退和变性，使体制长时间处于扭曲、不稳定的病态，社会经济失序。因此，改革信念、改革文化和领导者的改革决心和勇气，是实现体制平滑转型的重要条件。

中国社科院经济研究所助理研究员武鹏认为，在改革进程中逐渐形成的各种特殊利益集团已成为阻碍改革进一步深入推进的一股重要力量。要抑制特殊利益集团的负面作用，应从以下几点着手：改革必须要有顶层设计，自上而下地予以推动；政治精英的改革目标需要通过一系列制度予以强化；有策略地、渐进地推动各种改革，对特殊利益集团各个击破。

河南财经政法大学崔朝栋教授认为，基本经济制度继续完善和发展，不仅体现在不同所有制经济的数量和比重要适应市场经济发展的要求而进行不断的调整和变化，而且体现在每一种所有制经济的内部产权结构也要适应市场经济的要求进行不断的调整和变化。

浙江金融职业学院应宜逊教授认为，"社会主义市场经济"应当视为"现代市场经济"。进而"坚持改革方向不动摇"，就要坚持现代市场经济改革航向不动摇。

黑龙江大学张庆认为，应该从减少理论干扰和无谓争论，对完善市经济体制进行战略规划和设计，创建公平竞争的市场环境，减少政府部门对市场经济的管制和干预，健全和完善适应市场经济发展要求的社会管理制度和法律体系等方面，对目前的市场经济体制予以完善和改进。

西北大学何爱平教授等借鉴塞缪尔·鲍尔斯三维经济学的分析框架，分析了生态文明建设中的利益悖论，认为我国必须树立科学的生态文明理念，通过"竞争"、"统制"与"变革"维度破解生态文明建设中的利益悖论，以处理好生态文明建设中"利益"这一核心问题，从而更好地进行生态文明建设。

三　土地制度改革与新型城镇化

土地制度改革与新型城镇化是全面深化改革的重要内容，会议代表认为全面深化农村土地制度改革必须坚持中国特色，即在坚持土地集体所有制的原则下推行土地制度改革，寻求符合中国国情的方法和途径，破除制约城乡发展一体化的地籍管理制度、土地产权制度、土地市场制度、土地征收制度和农村宅基地制度等土地制度障碍。

中国社会科学院经济研究所副所长杨春学研究员针对当前中国农村土地改革中的困惑进行分析，认为现行的农村土地制度安排存在根本性缺陷：征用权大于所有权。这使得农村清晰的土地产权随时都有可能因为政府的介入而陷入混乱之中；农民因土地征用而与政府发生纠纷时，不可能通过任何法律的方式获得解决。农民之所以产生"农村土地属于国家或政府所有"这类误识，正是因为政府拥有随时征用的权力且农民毫无讨价还价的能力，这是这种剥夺性的制度安排的必然结果。而《土地管理法》第四十七条用农业用途的价值来作为补偿非农化土地的标准，不利于土地红利的公平分配。

河南财经政法大学研究院常务副院长樊明教授针对当前关于中国农村土地制度改革的四个重要问题进行分析，提出了土地私有化、土地用途管制、土地市场配置、承包地的保障功能等方面的观点。

清华大学社会科学学院经济学研究所博士后熊金武认为，家庭联产承包责任制需要进行全面深化改革，实现土地产权明晰和稳定，以便于土地流转和体现土地资产价值。土地要素的市场配置在中国历史上长期存在，有一套自发的有效制度安排。中国土地制度改革需要呼唤改革者精神，遵循民生优先、群众路线和实事求是等原则。

首都师范大学程世勇副教授认为，城乡建设用地结构失衡是我国粗放型经济增长模式的典型特征。以集体建设用地"经营性地权"为特征的体制外流转，虽然在一定程度上提高了土地、资本和劳动的要素配置效率，但由于受土地固定区位空间的限制，难以形成要素集聚和产业协同优势。而体制内的"地票"交易模式，在城市土地国有产权的制度框架下通过"资产性地权"交易，以稀缺性的建设用地指标为交易对象，在集体资产价值获得实现的同时，实现了城乡建设用地实物资产的空间置换和产业的集聚。

四川省社会科学院经济研究所郭正模研究员认为，当前我国农村集体土地产权制度改革深化的方向在于使农户的土地使用权财产化。相关政策设计包括：通过土地的确权等工作，最大限度地明晰和界定产权关系；重点促进农户宅基地财化和构建有偿退出的出让机制；推进集体农用土地使用权向家庭农场的流转和集中；探索国有与集体土地产权并存的新型城市土地产权制度。

甘肃省委党校经济学部教授宋圭武指出，土地收益有两个部分：一部分来自自然的收益，一部分来自劳动的收益。而对于来自自然的土地收益，公平的分配原则应是全人类平均分享；而对于来自劳动的土地收益，公平的分配原则应是按劳分配。国家在土地收益的分配原则上，应限制个人来自土地产权的收益，将大部分来自土地产权的收益通过税收让全民平均分享。同时，国家要保护和鼓励来自土地的劳动收益。

郑州大学陈铭聪博士后比较了《城市房屋拆迁管理条例》和《国有土地上房屋征收与补偿条例》，认为公共利益是一个开放性的概念，将随着历史的演进而不断地变更其内容。我国土地征收问题并非在于公共利益的界定，而在于没有一套完善的机制。

河南农业大学程传兴教授等人认为，目前农村土地经营权流转的最大障碍在于农民无法完全从土地中退出，而不能退出的主要原因在于农村土地资产制度的缺失。促使农村土地流转必须解决农村劳动力完全城市化移民，必须加大农村土地资产方面的相关制度改革，通过农村土地资产置换鼓励农村劳动力迁移，使其完全退出土地，进而促进大规模土地流转和新型农业生产经营体系的建立。

河北师范大学刘刚副教授等人认为，推进城乡一体化发展要加快建立健全农村集体土地所有权制度。明确农村集体土地所有权成员资格取得的条件，普遍推行新型农地股份合作制，厘清农地所有权在相关经济主体间的委托—代理关系，打造新型农民集体土地所有权法人治理机制，形成完善的集体成员土地所有权取得与退出制度。

江西财经大学经济学院教授康静萍认为，当前农村人口"空心化"引致的"谁来种地"问题已经相当严重，导致农业劳动力供给严重不足。为破解"谁来种地"这一困局，我国需要进行土地制度改革创新，实现规模经营，以提高农民收入；需要完善农村公共品的供给体系，以留住年轻农民种地；需要把农业工人纳入劳动管理范围，培养新型的职业农民。

江苏师范大学陈学法教授认为，农民市民化遇到两大困境：一是如何将黏附在户籍上面的福利功能剥离出来，二是如何将黏附在土地上的保障功能剥离出来。要走出这两大困境，一是可通过政府土地财政解决进城农民的公共服务均等化问题，而不是首先考虑该成本在政府、企业与个人之间如何分担的问题；二是要修改现行的土地法律，允许农民进城转为市民后放弃土地耕种但可不放弃土地权益，即"放土不放权"。

河南师范大学杨玉珍副教授利用河南省问卷调查数据，分析了城镇化进程中宅基地如何有序、和谐退出的问题，认为禀赋效应、现状偏见、模糊厌恶、锚定心理负向影响宅基地腾退，而示范、从众、攀比等群体规范和利己、互惠、利他行为能够正向影响宅基地腾退。

清华大学政治经济学研究中心博士研究生熊柴等人认为，城镇用地增长率快于城镇人口增长率是正常现象，1.12 的增长率比值并不是一个合理的判断标准。相对于国际平均水平，我国城镇用地规模不是偏大而是偏小，城镇人均用地水平不是偏高而是偏低。因此，我国政府应提高规划人均城镇建设用地标准值，并适度放开建设用地指标。

淮北师范大学段学慧教授认为，我国目前出现的所谓"逆城市化"现象是城乡分割的户籍制度、土地制度以及基础设施和公共服务的城乡差异所导致的利益驱动的结果，是一种"伪逆城市化"。我们不能照搬西方的"逆城市化"理论研究我国的城镇化问题，要吸取西方城镇化的教训，走中国特色的城镇化道路。

吉林大学关丽洁副教授和纪玉山教授认为，环境约束下的经济发展过程及人们生活方式、健康理念的改变，赋予了城镇化新的内涵：信息化、低碳化、生态化。新型城镇化要求以技术创新为推动力，充分开发和利用信息、新能源、节能减排等新兴技术，实现城乡统筹发展，建立新型城镇。

清华大学博士研究生杜帼男认为，准确度量城市化成本是制定城市化发展战略和选择城市化发展模式的重要依据，她把城市公共服务支出分为三项内容：社会保障支出、保障性安居工程支出以及教育支出，并计算出2012 年中国城市化人均成本为 16859.3 元。

清华大学政治经济学中心李艺铭博士采用农业收入占总收入的比例标准划分农业住户类型，发现农民分化已经成为显著特征，农村住户在非农就业、非农收入和脱离土地等方面已经呈现出分化趋势。

河南师范大学商学院贺书霞副教授基于调研数据对农民外出务工、土地流转对农业适度规模经营的影响进行了实证研究。她认为，务农人员中农业生产能手数量和农业生产能手所在集体内可用于规模耕种的土地数量决定了适度规模可操作的规模上限，同时，当地经济水平和土地亩均受益决定了适度规模经营的规模下限。

河北金融学院数量经济研究所田卫民副研究员研究了中国住房价格快速上涨的原因，重点研究了土地出让金对住房价格的影响，认为土地出让金是住房价格上涨的主要原因。由于土地出让金是住房建造的主要成本，基于利润最大化的房地产企业必然将这部分成本转嫁给住房购买者，由此导致了住房价格的快速上涨。

长江大学韦鸿教授和魏凤秀副教授认为，农村土地承载着三重功能：土地利用主体的经济利益、国家层面的社会利益、环境层面的生态利益，三者之间存在此消彼长的关系，需要复杂的制度体系才能协调。

安阳师范学院张良悦教授、南京大学刘东教授认为，农村劳动力转移梗阻和现代农业生产要素准公共产品供给的短缺造成了土地流转交易的稀薄。而要促使劳动力的有效转移，在家庭承包责任制的框架下，启动劳动力转移土地退出制度的产权改革十分必要。

上海商学院张期陈副教授等人认为，在我国征地活动中，村委会的政府偏好与被征地农民集团的"事后民主行为"共同决定了我国征地利益的现实格局。为此，在坚持中国特色社会主义制度的大前提下，政府在治理我国征地利益冲突时，需要考虑农村集体经济组织转型和征地程序重构。

河南师范大学商学院张瑞红副教授指出，新型城镇化建设应突出人的全面发展的主体性地位，坚持城镇化要了人民群众，依靠人民群众，以人民群众素质和能力的提高为目标，通过积极调动市场、政府等社会各界的力量，开拓城乡一体化统筹协调发展的新思路。

河南师范大学商学院硕士研究生王琼琼认为，我国迫切需要建立城乡统一建设用地市场。地票交易是一种更优化、更接近城乡统一建设用地市场的探索。

四 现代市场制度建设

中共十八届三中全指出："建设统一开放、竞争有序的市场体系，是使市场在资源配置中起决定性作用的基础。必须加快形成企业自主经营、公平竞争，消费者自由选择、自主消费，商品和要素自由流动、平等交换的现代市场体系，着力清除市场壁垒，提高资源配置效率和公平性。"会议代表围绕着现代市场制度建设及相关理论问题进行了热烈的讨论。

武汉大学龙斧教授认为，中国过去30年出现的核心消费、日常/边际消费的价格结构与现象无法被新古典供求理论所解释，也无法简单地用马克思劳动价值论解释。这种具有典型中国特色的结构与现象是在对原有的经济体系进行私有化、商业化、市场化改造后出现的，因而它只能由制度来加以解释。

台州学院张明龙教授等人指出，为了确保市场竞争有序开展，政府必须完善市场规则，健全市场规则体系。而要建立有序竞争的市场规则体系，就需要积极开展有利于健全市场规则体系的制度创新，制定适宜的经济政策，完善经济法规，变动经济参数，加强道德规范特别是职业道德建设，健全市场监督体系，综合运用示向性引导措施。

中国社会科学院经济研究所陈雪娟认为，缺陷市场条件下，政府边界模糊、社会组织缺乏承接力以及购买程序不公平等问题的存在，导致当前政府购买公共服务缺乏必要的竞争。缺陷市场带来的竞争问题要靠完善市场来解决，政府购买的是有限的市场化，有自己的边界，政府更应该注重培育社会力量的承接能力，发挥社会志愿机制对竞争性的促进作用。

《求是》杂志社王兆斌编审认为，利益集团竞争是社会主义市场经济的常态。向现代市场经济体制转型是进行利益集团治理的历史性转折点。总体来看，转型国家的最大挑战在于是否能产生高质量的政府活动。实现利益集团治理需要我国突破意识形态束缚，对现行市场规则进行公平审查，提高公共政策过程的透明度，放松社团准入，构建有效政府。

郑州大学李中建副教授认为，低成本劳动力供给构成了我国传统经济发展方式的基础，也是我国跨越"贫困陷阱"的重要支撑因素。为了成功跨越"中等收入陷阱"，我国应通过劳动力的重塑，提升作为生产主体的劳动力要素的质量，扩大劳动收入占居民收入的比重，推进农民工群体的市民化，从而提高供给水平和增强国内需求，为中国经济的可持续发展和规避可能的"中等收入陷阱"风险奠定坚实基础。

中国社会科学院研究生院博士研究生王海成等人基于 2006 年全国综合社会调查数据，研究了劳动者的主观幸福感，认为非正规就业显著降低了劳动者的主观幸福感。就业保护水平越低，劳动者从事非正规就业的可能性越大，幸福感就越低；非正规就业市场上的性别歧视越严重，女性主观幸福感损失就越大。收入的不稳定性使得非正规就业者在如何有效应对生活的各种风险上难以进行准确预期，进而降低其主观幸福感。

上海对外经贸大学石士钧教授认为，长期以来，人们往往把国际经济协调运作仅当作一种政策协调，主要方式是磋商谈判。事实上，各国在开展国际经济协调的过程中，既必须面对国际经济组织和经济伙伴的制度安排，又可能需要调整自身的相关制度，因此，我们不能不探讨和研究制度因素居中发挥的重要作用。

商务部许可证局杨枝煌认为，我国仍然不是世界第一贸易大国，原因在于以下方面：我国服务贸易和货币贸易仍然十分有限；在国际贸易增加值统计框架下，我国贸易大都是附加值低的加工贸易和转口贸易；由于存在套利贸易以及统计水分，我国实际贸易存在虚高现象。但这些并不能阻碍我国未来成为世界第一贸易大国。

淮北师范大学周志太教授认为，物业税体现财政收入与因政府服务而带来的财产未来增值的互动关系，开征物业税有利于完善分税制，规范和增加地方收入，促进经济可持续发展，建立现代公共财政体系。

信阳师范学院谌玲基于河南省 1993～2012 年的样本数据，借助 VAR 模型考察了物流发展水平与金融发展深度和广度的内生协同机制，认为区域金融发展广度的提升对区域物流发展水平有显著的促进作用，但金融发展深度还没有达到有效支持物流业发展的市场环境；而区域物流发展水平对金融发展的广度和深度长期有显著的促进作用，但短期会产生抑制效应。

中国民航飞行学院李国政副教授按照航空公司的需求偏好和政府的支付意愿将时刻资源分为不同的圈层，提出了时刻资源配置效率的圈层结构理论，认为在圈层结构中，时刻资源的配置效率与航空公司的需求偏好成正比，与政府支付意愿成反比。不同的时刻资源供给圈层对应着不同的效率，政府供给意愿与航空公司需求偏好的契合对于航班时刻资源的配置效率极其重要。

五　收入分配制度改革

十八届三中全会决定提出要"规范收入分配秩序，完善收入分配调控体制机制和政策体系，建立个人收入和财产信息系统，保护合法收入，调节过高收入，清理规范隐性收入，取缔非法收入，增加低收入者收入，扩大中等收入者比重，努力缩小城乡、区域、行业收入分配差距，逐步形成橄榄型分配格局"。会议代表结合十八届三中全会精神对收入分配制度改革进行了热烈的讨论。

清华大学政治经济学研究中心主任蔡继明教授指出，伴随着改革开放和经济发展，我国收入差距的扩大有一定的合理性，但很多收入差距既不符合公平原则，也违反了效率优先原则。正确的选择应该是在初次分配中继续贯彻效率优先，坚持按生产要素贡献分配，在二次分配兼顾平等，把收入差距控制在社会成员能够容忍的限度内，同时建立比较完善的社会保障制度，让社会全体成员能公平分享经济发展的成果。

辽宁大学张桂文教授等人指出，二元经济转型中收入分配存在着倒 U 型演变趋势，根本原因在于二元经济转型不同阶段的生产力发展水平不同，直接原因则在于劳资双方博弈力量对比的变化，政府制度安排与政策选择的调整，产业结构升级以及与此相适应的人力资本投资和固定资本比重的提高，这些因素促进了收入分配格局的演变。

浙江工商大学张宗和教授等人基于对浙江 30 家民营企业 1148 份问卷调查认为，转型期民营企业劳动关系的状况以及工资、保障、培训、工会等因素都会对劳动关系产生影响，我们要从总报酬的视野全面提高资本对劳动的报酬；政府应尽快完善用工制度环境，形成稳定的劳动关系，引导企业成为人力资本的投资主体，形成人力资本良性累积机制；加快企业工会职能的归位，推动集体谈判制度广泛实行，形成力量均衡、连续博弈的利益分配机制等。

陕西省社会科学院《人文杂志》韩海燕运用误差修正模型对 1995～2011 年的中国城镇居民不同收入阶层实际人均消费与实际人均可支配收入之间的关系进行了协整分析，认为中国城镇 7 个收入阶层居民的实际消费与实际收入之间都具有长期、稳定的均衡关系，但短期内会经常偏离。因此，应缩小收入差距，加快改革步伐，增加居民的确定性预期，以提高居民的消费水平，促进经济增长。

盐城师范学院贾后明教授认为，中国的收入分配改革适应了中国整个社会经济发展，促进了经济繁荣和社会进步，在改革中始终坚持了渐进和统筹的方针。分配改革的实践引起了关于分配理论的争议，推动了社会主义分配思想的创新和发展，促进了中国特色社会主义的制度形成和完善。

河南师范大学任太增教授认为，与印度相比，中国住户部门收入份额明显偏低，企业部门份额和政府部门份额明显偏高。中印两国国民收入初次分配格局演变的趋势表明，国民收入分配格局演变的一般趋势同样适用于发展中大国，只不过随着时间的推移，无论是下降还是上升的拐点都不能机械地套用发达国家的数字。在我国，提高住户部门收入份额必须与转变经济发展方式，调整产业结构结合起来；降低政府份额，必须转变政府职能，厘清政府、市场、社会的关系。

河南师范大学副教授李群峰利用面板门槛模型回归方法考察农地市场化对我国城乡收入差距的影响效应。实证结果表明，农地市场化水平的提高并不必然导致城乡居民收入差距的扩大，二者之间呈现带有明显单一门槛特征的库兹涅茨倒 U 型关系。

信阳师范学院夏金梅认为，随着河南省经济的稳步发展，城乡居民财产性收入在逐年增长的同时，差距也在逐渐扩大。政府应通过健全工资决定和正常增长机制，健全社会保障长效投入机制，完善上市公司投资者回报机制，完善农业保险经济补偿机制，发展多种形式农业规模经营机制，健全粮食主产区利益补偿机制等措施，缩小财产性收入差距，改善城乡居民收入分配不均现状，进而推动合理、有序的收入分配格局的形成。

六　国有企业改革

当前，我国国企改革面临着诸多的阻碍性因素，下一步深化国有企业改革的任务依然非常繁重。围绕十八届三中全会决定对下一阶段的国有企业改革的新提法和新要求，会议代表进行了热烈讨论。

大连交通大学戴锦副教授指出，国有企业经济责任、社会责任与政策责任是三个相互区别又相互联系的概念。国有企业的政策责任与经济责任之间存在内在冲突，这种冲突不同于企业社会责任与经济责任的冲突。解决这一冲突需要建立一种经济绩效与政策绩效相结合的新的国有企业综合绩效评价体系。

河南财经政法大学刘晓华教授指出，中国企业和企业家的社会责任感及现实践行，对整个经济和社会发展有着直接的重要关系。企业要实现可持续发展必须构建与国际接轨的企业责任文化，把履行社会责任作为企业的价值观和经营理念。

山东大学博士研究生苗妙认为，目前对企业家精神培育的探讨忽视了历史演进过程中文化传统的重要性，与西方文明相比，博大精深的中华文明同样蕴藏着企业家精神得以成长的土壤，革命老区精神有利于提升企业创新活动，它的传承在经济较为发达的东部地区、非家族企业以及老一辈企业家中更为显著。

中国社会科学网编务会副主任、综合编辑室主任孟育建认为，公司治理结构研究的是关于企业组织方式、控制机制、利益分配的所有法律、机构、文化和制度的安排，其界定的不仅仅是企业与其所有者之间的关系，而且包括企业与所有相关利益集团（例如雇员、顾客、供货商、所在社区）之间的关系，并从企业绩效、利益机制、管理能力三个角度论述了公司治理的内涵和意义。

华北水利水电大学郑书耀副教授从配置资源角度对石油垄断产生的配置扭曲进行了分析，认为国内石油行业在国内处于绝对的市场垄断地位，而作为石油贸易大国在国际市场上又缺乏定价权。因此，我国应该通过对外开放与对内放开降低与取消石油行业进入壁垒，让市场发挥作用，提高社会整体福利。

山西大学张波副教授和杨军教授认为，随着大型煤炭企业集团跨地区投资越来越普遍，企业与所在地区在资源开发收益方面的冲突日益明显，收益共享的分配体制亟待建立。通过国内外资源收益分配使用上的对比分析，他们从征收独立环境税，建立、管理、分配和有效使用煤炭收益共享基金等方面，对资源收益共享制度的构建提出了具体的对策建议。

东北师范大学博士研究生钟廷勇认为，文化产业中存在的行政管制阻碍了企业自由进入，对文化产业全要素生产率产生了较大影响。他基于中国文化企业微观数据，利用分位数回归模型，认为行政管制对文化产业全要素生产率具有较强的抑制效应，并对生产率分布两端行业的负面影响较大，呈 U 型结构。

南京大学博士生谭洪波构建了一个包含农业、制造业和生产者服务业的三部门一般均衡模型，发现不管制造业产品的贸易成本高低程度如何，只要作为中间投入品的生产者服务的贸易成本较低，两种产业就会形成"分离式集聚"；而只要生产者服务的贸易成本较高，不管制造业产品贸易成本的高低，两种产业便形成"协同式集聚"。

七　中国经济发展问题

中国经济发展正进入新的历史时期，经济发展方式需要实现根本性转换，经济增长速度进入换档期，人民需要从经济发展中获得更多实实在在的利益。与会代表对新时期我国经济发展所面临的诸多理论和实践问题进行了讨论。

武汉大学邹薇教授通过对人力资本代际传递模型进行分析后指出：家庭贫困带来的风险溢价会成为其投资中的一项额外成本而削弱教育投资的吸引力，教育的机会成本和未来收益的不确定性也会影响教育投资决策。实证结果显示，在低收入家户中，个体进行人力资本投资的意愿与其收入水平正相关，这意味着越是贫穷的家户，进行人力资本投资的意愿会越低。对于人力资本投资意愿极强或极弱的个体，收入的变动对他们意愿的改变有很强的影响；而处于中间意愿的个体，人力资本投资的预期收益和机会成本对其意愿的改变影响则更大。

黑龙江大学焦方义教授和魏枫副教授认为，中国改革开放以来的经济增长成就举世瞩目。同时，随着步入上中等收入国家行列，中国今后经济增长的态势也成为学界研究的焦点。是保持此前一贯的高速增长，还是转为低速但可持续的增长，抑或是陷入模仿陷阱，都取决于中国今后一段时期经济增长的动力来源及结构。

清华大学政治经济学研究中心博士研究生高宏和李亚鹏在广义价值论体系上建立了内生分工的动态随机一般均衡模型，探讨中国经济周期波动的主要成因。分析表明，从持续性来看，需求和供给方面冲击造成的波动较为持久；但从波动幅度来看，异质商品生产技术和货币政策冲击产生的波动幅度较大。

中国社会科学院经济研究所博士后刘红峰在新增长理论的框架下，分析了区域性资源节约与环境要素约束下科技创新对经济增长的影响机理，构建了区域城乡统筹，产业转型升级，创新驱动经济增长、协调发展的可持续增长理论分析模型。

郑州大学万宇艳副教授认为，我国区域经济发展仍存在着产业重叠严重，空间开发无序等问题。在"极化效应主导"阶段，政府可以从经济转型发展与产业结构调整、产业空间布局与区域功能分区、财政转移支付与产业内生能力三方面进行宏观调控；在"扩散效应主导阶段"，政府则可以从区际产业转移与产业承接、产业链整合与产业技术联盟、"四化同步"与统筹城乡发展等三个角度进行政策工具的创新，推动我国区域的均衡发展。

南京陆军指挥学院王仕军副教授指出，打造中国经济升级版要加强对第三次工业革命的全面研究，系统把握第三次工业革命发展大势，推动"两化"深度融合、"四化"同步发展，走好中国特色的转型升级之路，进一步释放改革红利，推动创新驱动发展。

天津商业大学王树春教授等人认为，权力从本质上是在占有和支配劳动生产物的基础上体现出人与人之间的关系，建立合理的权力分配秩序对实现经济、自然与社会的可持续发展有着至关重要的作用。对生产要素进行空间配置归根结底是权力所有者的权利，权力分配结构是决定能否实现区域经济平衡发展的关键因素。

清华大学硕士研究生姚金伟和孟庆国教授通过 1978～2012 年中国分省面板数据的实证分析发现：中国政治商业周期整体上呈现"三上二下式倒 U 型分布"特征；中国政治商业周期中的"倒 U 型分布"之所以会表现出显著的"三上二下"特征，可能和中国官员的真实任期和异地任职制度密切相关；对外部政治经济冲击而言，政治冲击的扭曲作用弱于经济冲击，而面对经济冲击时的政策差异则会对政治商业周期产生差异性影响。

淮北师范大学张作云教授指出，目前，我国正处于全面深化改革和经济社会发展的关键时刻，因而要规避国际、国内各种风险，在经济、政治、意识形态方面创建一个有利于我国改革和发展的国际环境，制定一个科学的符合当今世情、国情的国际战略，正确处理国际、国内各方面的关系，坚持科学而机动灵活的战略战术和策略原则。

八　理论探索与争鸣

延续中国政治经济论坛年会的传统，本次论坛年会讨论了政治经济学的一般理论问题。

四川师范大学校长丁任重教授等人运用马克思劳动地域分工理论，分析了我国区域经济格局的变迁历程，发现伴随区域发展战略的变迁，我国区域经济格局有四条演变路径：大区协作、东中西三大经济带、东中西东北四大板块、多极发展，且区域经济格局处于动态发展的状态中。另外，多极化渐渐成为区域经济格局的演变方向，但不容忽视的是区域经济格局的多极化在细化区域分工的同时，也加剧了区域竞争，弱化了区域协作。

厦门大学经济学院江永基和清华大学蔡继明教授运用消费—生产者两阶段决策方法，结合个体的决策行为和部门的整体设定，为一般化的广义价值论构建了多部门分工交换的模型框架，论证了一种新的、有别于新古典/新兴古典一般均衡传统的劳动配置条件，被称为"比较利益相等原则"。基于"比较利益相等原则"，江永基和清华大学博士生李亚鹏构建了一个三部门广义价值模型以进行数值模拟，并与改革开放以后中国三次产业就业人员的经验数据进行比较。结果显示，基于比较利益相等的劳动配置原则对中国现实经济具有非常良好的解释力。

海南大学经济与管理学院院长李仁君教授回应了对"广义价值论"的质疑，指出"比较利益率相等原则"是广义价值论的行为假设，而不是一个待证的命题，固定分工体系是可变分工体系的特例，分工引起的专业化不会弱化机会成本，可变分工体系不会转化为混合分工体系和固定分工体系，可变分工是交换经济的常态，比较利益率相等原则不仅仅适用于两部门商品交换模型，而且还适合多部门商品交换模型。

山东工商学院白千文副教授认为，舒尔茨、诺斯、戴维斯等经济学家运用新古典供求分析方法建构的制度均衡理论，在形式上虽然具有完美性，但受微观和边际分析的局限，其所研究的制度变迁在内容、方式、动力和性质等四个方面与转型国家的实际情况存在巨大差异。鉴于此，转型国家只有突破新古典制度均衡理论的边际分析框架，着眼于制度结构并发挥政府作为制度供给者的积极作用，才能确保经济体制平稳转型。

浙江工商大学李永刚教授认为，后现代主义思潮影响冲击下的现代经济学发生了以下五个方面的理论危机：主流经济学对异端经济学流派的"失控"；主流经济学对自然生态危机问题的"失语"；主流经济学对基本理性动机假定的"失守"；主流经济学效用价值理论的"失效"；主流经济学科学理性主义方法的"失真"。

河南科技大学杨玉华教授认为，马克思理论深刻揭示了国际价值链的成因：同一商品的不同国际价值位关系形成了"国际价值链"的基础，不完全竞争导致了价值链关系的长期化；价值规律的作用形成了不同企业间的价值链国际分工。超额的价值链利益来源于专业化的分工协作利益，而不平等的利益关系源于不平等的国际分工协作关系。因此，要避免比较优势陷阱，提高国际利益的分享水平，就必须大力发展现代服务业，提高产业、企业间的分工协作水平，整合国内外的产业价值链，推动价值链的升级和转型。

图书在版编目（CIP）数据

完善社会主义市场经济体制／王振中，胡家勇主编. —北京：
社会科学文献出版社，2015.4
（政治经济学研究）
ISBN 978 - 7 - 5097 - 7291 - 1

Ⅰ.①完… Ⅱ.①王… ②胡… Ⅲ.①中国经济 - 社会主义市场
经济 - 市场经济体制 - 研究 Ⅳ.①F123.9

中国版本图书馆 CIP 数据核字（2015）第 058735 号

·政治经济学研究·

完善社会主义市场经济体制

主 编／王振中 胡家勇

出 版 人／谢寿光
项目统筹／周 丽 高 雁
责任编辑／颜林柯 梁 雁

出 版／社会科学文献出版社·经济与管理出版分社 （010）59367226
地址：北京市北三环中路甲 29 号院华龙大厦 邮编：100029
网址：www. ssap. com. cn
发 行／市场营销中心（010）59367081 59367090
读者服务中心（010）59367028
印 装／三河市尚艺印装有限公司

规 格／开 本：787mm×1092mm 1/16
印 张：25 字 数：425 千字
版 次／2015 年 4 月第 1 版 2015 年 4 月第 1 次印刷
书 号／ISBN 978 - 7 - 5097 - 7291 - 1
定 价／98.00 元